경호실무 II

경호실무 II

장명진 지음

이담
Books

머 리 말

먼저 저자는 경호실무 1994년 초판 출간 이후 2010년 개정 7권을 집필 완료하였으며 이렇게 책을 다시 출간하게 되어 매우 기쁘게 생각한다.

그동안 경호산업은 양적·질적 양 측면이 고르게 눈부신 성장을 해 왔다. 서비스제도에 필요한 각종 법률과 교육은 물론 경호서비스에 필요한 다양한 서비스제도와 더불어 첨단 경호장비 등을 이용한 경호서비스는 사회적 인식을 새롭게 하는 계기가 되고 있으며 이로 인한 수요는 계속적으로 증가될 것이다. 앞으로도 경호는 민관분야에서 더욱더 전문화되어 갈 것으로 생각하며 특히 민간경호서비스는 계속적으로 발전되고 성장, 확대될 것으로 본다.

과거에는 경호에 대한 직무영역이 크게 인식되거나 전문화된 지식이 발전되지 않아 전문가 집단이라는 인식이 부족했으나 최근 경호에 대한 지식, 기술 등이 체계화되면서 사회 전반에 걸쳐 인식이 바뀌어 가고 있다.

그러나 다소 아쉬운 점은 경호전공학과 또는 관련학과에서 산업현장에 필요한 인적 자원 개발이 늦어지는 것이다.

그러나 우리나라의 경호산업이 전반적으로 빠르게 성장하면서 세계적인 수준의 경호서비스로 세계화를 시도하려는 기업들이 늘고 있다. 아이티, 정보통신, 반도체, 통신, 우주항공, 선박, 건설, 원전, 태양광, 철강, 바이오 등이 이미 세계시장에 진입한 것과 같이 우리나라 경호산업이 세계시장에 진입할 날도 그리 많이 남지 않은 것 같다.

경호산업 또한 매년 25% 이상 크게 성장하고 있어 특기적성에 맞는 예비경호원들에게는 큰 기회가 될 것으로 생각한다. 물론 자신이 목표로 하거나 진로를 희망하는 분야가 약간씩 다르기는 하겠지만 민관 모든 분야에서 계속적으로 수요는 늘 것으로 전망되며 앞서 설명한 바와 같이 보다 전문화된 인적 자원을 선호하리라 생각한다. 따라서 현재 경호원으로 근무하고 있거나 아니면 향후에 직업으로 선택하고자 한다면 전문가적인 지식과 기술을 습득하라 권한다. 아울러 젊고 패기 있는 젊은이들에게는 더 큰 꿈을 위해 미래가 더 크게 열려 있는 해외진출도 적극적으로 권하고 싶다.

끝으로 2010년 개정판 출간을 도와주신 도서출판 한국학술정보 사장님과 임직원 여러분을 포함해 출판에 도움을 주신 모든 분들에게 감사드리며, 이 기쁨을 아내와 하리, 하라 두 아들과 나누고자 한다.

2010. 11.

장명진

차 례

제2장
범죄

☑ 제1절 인간심리와 범죄 / 127

☑ 제2절 범죄 / 132

제3장
형사법

C·O·N·T·E·N·T·S

제4장
경호장비 및 폭발물

제1장
테러(terror)

제1절 테러

1) 테러의 정의

테러(terror)라는 단어는 커다란 공포·전율이라는 뜻을 지니며, 정치적·종교적 원인에서 시작된 것이냐, 아니냐 하는 기준에 따라 그 정의를 구분할 수 있다.

사전적 의미에서는 정치적 또는 적대적 단체가 기관에 대해 파괴, 구타, 학살, 방화 따위의 온갖 폭력 수단을 행사하여 국가 중요인사 또는 시설물, 불특정 시민을 위협하거나 공포에 빠뜨리는 비합법적 행위를 테러라 한다. 그러나 각양각색의 대의명분과 이데올로기와 방법론상의 다양화로 표현되는 오늘날의 테러 현상학에 있어서는 이러한 일반적 성의나 단순화가 어려운 실정이다.

최근 10년 동안 국내외에서 일어난 각종 테러사건들은 그 파괴적 행위의 격렬함이나 잔인성에 있어 매우 엄청난 폭력성을 보여 주고 있으며 테러범들은 피해자 선택에 있어서 그들의 수단적인 가치보다는 상징적인 가치를 고려하여 목표를 선택하고 공포유발을 위해 의식적이고 계획적으로 목표지향적 행위를 그들 스스로 합리적 행위라 생각하고 있으며 이들과 이해관계가 동일한 단체나 기관 또는 국가에 따라서 동일시하는 경우도 있다.

2) 테러리즘의 개념

테러리즘(테러행위)은 "어떤 목적 특히, 정치적 목적을 위하여 폭력을 사용하거나 위협을 가하는 것"이라 정의되나, 일반적으로 테러는 "폭력을 행사하며 사회적 공포 상태를 일으키는 행위"로 보고 테러리즘은 "테러를 주장하는 사상주의"를 말한다. 그러나 오늘날에 와서는 투쟁의 목적 수단 외에도 그 투쟁에 개입된 인물을 포함하여 테러행위를 정의하지 않으면 안 된다.

즉, 테러를 당하는 입장에서 볼 때는 반사회적인 불법행위지만 대부분의 테러활동은 정치적 이점과 개인 범죄에 의해 조작되며, 테러범들은 다음과 같은 유형으로 분류할 수 있다.

(1) 개혁운동가형은 사상적으로 고무적인 개인 혹은 집단의 정치적 과격분자

(2) 범죄형은 사상적인 이득보다는 개인을 위한 테러분자 활동의 지시를 받는 사람

(3) 과격형은 정신분열증에 있는 사람을 고소 및 소동을 유발시켜 테러 목표로 일삼는 사람

(4) 종교 교리의 이단화에 따른 종말론을 주장하는 개인 또는 집단, 이단종교의 말살론자 등 극단적 테러범

이러한 테러행위는 어느 곳에서도 일어날 수 있으며, 정치적 목적만으로 볼 때는 게릴라 활동과 유사성을 가지나 게릴라 작전과는 달리 국민의 호응만을 기대하지 않고 또, 게릴라전을 통한 군사적인 승리보다는 상징적·선전적 승리를 목적으로 하여 잔인한 살상·파괴 행위를 자행하게 된다. 테러단체들은 자신들의 힘이 게릴라전을 하기에는 미약하고 국민들의 호응도 받지 못한다는 것을 잘 알고 있기 때문에 테러조직 상호간의 협력을 목적으로 국제적인 상호관계를 맺고 있다.

(5) 테러리즘 구성요소

① 폭력의 사용 혹은 위협

② 목표집단에 대한 폭력적 메시지

③ 목표집단으로부터 얻어 내고자 하는 정치적 메시지 혹은 행동

④ 국내외의 청중들과 그리고 책임 있는 정부관료들과의 위협선언과 정치적 선언에 관한 보다 폭넓은 의사소통

⑤ 위협과 정치적 선언에 대한 목표집단의 반응(예: 테러분자들의 요구를 수용, 정책상의 변화 혹은 인사상의 변화)

⑥ 테러분자들과 목표들 사이의 정치적 갈등에 대한 모든 청중들의 반응(예: 한편 혹은 다른 편에 대한 지지의 표현, 동정 혹은 갈등에의 개입)

3) 테러의 발전

테러는 과거 2차 대전 당시, 중국·알제리·베트남·인도네시아·팔레스타인 지역에서 게릴라전에 성공함으로써 발전하게 되었다.

2차 세계대전 중 이들 나라는 군사적으로 열세하여 정면공격 또는 방어를 할 수 없었다. 따라서 소수 정예의 게릴라전으로 기습공격을 하여 필요한 목적을 위해 아주 작은 행동으로 최대의 성과를 이루면서 게릴라는 보다 조직적인 새로운 전술로 발전하게 되었다. 이후 게릴라전을 특정 단체의 이익을 위한 투쟁 수단으로 삼으면서 게릴라전은 전 세계 테러조직의 수단으로 변형, 발전하게 되었다.

요즘 들어서는 도로의 교통화, 운송수단의 기동화, 통신수단의 첨단화, 장비의 과학화로 테러조직의 운용을 돕고 있으며, 이런 환경으로 인해 조직이 노시화·국제화하고 있으며, 유사한 단체와 연합하는 형태로까지 발전하고 있다.

이런 발전으로 테러조직은 전 세계 국가들에게 상당히 위협적인 존재로 인식되고 있으며, 테러 대책운영회를 구성하여 이들의 공격에 대비하고 있다. 또한 국가 간에 이들에 대한 정보교류 및 상호 테러진압기술 교류를 이루고 있는 것이 오늘날 국제사회 환경이다.

☞ 세계의 테러리스트 위협

2008년 세계 각국에서 이슬람 극단주의 민족분리 및 극좌·극우주의 등 다양한 요인에 기인하여 3,211건의 테러가 발생했으며 33,279명의 인명피해(사망 11,350명, 부상 21,929명)가 생겼다.

2001년 9월 11일 미 세계무역센터B/D 비행기 폭파사건 이후 지구촌에 테러의 암운이 가실 날이 없다. 길거리를 걸을 때나, 6,000미터 상공의 비행기 좌석에 앉아 있을 때나, 작은 소포물을 뜯을 때나, 언제 어디서 '저승사자'처럼 들이닥칠지 모르는 테러공포에서 자유로울 수 없다. 새로운 밀레니엄시대를 맞는 인류에게 핵전쟁, 에이즈와 함께 테러리즘은 3대 재앙의 하나이다. 1996년 6월 G7(서방 선진 7개국) 정상들이 머리를 맞대고 '반(反)테러선언'을 채택한 것은 이 같은 인류재앙을 없애기 위한 노력의 하나였다. 하지만 테러는 좀처럼 누그러들지 않았고 수법 또한 날로 과격해지고 있다. 한마디로 '지구촌은 테러와의 전쟁 중'이다.

그들은 왜 테러리스트들인가. 테러리스트들은 원래 자기들만의 확실한 정치이념이나 민족이념을 갖고 있는 좌익분자들이나 민족주의자들이 원조이다. 여기에 90년대 들어 모호하고 신비한 주장을 내세우는 광신적 집단들과 극단적인 종교주의자들이 가세하고 있다.

일본 옴진리교 다윗파 등 종말론적 혼란을 조장하려는 집단들은 독가스테러와 같은 무차별 살상도 서슴지 않는다. 소총이나 수류탄과 같은 고전적인 무기 대신 생화학무기나 핵무기를 양손에 든 막가파식 '터미네이터'들이 등장할 날도 머지않은 듯싶다. 테러의 대상도 정치적·종교적 적을 겨냥하던 수준을 뛰어넘었다. 출근길 시민이나 길가에서 놀던 어린아이들이 영문도 모른 채 테러의 희생양이 되고 있다.

테러의 총구는 이제는 정치가 아닌 '경제'를 겨누기 시작했다. 1998년 전 세계적으로 치닫는 경제대전의 실상을 그대로 보여 준다. 또한 테러로 추정되는 3,525건의 사고 또는 암살 중 34%가 사업가를 목표로 한 것이다.

테러가 가지고 있는 양면성까지 생각하면 골치가 아프다. 리암 니슨이 IRA(알랜드공화군)의 지도자로 나온 영화 <마이클 콜린스>에서 보듯 영국 정부에게만 잔악한 테러리스트일 뿐인 IRA는 아일랜드 인들에게는 자유를 위해 싸우는 민족해방투사로 비치고 있다.

양면성, 테러리스트들을 비추는 이 양면의 거울에서 테러의 종말을 찾아내기란 결코 쉽지 않은 일이다. 지금도 지구촌 구석구석에서는 크고 작은 테러에 의한 학살 및 위협으로부터 공격을 받아 이제는 안전지대가 없다.

4) 테러의 조직화과격화

20세기 들어와 테러는 보다 조직화되고 전투적으로 발전했다. 1차 대전도 테러의 소산이다. 사라예보 거리에서 세르비아 청년이 오스트리아의 페르디난드 황태자 부부를 향해 쏜 총탄은 전 세계를 4년간 전화 속으로 몰아넣었으며, 러시아 볼셰비키 혁명, 독일과 이탈리아의 파시즘 정권창출 과정 또한 테러의 결정판이었다.

2차 대전 이후 특히 60년대는 테러의 전환기였다. 제국주의의 퇴조와 함께 거센 민족주의 물결이 일어났고, 이 와중에서 소외된 민족집단은 테러에 의존하게 됐다. 여기에다 신좌익(New Left)운동이 일어나 테러에 대한 이론적 틀을 제공하자 테러는 마침내 도시화되고 국제화되었다.

1968년 현대 '다국적 테러'의 출발점으로 기록되는 기폭제는 팔레스타인이었다. 1967년 중동전쟁 패배 후 팔레스타인 게릴라들은 비행기 납치, 대량 인질, 외교관 납치 등 수단을 통해 세계에 자신들의 존재를 부각시켰다. 비행기 납치는 테러사상 가장 혁명적인 수단이었으며, 엄청난 공포를 불러일으켰다. 1968년 한 해만 35건의 비행기 납치가 자행됐다.

'68년부터 '81년까지 전 세계적으로 7,423건의 테러가 발생하였으며 '71년부터 '80년까지는 총 10,290명이 테러를 당했고 이 중에 3,438명이 사망했다. 현대의 테러집단은 극단적 민족주의가 중심을 이룬다. 그러나 좌·우익 이데올로기와 인종주의도 무시할 수 없다. 이데올로기에 기반을 둔 테러집단으로는 일본 적군파, 서독 적군파, 이탈리아의 붉은 여단과 무장 프롤레타리아 세포 등 수백 개에 달한다.

대표적인 것이 일본 적군파이다. 일본 적군파는 60년대 후반 세계를 휩쓴 베트남전 반대운동에 편승한 미·일 안보조약 반대시위에서 태동했다. '69년 도쿄 주재 미국 대사관과 구소련(러시아) 대사관을 습격했으며, '70년에는 JAL. 727여개기를 납치했다. '72년에는 중동전쟁 피해에 대한 보복으로 이스라엘의 텔아비브 공항에서 자동 소총과 수류탄으로 승객 1백여 명을 사상시켰다. 이들은 텔아비브 공항 테러에서도 보이듯이 이스라엘과의 투쟁을 세계 제국주의에 대한 투쟁과 동일선상에 놓고 있다. 시오니즘이 지배하는 이스라엘을 부르주아 계급의 선봉으로 간주하여 팔레스타인 독립을 세계혁명에 이르는 중요한 과정으로 본 것이다.

5) 테러의 유형별, 지역별 발생빈도

(1) 1968~1980년간 테러유형별 발생빈도

| 유형 | 살해 | | | | 납치 | | | | 폭파 | | | | 파괴 | | | | 기타 | | | | | | | 총계 |
	암살	저격	경찰살해	소계	납치	검거·인질	공중납치	소계	우편폭탄	소이탄	폭발물	소계	무장공격	절도·파괴	오염물질	소계	사보타지	위협	모의	장난	무기밀수입	기타행위	소계	
건수	443	152	16	611	401	139	173	713	470	753	2,371	3,594	278	107	22	407	24	1,008	121	58	62	116	1,389	6,714
%	6.6	2.3	0.2	9.1	6.0	2.0	2.6	10.6	7.0	11.2	35.3	53.5	4.1	1.6	0.3	6.1	0.4	15.0	1.8	0.9	0.9	1.8	20.7	100.0%

(2) 1970년대 직종별 테러 희생률

테러대상 직종 · 재산	세계 평균(%)	미국 평균(%)
기업인과 그 재산(운수 · 전기 등 공기업 포함)	4.1	36.2
외교관과 그 재산	12.0	20.3
관 리	8.8	16.1
군 경	18.0	15.1
정당인	6.0	-
언론인	3.2	-
일반시민	10.9	12.3

출처: Kupperman and Trent Terrorism, p.196. and U.S. News and World Report, June 16, 1980, p.41.

(3) 1968~1980년간 유형별, 지역별 테러발생 건수

유형 \ 지역	아시아	태평양	북 미	중남미	서 구	소련·동구	사하라이남 아프리카	중동·북아	기 타	총 계
총 계	495	56	674	1,446	2,205	62	218	1,382	176	6,714
납 치	25	1	5	203	47	0	61	57	2	401
검거 · 인질	4	0	8	51	38	2	2	33	1	139
우편폭탄	131	0	26	17	200	0	15	32	49	470
소이탄	36	7	85	101	390	3	6	113	12	753
폭발물	96	16	325	496	859	16	28	489	46	2,371
무장공격	21	0	4	54	52	1	23	122	1	278
공중납치	21	0	29	35	30	3	11	38	6	173

경
호
실
무

I

유형＼지역	아시아	태평양	북 미	중남미	서 구	소련·동구	사하라이남 아프리카	중동·북아	기 타	총 계
암 살	34	3	29	94	140	2	27	111	3	443
사보타지	1	0	2	3	8	0	2	8	0	24
오염물질	0	0	0	0	21	0	0	1	0	22
위 협	78	27	99	228	275	29	21	240	11	1,008
절도·파괴	3	0	4	56	19	1	7	17	0	107
모 의	9	1	9	17	36	1	4	30	14	121
장 난	11	0	18	10	10	0	1	6	2	58
기타행위	13	0	12	10	39	1	5	22	14	116
저 격	10	1	17	63	15	1	3	42	0	152
경찰살해	0	0	0	8	6	0	0	1	1	16
무기밀수입	2	0	2	0	20	2	2	20	14	62

출처: The Asian Wall Street Journal, 1981. 7. 23.

(4) 지역별, 유형별 테러 구성비(1968~1980년)

유형＼지역	아시아	태평양	북 미	중남미	서 구	소련·동구	사하라 以南 아프리카	중동·북아	기 타	총 계
암 살	7.7%	0.7%	6.5%	21.2%	31.6%	0.5%	6.1%	25.1%	0.7%	443건
저 격	6.6	0.7	11.2	41.4	9.9	0.7	2.0	27.6	0	152
경찰살해	0.0	0.0	0.0	50.0	38.0	0.0	0.0	6.0	6.0	16
살해계	7.2%	0.7%	7.5%	27.0%	26.4%	0.5%	4.9%	25.2%	0.7%	611건
납 치	6.2	0.2	1.2	50.6	11.7	0.0	15.2	14.2	0.5	401
검거·인질	2.9	0.0	5.8	36.7	27.3	1.4	1.4	23.7	0.7	139
공중납치	12.1	0.0	16.8	20.2	17.3	1.7	6.4	22.0	3.5	173
납치계	7.0%	0.1%	5.9%	40.5%	16.1%	0.7%	10.4%	18.0%	1.3%	713건
우편폭탄	27.9	0.0	5.5	3.6	42.6	0.0	3.2	6.8	10.4	470
소이탄	4.8	0.9	11.3	13.4	51.8	0.4	0.8	15.0	1.6	753
폭발물	4.0	0.7	13.7	20.9	36.2	0.7	1.2	20.6	1.9	2,371
폭파계	7.3%	0.6%	12.1%	17.1%	40.3%	0.5%	1.4%	17.6%	3.0%	3,594건
무장공격	7.6	0.0	1.4	19.4	18.7	0.4	8.3	43.9	0.4	278
절도·파괴	2.8	0.0	3.7	52.3	17.8	0.9	6.5	15.9	0.0	107
오염물질	0.0	0.0	0.0	0.0	95.5	0	0	4.5	0.0	22
파괴계	5.9%	0.0%	2.0%	27.0%	22.6%	0.5%	7.4%	34.4%	0.2%	407건
기 타	8.2%	2.0%	10.2%	19.3%	28.0%	2.3%	2.5%	23.5%	4.0%	1,389건
총 계	495건 7.4%	56건 0.8%	674건 10.0%	1,446건 21.5%	2,205건 32.9%	62건 0.9%	218건 3.2%	1,382건 20.6%	176건 2.6%	6,714건 100%

※ 사보타지, 위협 모의, 장난, 무기밀수입 및 기타 행위 포함
출처: The Asian Wall Street Journal, 1981. 7. 23.(CIA Basic)에서 作成

6) 국제사회의 치안정세

1990년대 이후 국제테러는 구소련의 붕괴와 동독의 붕괴 그리고 중국의 개방정책 등에 의하여 사회주의와 같은 이념의 종식 및 쇠락으로 극좌·극우 테러단체들의 활동이 크게 감소된 반면 과격 회교원리주의 등 종교·지역 간 갈등과 소수민족 분리독립 투쟁관련 테러가 새롭게 전 세계적으로 확산되고 있다.

특히, 전 세계를 놀라게 했던 2001년 9월 11일 미국 뉴욕의 무역센터 항공기 충돌 테러 사건은 새로운 테러의 시작을 예고하는 사건으로 항공기 납치 자살공격이라는 초유의 수법과 무차별 대량살상이라는 소위 21세기형 '뉴테러리즘'의 등장을 알린 사건이었으며, '알카에다'에 의해 미국 뉴욕과 워싱턴에서 자행된 동시다발 테러는 사망·실종자가 3,000여 명에 이르러 테러공포가 전 세계에 확산되는 계기가 되었다고 할 수 있다.

이 같은 '뉴테러리즘'은 과거의 테러와는 달리 요구조건과 공격 주체를 밝히지 않고, 전쟁 수준의 무차별 공격으로 그 피해가 상상을 초월하며, 테러조직이 점 조직망으로 운영되고 고도로 지능화되어 있어 일소로 무력화가 곤란한데다 세균무기(탄저균) 등 인명피해 극대화를 위한 신종 대량 생화학무기가 테러에 이용되는 등 사례가 급속도로 늘어나고 있다.

지난 2001년도 전체로는 9·11 미 테러사건의 여파로 전 세계의 이목이 '테러'에 집중된 가운데 전 세계 각 지역에서 회교 원리주의·민족 분리독립·극좌·극우 등 다양한 동기에서 비롯된 총 466건의 테러가 발생하여 9,947명(사망 5,509명, 부상 4,438명)의 인명피해를 냈다.

그리고 아·태 지역에서는 인도·스리랑카·필리핀·인도네시아·네팔 등 정정 불안 국가를 중심으로 무장 반군단체들에 의한 대정부 테러 등 총 126건의 테러사건이 발생하였으며, 9·11 미국 테러사건에 대한 아프간 응징전쟁 발발로 아·태 각국에서 '알카에다'에 의한 테러위협이 크게 고조되었다.

구주 지역에서는 스페인·러시아·영국·이탈리아 등지에서 민족분리주의·반정부 투쟁 등에 기인한 총 82건의 테러사건이 발생하였는데 민족분리 요구단체인 스페인 '바스크 민족해방'(ETA)과 러시아 체첸 반군에 의한 테러가 빈발하였다. 한편 이탈리아·스페인·독일 등지에서 대테러 국제 공조활동으로 '알카에다' 등 테러단체 조직원 다수가 체포되기도 하였다.

중동 지역에서는 이스라엘·알제리·레바논·예멘 등지에서 주로 과격 회교원리주의에 바탕을 둔 총 146건의 테러사건이 발생하였는데, '하마스' 등 팔레스타인 테러단체의 자살폭탄테러와 이스라엘의 보복공격의 악순환으로 긴장감이 고조되었으며, 알제리에서는 '무장회교그룹'(GIA) 등 이슬람 무장 반군의 반정부 테러활동이 증가하였다.

미주 지역에서는 미국에서 '알카에다' 조직의 항공기 납치 자살테러가 발생한 가운데 중남미 국가들을 중심으로 좌익 반정부·우익 인종차별주의 테러 등 총 59건의 테러사건이 발생하였다. 그중에서도 콜롬비아 내 테러가 미주 지역에서 발생한 테러의 대부분을 차지하고 있으며, 기타 멕시코·아이티·에콰도르 등지에서 간헐적인 테러가 발생하였다.

아프리카 지역에서는 부룬디·앙골라·우간다 등지를 중심으로 정정불안·종족갈등 등에 기인한 총 53건의 테러사건이 발생하였다. 부룬디에서는 '부룬디 평화협정'(2000. 8.)에 의거하여 과도정부가 새롭게 출범(2001. 11.)하였음에도 후투족 무장반군에 의한 테러활동이 격화되었고, 앙골라에서는 우익 반군단체인 '앙골라 완전독립 민족연합'(UNITA)의 테러활동이 재개되면서 무차별 민간인 학살이 자행되었다.

(1) 우리나라 관련 테러 정세

1974년 8월 15일 광복절 경축행사가 열린 서울 세종문화회관에서 문세광이 박정희 대통령을 겨냥해 쏜 총탄이 육영수 여사를 쓰러뜨렸다.

1976년 8월 18일 판문점의 공동경비구역에서 북한경비병 30여 명이 미루나무 가지치기 작업을 하던 한국 노무자들을 경호하던 미군 장교를 습격해 도끼로 살해하는 만행을 벌였다.

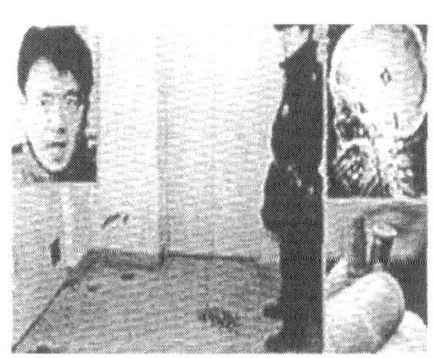

1997. 2. 귀순자 이한영 총격테러 현장

1968년 삼척무장공비사건, 1974년 육영수 여사 피살사건, 1976년 도끼만행사건, 1987년 김현희 대한항공 미얀마 근해 공중폭파사건 등 크고 작은 테러가 발생한 이후 2001년 중 국내에서는 테러조직에 의한 직접적인 테러사건이 발생치 않으나 인터넷 폭발물 제조사이트 모방 사제폭발물 사건(2건) 및 총기류 이용 강력사건 등 유사 테러사건이 빈번히 발생하였고,

우리의 국력신장으로 해외 진출업체 및 유학생·여행객 등이 증가하면서 이국인을 대상으로 한 국제 테러조직의 인질납치나 범죄, 피해 사례가 발생하였다.

또한 9·11 미 테러사건 이후 미국의 아프간 응징전쟁과 관련하여 '알카에다' 등 과격회교 테러조직이 친미·참전국에 대한 보복테러를 공언한 상황에서 우리나라도 대아프간전에 지원군을 파병하였고, 국내에는 미국 관련시설이 산재해 있으며, 2002월드컵대회에 미·영·불·독 등 아프간 전쟁 주요 참전국이 모두 출전한다는 점에서 그 어느 때보다 과격 회교 테러조직에 의한 국내 테러위협이 고조되었다.

한편 북한은 테러를 한반도 적화통일을 위한 혁명적 행위로 미화하면서 1968년 청와대 습격 사건과 울진·삼척 무장공비 습격사건, 1983년 미얀마 아웅산 묘소 요인암살 폭파테러, 1987년 대한항공 858기 폭파사건, 1995년 중국 연길 안승운 목사 납치사건 등 국내외에서 총 550여 건의 각종 대남 테러를 자행하였다.

1996년 동해안 무장공비 침투사건 이후 발생한 블라디보스토크 주재 최덕근 영사 피살 사건('96. 10.)도 사건정황·관련자 증언·러시아 당국의 수사결과 등에 비추어 북한 공작원이 자행한 테러로 추정되며, 방송과 언론을 통해 북한체제와 김정일의 사생활을 비난해 온 귀순자 이한영 권총 피살사건('97. 2.)도 북한 공작원의 소행으로 확인된 바 있다.

또한 북한은 1970년 일본 국내선 여객기 요도호를 납치하였던 일본 적군파 요원 4명에 대해 아직도 은신처를 제공하고 있으며, 중동의 과격 회교 테러조직과의 연계도 지속해 온 것으로 추정된다.

그러나 북한은 최근 대외적으로 대서방 수교확대를 통한 대외경제 기반 조성에 중점을 둔 전방위 실리외교를 지속 추진하면서 국제사회의 '불량국' 이미지 탈피에 주력하고 있다. 또한 러·북 모스크바 선언(2001. 8.)에 이어 9·11 미 테러사건 발생 시 '테러 반대' 입장을 표명한 바 있으며 대테러 국제협약에 추가 가입하고 UN 안보리에 '대러빙지 이행 보고서'를 제출(2001. 12.)하는 등 가시적인 조치를 보이고 있어 공개적인 테러 개입 및 지원활동은 자제하고 있는 것으로 보인다.

(2) 우리의 테러 대응 활동

한국 정부는 86아시안게임 및 88올림픽을 앞두고 북한 및 국제테러에 효율적으로 대처하기 위해 1982년 1월 「국가 대테러 활동지침」(대통령훈령 제47호)을 제정하여, 범정부적인 테러대응체제를 구축하였습니다. 이에 따라 군·경 및 유관부처가 고유기능에 따라 대테러 활동을 수행 중에 있으며, 특히 공항·항만에서 국제테러분자 입국 저지와 테러물품 유입 차단을 위해 여행사 및 반입물품에 대한 검색활동을 크게 강화하고 있다.

또한 인질납치 등 테러사건 발생에 대비하여 최정예 특공요원으로 구성된 군·경 대테러 특공부대를 운영하고 있으며, 실전과 같은 훈련으로 전술전기를 연마하여 사건발생 시에는 신속히 출동하여 국민의 생명을 구하고 재산을 보호할 태세를 갖추고 있으며, 테러 발생 대비에 만전을 기하고 있다.

한편 2001년 9월 11일 발생한 미 테러사건 이후 우리나라도 과격 회교세력의 테러목표가 될 가능성을 배제할 수 없다는 판단하에 정부 유관기관 합동 T/F를 구성하여, 무력테러·생물테러·화학테러·방사능테러·사이버테러 등 테러유형별 대응절차를 재검토하여 종합대책을 수립(2001. 11.)하는 한편 국내외 테러를 효율적으로 억제·근절키 위한 「테러 방지법」 제정과 유관기관 합동 대테러 전담기구인 '대테러 센터' 설립을 추진하였다.

국가정보원은 전 세계에서 발생하는 테러사건과 테러정보를 면밀히 분석하여 우리 국민과 재산에 대한 테러징후를 조기에 포착하고, 유관부처에 지원하는 대책을 강구함은 물론 외국 관계기관과도 협력체제를 구축하여 테러관련 정보 수집을 강화하고 있다.

우리나라는 2000년 서울 ASEM 회의를 성공적으로 개최하는 등 국제적 역할이 증대되고 국력신장으로 해외활동이 지속 증가하고 있는 가운데 2002년에는 월드컵 대회와 부산 아시안 게임 등 중요 국제행사가 연이어 개최됨에 따라 국내외 불순세력의 테러위협이 계속 증가할 것으로 예상되었으나, 우리 정부는 국민의 생명과 재산의 보호를 위한 대테러 활동을 더욱 강화해 나갈 것으로 보인다.

(3) 안전지대 없는 테러범죄

'90년대는 테러양상이 민족이념과 종교적 신념 등에 기인한 테러가 주종을 이루는 가운데, 대부분 불특정 다수를 대상으로 한 무차별 살상형 테러의 형태로 나타나 이제 전 세계는 어느 곳도 테러로부터 안전지대가 아님을 실감하게 해 준 한 해였다.

1996년 2월 이스라엘, 예루살렘 중심가를 지나던 출근버스에서 폭탄이 폭발하여 23명이 사망하고 50명이 부상을 당하였으며 또 사우디아라비아 '다란' 미 공군기지 인근에서 대형 유조폭탄 차량이 폭발하여, 미군 등이 사망하고 386명이 부상당하는 테러사건이 발생했다.

또한, 11월에는 러시아 남부 다게스탄 공화국의 한 러시아 군인 아파트에서 폭발사건이 발생하여, 100여 명의 사망자를 냈고 12월에는 페루의 좌익 투팍 혁명운동(MRTA) 소속 게릴라들이 외교관과 페루 정치인·기업가 등 5백여 명을 억류하고 페루 정부의 좌익게릴라에 대한 강경책에 항의하며 투옥된 조직원의 석방을 요구하는 인질극을 벌였다.

국제적인 테러사건은 점차 대규모화되고 지역적으로 광범위해지고 있을 뿐만 아니라 테러조직의 수도 증가 일로에 있는 것으로 나타나고 있어 테러에 대한 대응은 이미 세계 공통의 과제로 대두되었으며 앞으로 독가스 · 세균 등 화학적 · 물리학적 공격과 컴퓨터 등을 이용한 새로운 형태의 테러가 등장할 것이 예상되어 더욱 가공할 공포의 대상이 되고 있다.

1983. 10. 아웅산 묘소 폭파 테러 현장

따라서 세계 각국은 오늘날 테러가 국가와 사회에 위협적인 도전이 되고 있다는 데 인식을 같이하고 가해자나 동기에 관계없이 모든 형태의 테러와 싸우기 위한 국제적 노력을 기울여 나가고 있다.

1996년 6월 선진 7개국(G7) 정상들이 프랑스 리옹에서 개막된 정상회담에서 테러행위를 강력히 규탄하고 테러저지를 위해 모든 연대노력을 기울일 것을 결의하는 반테러선언을 채택한 것도 이러한 노력을 반영한 것이라 하겠다. 그러나 이러한 노력에도 불구하고 더 많은 테러가 일어났으며 계속해서 증가하고 있는 추세이다.

1999년에는 전 세계에서 새천년 도래에 따른 종말론적 테러위협이 고조된 가운데 회교 원리주의 · 민족분리독립 · 극좌 · 극우 등 다양한 동기에서 비롯된 506건의 테러가 발생했으며, 5,907명의 사상자(사망 2,378, 부상 3,529)가 났다. 인도 · 파키스탄 · 스리랑카 등지에서 대정부 테러가 빈발하였고 중동평화협상에 반발한 '하마스' · '헤즈볼라' 등의 대이스라엘 테러로 테러 건수는 전년도(458건)에 비해 9.4% 증가하였다.

9월 러시아에서 발생한 아파트 연쇄 폭파테러로 1,000여 명이 살상되었으나 인명피해는 1998년도(사망 3,672명, 부상 3,954명)에 비해 대폭 감소하였다.

또한 국가원수급 인사에 대한 암살기도와 항공기 피랍사건 등 대형사건이 빈발하였는데, 아르메니아 국회의사당 총기난사 사건(10. 27.), 스리랑카 대통령 암살기도(12. 18.) 등 주요인사에 대한 테러가 계속되었고, 일본 전일항공(ANA)(7. 23.) · 모로코 항공(8. 25.) · 이집트 항

월드컵 대비 대테러 특공대의 훈련장면

공(10. 19.)·인도 항공(12. 24.) 등 여객기 공중피랍 사건이 연이어 발생하여, 전 세계 항공기 운항의 안전문제가 부각되기도 하였다. 테러사건을 지역별로 보면, 과격 회교세력의 테러가 빈발한 중동 지역(135건), 미주 지역(112건), 민족분리독립·종교분쟁 등이 격화된 아·태 지역(103건)을 비롯하여 구주 지역(98건) 등 순이었다.

연도별·유형별 세계 테러발생현황

(단위: 건)

구 분	'93	'94	'95	'96	'97	'98	'99	2000
계	519	375	468	426	435	458	506	429
폭 파	153	110	157	172	174	172	205	223
무장공격	225	153	156	151	167	207	188	113
암 살	29	42	77	56	41	38	49	45
인질납치	28	28	28	26	23	26	50	32
항공기납치	26	20	10	8	7	4	6	9
기 타	58	22	40	13	23	11	8	7

※ 비공식 사건은 포함하지 않음. 2001년 경찰백서 자료

제2절 테러발생 요인

1) 테러의 동기

테러의 동기는 사회구조의 변화·분화 또는 인구의 증가, 종교단체의 양적 증가, 제3국의 침략(영토 분쟁), 식민지화 등 여러 동기가 복합적으로 얽히고설켜 이룬다. 시대가 변천하면서 그 시대가 안고 있는 새로운 문제의 원인에서 새롭게 테러의 동기가 발생된다. 이런 발생은 여러 국가에서 진행되어 왔으며, 오늘날에는 일반적 범죄조직의 거대화에 따라 그들의 범죄가 테러의 양상으로 변화되고 있으며, 그 양상은 국가체제를 위협하는 단계에까지 상당 부분 발전해 있다.

① 현대화, 도시 집중화, 기술개발의 가속화 및 사회불안, 사회분화현상으로 발생

② 국가집단의 대형화에 따른 부작용(인종·종교·문화), 구성집단들의 동료의식 강화에 따른 기대 불균형 및 추구하는 목적의 쟁취 해결 방법으로 무력 투쟁이 빠르다고 인식하여 테러를 자행

③ 현대 사회체제의 모순은 물리적 힘에 의존해서만이 해결가능하다고 생각하는 젊은 세대의 급진적인 사상 주의 논리가 성립되어 발생

④ 테러범 개인 또는 단체는 그들의 행위에 정당성과 영웅 심리를 갖고 있으며, 군중심리를 조성하여 테러를 자행

⑤ 테러집단의 친화력 증가로 상호 정치적·사상지·종교적 이념을 같이하는 결과로 발생

⑥ 통신·교통·장비의 발달과 과학화로 테러집단 간에 테러 기술, 정보 교류 및 협력 강화

⑦ 국제 중요행사(정상회의 개최, 올림픽, 월드컵, 문화·예술행사) 등이 증가함에 따라 테러범들의 공격목표 확대

⑧ 국가 주요인사에 대한 테러행위로 국내 및 국제사회에서의 역할 변화 기대 심리

⑨ 테러에 대한 옹호 국가 비협조

⑩ 테러 지원 국가(리비아, 이란, 이라크, 시리아, 수단, 쿠바, 북한 등)의 협박으로 협력자의 협조를 기대

⑪ 테러는 작은 행동으로 커다란 성과를 기대

국 가	테러 지원국 지정 사유
쿠 바	바스크 분리주의 단체 및 남미 테러단체 은신처 제공
이 란	루시디 살해위협 및 헤즈볼라·하마스 지원
수 단	인근 국가 반정부세력 지원, 호스니 무바라크 이집트 대통령 암살 기도 지원
시리아	하마스·지하드·일본 적군파 지원
◎ 미국의 對테러 지원국 제재 내용 (관련법규: 국제 안전·발전 협력법)	① 수출입 및 투자·금융거래 제한·금지 ② 수출입은행의 지불보증 금지 ③ 정부 차원의 경제지원 금지

2) 테러의 원인

① 독립요구(식민지 국가, 민족, 종족 등)

② 분리독립(민족, 종족, 경제적 자립 등)

③ 영토분쟁(침공(략) 등)

④ 영유권 분쟁(수자원 등)

⑤ 국경분쟁(영토의 주권)

⑥ 민족갈등(문화 갈등 등)

⑦ 종족분쟁(인종 간의 갈등 등)

⑧ 내전(정치분쟁)

⑨ 정치적 분쟁(이념 갈등)

⑩ 산업사회 붕괴(경제의 빈부 등)

⑪ 외교적 불편 관계(주권에 대한 국가 간의 갈등)

⑫ 사회제도 개선(법률제도 개선요구 등)

⑬ 종교분쟁(기성종교와 신흥종교의 갈등 등)

⑭ 마약전쟁

3) 정치적 원인

(1) 한 국

정치라는 문제는 매우 복잡·난해하고 어려운 문제로 그 문제를 간단히 설명하고 해결하기란 매우 어려운 일이다.

최고 통수권자는 그 나라의 최고 실권자로 정치인이라면 누구나 한 번쯤 해 보고 싶은 욕망을 갖고 있다. 그래서 우리 근대사에서도 중요 인물들이 비밀리에 암살되는 테러를 많이 당했다. 또 하나는 사상(이데올로기)을 놓고 상호 의견차를 좁히지 못하는 경우 등 매우 난해한 문제로, 개인이든 집단이든 자신이 믿는 이상을 위해 그 목적을 달성하고자 하는 수단으로 극단적인 폭력테러를 실행해 왔던 것이다.

정치적으로 여야 문제는 끝없는 쟁점을 놓고 서로의 의견이 대립되곤 한다.

1945년 8·15해방 이후 우리나라 정치는 급속한 세계정세 변화의 혼란기를 걷고 있었다. 1947년 7월 여운형 피살사건, 동년 12월 장덕수 피살사건 등 연속된 테러는 이어 1949년 6월 26일 백범 김구 선생 암살사건으로 이어졌다. 강대국들은 이 사건을 자국에 유리한 정치적·경제적 위치를 확보하기 위한 희생양으로 삼았던 것으로 보인다.

한반도 분단은 2차 세계대전이 종식된 후 사회주의 국가(공산주의)인 소련과 민족주의 국가(자본주의)인 미국, 양대국이 자국의 군사작전에서 지리적으로 커다란 영향을 지닌 한반도 편 가르기의 일환이었다. 6·25전쟁 이후에는 1956년 9월 28일 민주당 전당대회 장면 부통령 저격사건, 불안정한 정세를 틈탄 5·16쿠데타(박정희 전 대통령 군사쿠데타) 발발 등으로 이어졌으며, 조총련계 문세광의 박정희 암살 실패(육영수 여사 시해) 사건이 발생했다.

징기 집권(독재정치) 반대로 인한 김재규의 박정희 전 대통령 시해사건(1979, 10·26사건)이 있었으며, 이전에는 김대중 납치사건(1973년 8월 8일)이 있었다('70년 중반 핵무기 개발계획으로 '70년 말 미국과 외교 이래 최악상황).

(2) 미 국

미국은 영국의 식민지 시대였던 때에 영국의 귀족들이 많이 이주하여 형성된 국가이다. 이때 귀족들은 그들의 노예를 식민지 국가였던 아프리카 등에서 노예상을 통해 많이 사들여 그들에게 농장일을 시키며 사회구조를 흑백으로 구분하여 노예 계급사회를 이루었다. 그러나 흑인과 인권 평등주의자 백인들이 합쳐 노예제도를 없애는 투쟁을 하게 되었으며, 이로 인하여 자연스럽게 노예제도를 반대하는 북부와 노예제도를 찬성하는 남부로 갈라지게 되면서 급기야 전쟁이 발발하게 되었다. 이 전쟁은 북군 승리로 끝났다. 그러나 이로 인해 에이브러햄 링컨 대통령이 남부 지지자들에게 살해되는 사건이 발생하였다.

이후에도 케네디 대통령이 저격 살해되었으며 레이건 전 대통령이 피격당해 가슴에 총알이 박혀 수술한 적도 있었다. 그리고 2001년 9월 11일에는 항공기를 납치하여 미 세계무역센터에 충돌시켜 건물 파괴로 수천 명이 사망·부상을 당하는 전대미문의 사건이 발생했다.

(3) 중동(이스라엘)

경
호
실
무
I

중동은 영토분쟁, 종교분쟁, 인종문제 등 풀기 어려운 문제들로 인해 테러와 보복으로 반세기 동안 전쟁을 해 왔다. 중동은 제1차 중동전쟁, 제2차 중동전쟁, 제3차 중동전쟁을 치렀으며, 이로 인해 전쟁이 결코 중동문제의 해결책이 될 수 없음을 통감하였다. 따라서 이스라엘과 아랍은 평화 공존할 것을 표방했으며 이스라엘은 점령지 팔레스타인 자치를 허용했다.

또한 이스라엘은 요르단과 적대 관계를 청산하며 다른 아랍국들과 관계를 개선하고 레바논·시리아 간 평화 협정을 체결함으로써 항구적 중동평화 구조를 구축하는 성과까지 이루었다. 그래서 중동은 평화 무드가 이루어졌으나 이로 인해 이스라엘의 라빈 총리는 그의 반대 세력인 유태인 극우단체 소속 청년 학도의 손에 피살당하였다(비공식적으로는 라빈 총리를 경호하던 경호원에 의하여 피살된 것으로도 알려지고 있다). 이유는 제3차 중동전쟁 중 이스라엘 군이 아랍 군을 격파하고 가자지구 요르단 강 서안 시나이 반도 골란 공원을 점령하여 빼앗았으나 이렇게 빼앗은 골란 공원을 라빈이 평화협정 일환으로 아랍에 넘겨주려고 했기 때문이다. 라빈은 이를 반대하는 반대 세력 단체가 암살한 것이다.

4) 경제적 원인

현대사회를 살아가는 우리는 무역전쟁, 경제전쟁 그리고 무한경쟁이라는 말이 익숙한 시대에 살아가고 있다. 국가 간에는 선진국·후진국, 개인에게는 부익부·빈익빈(있는 것과 없는 것) 차이에 의해 경제적 능력이 구분되고 있다.

세계는 이미 이념전쟁시대에서 경제전쟁시대로 접어들었다. 이에 따라 경제적 이익을 위해서는 수단과 방법을 가리지 않는 자연 생태계와 같이 약육강식 시대가 전개되고 있다. 이러한 시대적 상황에서 테러는, 자신의 경제적 불황은 테러라는 극단적인 방법만이 해결할 수 있다는 신념에 의해 이루어진다. 이러한 테러 수단을 사용하는 국제범죄조직이 있고, 이를 배후 조종하는 국가가 있다.

그 예로는 남미의 마약조직과 이탈리아의 마피아 조직 등이 있으며, 쿠바와 북한 등이 직간접적으로 관여하는 국가가 있는 것으로 알려지고 있다.

남미는 정부의 대대적인 단속이 있게 되면 경제가 마비될 정도로 마약경제에 대부분 국민이 의존하고 있으며 정부 주요인사가 마약 범죄조직의 배후를 조종하기도 한다고 한다.

따라서 마약 때문에 사회문제가 심각한 미국은 남미에 경제적 원조 및 마약 단속에 필요한 장비지원 등을 하는 것으로 알려지고 있다.

이에 마약조직이 정부기관에 대한 폭탄테러나 정부관료 및 경찰수뇌에 대한 암살을 결행하는 사례도 늘고 있다.

이탈리아에서의 상황도 남미와 마찬가지이다. 시칠리아에 기원을 가지고 있는 이탈리아 마피아는 타 단체와 연대한 국제조직으로 마약을 생산·유통하고 있으며 자신들이 이탈리아 경제를 살리고 있다고 자랑하기도 한다.

이를 증명하기라도 하듯 칼로게로마니노 전직 장관이 마피아 조직원이었음이 밝혀지기도 했다. 이들은 자신들의 사업에 장애요소가 있으면 어떤 것이든 거침없이 제거한다.

1992년 5월에는 마피아 킬러라 불리는 시실리 검찰청 마피아 전담 특수 수사본부에 있었던 지오바닌 팔코네가 차를 타고 가다 마피아의 폭탄 공격으로 가족과 5명의 경호원과 함께 살해당했다

이 마피아 조직은 정부 깊은 곳에까지 실력행사를 하고 있는데, 이들의 목적은 정부로 하여금 마피아 법안의 골자를 대폭 완화하게 하려는 것이다. 이미 이탈리아 정부는 이 법안을 개정하려는 움직임을 보이고 있어 이탈리아 정부의 절반이 마피아 정부가 아닌가

하는 생각을 갖게 한다.

5) 독립요구 원인

공산국가 붕괴로 인한 반정부 집단이 이루어지고 있으며, 중동 지역의 종교적 · 인종적 문제로 독립을 요구하는 집단이 형성되고 있다.

또한 17~18세기에 걸쳐 영국의 식민지 국가가 독립을 위한 활동을 하고 있다. 그 예로 크로아티아, 쿠르드 동맹(PKK), 투치족, 북아일랜드, 농민 반군(치아라스), 불가리아, 사이프러스 등이 있다. 이들의 반정부 단체의 중요한 목적은 자신들의 분리 독립을 위해서 투쟁을 벌이는 것이다. 1990년대 구소련 붕괴 이후 러시아연방으로부터 완전한 분리 독립을 선언한 체첸공화국이 러시아 정부군과 맞서 전면전을 벌여 결국 분리 독립에 사실상 성공하기도 했다. 독립요구는 민족, 종교, 정치, 경제적 원인에 의하여 그 동기가 형성되기도 한다.

6) 종교문제 원인

종교란 인간의 가장 원초적인 본능을 자극하는 신앙생활이라 생각한다.

인간이 언제부터 신앙을 갖게 되었는지에 대한 정확한 문헌내용은 없다. 그러나 그 신앙의 형태가 인종별 · 국가별로 여러 유형으로 발전해 왔음은 분명하다. 대표적인 종교로는 불교 · 기독교 · 천주교 · 이슬람교 등 많은 종교가 있으며, 사상 이념(이데올로기)을 중시했던 19세기 이전은 종교분쟁을 가장 큰 쟁점으로 삼았던 시대였으며 많은 국가에서 전쟁을 하는 원인이 되었다. 21세기인 오늘날에도 현대문명의 발달로 많은 신의 의문을 풀었지만 상대적으로 더 많은 의문이 있음을 알았을 뿐이었다.

이로 인해 더 많은 이단 신흥종교가 탄생하였으며, 이로 인한 사회문제는 여러 유형의 테러범죄로 일어나고 있다. 신흥종교의 증가 원인은 과학문명의 발달과 인구팽창을 들 수 있다. 과학문명 발달과 인구증가는 종교단체의 양적 증가를 가져왔다. 이들 종교단체는 기존 종교 간의 갈등으로 인한 신흥종교 이동으로 이어지고 있다.

미국의 다윗종교, 일본의 옴진리교, 한국의 오대양을 들 수 있다. 미국의 오클라호마시티 연방정부 건물 폭파사건도 다윗파라는 사이비 종교집단에 의해 배후 조종되었다는 의문이 제기되고 있으며, 일본의 도쿄 지하철 사린개스(sarin gas) 살포 테러도 옴진리교의 배후 조종으로 이루어진 테러로 보고 있다.

1960년대부터 이슬람 회교원리주의자와 시오니즘을 외치는 이스라엘 간에 수차례의 중동전쟁과 테러가 발생하기도 했다. 이로 인하여 종교문제로 인한 테러에 대해 세계 각국의 정보기관에서는 신흥종교집단에 대한 경계와 정보 탐색에 주력하고 있다. 또한 경호기관에서는 정부 요인에 대한 이들의 공격가능성이 높음을 인지하여 여러 형태로 테러공격에 대한 대비책을 강구하고 있다.

우리나라에서도 군경, 주요 국가 치안 관련기관에서 이러한 테러에 대비 모 군기지에서 테러 종합모의훈련을 수시로 실시하고 있다. 심리학 전문가와 경찰 협상요원으로 구성된 대테러 대책위원회를 구성하고 정부 8개 부처별 대책위원회를 구성하여 피해를 최소화하기 위한 대응책을 마련하는 등 정부 차원의 대테러 진압훈련을 실시하였으며 이 모의 훈련은 정기적으로 실시하고 있다.

※ 세계를 경악하게 한 유명 사이비 종파(광신교)
① 미국 텍사스 소재 다윗파
  ㉠ 93년 텍사스 와코 농장에서 86명 집단 자살
  ㉡ 95년 오클라호마시티 폭탄테러
② 미국 사이언톨로지교(과학교)
  ㉠ 전 세계 65개국, 1천만 명 추종자
  ㉡ 신도 폭행·감금·납치로 유명
  ㉢ 마이클 잭슨, 톰 크루즈 등 유명 연예인 등록
    (현재 미국 전역에 1천5백 개의 광신 집단 활동)
③ 태양 사원
  ㉠ 94년 스위스 알프스 산간마을 50명 집단 자살극, 95년 프랑스 그르노불 16명 자살, 97년 캐나다 퀘벡 5명 자살
  ㉡ 캐나다, 스위스가 활동 무대
④ 독일 신카리스마 기독교
  ㉠ 독일 최대 규모의 광신 집단
  ㉡ 현재 독일 내 광신 그룹 7백여 개, 신도 2백만 명
  ㉢ 남미인민사원사건 78년 남미가이아나 923명 자살
⑤ 일본 옴진리교
  ㉠ 종말론 광신 집단, 독가스 테러
  ㉡ 현재 일본 내 1만 6천 개 신흥종교 및 광신집단 활동
⑥ 한국 ? 대상
  ㉠ 87년 한국 용인 32명 집단 자살

아직 우리나라에서는 외국과 같은 종교테러가 일어나지 않았으나 신흥종교집단 증가와 이들 종교 이념의 반사회적 성격으로 내부문제가 발생되고 있으며 외부 돌출을 예고하는 문제의 종교단체들이 많이 활동하고 있다. 우리나라에서도 이러한 신흥종교 및 광신도들로 인한 반사회적 폭력 테러가 예상되고 있다.

7) 민족갈등의 원인

민족 간의 갈등은 종교적 갈등, 영토 분쟁, 과거 청산 등 갈등에서 비롯하기도 하며, 시대 흐름의 변화에 따라 사상 이념(이데올로기)과 같은 차이로 갈등을 갖게 되는 경우가 있다.

냉전종식 이후에 분쟁의 이유로서 새로 떠오르는 주제가 민족 간의 갈등이다. 터키 군은 이라크 내의 쿠르드 반군을 토벌하고 있으며, 보스니아에서는 세르비아계 민병대에 의한 인종청소와 학살이 자행되고 있다. 또 구소련의 여러 공화국들 또한 영토분쟁과 자치공화국들의 독립 요구에 시달리고 있는 형편이다. 실제로 러시아에서는 체첸 군과의 숨바꼭질을 계속 벌이고 있다.

이상에서 보여 주는 바와 같이 민족 간의 갈등이 전면전의 양상으로 나타나는 경우가 상당수를 차지하고 있는 실정이다. 그러나 이와는 별도로 뒤에서 테러라는 전쟁이 일어나고 있다. 이스라엘에서는 폭탄공격으로 이스라엘인 수십 명이 사망하였고 이에 대한 이스라엘의 응징으로서 베이루트 남부에 대규모의 폭격이 가해졌다. 또한 러시아 내에서는 체첸 반군에 의한 테러가 무수히 벌어지고 있다. 지난번 알제리 공항에서의 프랑스 여객기 납치사건을 계기로 테러가 세계 전역에 문젯거리로 대두되었다(1996년).

8) 종족분쟁의 원인

종족분쟁은 테러의 주체가 되는 그들의 종족 우월주의에서 오는 것이라 할 수 있다. 그 예로 나치주의자나 파시스트 등은 그들의 가장 커다란 목적을 국가의 통일성을 이룩함과 백인지상주의를 추구하는 것에 두고 있다. 따라서 이들은 유색인종에 대한 테러를 주로 자행하고 있는 것이 특징이다.

가장 대표적인 극우 단체로서는 미국에서 유색인종에 대해 공격을 일삼는 KKK단과 통일 독일의 신나치(NEW NAZI)를 들 수 있다. 이 단체들은 아리아인 지상주의를 추구하면서 지구상에서 순수한 아리아인 국가 건설의 실현을 목적으로 하고 있다. 다른 이유에서 일어나는 테러와 마찬가지로 이를 이루는 방법으로 테러수단이 가장 효과적이라 믿고 있으며, 이를 실현하기 위해 폭력적인 수단의 사용을 정당하게 생각하고 있다.

따라서 이 단체들은 유색인종에 대한 무자비 살해를 감행하고 있으며 그 효과를 극대화(선전효과)하기 위해 방화와 같은 방법을 선택하기도 하며 공개된 장소에서 사람을 불태워 죽이는 살인을 자행하기도 한다. 그들의 이런 행동은 종족 우월주의에서 시작되어 본래의 목적과는 달리 폭력을 통한 쾌락주의로 변화되고 있다.

(1) 개인적 동기

어떤 경우에 있어서는 복수, 분노, 증오, 질투, 금전 또는 지극히 개인적인 동기 등에 의하여 이루어지며 그 동기는 실제적이거나 또는 상징적인 것이다.

(2) 심리적 동기

환각 망상과 같은 광신적 또는 정서불안 등이 고려될 수 있는 요소이다. 이들 한 가지 또는 그 이상의 요소들이 복합적으로 작용하여, 테러를 일으킨다.

※ 정신병학직 환자는 성신병, 신경증, 정신박약, 인격장애 등을 들 수 있다.

제3절 세계의 주요 테러조직(분포)

유너바머(UNABOMBER)

테러조직은 어느 국가 어느 사회이든 그들의 목적 동기에 따라 활동범위가 확대되고 있으며, 양적 증가를 지속해 오고 있다. 또한 새롭게 탄생하는 테러조직도 증가하고 있으며 지금까지 파악된 테러조직은 72개국 575개이고, 이 중 50여 개 주요조직은 현재 테러활동을 활발하게 전개하고 있다.

또한 이외에도 사회불만자 개인의 독단적인 테러활동이 증가하고 있으며, 이들의 특징은 어떤 이유와 목적이 있는지 잘 밝혀지지 않고 있으며, 누구인지도 알려지지 않는다는 사실이다.

지난 1996년 4월에 체포된 '유너바머(UNABOMBER): 시어도어 테드존 카진스키(53)'를 그 예로 들 수 있다. 미국에서 일어난 연속 우편물 폭탄테러사건의 용의자가 바로 그었다. 그는 산업사회의 기술문명을 어떻게 붕괴시킬 것인가 하는 연구를 해 왔으며, 테러라는 물리적 힘에 의존하는 극단적 사고개념을 가졌다.

또한 테러조직의 성향에 따라 구분할 수 있다.

극좌 217개 조직(38%), 극우 30개 조직(6%), 민족주의 142개 조직(25%), 기타 178개 조직(31%)이 있다.

1) 세계 주요 테러조직

(1) 2002년 미 국무부 발표 29개 테러조직

지 역	조 직	
중 동 (12개)	아부니달(팔레스타인계)ANO 하마스(팔레스타인계) 알 지하드(팔레스타인계) 헤즈볼라(친이란계) 가마알-이슬람이야(이집트계)IG 카츠(유대인계)	DELP(팔레스타인계) PFLP(팔레스타인계) PLF(팔레스타인 인민해방전선) 무자헤딘칼크조직(반이란계)MKO 알 지하드(이집트계) 카하네(유대인계)
아시아 (7개)	옴진리교(일본) 아부사야프(필리핀회교계)ASG 크메르루즈(캄보디아반군) 알카에다(오사마 빈 라덴)	적군파(일본) HUA(친파키스탄계) LTTE(스리랑카반군)
유럽(5개)	ETA(바스크분리주의자) 혁명11월17일(그리스좌파) DHKP(터키마르크스파)	PKK(쿠르드반군) ELA(그리스좌파)
남아메리카 (4개)	FARC(콜롬비아좌파) ELN(친카스트로계)	MRTA(페루좌파) 빛나는 길(페루좌파)
북아프리카(1개)	GIA(알제리회교계)	

세계 테러조직은 그들의 수단이 폭력이라는 점은 같지만 이들의 목적은 각기 다르다. 일본의 적군파는 공산혁명 이념주의에서 출발되었다. 일본의 적군파는 국제 테러조직인 '국제혁명기구' 등에 가입해 세계 주요 테러집단과 연대했다. 적군파는 이들과 협력해 세계 곳곳에서 동시다발적으로 비행기 납치·암살 등을 저지르기도 했으며, 조직원에 대한 훈련 및 배반자에 대한 처벌은 상상을 불허할 정도로 일본 전래의 닌자를 방불케 했다.

인종주의에 기반을 둔 테러집단은 미국의 쿠 클럭스 클랜(KKK)이 두드러진다. 백인 우월주의에 바탕을 둔 KKK는 흑인에 대해 무차별 폭력을 행사했다. 민족과 종교에 뿌리박은 테러집단은 가장 생명이 끈질기고 추종세력의 저변도 넓다.

(2) 세계의 대표적 테러조직

테러조직	투쟁목표	조직원 수	근거지
미국 극우민병대(240개 조직)	미 정부 국제정책 반대	약 50만 명	미국 40개 주 산재
아일랜드 공화군(IRA)	북아일랜드와 아일랜드 통합	수백 명	북아일랜드 및 영국
바스크조국과 자유(ETA)	바스크 독립국가 건설	수백 명 추정	스페인 북부 및 프랑스 남서부 바스크지방
하마스 (지도자: 셰이크 아흐메드)	이스라엘에 팔레스타인 이슬람국가 건설	미상	가자지구 등

테러조직	투쟁목표	조직원 수	근거지
헤즈볼라	이란식 이슬람국가 건설 및 미국 등 외세추방	5천 명	남부 레바논
센데로 루미노소(SL)	좌익혁명	약 2천 명	페루
콜롬비아혁명군(FARC)	좌익혁명	약 5천 명	콜롬비아
바더 – 마이호프만	일본 적군파와 동일	2천 명	독일
타밀엘람해방호아이(LTTE)	타밀족분리 독립	약 1만 명	스리랑카 북동부
사이카	마르크스주의 표방	200명	시리아
검은 6월단, 검은 9월단	아랍혁명(팔레스타인해방)	미상	팔레스타인
PFLP조직	세계적 아랍혁명	500명	팔레스타인
쿠클럭스클랜(KKK)	백인민족 우월주의 표방	미상	미국
이슬람 무장그룹(GIA)	미상	미상	알제리

2) 세계 주요국 테러조직 현황

(1) 일본(JRA)

국제적인 테러단체는 일본 사회주의자 리그 – 레드파가 해체된 후1969년 9월 일본 적군의 전신인 시오미고오야를 중심으로 한 공산당 적군파가 결성['48년 전학련(전일본학생자치연합회)에 뿌리를 두고 출발]되었다.

일본 적군은 원래 일본 내의 적군파의 아랍 지부였다. 일본 내의 적군파가 붕괴되어 가던 중인 1972년 5월 30일, 이스라엘 텔아비브 공항에서 적군파에 의한 총격사건이 돌연 발생했다. 이로써 새로운 적군파, 즉, 일본 적군이 존재한다는 것이 세계에 알려졌다.

① **활동:** 1972년 이스라엘 로드공항의 학살과 두 대의 일본항공기 납치와 쿠알라룸푸르에 있는 미국 대사관 탈취 시도 등을 포함한 세계 곳곳에서 테러행위를 실행했다. 1988년 4월 JRA 활동원 유 키쿠무라는 New Jersey 고속도로에서의 폭파, 나폴리에서 USO 클럽의 폭파와 함께한 공격 계획, 그리고 미국 수리공을 포함한 5명을 죽인 JRA 활동으로 체포되었다. 1977년 팔레스타인일변도 노선의 과오를 인정하고, 금후 일본 인민공화국의 실현을 위한 투쟁으로 전환할 것을 선언하였다. '72년 간부들이 대거 검거되면서 쇠퇴하기 시작하여 현재는 조직이 해체된 것으로 보인다.

ⓐ 1972년 5월 30일 이스라엘의 텔아비브 로드 공항에 도착한 항공기 주변에 있던 약 300명의 도착객과 공항직원에게 AK – 47 자동소총을 난사하고 수류탄을 투하하여 27명 사망, 78명 부상

ⓑ 1973년 7월 21일 일본항공 점보기 404기(승무원 22명과 승객 123명) 납치, 팔레스 타인 게릴라라고 자칭한 4인조에 납치 87일 만에 항공기 폭파, 인질 전원 석방, 1명 사망, 1명 부상으로 끝남

ⓒ 1974년 1월 31일 싱가포르 쉘 정유소를 습격하여 플라스틱 폭탄을 장치, 3개의 정 유탱크 폭파, 정박 중이던 보트를 탈취하여 5명을 인질로 잡은 사건이 발생

ⓓ 1974년 9월 13일 네덜란드 주재 프랑스 대사관 난입사건

ⓔ 1975년 8월 4일 미국 영사관, 스웨덴 대사관 점거사건

ⓕ 1977년 9월 28일 파리발 옹정행 일본 항공 DC-8기 납치사건 등이 있다. 현재 테러활동은 소강상태인 것으로 보인다.

(2) 일본(Aum)

옴진리교는 아사하라에 의해 1989년 합법적인 방법으로 설립되었으며, 일본 그리고 전 세계의 옴진리교회를 통한 세계 지배를 목표로 한다. 이 교파의 조직구조는 성직자들과 교주 비서관을 포함하는 민족국가의 조직 구조를 흉내 냈다. 신도들은 교주의 지도력과 압제에 의해 통제된다.

이 집단은 1990년 일본 지방선거에 참여했으며 1995년 10월 일본법에 의해서 종교 조 직으로서는 해제되었지만 정부의 위원회는 이단을 배척하는 광신도에 대한 전복금지법은 발동하지 않기로 결정했다. 일본 경찰은 1995년 5월에 아사하라를 체포했는데 그는 1997 년 공판에서 판결을 받았다.

그러나 여러 명의 핵심 인물들은 대규모로 잔존하고 있다. 도쿄 지하철 습격 시에 이 단체는 일본에 9,000명, 세계에는 거의 4만 명 신도가 있는 것으로 알려지고 있다.

① **활동:** 1995년 3월 20일 옴진리 교도들은 도쿄 지하철에 6개의 짐을 운반하고 우산 끝으로 포장을 찢어 살인가스인 사린가스를 풀어 12명을 죽이고 5천 명 이상의 사 상자를 냈다.

② **활동지역:** 일본에서 활동. 그러나 호주, 러시아, 우크라이나, 독일, 타이완, 스리랑카, 구유고와 미국에도 있음.

(3) 필리핀(ABB)

필리핀 공산당의 이념을 동일시하고 있으며 이들 급진진보세력으로 구성된 것으로 알려지고 있다.

① **활동:** ABB는 그동안 100건 이상의 살인 사건에 연루된 혐의를 받고 있으며 1989년의 필리핀 주둔 미 육군 대령 제임스 로웨의 살인에도 연루되어 있는 것으로 알려져 있다. 1997년 3월에는 또 다른 무장조직 '혁명 무산자군'과 동맹을 맺은 것을 공포하였다. 현재는 500여 명이 활동하는 것으로 추정되고 있다.

② **활동지역 및 범위:** 마닐라에서만 활동함

③ **연계 및 원조:** 필리핀 공산당

(4) 파키스탄(HUA)

HUA는 파키스탄에 기반을 둔 이슬람의 투쟁집단이며, 카슈미르 지방에서 주로 활동하는 두 정치적 행동주의자 집단인 '하르카트 울-지하드 알-이슬라미'와 '하르카트 울-무자헤딘'이 합병한 1993년 10월에 조직이 형성되었다.

① **활동:** 카슈미르 지방에서 타깃이 되는 인도 군대와 시민군에 대항하는 많은 활동을 해 왔다. 1995년 7월 카슈미르 지방에서 서방 관광객 5명을 납치하는 등 그동안 수없이 테러를 감행해 왔다. HUA는 기관총, 소총, 박격포 화약과 로켓 추진 미사일을 사용한다.

② **활동지역 및 범위:** HUA는 모자 파라바드와 파키스탄에 근거를 두고 있다. 그러나 HUA 구성원은 카슈미르 지방에서 주로 반란과 테러행위를 일삼는다. HUA는 아프가니스탄과 파키스탄에서 집단의 투쟁자들을 육성한다.

③ **연계 및 원조:** HUA는 사우디아라비아와 다른 걸프, 이슬람 지역의 동조자와 파키스탄 인과 카슈미르 인으로부터 기부를 받고 있다. HUA의 군사적인 자금의 원천과 그 양은 알려지지 않고 있다.

(5) 스리랑카(LTTE)

타밀족 분리독립을 위해 1976년 창설되었으며 가장 힘 있는 타밀집단이다. LTTE는

1983년에 스리랑카 정부와 무력 항전을 시작했다.

① **활동:** LTTE는 중요 정부시설과 군인 경제와 공공의 기반시설을 타깃으로 하는 테러 프로그램과 반란전쟁 전술을 통합했다. 정치적 연합은 1993년 스리랑카 대통령과 1991년 인도의 수상에 대항하여 한 자살 폭파 공격을 포함한다. LTTE는 1996년 7월에 중앙은행 중 하나와 스리랑카 경제에 대항하여 두 대의 폭탄 트럭을 폭파시켰고 1997년 10월 콜롬보 세계무역센터에서 또 다른 장소를 폭파시켰다. 또한 LTTE는 스리랑카 수역에서 외국 상업 선적과 통근 기차, 버스, 기름 탱크, 주유소와 같은 기반시설을 포함하여 몇 대의 선박을 공격했다. 현재는 대략 10,000명 정도가 활동하는 것으로 알려지고 있다.

② **활동지역 및 범위:** 타이거스는 스리랑카의 북동쪽 해변지역 대부분을 관할한다. 그러나 그 섬 도처의 지역을 또한 관리하고 있다. 와니 지역 본부 LTTE의 리더는 관할지역에 들어오는 외부인의 동태를 파악기 위해 검문소와 정보원의 광범위한 조직을 세웠다.

③ **연계 및 원조:** LTTE는 북미, 유럽, 아시아에서 기금을 모으고 스리랑카에서 전사를 공급하기 위해 큰 타밀 사회를 이용했다. 그리고 '80년대 중반에 수집된 정보는 유럽의 몇몇 타밀 사회는 마약 밀수에까지 연계되어 있다고 지적한다.

(6) 독일(바디 - 마인호프만)

1970년 5월 4일 적군파의 이름을 따서 젊은 변호사인 바더를 중심으로 서독 적군파를 결성, 적군파의 멤버인 바더와 동조자 3명이 백화점 방화사건 재판으로 인하여 세상에 알려졌다. 바더의 아내인 엔슬린이 공작 총책으로 모든 활동을 주관한다.

이 단체의 이념은 무정부주의, 반부르주아지, 반미 및 혁명이다. 서독 적군파는 불타는 월남의 촌락을 상징하기 위하여 바더와 동조자 3명이 백화점에 불을 질렀다가 곧 체포됐다.

자신의 변호를 위한 필요한 서적을 도서관에서 대출받을 것을 허락받은 바더가 도서관에 들어갔을 때, 사회학강사인 마인호프와 추종학생 몇몇이 경찰에게 총격을 가하여 바더를 구출하였나. 1970년 5월 4일 바로 이날을 그들은 서독 적군파의 창설일로 삼았다. 곧 바더와 마인호프는 지하조직을 만들고 1년 반 동안 여러 번의 암살과 암살기도로 서독 국민을 공포 속에 몰아넣었다. 그때부터 서독 적군파는 바더 - 마인호프만으로 불렸으며, 서방 최대의 도시테러단체로 발전하였다.

① **활동**: 이들의 행동이 격화됨에 따라 경찰의 수색도 강화되었으며, 그 과정에서 경찰은 3명의 젊은 바더-마인호프 단원을 사살하게 되었다. 이에 대한 보복으로 그들은 1972년 5월 미국 대령 한 명을 사살하였으며, 신문사 건물을 폭파하여 17명의 부상자를 내었고, 하이델베르크에 있는 미군부대에 공격을 가하여 3명의 미군을 사살하는 등 테러활동을 더욱 강화하였다. 그 후 바더와 마인호프가 붙잡히고 바더가 감옥에서 의문의 총살시체로 발견된 후에도 바더-마인호프단은 죽지 않고 살아 있다.

ⓐ 72년 5월 한 미국인 대령을 사살하였고, 스프링거 신문사 건물을 폭파하여 17명의 부상자를 냈으며, 이어 하이델베르크에 있는 미군 부대 본부에 공격을 강하여 3명의 미군을 사살하는 등 테러활동을 강화

ⓑ 81년 8월 31일 람슈타인 미군 사령부 폭발, 동년 9월 1일 프랑크푸르트 시민 당사 피습사건 등

ⓒ 현 새로운 지도자는 전과 5범으로 전 하이델베르크 대학생인 크리스리안클라르와 간호원 출신인 압데하이브 술츠로 추정

② **연계 및 원조**

ⓐ 주로 시리아와 레바논을 중심으로 중동 지역에서 테러전술 훈련을 받고 또한 이탈리아의 붉은 여단, 프롤레타리아 무장세포 및 알마타 도시와 연계하고 있다. 마이호프만은 카를로스가 구성한 빈에서의 OPEC 본부 공격과 엔테베 사건에 참여하였다.

ⓑ 북한에 군사훈련 및 정치적 지원을 요청하고 또 이들은 남예멘과 이라크 등 중동 지역에서도 훈련과 무기를 지원받고 있다.

ⓒ 구소련으로부터 재정지원이 있었으나 소련 붕괴 후 지원이 중단된 상태이다.

ⓓ 핵심 단원은 50~60명, 동조 세력은 약 2,000명으로 추정된다(과반수가 중류층 젊은 여성들로 구성된 특징이 있다).

ⓔ 검은 9월단과 매우 밀접하게 결탁되어 있다.

(7) 검은 9월단(베이루트 레바논 근거)

아라파트 지도하의 알파타가 테러단체로 이용하기 위해 결성하였다. 1970년대 당시 요

르단에서 팔레스타인 난민을 학살한 사건(9월을 기념하기 위해 붙인 것)으로 출발하였다.

평화의 대제전 올림픽은 세계의 이목이 집중되고 있기 때문에 국제 테러단에게는 좋은 목표가 된다. '92 바르셀로나올림픽에서도 20년 전 뮌헨올림픽에서의 악몽이 되살아날 것만 같은 두려움에 올림픽의 열기가 뜨거워져 가고 있는 동안에도 경호원들의 긴장된 눈빛은 늦추어질 줄 몰랐다. 올림픽 테러의 주인공, 검은 구월단, 그들의 목표는 이스라엘을 전복하고 팔레스타인 정부를 수립하는 것이다.

검은 구월단이라는 이름은 이스라엘에 의하여 협박당하고 매수되었다고 PLO가 주장하는 요르단 후세인 왕이 1970년 9월에 요르단 내의 팔레스타인 난민들을 학살한 사건을 기념하기 위하여 붙인 것이다. 검은 9월단은 이스라엘과 관련이 있는 유럽 소재의 상업시설들을 폭파함으로써 그 활동을 개시하였다.

① **활동:** 1971년에는 카이로에서 요르단의 텔 수상을 암살하여 세상에 악명을 떨쳤고, 드디어 1972년에 뮌헨 올림픽에서 이스라엘을 선수단을 집단 학살했다. 당시 이를 TV가 대부분 중계함으로써 집단학살현장이 전 세계 수천만 세대에게로 전달되었다. 이스라엘 선수촌 공격 사건으로 인해 검은 9월단은 대대적으로 전 세계에 알려졌으며, 당시 테러범들은 '온 세상이 즐거움을 갖는 동안 우리만은 왜 외면된 채 고통을 당해야 하는가'라는 메시지를 발표했다. 이 끔찍한 테러사건은 모든 국가들이 팔레스타인 문제를 새로운 시각으로 보게끔 유도하였다.

이 집단은 7~10명으로 조직된 소규모 행동대로 불시에 기습을 가할 뿐만 아니라 본부나 사무실도 없으며 거사 후에는 다시 흩어져 버린다. 단원들도 같은 조 외에는 서로 전혀 알지 못한다. 따라서 그들의 실제 병력을 파악하는 것은 거의 불가능하다 (1972년 뮌헨올림픽에서 이스라엘 선수단을 무참히 살해했던 테러리스트들은, 이스라엘이 20여 년간 유럽 전역에 흩어져 살고 있던 범인을 추적하여 전원 살해했다).

ⓐ 이스라엘과 관련 있는 유럽 소재의 상업 시설물들을 폭파함으로써 활동 개시

ⓑ 1971년 11월 28일 카이로의 쉐라톤 호텔에서 요르단의 와스피텔 수상을 암살하면서 전 세계에 널리 알려짐

ⓒ 공산 국가로부터 무기, 훈련 및 군사 지원을 제공받고 있음

ⓓ 현재 일시적인 활동 중지

ⓔ 검은 9월단 7~10명으로 조직된 소규모 행동대원으로 활동

(8) 검은 6월단(NAYLP '해방아랍민족청년단')

검은 9월단 이탈자로 암호명이 아부니탈인 시브리 알바나에 의해 결성되었다.

이 단체는 리비아의 가다피가 1972년에 검은 9월단과 PFLP(팔레스타인해방인민전선)에서 쫓겨난 호전적인 분자들을 모아 결성하였다. 이들은 지나치게 극단적인 테러를 주장한 결과 자신들이 소속된 조직에서 제명된 것이다.

① **활동:** 가장 악랄한 테러활동의 일부로서 2개의 축탄을 팬암기 내에 투척하여 32명을 사망시키고 18명을 부상시킨 로마대학살을 연출한 것이 NAYLP의 테러리스트들이다. 이들이 쿠웨이트행 비행기를 납치하였다가 결국 체포됐을 때, 자신들의 테러 대상은 키신저 당시 미국 국무장관이었으며 그를 암살하여 그때 협상 중에 있던 중동평화를 파괴하려 했다고 밝혔다.

또한 이 단체가 아테네 공항에서 TWA기에 탑승하기 위하여 대기 중이던 승객들을 기관총으로 난사하였던 것으로 생각된다. 당시 이 사건으로 3명이 사망하고 55명이 부상당하였다.

ⓐ 테러활동은 거의 아랍권 내에 국한

ⓑ 본부는 바그다드, 거의 전적으로 이라크에 의존

ⓒ 78년 1월 런던에서 알파타의 주요 대표인 온건주의자 세이드 하마미를 살해하였는데, 그는 몇몇 온건한 이스라엘 인과의 대화를 개설하였다는 이유로 살해되었다.

② **연계 및 원조:** 레바논에 많은 추종자들을 갖고 있다.

(9) PFLP 조직

1967년 6월 전쟁 참패 이후 창시자 하바시 박사에 의하여 동년 12월에 결성, 현 지도자는 하다드로 알려지고 있다.

① **활동**

ⓐ 1968년 7월 로마에서 텔아비브행 이스라엘기를 납치함으로써 하이재킹의 선구적 역할을 함

ⓑ 1970년 9월 미 팬암기 납치사건을 일으킴

ⓒ 1972년 5월 이스라엘의 로드 공항 테러사건(27명 사망)

ⓓ 1974년 2월 싱가포르 쉘 정유소 점거사건

ⓔ 1976년 6월 엔테베 공항 사건 등이 있다.

② **연계 및 원조**

ⓐ 리비아, 이라크, 알제리 및 남예멘 등 모든 거부 전선 국가들의 지원을 받고 있으며, 이들 국가에 사무소를 설치, 특히 북한과도 긴밀한 관계를 맺고 있으며 중국과도 원만한 관계 유지

ⓑ 또 유럽, 일본 및 중남미의 테러분자들과의 긴밀한 공작상의 협력관계 유지

ⓒ 모가디슈 사건은 슐라이어를 납치한 서독의 테러범들의 지원하에 팔레스타인들에 의해 수행되었으며, 로드 공항 사건에는 일본 적군파가 참가

ⓓ 이외에도 이탈리아, 네덜란드, 프랑스, 터키, 이란 및 IRA와도 연계를 맺고 있다. 활동 단원은 500명 정도, 50여 명의 국제적인 갱들을 지휘하고 있다.

(10) 아일랜드(아일랜드공화군 IRA)

16 · 17세기 스코틀랜드 등지에서의 신교도들의 대대적인 이주 분쟁을 불씨로, 1801년 영국의 아일랜드 합병, 1905 신페인당 창설, 1919 반정부무장투쟁단체 아일랜드공화군(IRA) 창설은 모두 독립투쟁의 일환이었다고 주장하고 있다.

① **활동**: 영국으로부터 북아일랜드의 독립을 요구하는 신페인당의 무장조직으로 영국의 정부 · 군 등 고위층을 대상으로 폭탄테러와 암살 · 납치 · 절도 등 테러를 자행하고 있다.

지난 94년 영국과 휴전하고 평화회담을 진행했으나 지난 2월 런던시내 폭발테러 이후 다시 테러에 손을 뻗치고 있다.

1998년 8월 1일 북아일랜드 수도 벨파스트 남서부 밴브리지에서 차량 폭탄테러를 감행하여, 35명이 부상당했다.

② **활동지역 및 범위**: 영국 및 아일랜드 전역

(11) 스페인(ETA)

바스크 공화국(Euskal Herria)은 정치적으로 프랑스와 스페인 사이에서 모두 7개의 주로 나누어져 있는데 북바스크라고 불리는 3개의 주는 프랑스 통치하에 있고, 남바스크라고 불리는 나머지 4개 주는 스페인의 지배를 받고 있다.

1901년에 사비노 아라나라는 바스크 국민당의 창시자가 7개의 바스크 주로 구성된 단체를 만들었으며 바스크 공화국은 1959년 스페인의 바스크 지역의 독립을 목표로 창설되었다. 그리고 그것은 마르크스주의에 대한 암묵적인 동조를 의미하고 있다.

① **활동**: 이들은 보안관련자, 군인, 정치가 및 사법관에 특별히 초점을 맞추고 있으면서 스페인 정부 관료에 대한 암살과 폭탄테러를 주로 일삼는다. 프랑스 정부의 대항정책에 대응하기 위해 ETA는 프랑스 이익에도 그 테러의 초점을 맞추고 있다. 주로 납치, 강도, 강탈, 착취를 통한 경제적 활동이 그 주가 된다.

ETA는 1960년대 초 치명적인 테러공격을 시작하면서부터 800명이 넘는 사상자를 냈으며 최근 1997년에는 13명의 암살 사건에 연루되어 있는 것으로 알려지고 있다.

② **활동지역 및 범위**: 북부 스페인 혹은 남부 프랑스 지역의 바스크 공화국을 그 주된 활동범위로 하고 있으나 스페인이나 프랑스 이익에 관련된 어느 지역에서나 폭탄테러가 자행되어 왔다.

③ **연계 및 원조**: ETA는 아일랜드공화국 군대(IRA)와 알제리의 이슬람 단체와 유대관계를 유지하고 있는데, 여기서 폭발물, 게릴라전, 도시지역 테러에 관한 훈련을 받는다. ETA는 유럽 내의 이슬람 조직망을 통해 무기, 안전한 장소나 아지트, 병참학적 지원을 획득한다.

ETA는 이란이나 레바논 군사 캠프에서 훈련을 받기도 한다. 과거에는 리비아, 레바논, 니카라과 등지에서 여러 차례에 걸쳐 훈련을 받기도 하였다. 몇몇 ETA원들은 쿠바 내에 도피해 있는 것으로 추정되고 있다.

(12) 터키(쿠르디스, PKK)

PKK는 주로 터키 쿠르드족(유목을 주로 하는 호전적 유목민족)을 주축으로 1974년 수립된 마르크스–레닌주의 반란단체이다. 하지만 최근에는 도시테러를 일삼는 농촌기반의 반란활동으로 그 방향을 선회하였다. 쿠르드족이 인구적으로 우세한 터키 남동부에 쿠르드족 독립주를 세우는 것을 목표로 활동하고 있다.

① **활동**: 대략 10,000여 명으로 구성된 것으로 알려지고 있으며 주된 공격대상은 터키 내 정부 비밀군이지만 터키에 반하는 서유럽 또한 그 목표가 되어 왔다. 터키 대사관을 공격하고 1993년에는 수십 개의 서유럽국가 도시 내 상업적인 시설물을 공격

하는가 하면 1995년 다시 이런 활동을 재개하기도 하였다. 터키 관광 산업에 손상을 입히려는 시도로써 관광지와 호텔에 폭탄테러를 자행하는가 하면 외국인을 납치하기도 한다.

② **활동지역 및 범위:** 터키, 유럽, 중동 및 아시아 지역에 걸쳐서 작전을 펼친다.

③ **연계 및 원조**

ⓐ 시리아, 이라크, 이란으로부터 은신처를 제공받고 그 외의 도움도 받고 있다.

ⓑ 터키와 유럽 내에 수천 명의 지지자가 있는 것으로 알려져 있다.

(13) 그리스(ELA)

1967년부터 1974년에 걸쳐 그리스를 통치한 군부정권에 대항하면서 형성된 급진 좌익 단체이다. 1971년 창설되었는데 ELA는 자신들을 가리켜 "제국주의적 지배, 착취, 억압"과는 다른 반자본주의, 반제국주의적인 혁명단체라고 한다. ELA는 아주 강력히 반미정책을 펴고 있고 그리스에서 주둔하고 있는 미군을 제거하는 것이 그들의 목표 중 하나이다.

① **활동:** 1974년부터 미군시설과 미국의 그리스 내 사업시설뿐 아니라 그리스 정부와 경제적 목표를 대상으로 폭탄테러를 자행해 왔다. 1986년에는 상업적 이익에 대한 그리스 정부의 활동에까지 그 활동 범위를 넓혔다.

② **활동지역 및 범위:** 그리스

(14) 리비아(ANO)

1974년에 팔레스타인 해방기구에서 분리되었으며 정치적·군사적·재정적인 것을 포함하는 다양한 테러를 무차별적으로 행하고 있다.

① **활동:** 20여 개의 국가에서 거의 900명의 사상자를 낸 테러를 저질렀다. 목표물은 미국, 영국, 프랑스, 이스라엘, 현재의 팔레스타인, 팔레스타인 해방기구, 그리고 많은 아랍국가들이다. 주요 행위는 1985년 12월에 로마 비엔나 공항테러사건, 1986년 9월에 Pan Am 73호선 납치사건, 1991년 1월 팔레스타인 해방기구의 안보부장 임실 혐의도 받고 있다. ANO는 1994년 1월에 레바논에서 요르단의 외교관을 암살하였고 거기에서 PLO 수뇌부들의 암살과도 연관되어 있다.

② **활동지역 및 범위:** 현재 Al Biqa(Bekaa Valley) 안에는 리비아에서 레바논의 수행 부대

를 지닌 사령부가 있고, 또한 레바논의 해안가에는 몇몇 팔레스타인 난민 캠프가 있다. 또한 수단, 시리아, 이라크 등지 사이에도 주둔하고 있다. 중동, 아시아, 유럽을 포함하는 광범위한 지역에 걸쳐 활동한다.

③ **연계 및 원조:** 이라크와 시리아로부터 피난처, 훈련 병참학적 도움, 그리고 경제적 원조를 포함한 상당한 도움을 받았다(1987까지). 아마도 리비아로부터의 원조는 계속되고 있을 것이다. 게다가 선별적 임무 수행을 위한 직접적 원조까지도 받고 있다.

(15) 알제리(GIA)

이슬람 과격 단체인 GIA는 그 목적이 세속적인 알제리 정권을 전복시키고 이슬람 국가로 교체하는 것이다. GIA는 1991년 12월 입법부 선거 1회전에서 최대 이슬람 정당인 FIS의 승리가 알제리에서 무효로 된 뒤 1992년 초에 그들의 폭력적 활동을 시작했다.

① **활동:** GIA는 1994년 12월에 알제리까지 에어 프랑스기를 납치하였고, 1995년에 프랑스에서 일련의 폭탄테러사건 등 수차례 테러를 감행하였다. 민간인, 언론인, 외국인 등을 공격하였다.

② **활동지역 및 범위:** 알제리

③ **연계 및 원조:** 알제리의 추방인과 서부유럽의 거주인이 대부분인 해외 GIA 구성원들이 재정적·군사적 원조를 제공한다.

(16) 시리아(DELP)

마르크-레닌주의자 조직이 PFLP로부터 분리되었던 1969년에 설립되었다. 그들은 팔레스타인의 국가적 목표는 오직 규모의 혁명을 통해서만 이루어질 수 있다고 믿는다. 1980년대 초기에, 아라파트와 거부파 사이에서 중립적 입장을 갖고 있었다. 1991년에 두 개의 파벌로 나뉘었다.

Nayif Hawatmah가 이끄는 다수파와 그 그룹을 계속하여 점령한 강경파로 1993년에 협정된 선언에 반대하기 위하여 AFP와 연계하였다. AFP와는 이데올로기의 차이로 깨어지게 되고, '90년대 중반 이후에는 PFLP와 부분적으로 합치게 되었다.

① **활동:** '70년대에 수많은 소형폭탄과 간헐적인 공격, 특이한 행동을 이스라엘과 그 점령지역에 하였다. 1988년 이후 국경선을 확정지었지만 이스라엘과 PLO 사이의 협

정을 반대해 오고 있다. 현재 활동인원은 500명 정도로 추산된다.

② **활동지역 및 범위:** 시리아, 레바논, 이스라엘 점령지역 주기적인 게릴라 활동을 남 레바논에서 전개한다.

③ **연계 및 원조:** 시리아로부터 제한적인 재정과 군사원조를 받는다.

(17) 이집트(Group)

'70년대 후반 이후 자생한 이집트‐이슬람 극렬 그룹으로서, 뛰어난 리더 없이 느슨하게 조직되었다. 목적은 현 정부의 전복이며, 이집트를 이슬람화하는 것이다.

① **활동:** 이집트의 안전부와 그 밖의 다른 기관 또는 교회와 이슬람의 이집트 반대세력에 무장공격을 한다. 또한 1992년 이후 이집트에 온 관광객을 공격하였다. 이후 1995년 6월에 에티오피아의 아디스아바바에서 무바라크 대통령 암살을 시도하였다.

② **활동지역 및 범위:** 주로 이집트의 남쪽 지방, 카이로, 알렉산드리아 등

③ **연계 및 원조:** 알려져 있지 않다. 이집트 정부는 이란, 수단 등이 원조하고 있다고 믿고 있다.

(18) 요르단(HAMAS)

하마스는 1987년 후반부에 팔레스타인 이슬람 단체로부터 분리하여 형성되었다. 하마스의 여러 요인들은 이스라엘에 이슬람 팔레스타인 정부를 세우기 위하여 테러를 포함한 정치적이고 폭력적인 실력행사를 해 왔다.

하마스는 이슬람 사원을 통하여 활동하고 있는 요인과 인원을 모으고 자금을 구하며 활동 조직을 구성하고 협상력을 갖추는 공적인 요인으로 느슨하게 조직화되어 있다. 하마스의 군사적 요인은 그들의 목적을 달성하기 위하여 폭력을 사용해 왔다. 하마스의 세력은 가자지구와 웨스트 뱅크의 몇 개 지구에 집중되어 있다. 하마스 역시 평화적이고 정치적인 활동을 병행하고 있다.

① **활동:** 하마스의 활동가들은 이스라엘 국민과 군대에 대해 시살 특공대를 비롯한 다양한 공격을 해 왔다.

② **활동지역 및 범위:** 이스라엘과 요르단 지역

③ **연계 및 원조**

ⓐ 국외 팔레스타인, 이란, 사우디아라비아 일부 원조자들로부터 자금을 받고 서유럽과 북아메리카에서 자금을 얻고 있다.

ⓑ 수만 명의 지지자들과 동조자들이 있다.

(19) 레바논(헤즈볼라 Hizballah)

급진적인 시아파(Shia)는 레바논에서 형성되었다. 이 조직은 레바논에서 이란 이슬람의 창설과, 비이슬람교의 제거를 목적으로 하고 있다. 특히 강하게 반서구적이고 반이스라엘 성향이 짙다. 이란과 밀접한 관계이고, 직접적으로 명령을 받기도 한다.

① **활동:** 수많은 반미 테러에 개입했다는 의혹을 받는다. 그룹의 조직원들은 레바논에 있는 미국과 서양의 국민들을 납치하고, 구류하기도 하였다. 이 조직은 1992년 아르헨티나의 이스라엘 대사관에 테러를 가하기도 했다.

② **활동지역 및 범위:** Bekaa valley, 베이루트 남쪽 지역, 유럽, 아프리카, 아메리카 등지에 조직이 분포되어 있다.

③ **연계 및 원조:** 이란과 시리아로부터 자금, 무기, 폭탄, 훈련 등을 받는다.

(20) 이스라엘(KKC)

유대인 방어전선은 1968년 설립되었다. 공식적인 목적은 이스라엘 정부를 회복하기 위함이다.

① **활동:** 1993년 웨스트 뱅크에 총격을 가하여 4명이 죽고, 2명이 부상한 테러와 이와 유사한 인질, 납치, 폭파와 같은 테러로 아랍, 팔레스타인, 이스라엘 관료늘을 위협하였다.

② **활동지역 및 범위:** 이스라엘과, 웨스트 뱅크 정착지 등……

③ **연계 및 원조:** 미국과 유럽의 동조자들로부터 지원을 받는다.

(21) 이란(MEK)

1965년 이란 상인의 자식들로 대학생이 된 이들에 의하여 조직된다. 이들은 막시즘과 이슬람이 조합된 사상을 따르는 단체로 이란에 반대하고 적극적으로 활동하는 무장세력

이 되었다. 이 조직은 반외세적 사고를 갖고 있다

① **활동:** 이 조직은 자기들의 신념을 누르는 이란 정부에 대하여 세계적인 캠페인을 벌이고 때때로 테러도 가하고 있다. '70년대에 이 조직은 이란의 국왕 성역을 파괴하기 위한 테러를 가했다.

이 조직은 몇 명의 미국 군인을 죽였고, 테헤란에서 방어활동을 하고 있는 미국 대사관을 공격하였다. 1992년 4월에는 13개 다른 나라의 이란대사관을 공격하였다. '80년대 중반 이후 MEK는 70년대처럼 테러활동을 하지 않았다. 이란-이라크 전쟁 때 투입된 민족해방군의 활동과 산발적인 민족해방군의 국경분쟁과는 별개로 MEK의 공격은 위협수준에 지나지 않았다. MEK는 오히려 협상부와 가두시위를 통해 이란 대표부와 협상하기 시작했다.

② **활동지역 및 범위:** '80년대 MEK의 지도자는 이란의 비밀경찰에 의해 프랑스로 도피하였다. 1987년 이라크에 의해 대부분 다시 돌아왔다.

③ **연계 및 원조:** 이라크의 지원과 더불어 이란에서 추방된 국외자로부터 도움을 얻었다.

(22) 칠레(FPMR)

원래 FPMR은 칠레공산당의 지원무장부대로서 1983년에 창설되었는데 스페인에 대항하여 칠레 녹립전의 영웅으로 불리고 있다. 이 집단은 1980년대 후반 두 부분으로 나누어지게 되는데 그중 하나가 1991년에 정치적 당이 되었다. 이와는 성격이 다른 나머지 편대 FPMR/D가 지금 유일한 칠레의 활동적 테러단으로 남아 있다.

① **활동:** FPMR/D는 일반시민뿐 아니라 미국의 상사나 모르몬교를 포함한 국제적인 목표까지 그 공격의 대상으로 삼고 있다. 1993년에는 2곳의 맥도날드 패스트푸드점에 폭발물 공격을 했고 켄터키후라이드치킨에도 폭탄테러를 시도한 것으로 알려지고 있다. 정부의 성공적인 대테러 보복작전이 치명적으로 그 조직을 도려내어 왔다. 하지만 1996년 12월 헬리콥터를 이용하여 4명의 FPMR 구성원이 탈옥했다.

1997년 4월 30일 밤 이제 무장투쟁은 그만두고 합법적인 정치조직으로 나아가겠다는 성명을 발표하기 위해 산티아고(칠레의 수도)에서 비밀 공동 기자회견을 갖기도 하였다. 현재 활동하는 사람이 50명에서 100여 명인 것으로 알려지고 있다.

② **활동지역 및 범위:** 칠레

(23) 콜롬비아(ENL)

1963년 농업에 바탕을 둔 마오쩌둥-마르크스-레닌주의의 반미단체가 형성되었다.

① **활동:** 현재 5,000여 명으로 구성되어 활동 중인 것으로 보이며 정기적으로 외국의 대기업 고용자들을 유괴하여 상당량의 몸값을 요구하며 잡아 두고 있다. 석유화학 기반시설을 주로 공격하여 수송관에 심각한 타격을 입히기도 한다.

특히 석유산업 분야의 미국을 비롯한 다른 외국 상사에 대한 폭탄테러 혹은 착취행위 역시 그들이 벌이는 활동 중 하나다. 반정부단체 활동에 필요한 자금을 위해 코카나무나 양귀비를 재배하기도 한다.

② **활동지역 및 범위:** 콜롬비아 및 베네수엘라 국경구역

(24) 온두라스(FPM)

1980년대 후반 처음으로 등장한 좌익 성향의 급진적인 테러집단이다. 미국의 온두라스 정치·경제적 사건 참견에 대한 저항으로 공격을 하곤 한다.

① **활동:** 온두라스에 상주하는 미 군인들에 그 공격의 초점이 맞추어져 있다. 1990년 3월, 자신들의 권리를 주장하며 버스를 기습하여 7명의 미국 군인이 부상당하였다. 1988년 12월에는 평화유지군 사무실을 폭탄테러 하였고, 1989년 2월에는 다시 버스를 폭탄테러 함으로써 3명의 미군이 부상당하였다. 그뿐 아니라 1989년 4월에는 미국 호위대를 공격하기도 하고, 1989년 7월에는 수류탄 공격으로 7명의 미국 군인이 부상을 당했다.

② **활동 지역 및 범위:** 온두라스

③ **연계 및 원조:** 니카라과의 전 정권과 연관이 있고 쿠바와도 연계가능성이 있다.

(25) 페루(Tupac Amaru)

1983년 형성된 전통적인 마르크스-레닌주의 혁명운동 단체이다. 목표는 페루 내의 제국주의를 처단하고 마르크스 사회구조를 이룩하는 것이다. 내분과 좌익세력의 약화뿐 아니라 정부의 성공적인 대테러정책과 배신 및 탈퇴로 고전을 면치 못하고 있다.

① **활동:** 폭탄테러, 납치, 매복, 암살 등 다양하다. 예전에는 반미공격이 다수를 차지했

으나 최근에는 그 활동이 급격히 감소하였다. 대개의 구성원들이 체포되었다. 그럼에도 불구하고 1994년 12월 14명의 MRTA 요원들이 Lima에 있는 외교관 환영회 중인 일본 대사 거주지를 점령, 수백 명의 인질을 억류하였다.

이에 이듬해 4월 테러진압 부대가 기습하여 한 사람의 인질을 제외하고는 모두 구출하는 사건이 발생하기도 하였다. 현재 최소 약 100명 정도의 잔류 구성원이 있는 것으로 알려져 있다.

② **활동지역 및 범위:** 페루

(26) 캄보디아(PDKKR)

K.R은 캄보디아 정부를 불안정하게 하려고 하는 공산주의 반란군이다. 폴 팔의 지휘 아래 K.R은 1970년대 후반에 집권하는 4년 동안 백만 명 이상을 죽인 대량 학살의 전투를 했다. 1996년 이래로 K.R에서 캄보디아 정부군으로의 대규모 변절이 있었고 1997년에 그 그룹이 중대한 분열을 겪었다 할지라도 여전히 그것은 위험하게 여겨진다.

① **활동:** K.R은 지금 캄보디아 정부에 대해 하급 반란에 관여한다. 그것의 희생자가 주로 캄보디아 거주인임에도 불구하고 K.R은 종종 외딴 시골에서 외국인 여행객을 납치하고 살해했다. 현재는 1,000명 정도만이 있는 것으로 알려지고 있다.

② **활동지역 및 범위:** K.R은 캄보디아의 외진 지역에서 활동한다 주로 타이 항구를 낀 지역

(27) 사이카(A. S. Saigai: 번개)

사이카는 마르크스주의를 표방, 1968년 10월 결성, 시리아에 의해 창설되어서 시리아에 의존하고 있다.

① **활동:** 73년 9월 오스트리아에서 소련계 이스라엘인들을 이스라엘로 수송 중에 있는 열차를 공격하였다. 당시 이들 사이카 대원들은 인질을 잡음으로써 오스트리아의 크라이스키 수상에게서 러시아를 탈출하는 유대인들을 위한 소나우 임시 캠프의 폐쇄를 약속받았다.

② **연계 및 원조**

ⓐ 국제적 연계는 확증이 안 되고 있다.

ⓑ 사이카는 약 200명의 전투병력을 보유하고 있으며, 이들 중 극소수만이 테러리
즘에 개입하고 있다.
ⓒ 시리아의 지원이 없다면 아무런 장애를 갖지 못할 것이다(공산권 붕괴로 세력 약화).

(28) 미국(미 극우 민병대)

미국의 민병대 역사는 2백여 년 전으로 거슬러 올라간다. 미국은 과거 영국의 식민지 시절부터 치안에 위협을 주는 세력에 대해 무장 민병대를 구성하여 스스로 방어했다. 당시 민병대는 일종의 '반경찰 반군대'였다. 그러나 최근 몇 년 동안 미국 내부를 흔들어 놓고 있는 민병대들은 '아리안족 국가'나 '쿠 클럭스 클랜(KKK)' 같은 악명 높은 백인 우월 집단에 뿌리를 두고 있다는 점에서 과거와 다르다. 이들 민병대의 구성 이념 참여폭은 주(州)마다 다소 다르다. 따라서 통일된 이념이나 조직이 이뤄져 있지 않기 때문에 일률적으로 정리하기는 어렵다.

그러나 확실한 것은 민병대 운동에 내재된 이념이 미국정치를 부정적으로 조망하고 있다는 사실이다. 이들은 연방정부는 물론 연방정부와 관련된 모든 것들을 적으로 간주하고 자신들이 정부부패와 직권남용의 희생자들이라고 생각한다.

현재까지 미국 수사당국과 관련단체가 조사한 바에 따르면 민병대는 미 전국 34개 주에 204개가 구성돼 있다. 이 중 180개는 군 병력처럼 무장돼 있다. 조직당 구성원은 적게는 1만 명에서 많게는 10만 명에 이르는 것으로 추정하고 있다.

이들 조직은 최근 인터넷에 떠돌고 있는 테러안내서를 통해 질산암모늄 폭탄 등 각종 폭발물 제소능력도 깆추고 있는 것으로 알려지고 있다. 미국 전역에 있는 대원 수는 대략 50만~60만 명 정도로 알려지고 있으며 정기적인 훈련을 실시한다. 훈련에 동원되는 무기로는 소총뿐만 아니라 수송차량, 탱크, 대포, 미사일까지 동원된다.

① 미국의 주요 민병대

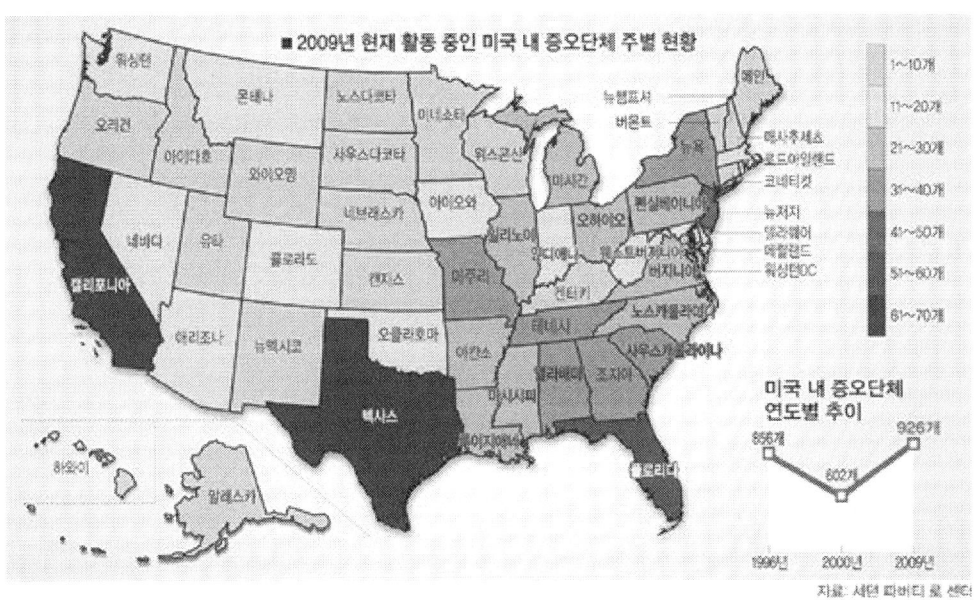

■ 2009년 현재 활동 중인 미국 내 증오단체 주별 현황

ⓐ 애리조나: 살모사 민병대(연방청사 폭파음모), 미국 혁명군(애리조나 주 분리 추진), 자유의 아들(사교인 다비드교 추종)

ⓑ 콜로라도: 애국자들(연방정부 해체). 미국 자유수호대(반유대주의), 입헌주의자들(반성방주의)

ⓒ 플로리다: 플로리다 민병대(극단적 자유주장), 미국 민병대(미합중국 해체), 자유작전(미합중국 해체)

ⓓ 아이다호: 미국 민병대 협회(총기규제법 반대 등)

ⓔ 인디애나: 자유미국 민병대(기성정치 혁파)

ⓕ 미시간: 북부미시간 민병대(신 국제질서 반대)
  몬태나: 몬태나 민병대(신나치주의), 레드벡먼 그룹(반유대주의)

ⓖ 뉴멕시코: 뉴멕시코 자유민병대(극단적 자유 주장)

ⓗ 노스캐롤라이나: 입헌정부회복 시민들(미국 파괴 신국제질서 반대)

ⓘ 오하이오. 애국자들(극우 반유대주의)

ⓙ 버지니아: 블루리치헌트 클럽(민병대조직)

ⓚ 텍사스: 자유텍사스 민병대(연방정부 폭정반대)

② 민병대 관련 주요사건

  ⓐ 리신 사건: '93년 4월 캐나다 세관 당국이 민병대 대원인 토머스 래비가 소지하고 있던 총 4자루, 탄약 2만 발과 리신이라는 독극물 적발, 리신은 3만 2천 명을 살해할 수 있는 분량으로 밝혀짐

  ⓑ 페스트균 사건: '95년 5월 오하이오 주 경찰은 민병대 조직인 '애국자'의 단원 래리 해리스를 냉동 건조된 페스트균을 우편으로 구입한 혐의로 체포

  ⓒ 오클라호마 폭발미수사건: '96년 4월 비료폭탄으로 게이바·낙태시술소·정부관서를 공격하려고 모의한 혐의로 오클라호마 주 민병대원 유죄판결 받음

  ⓓ 조지아공화국 민병대 사건: '96년 5월 미국 알코올 담배 총기국(AFT)은 '조지아공화국 자유민병대국' 대원 로버트 스타 3세와 윌리엄 제임스 매크레이니를 범죄모의와 미등록 폭발물 소지 혐의로 체포

  ⓔ 프리맨 사건: '96년 6월 몬태나 주 민병대 조직 '프리맨'이 진압에 나선 수사당국과 81일간의 대치 끝에 당국에 투항

③ 미국관련 테러일지

  ⓐ '83. 4. 베이루트 미 대사관 앞 차량자살폭탄테러 미 중앙정보국(CIA) 고위 관리 8명 포함 16명 사망

  ⓑ '83. 10. 베이루트 미 해병기지 자살폭탄테러, 미군 241명 사망

  ⓒ '83. 12. 회교시아파 극단주의자 쿠웨이트 주재 미국대사관과 프랑스대사관 앞 차량폭탄테러 5명 사망 86명 부상

  ⓓ '84. 9. 베이루트 미 대사관 부속건물 폭탄테러, 16명 사망 96명 부상, 회교테러단체 지하드 범행 주장

  ⓔ '85. 4. 마르리드 미군 공군기지 인근 식당 폭탄 폭발 18명 사망 150명 부상

  ⓕ '86. 4. 서 베를린 디스코장 폭탄 폭발 1명 사망 150명 부상

  ⓖ '88. 12. 팬암항공 소속 보잉747기 스코틀랜드 상공서 폭탄테러 폭발 270명 사망

  ⓗ '93. 2. 뉴욕 세계무역센터빌딩 주차장 폭탄테러, 6명 사망 1,000여 명 부상. 이슬람 원리주의자 8명 체포 복역 중

  ⓘ '93. 6. 미 부시 대통령 암살, 이라크 추정

  ⓙ '95. 4. 오클라호마시티 연방청사 폭탄테러, 168명 사망, 수십 명 부상. 극우민병

대원 티머시 맥베이 등 2명 체포 재판 중

ⓚ '95. 10. 마이애미-LA행 열차폭탄테러, 1명 사망 80여 명 부상

ⓛ '95. 11. 사우디 리야드 미군건물 차량폭탄테러, 미군 등 7명 사망 60명 부상

ⓜ '96. 4. 유너바머 사건('78~'95년 사망 23명 부상) 범인 시어도어 테드존 카진스키 체포

ⓝ '96. 6. 사우디 다란 미군기지 트럭 폭탄테러, 미군 19명 사망 386명 부상

ⓞ '98. 8. 케냐 나이로비 탄자니아 다르에스살람 미 대사관 폭탄테러 257명 사망, 5,000여 명 부상

ⓟ '00. 10. 예멘 미 구축함 폭탄테러 17명 사망

ⓠ '01. 9. 미국 뉴욕 세계무역센터, 워싱턴 국방부 비행기테러로 1만 명 사망 추정

ⓡ '02. 1. 인도 콜카타 주재 미문화원 피습 인도경찰 5명 사망 20여 명 부상(총기난사) 이슬람 무장단체 소행으로 추정

* '08. 3. 예멘 미국대사관 폭탄테러사건

* '10. 1. 뉴욕타임스퀘어광장 폭탄테러 미수사건

(29) 단독테러(테드존 카진스키)

미국 최내의 연쇄 폭파범으로 알려진 '유너바머'가 1996년 4월 미 연방수사국(FBI)에 의해 18년 추적 끝에 샌프란시스코의 한 낡은 목조건물에서 체포되었다.

FBI는 범인이 대학(UNIVERSITY)과 항공사(AIRLINE)들을 주목표로 삼는다는 것에 주목, 머리글자를 결합해 그에게 유너바머(UNABOMBER)라는 별명을 붙였고 그가 체포됨으로써 본명이 테드존 카진스키라는 사실을 알게 되었다.

① **인물:** 카진스키는 스무 살에 하버드 대학교를 졸업하고 1967년 박사학위를 취득했으며 미시간대, 버클리대에서 강의를 한 교수이기도 했다. 버클리대에 설치된 세계 최초의 수학과에서 종신교수직을 사실상 따 놓은 채 조교수로 있던 2년 만에 사표를 제출하고 1971년 몬태나 주로 떠나 땅을 사들여 오두막을 지은 후 채소재배나 사냥에 의존하는 생활을 했다.

연간 수백 달러의 수입으로 그런 대로 살아갔고, 점차 자신의 사명이 되어 가고 있는 일에 많은 시간을 할애할 수 있었다. 바로 자신이 버리고 떠나온 산업사회를 혼

란시키는 일이었다. 인간이 이룩한 문명이 자연을 파괴하는 데서 그는 분노했다.

② **최초 테러:** 최초의 우편폭발사건은 1978년 노스웨스턴 대학교에서였다. 수신자는 기술연구소의 한 교수, 1년 후 두 번째 폭탄이 연구소에서 폭발해 우편폭발물을 개봉했던 대학원생이 부상을 입었다.

이후에 범인은 항공사 간부, 반더빌르대와 버클리대의 컴퓨터학과, 미시간대의 교수에게 폭발물을 전달하는 범죄를 저지른 후 체포 직전까지 테러에 사용할 폭발물을 제조했으며, '95년 4월 오클라호마 테러 5일 후 수년간 침묵을 지키던 끝에 희생자와 신문사들에 편지를 보내 새로운 위협과 요구를 해 왔다. 자신의 생명서의 언론 게재를 요구하기도 했다.

ⓒ **체포 과정:** 유너바머를 체포하기 위하여 미 연방수사국(FBI)은 요원을 벌목공과 우체부, 산사람 등으로 위장시켰으며 숲에 감지기와 마이크를 설치하고 오두막에서 멀지 않은 곳에 저격수를 잠복시켰다.

또한 범인의 폭파시험을 감지하기 위해 인공위성까지 동원하는 치밀한 계획하에서 FBI는 드디어 오두막을 습격했다. 미국 역사상 최장(18년) 시간과 최고 비용이 소요된 연쇄살인범 추적이 대단원의 막을 내렸다.

FBI가 카진스키를 체포할 수 있었던 결정적인 단서는 그의 8살 아래 동생인 데이비드 카진스키에 의해 우연하게 포착되었다. 데이비드는 '95년 어머니 완다가 30년간 살아오던 작은 집을 떠나 이사하는 것을 돕기 위해 시카고로 갔다.

여기에서 데이비드 카진스키는 상자와 트렁크를 정리하다 수년 전에 신문사에 보낸 형의 편지를 발견했다. 변호사 친구를 통해 그는 FBI에 타전했고, 데이비드가 몬태나 주의 오두막을 알려 줌으로써 체포하게 되었다.

(30) 아프가니스탄(알카에다 al-qae-da)

알카에다 조직의 현 지도자는 오사마 빈 라덴으로 현재 전 세계 34개국에서 활동하고 있는 것으로 보이며, 비이슬람국가 제거 또는 이슬람 국가들의 영향력 확대라는 공동목표의 달성을 위해 활동하는 것으로 전해지고 있다.

① **활동:** 알카에다 지도자 오사마 빈 라덴은 개인재산만 3억~5억 달러를 보유함으로써 자신이 후원하여 활동하는 훈련된 테러조직원 수만 3,000명이 되는 것으로 보인다.
- 1993년   요르단 왕세자 하산 암살사건

- 1993년   미국세계무역센터 폭탄테러사건
- 1995년   미국여객기 11대 태평양 상공 폭파 계획
- 1995년   필리핀에서 클린턴 전미 대통령, 교황 요한바오로 2세 암살 기도
- 1995년   일본 오키나와행 필리핀 항공 폭파
- 1996년   사우디아라비아 다란의 미군기지 공격 24명 사망
- 1997년   이집트 관광지 룩소르에서 독일관광객 58명 살해 사건
- 1998년   케냐, 탄자니아, 나이로비 등 미 대사관 폭파 224명 사망
- 2000년   예멘, 미구축함 USS콜호 폭파 17명 사망
- 2001년   미국 뉴욕 세계무역센터 비행기 충돌 테러사건 및 국무성충돌 테러사건 1,200명 사망, 실종
- 2004년   스페인 마드리드 폭탄테러 191명 사망
- 2008년   영국 런던 폭탄테러 100여 명 사상
- 2008년   예멘 미국대사관 폭탄테러 16명 사망
- 2010년   뉴욕타임스스퀘어 광장 폭탄테러미수사건

② **활동지역 및 범위:** 주로 중동과 아프리카 등 전 세계 34개국 활동

③ **연계 및 원조:** 체첸 독립국가연합(CIS) 등

☞ 일본 역대 수상 테러사건 현황

순번	일시	수상	가해자	사상적 배경	범행동기	흉기	범행방법	기타
1	'17.1.12.	大重信	福田和五部	우익성향	日英동맹에 의거 대독선전포고	폭탄	궁중만찬 후 귀가 중인 수상에게 牛山부근에서 폭탄을 던졌으나 불발로 그침	피해 없음
2	'22.11.4.	原敬	中岡良一 (19세, 전철운전사)	우익성향	의혹·독저 의거 대독선전포고한 정부정책에 반대	단도	정우회 京部지부대회 참석기 위해 동경역에 도착한 수상을 개찰구 부근에서 습격, 단도로 찌름	수상 사망
3	'28.6.0.	田中義 ·	岡村新吉部	사상적 배경 없음	병마와 빈곤으로 자살을 생각하던 중 수상을 자살 동반자로 삼음	단도	정우회 宇都宮지부대회 참석기 위해 우에노역에 도착함. 수상이 귀빈실로 가는 도중 습격함	수상 피해 없음 중의원 1명 경상

순번	일시	수상	가해자	사상적 배경	범행동기	흉기	범행방법		기타
4	'30.11.14.	兵口雄幸	佐郎屋留雄(23세)	우익(愛國社) 당원	해군군축 및 金해금으로 인한 불경기가 정부 실정이라 생각	총기	지방시찰을 위해 동경역에 도착한 수상이 승차하려는 순간 플랫폼에서 저격함		3회에 걸쳐 수술을 받았으나 수상은 10개월 후 사망
5	'31.10.21.	若槻禮次郎	橋木(40세) 육군중령 외 다수		육군 쿠데타 미수사건(10월 사건이라 함)		사건에 발각, 미수로 그침		피해 없음
6	'35.5.15.	人養殺	三上卓(28세) 해군중위 등 9명		해군쿠데타사건(5·15사 건이라 함)	총기	해군장교 등이 수상관저에 침입하여 총기로 수상 살해		수상 사망, 대신 등 수명 사망
7	'36.2.26.	岡田啓介	要原安秀(29세) 육군중위 등 1,400명		청년장교쿠데타사건(2·26사건이라 함)	총기	쿠데타	수상 피신, 대신 3명 등 사망	
8	'54.5.3.	吉田茂	葛生汱生(22세, 목공)	없음	정부정책 불만	재크 나이프	수상관저 침입 중 경호경찰관에게 체포당함		피해 없음
9	'54.6.5.	吉田茂	柴田實(26세) 외 5명	우익(愛國黨) 없음	수상 訪美 반대	정육점 칼	수상관저 정문에서 제지하는 경관을 뿌리치고 관저입구 안으로 들어가 수상 訪美 반대 삐라 200여 매 살포, 현장에 출동한 경관에게 체포		피해 없음
10	'56.10.6.	鳩山一郎	中島正幸(25세, 무직)	우익(生産黨) 당원	수상 訪蘇 반대	단도	수상방소(10.6.)를 저지하기 위해 수상사저 뒷문 부근에서 배회하다 경비 중인 경찰관의 불신검문으로 체포		피해 없음
11	'60.7.14.	岸信介	荒牧退助(65세)	우익(전 大花會 간사장)	정부의 안보정책에 불만	등산용 칼	池田 신임총재 선출 축하 리셉션장인 수상관저 식당에서 수상습격, 등산용 칼로 6회 찌름		수상 중상
12	'63.11.5.	池山一郎	石木隆盛(24세)	우익(愛國黨 당원)	용공적인 정부정 책에 불만	단도	중의원 선거유세 후 연 단에서 내려오는 수상을 습격		피해 없음
13	'75.6.16.	三木武夫	筆保泰禎(34세)	우익 (愛國黨 당원)	정부의 핵 방위 조약에 불만	주먹	사토 전 수상 장례식에 참석한 수상을 장례식장 앞에서 구타		구타 장면 TV 방영
14	'78.12.18.	人下正芳	廣○純○(21세)	우익(전국방 청년대원당원)	정부정책 불만	단도	총리공관 잠입, 퇴근하기 위해 공관현관에서 승차 하는 수상습격		피해 없음

경
호
실
무
Ⅰ

제4절 테러리스트의 성격 구분

1) 테러리스트의 형태

테러리스트는 사회학적 특징을 갖고 있는데, 그 형태는 정치적 테러리스트, 종교적 테러리스트, 범죄적 테러리스트, 광신적 테러리스트, 일반적 테러리스트로 구분되며, 과거형은 주로 정치적·종교적 원인에서 테러의 관점을 가졌다고 할 수 있다.

그러나 과학문명의 발달과 자본주의 사회의 급속한 변화 속에서 병적인 원인에 의한 테러와 경제적 원인에 의한 테러 등이 거대한 발전을 이루면서 테러 및 테러리스트의 형태를 어떻게 볼 것인가 하는 관점이 새롭게 대두되고 있다.

(1) 정치적 테러리스트

테러의 동기는 사상적 이데올로기에 그 기초를 둔다. 따라서 자신들과의 이념이 다른 세력은 모두 적으로 간주하며, 폭력적 행위로 이념 변화를 실현할 수 있다고 보고 인명과 재산에 대한 파괴적 행위를 정당화하며, 목적 실현을 위해 자연스러운 것으로 생각한다. 즉, 폭력적 행위만이 유일한 방법이라 판단한다.

(2) 종교적 테러리스트

종교는 특정국가의 법률 내에 속해 있는 사회규범에 구속받지 않고 종교 율법 또는 교리에 의한 생활과 문화를 이루며, 신앙자는 아주 독창적인 의식을 갖고 생활한다.

특히 모든 사회규범을 종교 종단법이 우선하는 것을 생활신조로 삼는 것이 특징이기 때문에 종교적 이념이 다른 세력에 대해서는 적으로 간주하는 경향이 있으며, 종교에 대한 지나친 신봉자들은 신의 나라의 사자로 다른 종교의 숭배자들을 악으로 간주하고 그들에 대한 끝없는 폭력을 행사한다. 즉, 종교적 신념에 의한 행위로 스스로 천국의 순교자라고 생각하기도 한다.

(3) 범죄적 테러리스트

이데올로기에 의한 정치적 변혁기가 지나고 자본주의에 의한 시장경제체제 그리고 이로 인한 신분 변화 등 경제력이 모든 것을 결정짓는 새로운 사회체제에서 집단과 집단, 개인과 개인은 그 상대가 누구이건 경쟁자로서 받아들이면서 더 많은 적대적 관계를 형성하고 이로 인한 여러 유형의 직업적 범죄로 발전하고 또 길들여지면서 개인적 소득만을 위한 새로운 사회 저항세력의 테러리스트라고 할 수 있다.

(4) 광신적 테러리스트

광신적 테러리스트는 인간 내면의 파괴적 본능에 의하여 폭력이 작용되는데 원인과 동기는 선천성과 후천성 영향에 의한 하나의 병적인 원인으로 볼 수 있다.
즉, 타인들이 이해할 수 없는 테러를 자행한다.

(5) 일반적 테러리스트

일반적 테러리스트는 자기 자신이 속해 있으며, 특정한 개혁과 변화를 위해 노력하다가 스스로 한계점이라 인식하여 폭력적 행위를 통하여 자신의 뜻을 관철하고 목적을 실현하고자 하는 자들로 환경운동가, 복지 개선, 사회제도의 개선 등 특정 소외계층을 대변하기 위한 일련의 실력행사 중 물리적 수단이 효과적이라고 믿는 자들이다. 이들의 특징은 소외계층들을 동조시켜 폭동을 유발하는 것이다.

2) 테러발생 유형

테러는 폭탄테러, 암살, 납치, 인질, 항공기 납치 등 여러 유형으로 나타난다. 그러나 테러단체는 항상 가장 효과적인 방법을 선택하는 특징이 있으며, 사전 치밀한 계획하에서 실행된다는 것이다.

3) 테러행위의 특징

(1) **공포 유발** ⇒ 경찰, 군 작전부대보다 실질적으로 열세
(2) **고도로 자동화** ⇒ 전술적인 면과 임무의 성공을 대등시 않음
(3) **제한된 물량 소모** ⇒ 소규모 희생으로 큰 효과 기대
(4) **위장하여 행동** ⇒ 소규모 집단의 보안 및 활동에 유리

4) 테러공격

테러공격은 사전 치밀한 계획하에서 가장 효과적인 방법을 선택하는 것을 기본으로 한다. 완벽한 테러 성공과 테러의 홍보적 효과를 기대하기 위하여 매우 잔인한 방법을 선택하는 것이 특징이다. 또한 이러한 테러를 홍보하기 위하여 언론 또는 방송사를 이용하기도 한다. 일반적으로 테러계획은 5단계의 진행 절차를 걸쳐 수립하여 실시한다.

(1) 테러계획

대상(목표), 시간, 장소, 위협수단, 공격 등으로 계획을 실시할 수 있다(일반 범죄도 이와 유사하다).

① **정보 획득:** 테러범들은 그들의 목적을 달성키 위하여 가장 효과적인 목표물을 설정하고 그 목표물에 대한 정보획득 활동을 벌이게 된다.

이런 활동은 직간접적인 활동을 통해 첩보를 수집하고 분석하며 계획을 완결하기 위하여 현장답사를 실시하기도 한다. 미행 및 정찰활동 등이 그것들이다.

② **장비 확보:** 첩보, 정보를 토대로 테러실시에 필요한 자료를 분석하고 문제점을 보완하여 필요한 상비를 사전 준비한다. 장비 선택에 있어서 최첨단 및 성능화된 장비는 보다 작고 휴대 간편한 장비 개발로 테러수단의 효과를 더욱더 증대시키고 있다.

③ **공모 테러:** 필요에 따라 직간접적으로 도움이 요구되는 테러유형이 있다. 이런 경우

상황에 따라 통상적으로 계획을 수립한 사람이 직접 참여를 권유하거나 간접 도움을 청하는 경우가 있다.

(2) 테러공격 5단계

① **1단계:** 테러분자들을 위해 대상자의 습관적 활동이나 행차에 대한 첩보 및 정보를 수집하기 위한 관찰 활동을 실시한다.

② **2단계:** 공격계획을 수립한다. 제1단계의 장시간 관찰 활동을 통해 가장 공격하기에 유리한 장소, 방법 및 시간을 결정하는 것이다.
공격장소는 가장 공격하기에 유리하고 활동이 자유로운 곳을 선정하고, 공격방법은 권총·소총·자동화기·수류탄·지뢰 및 폭발물 등을 사용해 적절한 수단과 방법을 선택해 사용한다.

③ **3단계:** 공격조를 구성하는 단계이다. 결정된 공격방법을 실행할 수 있도록 잘 훈련된 3~6명을 공격조로 구성한다. 그러나 이외에도 간접 지원하는 지원조가 따로 있는 경우가 많다. 이때 각 요원의 임무와 목적에 따라 자기들이 사용할 무기와 장비가 정해진다.

④ **4단계:** 은거지를 확보하고 공격을 준비하는 단계이다. 공격지점을 늘 관찰하고 계획할 수 있도록 공격지점 근처에 은거지를 확보하고, 공격을 준비하게 된다. 이때에는 주변 환경에 어울리는 복장도 갖추고 임무에 따라 며칠간 버틸 수 있는 탄약과 식량도 준비한다.

⑤ **5단계:** 계획된 공격방법에 의거하여, 공격을 실시하고 현장을 포섭하는 단계이다. 이때에는 당국의 관심을 다른 곳으로 돌리기 위해 변칙공격(기만)이 필요한 경우에는 양동작전도 강구된다.

경
호
실
무
Ⅰ

(3) 테러공격 수단

① 도검류(단도, 중도, 장도 등)
② 총기류(권총, 고성능 소총)
③ 폭발물(소포 및 편지·폭탄 등)
④ 가스류(LPG, 독가스 등)

⑤ 방화(자택 또는 집무실, 건축물에 대한 고의 방화)

⑥ 고속강습(차량 이용, 의뢰자 차량에 고의 충돌 테러)

⑦ 자연사고 위장(이용 시설에 대한 고의 파괴)

⑧ 독약 사고(음식물을 매개체로 하여 사용)

⑨ 항공기를 납치하여 무작위 테러

(4) 테러전술 결정요인

① 목표(대상)

② 정보획득 능력

③ 작전기획능력 또는 작전여건

④ 수단에 따른 무기확보능력

⑤ 지도자의 리더십(지휘능력)

⑥ 수행자의 훈련 정도

⑦ 피난처(도주환경)

⑧ 정부의 테러정책 및 대책

⑨ 외부의 지원세력 및 연대성

5) 테러범의 정신적 특징

(1) 정의감

테러를 행하는 개인 또는 단체는 그들의 행위를 만인을 위한 공익적인 수단으로 간주하고 그들의 행위와 희생을 축원해 줄 것으로 믿고 있으며, 따라서 어떠한 희생도 감수할 것을 다짐하고 그 결과로 필연적으로 성공할 것이라는 망상과 신념을 갖는다.

(2) 영웅심

테러범들은 그들이 원하는 정치적 분리독립 및 이념회복 등을 위한 자신들의 행위와 희생, 폭력 테러로 그들 동조세력의 일대 영웅이 되기를 바란다. 즉, 자기만족을 위한 행동을 취하기도 한다.

(3) 무공포

테러행위의 결과에 대해 흔히 극형이라는 공포감에 사로잡히지 않는다. 오히려 목표물에 대한 테러가 성공하면 기뻐한다. 이것 역시 영웅 또는 순교자가 되기를 원하는 초인간적인 행동으로서 대단히 과감한 행동을 취하는 원동력이 된다.

따라서 목표물에 대한 성공적 테러와 홍보적 효과를 높이기 위하여 매우 무차별적인 공격을 행하기도 한다.

6) 테러범의 사회 심리적 배경

테러범들은 다양한 동기에 의하여 목적성을 이루고 동기와 목적에 따라 구체화되면서 분명하고 확실한 이론이 정립되어 파괴적이고, 공격적인 행위로 나타나게 되는데 이것은 사회적·심리적 배경에 의하여 테러범이 결정된다고 볼 수 있다.

(1) 사회적 배경

① 테러단체의 지도자들은 대부분 고학력자로 법조인, 의사, 교수, 군인, 경찰, 종교지도자(교직자) 등 경력자가 많다.
② 민족주의자, 분리주의자 테러단체에서 그 하부 행동요원들은 소외계층 출신이 많다.
③ 정치이념을 표방하는 그룹의 행동요원들은 고학력자들이 많으며, 중상류 계층 출신이 많다.
④ 테러범들의 행동요원들은 대부분 젊은 미혼 남녀가 많다.
⑤ 극우 테러범일수록 사명감과 영웅심을 갖고 있다.
⑥ 테러범들은 사회혁명가적 의식이 있으며, 정신이론으로 실존철학 등이 무장되어 있다.

(2) 심리적 배경

① 어린 시절 강렬한 증오심, 불만 또는 복수심을 체험한 경험이 있다.

② 사회소외의식으로 사회체제에 불만이 많다고 느낀다.

③ 자신의 능력과 자신의 지도역량에 대하여 과신한다.

④ 유전적(선천성)으로 공격성과 침략성과 같은 심리적 요소가 강하다.

⑤ 자신의 능력에 대한 한계와 좌절감으로 편견병 등에 빠져 있다.

⑥ 정치적·종교적 이념과 목적이 불분명한 테러범인 경우 정신불안정 성향이 강하게 나타난다.

⑦ 젊은 테러범일수록 사회에 대한 막연한 편견이 강하다.

⑧ 여자테러범이 증가하는 원인은 여성 우월주의에 근거한다. 남자들로부터 억압받는 다고 느끼고, 폭력을 통하여 해방감과 우월성을 만끽하려고 하므로, 남자보다 더 대 담한 행동을 보여 주고, 아주 잔인한 방법으로 폭력을 행사하곤 한다.

7) 테러 목표(예)

(1) 시설물 테러목표

① 발전소(원자력, 수력, 화력)

② 방송국(TV, 라디오, 군사 통신국 등)

③ 냄(상, 하전, 저수지)

④ 유류시설(기름탱크기지 등)

⑤ 가스시설(가스관, 송유관)

⑥ 역, 철도, 공항, 항공기, 항구, 선박 등

⑦ 국가 중요 행정건물(정부청사, 치안부서 등)

⑧ 외국공관(대사관 등)

⑨ 고층빌딩(63빌딩 등)

⑩ 대중교통이 많은 다리(한강다리 등)

⑪ 중요 고속도로(경부고속도로 등)

⑫ 이 밖에 중요 기업체, 생산 공장, 군수 산업체 등

(2) 테러 중요인물 목표

① 대통령 및 유명 정치인

② 경찰 고위간부 및 검찰·법원간부 등

③ 군 고위 장성 및 중요 직책 간부

④ 경제인(국가경제손실 및 이익에 비중 있는 인물 등)

⑤ 종교 지도자(가톨릭, 기독교, 불교 등)

⑥ 과학자(전자공학, 생물, 유전학, 원자학 등)

⑦ 문화 예술 유명인(가수, 배우, 탤런트, 체육인 등)

(3) 테러교육 훈련 목표

① 체력을 강화시키고 호신용 무술을 익힌다.

② 군인과 같은 집단생활을 통하여 등산, 수영, 운전을 숙달시키며, 음식을 마련하기 위하여 낚시와 사냥하는 기술을 익힌다.

③ 규율을 필요로 하기 때문에 명령에 복종하는 선악에 대한 인식을 깊게 한다.

④ 가족에 대한 연대감과 충성심을 제거하는 윤리교육을 주입시킨다.

⑤ 정치이념에 대한 의식화 교육을 강화한다.

⑥ 기관총, 바주카포, 권총 등 무기사용법과 저격술 및 무기 수리법을 체득시킨다.

⑦ 화학지식을 넓히고 폭발물의 제조와 사용법 및 방화법을 익힌다.

⑧ 전자 및 기계장비의 사용능력을 높이고 비행기 납치법을 연마한다.

⑨ 부상당한 동료를 구출하기 위한 응급처치법을 익힌다.

⑩ 위장술의 활용법을 배운다. 국제적으로 명성을 얻은 테러범들은 출몰할 때마다 아주 다른 사람으로 보였다. 심지어는 성형수술도 실시한다. 서방 정보기관들은 프라하가 테러범의 모습을 바꾸는 성형외과의 중심지가 되고 있다고 믿고 있다.

⑪ 독도법을 익히고 도장과 문서 등의 위조술을 배운다.

⑫ 심리학, 심리조종법 및 심리전법을 익힌다.

⑬ 심문이나 고문을 이겨 내는 방법을 배우며, 필요한 경우 자살하는 법을 배운다.

⑭ 도피술과 탈출망 수립법 및 은신협력자를 설득하고 확보하는 기량을 닦는다.

※ 영국의 비밀 작전국의 테러교본(2차 세계대전 시)으로 오늘날 경호원들의 교육훈련

경
호
실
무

Ⅰ

과정과 목표가 유사한 점이 많다.

8) 북한공작원학교 선발교육과정

북한의 공작원 양성학교는 '김정일정치군사대학'으로 원래 이 정치대학은 노동당 중앙위원회 직속이었으나 지난 1992년 1월 김정일정치군사대학으로 개칭됐다.

잠비아 주재 북한대사관에서 공작원으로 활동하다 지난 1998년 망명한 차성근 씨는 북한에서 공작원 훈련은 상상을 초월한다고 했다.

정치대학은 4년 과정인데 1학년은 이론 80% 훈련 20%, 2학년은 이론 60% 훈련 40%, 3학년은 이론 40% 훈련 60%, 4학년은 이론 20% 훈련 80%의 교육을 받는다. 기상시간은 오전 6시, 취침시간은 밤 11시다.

1학년은 김일성노작 철학, 수학, 물리, 화학, 영어 등 교과과정을 배운다. 수영은 교육 12일 만에 8km를 2시간에 돌파해야 하고, 행군은 20kg의 모래배낭을 짊어지고 산길 30리(12km)를 30~35분에 주파하지 않으면 자동 탈락된다. 특히 20kg짜리 모래배낭을 짊어지고 매일 30리를 행군하며, 주말에는 50리, 월말에는 100리, 분기 말에는 행군하는 등 가혹한 훈련의 연속이다.

2학년이 되면 4km 잠수훈련을 25일간 받으며 잠수상태에서 목표지점의 깃대를 바로 맞히면 '우', 2.5m 반경 내에 들면 '양', 5m 반경이면 '가'를 받는다. '남조선정세교육'도 2학년 때 실시한다.

3, 4학년부터는 여기에다 특공훈련과 정보학 사격 기술훈련이 더해지며 4년 후 한 기에 보통 100명 정도 졸업한다. 병과는 특공대반, 항해반, 기관반, 통신반으로 편성되며 특공대반은 침투, 납치, 암살 등을 담당한다.

공작원후보생의 선발과정도 엄격하다. 고등중학교 졸업생으로 키는 북한에서는 보기 드문 175cm 이상이어야 하며 각 군에서 선발한다. 금기사항은 간부자제는 제외대상이며 '87년부터는 평양 출신도 선발하지 않는다. 이들은 가혹한 훈련을 견디지 못한다는 것이 결정적인 결격사유다. 4년 훈련 동안 방학이 없으며 여자공직원도 없다.

하지만 훈련은 여기서 끝나지 않는다. 졸업과 동시에 '연락소'에 배치돼 다시 2년간의 뼈를 깎는 훈련에 들어간다. 3일 동안 굶으면서 피랍자의 집 천장이나 장롱 속에 은신하는 납치유인훈련, 극복훈련 1일 3시간, 기타 학습훈련 8시간을 하는 등 온종일 훈련이다.

따라서 이때부터 낙오자가 늘어나기 시작해 2년쯤 되면 절반이 탈락, 제대할 수밖에 없다. 가혹한 훈련에 관절과 허리가 배겨 날 리 없고 치질에까지 시달려 결국은 고향으로 돌아간다. 그러나 낙오자는 사회생활에 장애가 따르고 합격자에게는 영광이 따른다. 인민들은 굶어도 이들은 잘 먹고 대우도 특급이다.

해외공관에 배속되더라도 대사나 보위부원 등 어느 누구의 간섭도 받지 않는 특권을 누린다. 공작원은 노동당 조직지도부에 신상카드가 배치되며 개개인의 해외출입은 김정일 위원장이 직접 챙긴다고 한다.

공작원들은 입교와 동시에 본명이 없어진다. '공작명'만 있을 뿐이며 이들에게는 공민증도 없다. 집과 자식은 아내 명의로 돼 있다. 여권은 러시아 여권 등 최소한 3개이다. 평양시 모란봉구역 전승동의 '314연락소'에서 위조여권과 10달러짜리 위조지폐, 위조 한국돈을 만들어 낸다.

9) 테러의 유형 및 전술

2000년 이후 국제테러리스트 사이의 전술 특징은 대량사상자 발생에 초점을 둔다. 또한 국제정세의 변화와 지지층의 약화로 인한 그들의 존립위기의식은 숙명론적인 심리를 가지고 작전을 전개하며 다수의 동시다발적 공격과 자살폭탄공격을 통합하고 국가 주요시설이나 정부 주요인사를 목표로 삼을 뿐만 아니라 일반 대중이 밀집하는 공공장소는 물론 그 대상 또한 일반인이 되고 있다.

2001년 9월 11일 미국 세계무역센터 여객기 충돌테러와 같이 항공기 공중납치에서부터 납치한 항공기를 이용한 건물 충돌, 차량테러에 이르기까지 지상, 공중, 해상 등 지금까지 개발된 모든 유형의 테러수법이 총동원되는 신개념의 테러유형으로 발전하고 있다.

(1) 인 질

인질은 통상적으로 석방대가로 선전효과나 양보를 얻어내려는 목적을 갖고 있다. 사람이 사용 중인 건물 및 항공기를 공개적으로 강점하는 행위로서 목적은 소속 테러단체의 선전, 사회의 안전과 질서의 와해, 정부에 대한 보복, 경찰의 분산 강압조치 유발 및 요구관철 등을 목표로 한다. 폭탄공격, 항공기 납치와 함께 테러의 대표적인 30대 유형으로

| 마가메트 압둘라자코프 다게스탄 자치공화국 내무장관(왼쪽)이 체첸반군과 협상을 벌이고 있다. | 체첸반군들이 키즐야르에서 데리고 온 인질들이 대치중인 러시아병사들을 향해 총을 쏘지 말라는 표시로 흰 천을 흔들고 있다. |

1970년대 사회주의 단체들이 반전, 반미 등을 주장하며 인질납치를 일삼았다.

① **사례:** 알제리의 우아리 부메디엔공항 항공기 납치사건(무장 회교그룹(GIA))

　㉠ **목적:** '91년 6월 체포되어 12년형을 선고받고 복역 중 '94년 6월부터 가택연금상태에 있는 회교구국전선(FIS) 의장 알리 아바스마다니와 부의장 알리 베하치 등 2명의 석방을 요구. 탑승자 4명 살해, 23명 인질

　㉡ **무장:** 소총, 권총, 수류탄(인원 4명)

　㉢ **침투:** 비행기 정비사 복장을 입고 위장 침입

② **1996년 1월 9일 키즐야르 시립병원 점거 인질 사건**

　㉠ **목적:** 선거가 5개월 앞으로 다가온 옐친 대통령에게 정치적으로 타격을 주기 위한 전략. 인질 3천 명

　㉡ **무장:** 소총, 기관총, 유탄발사기, 수류탄, 각종 지뢰와 부비트랩(인원 200명)

　㉢ **침투:** 시립병원 근처 멀지 않은 곳에 무기를 숨겨 두고 있었다. 부서진 채 길바닥에 내버려진 '우랄' 군용 트럭이 무기 은닉 장소였다.

　㉣ **동기:** 체첸 사태는 구소련의 불법 쿠데타 발생 직후인 '91년 10월 소련군 출신인 조하르 두다예프 대통령이 러시아로부터 탈퇴, 독립을 선언하면서 시작됐다. 보리스 옐친 대통령은 러시아 연방의 분열을 막기 위해 즉각 체첸자치공 비상사태를 선언하고 두다예프의 세력을 비합법 무장세력으로 규정, 축출을 다짐했다.

러시아 측은 두다예프의 정적인 아프타르하노프를 수반으로 하는 참정평의회를 설치, 두다예프 정권 전복을 꾀했으나 실패로 끝났다. 그러나 러시아와 체첸 간에 이렇다 할 직접적인 무력 충돌은 발생하지 않았고 '위험수위'를 넘는 말싸움과 신경전이 고작이었다.

사태가 꼬이기 시작한 것은 옐친 대통령이 '94년 12월 11일 러시아 정군과 내무부 산하 병력을 동원하여 체첸의 수도 그로즈니를 점령하였을 때부터이다. 사태를 해결할 듯이 보였으며 실제로 2주일간에 걸쳐 그로즈니를 맹폭격한 러시아군은 이듬해 1월 8일 체첸 저항세력의 상징인 대통령궁을 장악하고, 두다예프를 모스크바로 압송할 것 같았다. 그러나 이 같은 예상은 빗나갔다.

두다예프는 거점을 외곽 산악지대로 옮기고 무장세력을 여러 파벌로 나눠 게릴라 작전으로 들어갔다. 그로즈니를 점령한 러시아 군은 시도 때도 없이 출몰하는 체첸 전사들에 의해 하나둘씩 죽어 나갔고, 여론은 무력을 동원한 옐친 대통령에게 등을 돌렸다.

체첸사태가 다시 부각된 것은 '95년 6월 14일, 바사예프가 이끄는 100여 명의 무장세력이 러시아 부덴노브스크 병원을 점령하고, 인질극을 벌였던 것이다. 이 사건은 체르노미르딘 총리의 중재로 어렵게 해결됐으나 평화협상의 계기를 마련해 주었다.

양측은 6월 22일 반군의 무장해제와 러시아 군의 단계적 철수를 합의했으나 옐친 대통령이 러시아 군의 영구 주둔을 선언함으로써 결별 위기를 맞았다. 더욱이 러시아 측이 지난 12 · 17 총선과 함께 체첸의 대통령 선거를 실시하려 하자 체첸반군은 제2의 도시 구데르매스를 무력으로 장악하는 등 총공세에 나섰다. 이 인질극도 이 같은 총공세의 일환으로 5개월 앞으로 다가온 선거에서 옐친 대통령에게 정치적으로 타격을 주기 위한 전략이었다.

경
호
실
무
Ⅰ

(2) 납 치

수송 수단을 이용한 강점, 금전 및 동료 석방 등을 요구하며 특징은 인질극과 유사하나 요구가 많다는 것이고 그 대상이나 납치 주체세력에 대한 정보가 장기간 알려지지 않을 수 있다. 형태로는 탑승자에 의한 납치, 탈출 수단에 의한 납치, 서로 다른 수송수단으로 연행 직원 매수에 의한 납치로서 사례로는 요도호 납치사건, 엔테베 및 모가디슈 작전 프에보로호 사건, 현대전자 연수단 납치사건 등이 있다.

기업인이 제일 많이 납치되는 지역은 중남미이며, 그다음은 중동과 아프리카 지역이다. 특히 중남미에서는 기업인의 납치가 전체 테러의 5분의 1에 지나지 않지만 납치 석방금으로 지불된 돈은 기업손실액 전체의 63%에 이르는 것으로 알려져 있다.

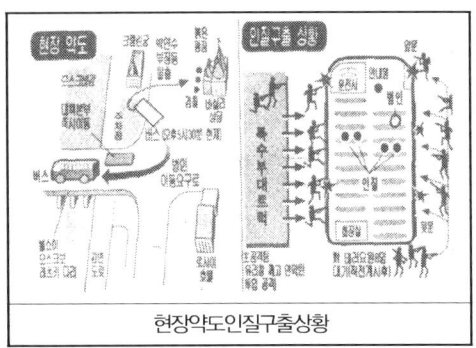

☞ 1995년 10월 15일 – 한국기업인 현대전자 연수단 납치사건(모스크바)
① 목적: 금전 요구(1,000만 달러), 26명 인질
② 무장: 권총, 자살 폭탄 1명
③ 침투: 주차장에서 연수단 수송 버스에 무장 침입

현장약도인질구출상황

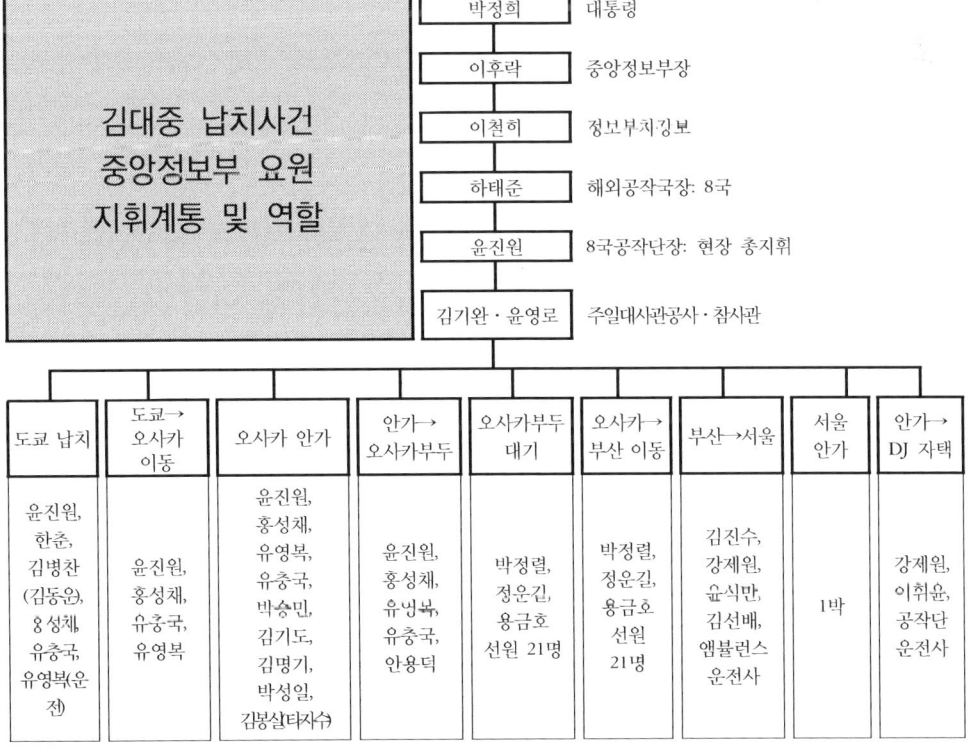

김대중 납치사건 중앙정보부 요원 지휘계통 및 역할

박정희	대통령
이후락	중앙정보부장
이철희	정보부차장보
하태준	해외공작국장: 8국
윤진원	8국공작단장: 현장 총지휘
김기완·윤영로	주일대사관공사·참사관

도쿄 납치	도쿄→오사카 이동	오사카 안가	안가→오사카부두	오사카부두 대기	오사카→부산 이동	부산→서울	서울 안가	안가→DJ 자택
윤진원, 한춘, 김병찬 (김동운), 8 성채, 유충국, 유영복(운전)	윤진원, 홍성채, 유충국, 유영복	윤진원, 홍성채, 유영복, 유충국, 박숭민, 김기도, 김명기, 박성일, 김봉살타자슈	윤진원, 홍성채, 유닝놖, 유충국, 안용덕	박정렬, 정운길, 용금호 선원 21명	박정렬, 정운길, 용금호 선원 21명	김진수, 강제원, 윤식만, 김선배, 앰뷸런스 운전사	1박	강제원, 이취윤, 공작단 운전사

(3) 유 괴

비밀리에 사람이나 사물을 강점하는 행위로서 납치와 유사하나 비공개적이기를 요구하는 특징이 있다. 사례로는 알제리 수상 도지어 장군 납치사건 등이 있다.

이 밖에도 방화 습격 시위 등이 있으며, 어느 한계까지 테러 개념을 국한시키느냐는 문제가 있다.

(4) 인질, 납치, 유괴, 테러에 대한 국제사회 대응

국제 테러범들에게 인질 석방금으로 지불된 총액은 1억 5,000만 달러에 달한다고 한다. 애크로우 철강회사의 영국인 중역인 찰스 록크우드가 피랍되었을 때는 200만 달러, 아르헨티나 파이어스톤 타이어회사의 미국인 사장이 납치되었을 때는 300만 달러, 엑손석유회사의 중역인 빅터사무엘슨이 인질로 잡혔을 때에는 1,420만 달러, 오스트리아 제조업자는 2,200만 달러를 석방금으로 지불하고 풀려났다.

번즈와 본 종합무역상사 그룹의 총수인 조지 본 회장의 두 아들이 유괴되었을 때에 이 회사는 6,000만 달러를 현금으로 지불하였으며, 빈곤한 사람들에게 나눠 주기 위하여 120만 달러 상당의 식품과 의류를 제공하지 않을 수 없었다.

1997년 대만에서도 6살 된 아이가 인질, 납치되었는데, 이 아이의 아버지는 국민배우로 불릴 만큼 아주 유명한 코미디언이었으며, 상당한 재산가였다. 납치범들은 아이의 손가락을 잘라 우편물로 보내며 한국 돈으로 300억 원을 요구했으며, 결국 300억 원을 주고서야 아이를 돌려받게 되었다.

2000년 필리핀 이슬람반군은 내·외국인을 인질, 납치하여 이들에 대한 석방 합의금으로 한 해에만 67억 원을 벌었다. 필리핀의 개인 국민소득을 비교할 때 천문학적인 수익을 올린 것이다.

2000년 영국의 피스콕스 보험사가 발표한 보고서에 따르면 피해 인질 등의 몸값이 '80년대보다 70% 이상 인상되었으며, 러시아 유명인에 대한 납치가 한 해에 100건 이상 발생하고 콜롬비아에서는 연간 2,000건의 납치사건이 발생, 마약범죄 다음으로 각광받는 범죄단체들의 사업이 되고 있다고 한다.

또한 중남미 국가 기업들의 기업손실을 보면 인질, 납치에 의한 석방 합의금으로 지불되는 기업손실이 전체 사업손실 중 63%를 차지하고 있는 것으로 알려지고 있다.

세계적으로 대기업에 속하는 기업체의 최고 경영자급이 전문적인 국제 테러조직에 피랍되면, 1,000만 달러 정도의 몸값 요구가 일반화되고 있다고 한다.

세계 200대 규모의 기업이 납치보험에 가입하여 간부가 유괴되었을 때 보험금의 평균 지급액수는 500만~1,000만 달러라고 알려져 있다.

우리나라에서도 기업형 폭력조직에 의하여 납치되어 석방 합의조건으로 회사의 순자산을 100%로 넘겨주는 조건으로 석방된 사건이 2000년 강원도에서 있었다. 이 회사의 자산규모는 무려 1,000억 원이었다. 이전에도 대구에 있는 화성산업의 사장을 납치해 10억 원을 요구하는 사건이 있었다.

이 같은 테러범죄가 잇따르자 외국에서는 자신과 자사의 직원에 대하여 더 이상 테러하지 말아 달라고 테러조직에 미리 현금을 헌납하는 경우도 있다.

포드자동차회사는 부에노스아이레스에 출장 간 회사 중역이 납치된 후 앞으로 포드 간부들을 더 이상 괴롭히지 말라고 테러단체에게 100만 달러를 자진하여 헌납하였다는 설도 있다. 테러위협 지역에 운항하는 일부 항공사도 자기네 비행기를 납치하지 말라고 테러조직에게 정기적으로 헌납하는 사례가 있다고 한다.

(5) 암 살

1798년 프랑스학술원 사전에 테러(terror)라는 문제어가 등장한 이후 고전적인 대러방식은 요인암살이다. 1차 세계대전을 촉발한 오스트리아 황태자 암살사건에서부터 미국 존 F. 케네디 전 대통령 등 정치적 격변 시마다 행사하여 왔다. 정부의 유능한 고위 공무원을 제거하거나 불안에 떨도록 선전효과를 기대하려는 데 특징이 있으며, 사례로는 케네디 암살, 라빈 총리 암살 등이 있다.

① 1995년 11월 4일 밤 10시 텔아비브 시청 앞(왕들의 광장)에서 유대인 극우 과격파 이갈 아미르에 의해 암살(지하단체 카치(KACH))당했다.

   ㉠ 방법: 중동평화지지집회가 끝난 후 대기해 있던 승용차 앞에서 손을 들어 환호에 답하고 막 승용차에 오르려는 순간 불과 수미터 앞에서 권총으로 라빈 총리 가슴과 복부에 발사하였다.

   ㉡ 배경: 라빈은 '67년 제3차 중동전쟁 때 이스라엘 총사령관으로 참전 6일 만에 아랍 군을 격파하고 가자지구 요르단 강 서안 시나이반도 골란 고원 등을 점령하

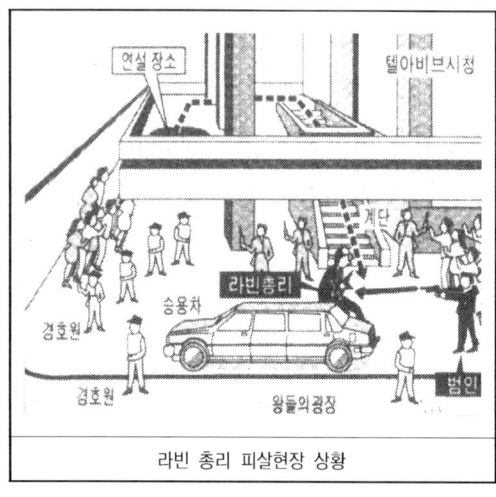

라빈 총리 피살현장 상황

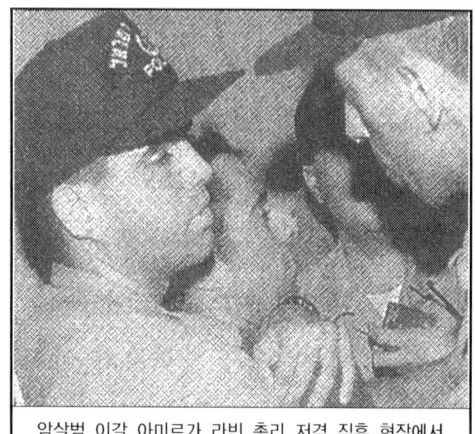

암살범 이갈 아미르가 라빈 총리 저격 직후 현장에서
이스라엘 경찰에 체포되고 있다.

는 전과를 올렸다. 그러나 자신이 이때 빼앗은 영토가 그 후 중동평화의 최대 걸
림돌이 되었고, 결과적으로 그는 이 걸림돌을 제거하는 과정에서 암살된 것이다.

ⓒ 암살범: 이갈 아미르는 골라니여단 소속으로 경호일을 했으며, 바르일란대 법학과
　　3학년에 재학 중인 종교인이다(라빈 암살 전 두 차례나 암살을 시도했던 인물).

그는 체포된 후 경찰에서 나는 신의 명령에 따라 행동했으며 아무 후회도 없다고 진술,
이는 확신범으로 자국 지도자 암살이란 방법으로 돌출된 '잘못된' 확신은 방법상의 차이
는 있으나 일부 야당과 극우 세력의 견해와 이를 같이한다.

② 20세기 이후 주요 인사 암살 및 위협

• 1963년: 존 F. 케네디 미국 대통령, 댈러스에서 오즈월드에게 피살
• 1968년: 미 흑인 인권운동가 마틴 루터 킹 목사, 백인에게 암살당함
• 1973년: 루이스 블랑코 스페인 총리, 마드리드서 폭탄 폭발로 사망
• 1975년: 파이잘 사우디아라비아 국왕, 리야드에서 조카에게 피살
• 1979년: 박정희 전 대통령, 김재규 중앙정보부장에게 피살
• 1979년: 모하마드 타라키 아프가니스탄 대통령, 궁정 쿠데타로 암살당함
• 1981년: 이란 라자이 대통령과 바호니르 총리, 테헤란에서 폭탄 폭발로 피살
• 1981년: 안와르 사다트 이집트 대통령, 카이로에서 군행진 사열 중 회교 과격단체
　　　　　지하드 소속군 장교들에 의해 피격 사망
• 1982년: 바시르 게마엘 레바논 대통령 당선자(34), 레바논 기독교 우파 정당인 팔랑

해당 동베이루트 당사에서 폭탄 폭발로 사망
- 1983년: 필리핀 야당 지도자 베니그노 아키노, 마닐라 공항서 총격 피살
- 1984년: 인디라 간디 인도 총리, 경호원에게 피살
- 1986년: 올로프 팔메 스웨덴 총리, 스톡홀름 거리에서 피격 사망
- 1989년: 시리아에 의해 지원받는 르네 무아와드 레바논 대통령, 독립기념일에 서베이루트 거리에서 차량 행렬 도중 차량 폭탄으로 사망
- 1991년: 라지브 간디 인도 전 총리, 선거 유세장에서 폭탄테러로 사망
- 1992년: 모하메드 부디아프 알제리 대통령, 알제리 동부 안나바 시에서 문화행사 도중 피살
- 1993년: 라나싱헤 프레마다사 스리랑카 대통령, 탑승 비행기 미사일 격추 사망
- 1995년: 이츠하크 라빈 이스라엘 총리, 과격 유태인에게 피살
- 1995년: 호스니 무바라크 이집트 대통령 에티오피아 방문 시 암살 모면
- 1998년: 프랑스 코르시카 주지사 암살, 콜롬비아 전 국방장관 암살
- 1999년: 나와즈 샤리프 파키스탄 총리 폭탄테러 모하지르 민족운동 테러단체 소행 추정
- 1999년: 아르메니아 의사당 총기난사사건으로 총리, 국회의장, 장관 등 11명 사망
- 2000년: 푸틴 러시아 대통령이 차량 돌진으로 암살에서 모면(시속 150km로 돌진)
- 2000년: 스리랑카 콜롬보의 대통령 선거유세장 폭탄테러로 경호원, 장관 등 32명 사망 110명 부상
- 2001년: 미국 세계무역센터 비행기 폭파사건
- 2002년: 레바논 전직 장관인 호베이카 씨가 차량폭발에 의해 경호원 4명과 함께 암살당함
- 2002년: 체첸정부청사 차량폭탄테러 41명 사망, 반군소행추정, 카디로프 대통령은 무사
- 2002년: 투르크메니스탄 나야조프 대통령 암살기도, 전 농림장관 샤프르무라트 이클리모프를 포함 100여 명 체포
- 2003년: 터키 영국대사관·HSBC은행 자산 폭탄테러로 26명 사상 450여 명 사상자 발생, 알카에다에 의하여 자행된 것으로 추정
- 2008년: 호세 라모스 호르타(58) 동티모르 대통령이 11일 새벽(현지시각) 반군들에 의해 총격 피습을 당해 부상

- 2010년: 레흐 카친스키 폴란드 대통령 부부 등이 탑승한 비행기가 러시아 서부 스몰렌스크 공항에 접근하던 중 추락, 카친스키 대통령과 부인을 포함한 96명 탑승객 전원이 사망

(6) 폭발물테러

폭발물을 이용하여 경제적 피해를 입히고 인원을 살상함으로써 공포를 일으켜 정부에 대한 불신을 초래케 하는 것으로서 사례로는, 대사관 폭파, 서신 폭파사건, 여객기 폭파사건, 영국 런던 브리태니아 호텔 폭파사건, 오클라호마 폭탄테러사건 등이 있다.

폭탄공격과 급조폭발장치는 테러리스트의 선택 무기로서 비용과 목표물 규모 등을 고려하여 선택한다. 기폭장치는 생산비가 적고 조작하고 운반하며 설치하기가 용이하여 상대적으로 테러리스트가 노출될 확률이 적다. 따라서 자살폭탄공격이 선호되는 방식이며 이러한 전수의 장점으로 주의를 끌 수 있는 역량과 폭발시간 및 장치의 위치를 통해 사상자들을 조절할 수도 있다.

① 1980년대부터 테러단체들이 일부 국가의 전폭적인 지원을 받기 시작하면서 풍부해진 자금과 무기로 보다 큰 충격과 공포를 일으키며 특정인사의 납치, 암살 및 무차별 폭탄테러를 자행하고 있다.

② 1995년 4월 19일 미국 오클라호마시티 연방 청사 폭탄테러사건(극우 무장단체 소속)

   ㉠ **방법:** 차량에 폭탄을 가득 싣고 연방 청사 정문에 돌진하여 자폭

   ㉡ **사망:** 169명, 수백 명 부상

③ 1996년 2월 9일 영국 런던 카나리 외트의 신금융가에 있는 브리태니아 호텔 폭탄테러사건

⑦ 2001년 3월 7일 태국 라트야이 기차역 폭탄테러사건

   ㉠ **사상자:** 40명

   ㉡ **배후:** 이슬람반군 가능성 추정

④ 2002년 8월 7일 콜롬비아 알바로 우리베 신임 대통령 취임식에 폭탄테러 발생 15명 사망, 40여 명 부상

⑤ 2002년 10월 12일 인도네시아 발리 섬 나이트클럽에서 폭탄테러에 의해 182명이 사망 309명 부상

오클라호마 폭탄테러 현장

⑥ 아일랜드 공화군(IRA)

　㉠ **목적:** 북아일랜드 휴전 반대, 2명 사망 수십 명 부상

　㉡ **방법:** 호텔 지하주차장에 폭탄 적재차량을 진입시켜 폭파

　㉢ **배경:** 북아일랜드 평화협상은 현재 협상 당사자들 간의 뿌리 깊은 적대감과 불
　　신으로 이렇다 할 진전 없이 교착 상태에 빠져 있는 실정이고, 영국과 북아일랜드 신
　　군정파 측은 IRA 무장 해체를 선결조건으로 내세워 신페인과의 협상을 거부해 왔다.

- 2003년 5월 12일 리야드(사우디아라비아) 35명 사망_외국인 거주지역 자살 폭탄 4건
- 2003년 5월 16일 카사블랑카(모로코) 45명 사망_유대교 교회 연쇄 폭탄테러
- 2003년 8월 5일 지기르다(인도네시아) 12명 사망_자살 폭탄테러
- 2003년 9월 9일 자카르타(인도네이사) 9명 사망_자살 폭탄테러
- 2003년 11월 8일 리야드(사우디아라비아) 17명 사망_주거단지 폭탄테러
- 2003년 11월 15일·20일 이스탄불(터키) 62명 사망_유대교 교회 2곳/영국 영사관, HSBC
  은행 연쇄 폭탄테러
- 2004년 3월 11일 마드리드(스페인) 191명 사망_열차 폭탄테러
- 2004년 인도네시아 자카르타 호주대사관 앞에서 자살 폭탄테러가 발생해 11명이 죽
  고 100여 명이 부상
- 2008년 3월 18일 미국 대사관 겨냥 박격포탄 공격에 예멘인 여학생 1명과 경찰관
  1명 숨지고 19명 부상
- 2008년 4월 6일 사나에 있는 미국 석유회사 직원 거주단지에 로켓 포탄 공격
- 2008년 9월 17일 이슬람 무장대원들 사나 주재 미국 대사관 차량폭탄 공격. 예멘인

경비원 등 16명이 숨졌으나 미국인 희생자는 발생하지 않았음
- 2009년 3월 18일 알-카에다, 한국인 관광객 사망 사건 수습차 예멘 방문한 한국 정부 대응팀·유족이 탄 차량에 자살 폭탄 테러 공격 감행. 사상자는 발생하지 않음
- 2009년 7월 17일 인도네시아 수도 자카르타의 리츠칼튼, 메리어트 특급 호텔 2곳에서 17일 오전 폭발물이 터져 최소 4명의 외국인이 사망하고 10명이 부상
- 2009년 8월 19일 바그다드의 재무부, 외무부 청사 인근서 폭탄테러로 100여 명 사망

(7) 자살폭탄테러

1983년 10월 23일 베이루트에 있는 미 해병대 사령부에 헤즈볼라테러 대원들이 벤츠트럭에 1만 2천 파운드의 폭탄을 적재한 채 사령부 정문을 돌진 241명의 병사들을 즉사시켰다.

제1차 세계대전에서 일본군이 진주만 공격 시 감행했던 가미가재특공대와 유사성이 있는 방법으로 이 같은 유형의 테러는 계속 증가하고 있다.

이·팔 평화협정 후 폭탄테러와 사망자 수	
1994. 10. 19.	이스라엘 텔아비브 버스, 자살폭탄테러 22명(지하드)
1996. 2. 25.	예루살렘 버스와 해변도시 아슈켈론 군 초소, 자살폭탄테러 27명(하마스)
1997. 7. 30.	예루살렘 시장, 자살폭탄테러 15명(하마스 선전물 발견)
2001. 6. 1.	텔아비브 나이트클럽, 자살폭탄테러 21명
2010. 5. 26.	태국 남부에서 폭탄 공격 2명 사망 최소 51명 부상
2010. 5. 27.	러시아 남부 스타브로폴에서 폭발물이 터져 6명 사망 40명 부상
2010. 7. 13.	우간다서 연쇄 폭탄테러…… 74명 사망
2010. 7. 28.	아프가니스탄 서부지역 도로변에 묻혀 있던 폭탄이 터져 25명이 숨짐
2010. 8. 6.	필리핀 공항서 폭딘대리 2명 사망 24명 부상
2010. 8. 26.	이라크에서 정부군을 겨냥한 테러 최소 64명 사망 190명 부상
2010. 9. 4.	파키스탄 무슬림 행사 폭탄테러…… 54명 사망 160명 부상

(8) 독가스(생화학무기 테러)

가스는 맹독성으로 아주 적은 양으로 많은 인명을 위협할 수 있는 특성이 있어 최근에 와서는 테러의 수단으로 사용되고 있다. 그 예로는 일본 지하철 사린가스(sarin gas) 테러를 들 수 있다.

이처럼 최근에는 생화학무기 형태가 다양해서 적은 비용으로 대규모 인명손실을 가져

올 수 있는 테러의 유형이다. 근래에는 농약이나 화학 관련 약품이 비약적으로 발전하고 있어 이를 일반인들이 변용해 사용할 경우 치명적 위험을 초래할 수 있는 무기이다.

① 1995년 3월 20일 도쿄 지하철역에서 5,500명이 피를 토하고 쓰러졌으며 12명의 사망자를 냈다. 사용된 가스는 맹독성 신경가스 사린이었다(아사하라 교주가 이끄는 옴진리교).

② **배경:** 신흥 종교집단으로 지구 종말론·말세론 등 사회구조의 모순을 그들의 종교이념에 이용, 물리적 힘을 통한 그들의 종교사회 건설을 목표로 하는 광신적 종교단체로 정부체제를 전복하고자 시도했던 이상주의적·종교적 이념에서 발생했다고 볼 수 있다. 이 사건 이후 옴진리교의 보복 테러가 일본 여러 곳에서 수시로 일어나고 있다.

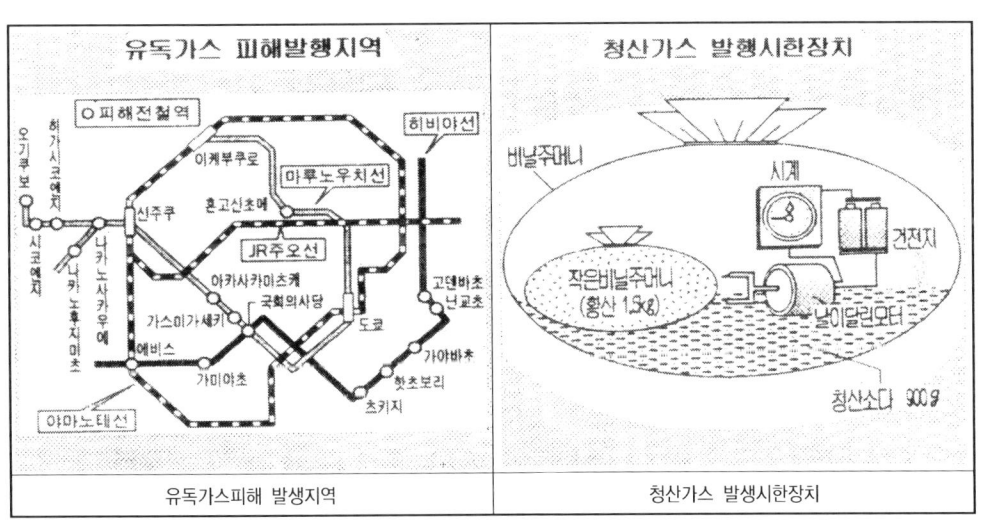

유독가스피해 발생지역 | 청산가스 발생시한장치

10) 생화학무기 종류와 증세

(1) 생물무기

① **천연두:** 생산이 용이하고 간단한 접촉만으로도 확산된다. 백신접종을 하지 않은 사람은 약 30%가 사망한다. 발열과 흉반, 두통, 복통, 근육통을 동반하며 구진, 수포, 농포상으로 악화된다.

② **리신:** 피마자 열매의 독성분으로 자연발생적 생물물질로는 독성이 가장 강한 것에

속한다. 상당량을 흡입하거나 혈액 속에 침투되면 위-폐출혈을 일으켜 72시간 안에 사망할 가능성이 크다.

③ **야토병**: 파리, 벼룩 등에 물리거나 오염된 가죽제품이나 감염된 동물을 취급할 때 상처를 통해 감염된다.

④ **폐페스트**: 페스트균에 의한 급성열병 전염병으로 사망률이 높다. 오한, 발열, 두통, 구토, 설사 등이 일어난다. 벼룩 등 감염된 설치류와 타인에 의해 전염된다.

⑤ **클로스트리듐 비퍼르멘탄스**: 자연계의 혐기성 세균으로 하수, 토양, 부패한 육류 등에서 발견된다. 상처 등에 균이 침입하면 식중독, 괴저, 쇼크, 황달 등 증세를 일으키고 사망할 수도 있다.

⑥ **낙타두창**: 낙타의 발진성 질환으로 이라크가 개발해 온 것으로 알려져 있다. 가장 위험하고 불법적인 외국 동물병원체로 분류돼 있다.

(2) 화학무기

① **사린**: 무색, 무취 액체로 살충제와 인명 살상용으로 사용된다. 액체는 몸무게 70kg 인 사람이 0.7mg 이상을 마시면 1분 이내에 사망하고 기체는 공기 중 농도가 70mg/m3 이상이면 즉사한다.

② **소민**: 루이사이트로 알려진 발포성 독가스로 옛 소련이 상당량 제조한 것으로 알려져 있다. 휘발성이 강해 공기 중에 빠르게 확산되고 흡입으로 중독된다.

③ **VX가**: 피부와 폐를 통해 흡수되는 치명적인 신경가스로 갈색을 띠고 있으나, 냄새는 없다. 지금까지 알려진 유독 화학물질 중 독성이 가장 강해 극소량을 흡입해도 사망한다.

④ **청산칼리 수소**: 무색의 독성이 강한 액체나 기체로 평온에서 쓴 아몬드 같은 냄새가 난다. 중독 시 호흡곤란 및 호흡마비로 급사할 수 있다.

⑤ **이페릿**: 발포성 독가스로 1차 대전 때 처음 사용했으며, 미국, 러시아, 독일, 이라크 등이 생산한 대표적 화학무기로 알려져 있다. 눈과 폐를 손상시키고 화상이나 발포 증세가 나타난다.

(3) 탄저균

탄저균은 호흡기로 감염될 경우 빠르면 하루 만에 고열, 기침 등 증상이 일어나며, 일단 증상이 나타나면 대부분 사망하는 치명적 감염균이다. 이같이 뛰어난 살상능력 때문에 탄저균은 생화학무기로 인기가 높다.

(4) 바이오 테러

바이오 테러는 인간의 먹이사슬을 노린 식탁위험이다. 이 같은 위험수단은 생리학적으로 꼭 필요한 식량에 쉽게 적용할 수 있는 반면, 방어책 마련은 사실상 불가능한 상황이다. 미국은 생물학 공격 등 테러 대책을 위해 예산규모를 1998년 15억 달러로 잡았을 정도다.

이처럼 바이오 테러의 위험은 매우 심각한 상황에 직면하고 있으며 그 효과 면에서 핵폭탄과 같은 효과성으로 인하여 이상 집단들의 테러수단으로 이용될 가능성이 매우 높다.

역대 바이오 테러 사례		
발 생	주동세력	내 용
1997년 4월, 미 워싱턴	반유대인세력	홀로코스트 지원 반대 탄저균 공격위협
1992년 5월, 미 미네소타 주	미네소타애국위원회	지역의원들 생물학 무기로 암살 시도
1990년 4월~1995년 3월, 일본	옴진리교	탄저균 배양시도, 지하철 사린가스 살포
1980년대 중반, 스리랑카	타밀 반군	생물학 무기로 농작물 공격위협
1984년 8월, 미 오리건 주	라즈니쉬 종교집단	751명 살모넬라균에 중독
1984년 10월, 프랑스 파리	적군파	프랑스 경찰, 식중독균인 보틀리누스균 발견
1970년 11월, 미 메릴랜드 주	웨너맨 조직	수돗물 오염시키기 위해 생물학무기 절도 기도
1950년대, 케냐	마우 마우	가축 살생 위해 독극물 사용

주요 바이오 테러 무기		
병원체	잠복기간	증 상
탄저균	1~5일	고열, 피로감, 호흡곤란, 구토
브루셀로시스	5~60일	고열, 오한
에볼라 바이러스	4~16일	고열, 호흡곤란, 정신착란
페스트	2~3일	고열, 오한, 두통, 정신착란
야투병	2~10일	고열, 신경쇠약, 체중감소
천연두	10~14일	고열, 두통, 구토 등
보틀리누스	1~5일	정신착란, 전신마비, 시력상실
라신	2시간	복통, 구토, 정신착란

(5) 사이버 테러

오늘날 컴퓨터가 전 세계를 지배하고 있다. 수천만 대의 컴퓨터가 네트워크로 연결된 정보화 시대에 최근 미국, 중국 사이버 전쟁에서 보듯 사이버 공간에서 전자적 위험이 새로운 유형의 테러로 자리를 잡아 가고 있다.

(6) 테러의 성공과 효과

① 계획된 인질을 실제로 납치할 수 있는 성공가능성이 87%가 된다.
② 테러행위가 성공하든지 실패하든지 간에 테러범들이 체포되어 처벌되거나 살해될 가능성이 21%에 지나지 않는다.
③ 안전 통과 또는 안전 출국 이상의 조건들이 요구되어야 할 테러행위에서 요구조건의 전부 또는 상당 부분이 받아들여질 가능성은 40%이다.
④ 위와 같은 요구조건의 승낙이 준수될 가능성은 29%이다.
⑤ 안전 통과 또는 안전 출국만이 요구조건으로 요청되었을 때에는 83%의 성공가능성이 있다.
⑥ 협상이 완전 결렬된 경우라도 테러범들이 탈출하거나 안전 통과만을 허락받거나 또는 테러범에게 동정적인 국가로 가서 투항하든가 하여 테러 목표국에 의하여 체포 또는 살해되지 않을 가능성이 67%나 된다.
⑦ 테러범들의 목표 중 하나인 홍보선전은 거의 100% 달성될 수 있다.
※ 테러행위 분석결과(랜드 「Rand」) 연구소 보고내용

11) 예방 및 대응책

(1) 테러의 예방

테러행위의 예방은 3가지 방향에서 생각하면 다음과 같다.
① 테러조직의 근원지(집결지 추적 – 무력화 – 활동 봉쇄)를 차단한다.
② 물리적으로 봉쇄되지 않은 테러조직이나 범인이 스스로 행동을 정지하도록 유도한다.
③ 용의자를 사전 차단(상호 보완적 관계)한다.

㉠ **원초적 근절방안**

ⓐ 테러범 또는 조직 색출 및 검거

ⓑ 자금 봉쇄

ⓒ 정치적·기타 방법에 의한 테러범 안식처 제거

㉡ **근절방안 문제점**

ⓐ 테러범을 살상 또는 구금하면 보복테러행위 유발가능성이 있다.

ⓑ 물리적 진압작전 자체에 위험 소지가 있다.

ⓒ 초국적 테러조직은 그들을 지원하는 제3국에 근거지를 두고 활동함으로써 이들에 대한 공격은 외교적 분쟁을 초래할 가능성이 크다.

ⓓ 자국의 이익에 입각, 음성적 자금 지원을 통해 테러집단을 대리전에 이용하므로 효과적인 자금지원 봉쇄대책이 없다.

ⓔ 안식처 제거도 테러조직을 수용하고 있는 국가 나름대로의 이유로 협력이 이루어지지 않는 경우가 많다.

㉢ **기피 태도 유도:** 가용한 수단을 총동원하여 테러범이 행동을 중단케 하는 심리학적 고려가 가장 많이 요구되는 방법

㉣ **목적 달성 확률을 낮추는 방법**

ⓐ 경비와 검문검색 강화

ⓑ 테러범과의 협상에 절대 응하지 않겠다는 강경 대책

ⓒ 범행에 필요한 협조를 얻기 힘들게 하는 방법

㉤ **범행 부담을 높이는 방법**

ⓐ 테러범에 대한 법적 처벌 강화

ⓑ 범행에 대한 보복 공격

ⓒ 국제사회에서 매장

㉥ **테러범에 대한 사전 검거:** 테러분자의 입국 거부를 확인하는 것과 다른 증거로 보아 테러행위 가능성이 있는 인물을 사전에 찾아내는 것이다. 이것은 주로 경찰, 공항의 보안당국, 세관에서 행하는 통상업무에 해당되나 특별히 문제가 되는 것은 변장, 여권 위조, 가장 등 신분 위장과 사전 통보를 받지 않은 상태에서 갑작스러운 테러범의 출현이다.

불과 2~3명으로 승객 200~300명을 인질로 하여 그들이 의도하는 심리적 충격과

효과를 노릴 수 있다는 점에서 테러범들은 항공기의 납치를 가장 손쉬운 수단으로 선택하는 만큼 여기에 대한 대비책의 일환으로 입국자의 감시, 탑승자 및 화물의 검문검색은 물론 탑승구 경비, 기체 내 방어체제 강화가 이루어져야 한다.

(2) 테러발생 시 대응책

일단 사건이 발생하면 피해의 극소화 조치 및 범인과의 경호협상, 설득 또는 무력을 통한 인질 구출계획을 수립해야 한다. 사건발생 시 대응책은 크게 3단계로 구분할 수 있다.

① **위협 단계:** 사건발생 초기단계에서 범인 정체를 빨리 파악하여 제반 대응수단을 강구해야 한다.

비행기 납치범일 경우 인명피해를 미연에 방지하기 위해 보안요원과 기장을 포함한 전 승무원들이 '스턴탄' 또는 소형 폭발물을 이용하여 범인들의 기선을 제압하는 행동 지침이 마련되어야 하며, 이를 위해 발생했던 비행기 납치사례를 중심으로 범인이 사용했던 무기의 종류와 방법, 승무원이나 기체에 대한 위협이나, 위협의 성질과 그 과정에서 노출되었던 범인들의 취약점, 범인이 소지한 소지품 또는 화물소지 여부 등을 분석 검토하여 초기단계에 대응조치를 강구해야 한다.

② **검거 단계:** 사건발생 후 초기의 저항이 완전히 사라지고 범인들이 일단 주도권을 장악하게 되면 검거 단계로 돌입하게 된다. 이 단계에서 범인들은 자신의 정체는 물론 요구조건을 제시하게 되며 동시에 그들의 성격이나 범행 동기가 어느 정도 밝혀지게 된다. 따라서 이들과 대응하는 일정한 조직이 구성되어 협상, 설득 또는 작전을 통한 본격적인 활동을 전개히게 된다.

③ **사건 종결 단계(인질 구출 단계):** 사건 종결 형태는 범인 스스로 인질을 해방하거나 범인 투항, 무력에 의한 인질 구출이 있으며, 이 중 인질을 해방 또는 범인 투항으로 원만한 해결을 보지 못했을 경우, 후속되는 주요 문제는 구출작전을 계획하려면 처음부터 잘 훈련된 특수요원이 있어야 하는 전제는 물론 아무리 성공적이라 하더라도 인질과 작전요원의 희생을 각오해야 한다.

그러므로 최소의 희생으로 성공할 수 있다는 확신이 있을 때만 선택하여야 한다. 작전 시기는 납치범에 의한 인명 살상 또는 그 위협이 가중될 때이며, 무력 구출작전이 성공을 거두기 위해서는 범인들을 조종하는 지배세력의 동향에 관한 정확한 정보수집과 구출계획이 진행되고 있음을 은폐하기 위한 각종 위장 전술과 역정보의 전파가 필요하며, 아울러 철저한 보안이 이루어져야 한다.

또한 국외에서 작전을 실시해야 할 경우 외교적 사전 공작이 지배적으로 성공과 관련이 되며, 각종 외교관계를 이용하여 사전 협조하여야 한다.

12) 테러 중에 있는 범인들의 심리상태

① 사망했거나 혹은 아직도 붙잡혀 있는 인질들에 대한 죄책감
② 어떤 느낌의 부족, 이것은 참다못해 정기적으로 이야기하고 싶은 강력한 욕구를 일으킴
③ 그들이 속고 있다는 의심, 특히 관계 당국에 이야기하고 싶은 강력한 욕구를 일으킴
④ 적대감, 특히 정상 상태로 빨리 돌아와 주기를 기대하는 고용주에 대한 적대감
⑤ 세계에 대한 자신감의 상실, 그것은 그들의 생활이 다시는 폭력적인 방해를 받지 않을 것이라는 가족 및 친구들로부터 끊임없는 안심을 요구함
⑥ 고된 시련의 의미를 찾으려는 욕구, 이러한 욕구는 인질들로 하여금 재생감을 느끼게 하거나 '새 생활을 시작하려는 욕구'의 해결을 하게 함
⑦ 공격제압 시기 및 방법
　　㉠ 범인들이 극도로 지쳤을 때
　　㉡ 범인들의 주의가 산만할 때
　　㉢ 범인들이 전혀 공격을 예상치 못할 시간 및 시기

공격시기 및 방법은 범인들의 자세, 심리상태에 크게 좌우되며, 유리한 조건은 고도의 심리전을 통한 지연전을 전개함으로써 가능하다. 범인들의 요구조건을 받아들이지 않음으로써 상당한 시간을 지연시킬 수 있다.

물론 지연전은 여러 사항을 고려해야 하지만, 가장 중요한 것은 사태를 악화시켜서는 안 된다는 것이다. 아무튼 테러진압의 성공적인 요소는 지연전이다. 이 지연전은 범인들에게 정신적으로 긴장·초조·불안감을 갖게 하므로 피로감을 가중시킬 수 있으며, 육체적으로는 생리적 문제인 수면 부족, 배고픔을 유도한다. 이러한 문제는 범인들의 체력 소모 및 육체적인 피로감을 가중시켜 범인들이 이러한 문제로 인하여 사고능력이 감소하며 지휘체제가 흐트러지게 된다.

이로 인해 주의가 산만한 형태로 나타나게 되며 따라서 경계가 느슨해진다. 이에 따라 테러 진압대의 공격을 범인들은 전혀 예상치 못하게 된다. 따라서 범인과의 심리전을 통한 지연전을 할 수만 있다면 진압에 성공할 수 있다.

13) 테러가 빈번한 국가의 특징

① 인종이 다양한 국가

② 신흥종교가 많은 나라

③ 문맹국가이고 빈곤한 국가

④ 과거 식민지였던 국가

⑤ 주변국이 많은 국가

⑥ 자본주의 국가

⑦ 정치적으로 안정되지 않은 국가

⑧ 자원이 풍부하지 않은 국가

⑨ 영토가 작은 나라

⑩ 문화가 발달하지 않은 나라

미국의 대테러 5단계 태세경계령	
1. 스레트콘 노멀	테러위협이 없는 상황
2. 스레드콘 알파	시설·건물·인명에 대해 일반적으로 테러활동이 가능하다고 판단될 때, 테러성격 정도가 예측불허 상황
3. 스레트콘 브라보	특정목표가 확인되지 않았으나 예측가능한 테러위협이 증대된 상황
4. 스레트콘 찰리	테러가 임박했음을 시사하는 사건이 발생했거나 정보가 입수된 상황
5. 스레트콘 델타	테러공격이 발생했거나 특정 장소에 대한 테러가 예상된다는 정보가 입수된 상황

☞ 세계의 분쟁국가

(전시 또는 준전시 상태에 있는 테러리즘 국가)

국 명	분쟁성격	대항세력	'95년 사망자 수	난민발생 수	집 계
독 일		독일 극좌파			
보스니아	민족 · 영토 · 종교	세르비아국, 헤르체코비나	800~2,000명	450만 명	20만 명 희생
크로아티아	영토	세르비아국	500~1,000명		
그루지야	정치(분리독립)	그루지야 반군	4,000명 이상		
북아일랜드	종교, 정치(분리독립)				30년간 3,200만 명 희생
칠 레	정치(분리독립)	마누엘 로드리게스 애국전선 등			
코소보	정치(분리독립)	세르비아계		10만 명	최근 2천 명 희생
터 키	민족 · 영토 · 종교	쿠르드 동맹(PKK)	4,000명 이상	150만 명	15년간 3만 7천 명 희생
이스라엘	민족 · 영토 · 종교	팔레스타인	250명	445만 명	
스리랑카	민족 · 영토 · 종교	엘람해방 호랑이	5,000명	50만 명	16년간 5만 8천 명 희생
아프가니스탄	민족 · 종교 · 정권(내전)	헤즈비 이슬라미 등	1,000명	500만	
인 도	민족 · 종교 · 영토	잠무카슈미르 해방전선	500명 이상		9년간 2만 5천 명 희생
인도네시아	분리독립	동티모르		30만 명	최근 20만 명 희생
이 란	민족 · 영토	무자헤딘 등	?		
중 동	민족 · 종교 · 영토	이스라엘 · PLO	250명		
이라크	민족 · 영토(전쟁 · 내전)	이슬람혁명 최고평의회	?	쿠르드족 59만 명	
르완다	민족분쟁				5년간 100만 명 희생
콩고민주공화국	정치	쿠데타 빈발			최근 1만 명 희생
에리트리아	국경분쟁				최근 1만 명 희생
알제리	정치(전쟁 · 내전)			34만 명	7년간 8만 명 희생
러시아	내전, 분리독립	체첸		30만 명	
나이지리아	전쟁(내전)				
수 단	영토 · 정치 · 종교	수단인민해방군(SPLA)	1,000명	37만 명	26년간 160만 명 희생
라이베리아	정권(내전)	리베리아국민애국전선	10,000~15,000명		
멕시코	자치권 보장	농민반군(치아라스)			
중 국	분단국가, 강점	대만, 티베트	?		50년간 100만 명 희생
한 국	분단국가	북한	?		
모잠비크	정권(내전)			170만 명	

89

국 명	분쟁성격	대항세력	'95년 사망자 수	난민발생 수	집 계
앙골라	정권(내전)	전면독립민족동맹	500~1,000명	200만 명	25년간 100만 명 희생
소말리아	정권(내전)	통일소말리아회의(USC)	200~500명	200만 명	8년간 30만 명 희생
미얀마	민족·영토	카렌민족연합(KNU) 등	500명 이상	40만 명	
캄보디아	정권(내전)	크메르 루주(PDK)	?	100만 명	
콜롬비아	정권(내전)	콜롬비아혁명군(FARC) 민족해방군(ELN)	1,000명		
타지니스탄공화국	정권(내전)	타지크반군연합	500명 이상		
과테말라	정권(내전)	과테말라민족혁명연합	200명 이상	3만 5천 명	
페 루	정권(내전)	센데레루미노소 등 투아마루혁명운동	500명 이상		
방글라데시	영토	JSS/SB	25명		
필리핀	정권	신인민국(NPA)	100명		
인도네시아	민족·종교·영토	동티모르독립전선	50명		
파키스탄	종족분쟁	모하지르 민족운동(MQM)	?		
쿠르트족	정권(내전)			200만 명	
유 고	분리독립		99명	200만 명	
엘스터	내전(평화협정)	혁명세력			
바스크	지하운동			30만 명	

경
호
실
무

I

☞ 국가별 주요 이슬람 근본주의 조직

국 가	조직명	성향	성격 및 주요활동
이집트	무슬림 형제단	온건	정치활동 금지, 대량검거 선풍
	감마 알 이슬라미야	과격	무바라크 저격시도 주장
	지하드(聖戰)	과격	무장테러 활동
알제리	이슬람구국전선(FIS)	온건	'92년 이후 정치활동 금지
	이슬람무장그룹(GIA)	과격	對서방 무장투쟁
튀니지	안나하다	온건	'91년 5월 3백 명 체포
	이슬람 구국전선	과격	지하 무장투쟁
모로코	이슬람 청년동맹	온건	지하활동, 지도자 가택연금
팔레스타인	지하드	과격	對이스라엘협상 거부
	하마스(이슬람 저항운동)	과격	팔레스타인 국가건설
터 키	이슬람 복지당(RP)	온건	정치참여
레바논	헤즈볼라(神의 黨)	과격	정치참여
	아말(희망)	온건	정치참여
시리아	무슬림 형제단	온건	'82년 대탄압 이후 쇠퇴
요르단	무슬림 형제단	온건	정치참여

국 가	조직명	성향	성격 및 주요활동
사우디	인권방위위원회(CDNR)	온건	反서방 반체제조직(런던)
	걸프의 호랑이들	과격	반정부, 반서방 무장투쟁
쿠웨이트	인민이슬람연합	온건	수니파 근본주의 정당
이라크	이라크 이슬람혁명평의회	과격	시아파 반체제조직(테헤란)
	이라크 다와黨	온건	시아파 반체제조직(테헤란)
수단	민족 이슬람전선(NIF)	온건	'89년 6월 쿠데타로 집권
파키스탄	자마티 이슬라미	과격	반정부 무력투쟁
말레이시아	알캄	온건	반정부 근본주의조직
필리핀	보로 이슬람전선(MILF)	과격	민다나오 독립투쟁
이스라엘	카치(KACH)	과격	반정부 무력투쟁
	카하나하이	과격	반체제조직

☞ 미국 뉴욕 무역센터 테러 그래픽 상황도

▶ 08:48 북쪽 타워 충돌

보스턴을 출발한 아메리칸 항공 11편 비행기는 8시 48분에 세계무역센터 북쪽 타워의 윗부분인 95층과 103층 사이와 충돌했다. 수천 명의 사람들이 양쪽 타워에서 근무 중이었다. 약 80명의 요리사, 웨이터와 주방보조원들이 106층 레스토랑에 있었다. 충돌 지역에 있는 회사에 근무했던 많은 사람들이 한순간에 죽어갔다. 위층에 있던 사람들은 화염에 의해서 그들의 피난로가 끊겼기 때문에 이미 그곳에서 운명이 결정되었다.

▶ 09:03 남쪽 타워 충돌

유나이티드 항공 소속 175편 비행기는 15분 후 남쪽 타워에 충돌했다. 비행기는 충격으로 폭발했고, 건물의 반대쪽에서 불길이 번지기 시작했다. 남쪽 타워 안에 있던 많은 사람들은 첫 번째 충돌을 목격하고, 건물을 떠나려고 노력하고 있었다. 일부 사람들은 화염을 기다리기보다는 오히려 죽음으로 뛰어내리는 것을 선택했다. 일부 사무원은 이미 많이 지체되었기 때문에 그들의 책상에 남는다고 했다. 수많은 소방대원과 경찰이 사무원이 대피하는 것을 돕기 위해 사고 장소에 도착했다.

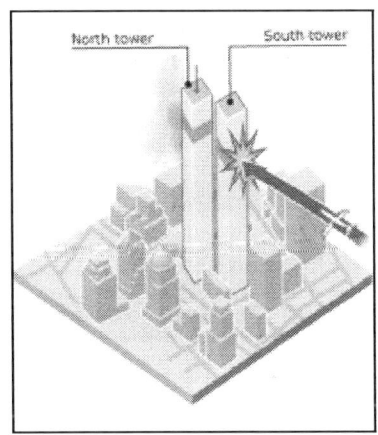

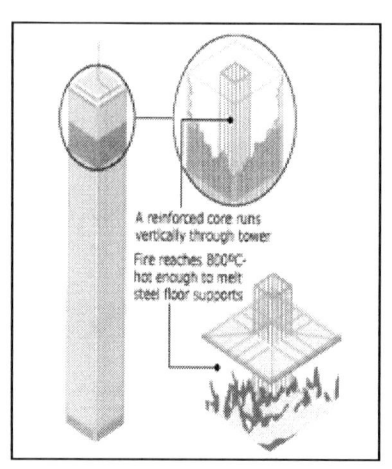

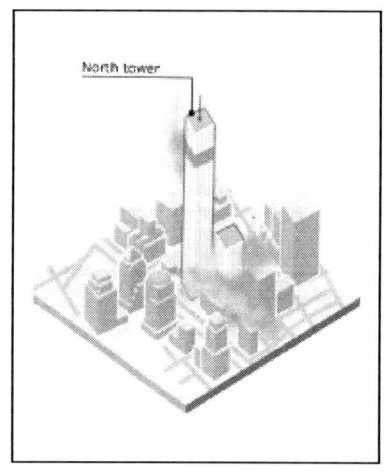

▶ 타워 안의 격렬한 불길

　건물의 심장부엔 수직의 승강기 축과 계단을 덮는 철강과 콘크리트 기둥이 있었다. 타워는 비행기의 충격에 참을 만큼 충분히 단단히 지어졌다. 강철은 만일 불길이 번지게 될 때 소방관들이 한두 시간 정도, 최소한의 시간 동안 움직일 수 있을 만한 콘크리트로 덮여 있었다.

　그러나 9월 11일의 불길은 91,000리터 이상의 제트기 연료에 의해 공급되었다. 타워 안의 철강빔 중심은 8,000℃가 넘을 만큼 뜨거워졌다. 그리고 철강빔 위 방호 콘크리트 덮개는 단지 기둥에서 짧은 시간 동안 열을 가둬 두고 유지할 수 있었다. 1개 층의 철강 프레임이 녹았을 때, 방대한 힘이 아래 구조가 약하게 된 층에 가해져서 건물이 무너졌다.

▶ 10:05 남쪽 타워 붕괴

　한 개 층이 녹아 떨어졌을 때 새롭게 떨어져 각 층이 밑의 층위에 압력을 증대시켰던 것에 따라 붕괴는 필연적이었다. 심지어 강철들이 보통 온도에서도 10만 톤 정도 나가는 엄청난 양의 무게 때문에 무너져 더욱더 건물의 붕괴를 증대시켰다.

　두 번째 충돌이 있은 후 시간이 흘러 두 번째로 부딪힌 남쪽 타워가 땅으로 주저앉았다. 타워를 벗어나려고 하고 있던 수많은 소방대원, 경찰관과 사람들은 붕괴로 인해 압사하고 말았다.

▶ 10:29 북쪽 타워 붕괴

　각 층이 이른바 '수평 낙하 착륙'하듯이 무너져 내렸고 안에 남았던 많은 사람들은 압사했다.

　파편의 구름이 더 낮은 맨해튼의 거리를 습격했을

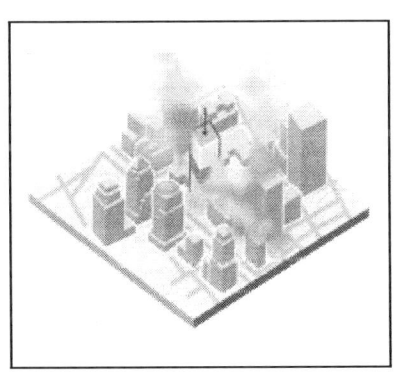

때 지상의 사람들은 목숨을 건지기 위해 도망쳤다.

▶ 구조대의 수색

세계무역센터 붕괴 이후 5,000명 이상이 실종된 것으로 발표됐다. 구조대는 살아 있는 사람들을 찾는다는 희망으로 폐허 현장을 주의 깊게 끊임없이 수색했다. 5명의 생존자가 24시간 내에 처음으로 발견되었다. 종종 사람들은 무너진 건물에서 많은 날들을 살 수 있다. 그러나 각 층의 무게와 재해의 규모로 봐서 이런 가능성이 뉴욕에서는 있을 것 같지 않았다. 많은 사람들이 발견될 것이라고 여겼던 초기의 희망이 곧 시들기 시작했다.

▶ 황폐화된 도시

붕괴 이후, 경찰은 14번가 밑에 도시를 비상라인으로 설치했다. 쌍둥이 타워가 한때 서 있었던 장소는 '제로 지점'으로 알려지게 되었다. 같은 블록의 많은 다른 건물은 또한 심하게 망가졌다. 그 지역의 엔지니어는 무역센터 기반이 건물의 붕괴에 의해 심하게 약하게 되었을지도 모름을 염려하고 있다고 말했다.

93

☞ 뉴욕 세계무역센터 항공기 충돌테러(2001. 9. 11.) 장면

제5절 세계 주요국가 테러진압 특수부대

냉전 시대가 풀리면서 세계는 외부가 아닌 내부의 적과 대치하고 있다.

소수 민족, 종파 간 테러와 자생 집단의 극단적인 자생 테러는 300건이나 발생했다. 영국−IRA 휴전과 PLO−이스라엘 평화협정 등으로 테러요인이 많이 감소했지만 이스라엘 라빈 총리의 저격 암살로 인한 중동평화협정이 흔들리고 있으며 공산국가 붕괴로 정치적 혼란이 공산권에 증가하고 있다.

또한 무한경쟁시대에 돌입하면서 기업의 해외투자 및 관광산업의 증가로 오히려 테러의 위협에 노출되고 있다. 때문에 각국은 대테러 특수부대의 운용에 많은 기대를 걸고 있다.

이에 따라 조직화·과격화·대형화되는 테러를 대응하기 위해 한국에서는 모의훈련과 이에 따르는 담력, 극기, 체력훈련을 하고 있으며 최고의 첨단장비 공급으로 무기조작 숙달 운영법을 익히고 있다. 다시 말해 최고 정예부대라 할 수 있는 특수부대를 창설하여 육성하고 있다.

☞ 주요국가 특수부대 현황

구 분	부 대	설 립	소 속	창설 동기 및 규모
한 국	707특수임무대대	1981년 창설	국방부 산하 특전독립부대	12·12사태가 동기, 군사령관이 직접 움직일 수 있는 부대가 없어 문제가 되었음, 규모는 약 100여 명 정도로 알려져 있다.
	868경찰특공대			
미 국	델타포스(ATF) 비밀 구출특수임무대	1985년 창설	재무부 산하로 미국 주류, 연초, 총포류 단속국 소속임	육·해·공군의 특수임무대와 미 정보국 소속 대테러 부대가 있지만 국내 테러 전담부대 운영의 필요성 강조로 설립, 400여 명으로 구성되었다.
	육군 그린베레			

구 분	부 대	설 립	소 속	창설 동기 및 규모
영 국	SAS 특수부대	1941년 창설	국방부 산하 소속	독일과 이탈리아 군에 대한 게릴라전을 전개하기 위해 창설되었음. 이후 전 세계 대테러 진압부대 창설토록 한 원형이 되었다.
러시아	스페츠나츠(특수부대) 알파부대(ATC) 빔벨	1974년 창설	러시아 연방 보안국 소속(FSB)	소련체제 붕괴의 조짐이 보이기 시작한 '70년대 브레즈네프 구소련 공산당 서기장의 명령으로 창설. 규모는 220~230명 정도
프랑스	국립헌병개입 대외인 부대(GIGN) 경찰특공대(RAID)	1974년 창설	국방부 산하 헌병대 특수작전 부대소속	'72년 뮌헨 올림픽 때 팔레스타인 게릴라전에 의한 선수촌 테러사건에 충격, 테러진압부대 필요성 절감, 규모는 80~90명 정도
이스라엘	신베트 사이렛 메트칼	1957년 창설	국방부 산하	민족 간의 갈등, 주변국과의 마찰 등으로 인한 테러문제로 창설

※ **공통임무:** 비정규전(UW), 특수정찰(SR), 목표타격대(DA), 대테러(CT). 크게 4가지 핵심 임무인 비정규전은 적의 후방에 제2선을 구축하고 게릴라전을 수행하여 전후방 동시전쟁을 가해 적의 전투력을 분산, 약화시키는 개념의 특수작전으로 '공세적 속전속결'을 원칙으로 한다.

1) 한 국

(1) 707특수임무대대

707대대는 러시아의 알파부대나 미국의 델타포스와 같이 특수작전을 펼치는 특수부대 중의 특수부대로 정식 이름은 공수특전단 707대대이다.

그러나 포효하는 호랑이 마크를 오른쪽 가슴에 달아 호랑이부대로 더 잘 알려져 있다. 주어진 임무는 대게릴라전, 대테러전, 요인 구출 등 일반 부대가 수행할 수 없는 작전을 수행한다.

'검은 베레'로 불리는 공수특전단은 북한의 특수군단에 맞선 특수부대로 바다의 식인상어로 불리는 UDT(해군 수중폭파대)나 해병 특수수색대와 함께 비정규전에 대비한 게릴라부대이다. 한국 현대사와 밀접한 관계를 갖고 있지만 모두 7개 여단으로 구성돼 세계적으로 손꼽히는 전투력을 보유하고 있다.

707특수부대 창설배경에는 12·12사태라는 아픈 기억이 있다. '쿠데타적 사건'으로 명명되고 있는 12·12사태는 당시 공수특전단 내에 하극상을 연출한다. 특전사 소속 3여단장 최세창 준장이 당시 정병주 사령관을 공격한 것인데, 사령관이 직접 움직일 수 있는 병력이 없었다는 게 허점이었다. 12·12사태는 사령관이 위험에 노출돼 있다는 것이기도 했으나 달리 보면 공수특전단의 전투력 저하를 뜻했다.

때문에 만일의 사건에 대비하기 위해 사령관 '친위 부대'가 창설되었는데 이것이 지금의 707부대이다. 707대대의 구성을 보면 주어진 역할이 확연히 드러난다. 영관급을 지휘관으로 해 각 팀은 공수특전단에서 엄격히 선발된 장교와 부사관으로만 짰었다. 남성이 대부분이지만 작전을 수행하다 보니 미모의 여군들도 끼어 있는데 이들도 예외 없이 뛰어난 특수요원이다.

707부대는 명칭은 대대이지만 규모 면에서 보병의 중대 수준을 벗어나지 못한다.

고공, 스킨스쿠버가 각 1개 팀씩이고 대테러 담당이 2개 팀으로 모두 4개 팀에 불과하다. 모두 합해 보아야 100명 내외로 알려진 707대대는 적어도 숫자로 따져 붙은 이름은 아닌 셈이다.

팀 구성상 707대대는 육·해·공에서 모두 작전을 수행할 수 있다. 고공팀은 낙하산을 이용한 고공 침투로 작전을 수행하며 이들이 사용하는 고공 강하용 낙하산은 바람을 이용하여 50km 이상 날아갈 수 있다.

스킨스쿠버 팀은 해상 수중침투를 통해 작전을 펼친다. 혹독하기로 이름난 UDT 훈련 과정을 추가로 받기도 하며, '89년 수해 때는 이 스쿠버 팀이 한강 제방에 뚫린 구멍을 찾아 막는 바람에 서울이 수해에서 벗어날 수 있었다.

대테러팀은 그야말로 잘 뛰고, 잘 쏘는 것이 특징이다. 이들은 훈련장에 동일한 모형의 보잉 707여객기, 주요시설·모형들을 갖춰 놓고 실제 상황과 같은 훈련을 한다. 또 각 팀들은 다른 팀들이 하는 훈련 내용을 고스란히 받아 필요 시 공동작전을 수행한다.

국산 K1, 독일제 MPK5 자동소총 등 고성능 장비로 무장하고 있으며, 지급되는 개인 화기만도 3정이나 된다. 스나이퍼(저격병)조가 따로 구성돼 있지만 목표물을 부위별로 사격할 만큼 명사수들이다. 가령 인질극 상황에서 인질범이 몸의 일부만이라도 노출시킨다면 여지없이 명중할 능력을 가지고 있다. 그래서 군 탈영병 사건, 인질극 등이 벌어지면 단골로 출동해 '해결사'로 실력을 발휘하기도 한다.

86 아시안게임과 88 서울올림픽, 한·일 월드컵과 같은 대행사는 707부대의 능력을 검증받는 기회였다. 당시 선수촌과 선수단 숙소 등 주요인사 경호를 맡아 완벽히 수행해 냈으며, 매년 미국의 특수부대인 델타포스나 실(SEAL)과 연합 훈련을 가져 작전수행능력에서 세계 수준을 유지하고 있다.

현재 707부대의 역할은 크게 확대되어 평소 공항 등 주요시설에 상시 교대로 배치돼 만일의 사태에 대비하고 있다. 또 대통령을 포함한 요인 경호도 맡아 업무 수행하는 것으로 알려져 있다. 이 부대는 사회환경 변화에 따른 대테러 진압부대 운영의 필요성이 증가됨에 따라 전쟁 시를 막론하고 시기·장소·성격에 상관없이 즉각 출동할 수 있는 고도의 전투태세를 갖추고 있으며 점차적으로 다양화되는 테러에 효과적으로 대응하기 위하여 운영개념 및 기술을 계속적으로 수정, 보안하여 왔으며 각종 국제행사에 대한 안전 지원과 중요요인 경호 임무 등 많은 활동을 하고 있다. UDT/SEAL(별명: 바다의 식인상어) 수중파괴(UDT), 육·해·공 전천후특수타격(SEAL), 폭발물처리(EOD) 등 임무도 수행한다.

(2) 경찰 특공대

1991년도 국방백서는 국제 테러조직과 북한의 테러위협으로부터 주요인사의 신변보호 및 중요시설 방호와 국민의 생명과 재산을 보호하기 위해 고도로 전문화된 대테러 전담부대를 운용하여, 유사시 즉각 출동할 수 있는 태세를 갖추고 있다고 설명하고 있는데 86 아시안게임과 88 서울올림픽, 월드컵대회 등 당시 보도 매체에 자주 등장하던 복면 특공대가 바로 이들이다.

경찰 대테러 특공대는 최고의 친절, 최대의 협조, 최고의 안전봉사란 완전 올림픽·안전 월드컵 캐치프레이즈를 내건 서울올림픽, 월드컵 안전조정통제본부 산하 88경비단 16개 특수임무부대 중의 하나로 창설되어 아시안게임과 올림픽, 그리고 엑스포·월드컵 경비임무를 성공적으로 수행했다. 소속은 서울지방경찰청과 부산지방경찰청, 전남경찰청 직할부대이며 300명 정도로 정예화되어 있다.

1982년 3월 부산 미 문화원에 대한 방화사건과 86 아시안게임, 88 서울올림픽, 한일월드컵이 확정되면서 북한 특수부대의 테러위협과 국제테러로부터의 예방 그리고 인질 난동 등 국내 강력사건의 해결을 위해 경찰과 군 특수부대에서 선발된 요원으로 1982년에 창설해 서울에 위치하고 있다.

이들은 검정색의 대테러 전투복에 검은 복면을 쓰고 한국형 기관단총으로 장비하고 있으며, 평시에는 얼룩무늬 위장복에 붉은 베레모를 착용하고 있다. 특공대장을 포함하여 특공대원 67명, 행정요원 16명 등 83명으로 편성되어 있으며, 특공대원은 경찰관 중에서 자원에 의하여 다음과 같은 기준에 의해 선발된다. 35세 미만일 것, 무도의 유단자일 것, 남보다 빨리, 높게 뛸 수 있을 것, IQ가 110 이상일 것, 엄격한 훈련을 통한 규율 속에서 조국과 민족을 위해 목숨을 바칠 용의가 있을 것, 2년간 계속 근무할 수 있어야 할 것, 사격술에 뛰어날 것 등인데 경찰특공대원들은 "끝내 주자"라는 구호 아래 경찰종합학교에서 1개월 훈련을 받고 육군 특전사령부에서 또다시 1개월간 훈련을 받으며 해외에서도 전지 위탁훈련을 받는다. 이들은 자동소총뿐만 아니라 기관단총과 고성능 가스총 등 특수장비를 자유자재로 다루어야 하며, 주간은 물론 야간사격까지 백발백중이어야 하고 상상을 초월한 강훈련을 통하여 어떤 테러범도 단 일격에 쓰러뜨릴 수 있는 순발력 있는 체력과 무전기에서부터 시한폭탄까지 제거할 수 있는 능력을 기른다.

특전사 중의 특전사라 불리는 707특수임무대대와 708특공대 그리고 해병대의 특수수색대대 및 해군의 UDT/SEAL 출신들로 구성되었으며, 또 '93년 서해 페리호 침몰 시 맹활약한 해난구조대 그리고 공군 항공구조대와 더불어 경찰의 특수부대로서 한국 특수부대의 최정예 부대들 중의 하나이다.

2) 미국(ATF)

미국의 특수부대는 구분이 가지 않을 만큼 많다. 2~3개 국어에 능통한 육군의 그린베레, 해군의 SEAL(Sea Air Land, 일명: 바다표범), SBS(Special Boat Squadron), UDT, 공군의 특별작전항공대가 알려져 있다. 비밀구출 임무부대인 델타포스는 '85년 6월 미 TWA기 납치사건에 그린베레 대신 작전을 수행하면서 그 존재가 알려지기 시작했다.

이 밖에도 미국 내 테러공격에 대비한 특수요원을 양성해 놓고 있는데 최근 두드러진 활약을 하는 곳이 ATF다. 미국 테러현장에는 등 뒤에 'ATF'라고 새겨진 조끼를 입은 사람들을 자주 볼 수 있다. 미국 주류연초총포류 단속국(ATF－Bureau of, Tabaco and Firearms)의 요원들이다.

이 때문에 미국 국민에게 ATF는 가장 친숙한 기관 중 하나가 됐다. 범죄를 예방하고 해결하는 이 정부기관은 국무부나 경찰이 아니라 재무부 산하 기관이다. 미 정부는 금주법을 어기는 밀주제조자들을 잡아들이기 위해 재무부 산하에 ATF를 창설했다. ATF는 그 뒤 금주법이 폐지되자 본래 업무인 밀주 단속을 할 수 없게 돼 업무영역은 축소되었다. 그러던 중 지난 '68년 「총기류 단속법」이 제정되면서 ATF 업무는 다시 늘어나게 되었고 이 새로운 법에 따라 ATF는 무기류와 마약 등에 의한 강력범죄 단속임무를 맡게 되었다.

물론 현재 미국에서는 ATF 외에도 연방수사국 FBI와 그 산하에 대테러 특별부대가 설치되어 대테러 작전에 나서고 있지만 주요 테러사건은 ATF가 주로 담당하고 있다. ATF는 현재 지난 '94년 1월 취임한 존 메이고 국장이 이끌고 있다. 메이고 국장은 오하이오 주 컬럼버스 출신으로 지난 '67년 컬럼버스의 비밀수사대 특수요원이 된 이래 지금까지 줄곧 이 분야에서 일한 베테랑이다.

ATF는 지난 '93년 2월 26일 1천여 명의 사상자를 낸 뉴욕 세계무역센터 차량폭탄테러 사건을 해결해 미국인들로부터 강력한 지지를 얻고 있다. ATF는 각 분야의 전문가들이 테러 등 강력사건을 과학적으로 수사한다는 게 특징이다.

세계무역센터 차량폭탄테러사건도 현장에 남아 있던 차량의 잔해를 정밀조사하여 테러에 이용된 차량번호를 알아내 범인을 검거하는 등 과학적인 수사를 추구했다. 또 지난 4월의 오클라호마시티 연방 건물 폭탄테러사건이 발생했을 때도 ATF는 사건 발생 즉시 전문가를 현장에 파견해 용의자를 검거하는 등 활약을 보여 주었다. 이로 인해 테러집단들에게는 ATF가 '눈엣가시' 같은 존재이다. 지난 10월 9일 새벽에는 '게슈타포의 아들'이라고 자처하는 테러집단이 애리조나 주 피닉스 부근 사막 협곡에서 대륙횡단 특별열차를 전복시켜 1명이 사망하고 1백여 명이 부상하는 테러를 가한 뒤 ATF를 비난하는 쪽지를 남겨 두기도 했다. 이들은 쪽지에서 "지난 '94년 4월 19일 ATF와 연방수사국(FBI)이 텍사스 웨이크의 다윗파를 무차별 진압한 데 대한 보복"이라고 주장했다.

그러나 ATF가 국민들의 사랑만 받는 것은 아니다. ATF의 활약에도 불구하고 곱지 않은 시선이 가는 게 사실이다. ATF가 텍사스 웨이코의 광신도 집단을 진압하는 과정에서 어린이들을 포함해 67명의 목숨을 잃게 한 것에 대해 비난이 적지 않은 실정이다. 일부에서는 이를 '공권력에 의한 학살극'이라고 극단적인 공격까지 서슴지 않고 있다.

　이 밖에도 ATF는 미국총기협회(NRA)로부터도 공격을 받고 있다. 미국 정가에서 강력한 영향력을 지닌 NRA는 최근 각계에 편지를 보내 "ATF가 무고한 시민을 공격하는 가죽장화를 신은 불한당"이라고 강력히 비난하고 나섰다. 이는 ATF가 테러 따위의 강력사건을 진압하면서 총기류에 대한 강력한 단속을 벌이자 이해관계에 있는 이들이 자신들의 이익을 지키기 위해 ATF를 공격하고 있다는 것이 일반적인 분석이다.

3) 영국(SAS)

　영국은 특수부대의 원조 격이다. 영국은 이미 '41년에 SAS를 창설해 독일과 이탈리아 군에 대한 게릴라전을 펼쳤다. 북아일랜드에서의 각종 사건들과 '75년 5월 네덜란드에서 발생한 만모루카 분리주의자의 열차 탈취 사건, '80년 4월 런던 주재 이란대사관 인질사건은 SAS의 활약상을 보여 주는 몇 가지에 불과하다.

　평상시의 인질극뿐 아니라 전시에도 SAS의 위력은 대단하다. '82년 영국과 아르헨티나의 포클랜드 분쟁 때 SAS는 남조지아 섬을 기습해 영국 승리의 단초를 제공했고 소 포클랜드의 페블 섬에선 아르헨티나의 항공기와 폭약 따위를 폭파해 아르헨티나 군의 무릎을 꿇렸다.

 SAS가 높게 평가되는 또 다른 이유는 놀라운 게릴라전 수행 때문이다. 1950~60년대 말레이시아에서 공산군과 대치한 SAS는 네팔의 그루카병과 산악족을 대게릴라 전력으로 투입해 작전을 성공시켰다.

 SAS와 함께 영국 해병대를 근간으로 만들어진 코만도는 2차 대전 중 바다를 낀 작전에서 필수요원으로 맹활약하였으며, 코만도와 SAS는 그 후 각국에 특수부대를 창설토록 한 원형이 되었다.

4) 러시아

(1) 알파 부대(ATC)

지난 '74년 안드로포프가 소련국가보안위원회(KGB) 의장 시절 창설된 이 특수 부대는 '알파' 또는 '구룹빠 A'라는 명칭으로 KGB의 제7총국 소속으로 활동해 왔다.

이 부대는 국내에서도 잘 알려져 있다. 1995년 10월 15일 상오 2시 45분께 모스크바 크렘린 인근 볼쇼이 모스코프레스키 모스코(대모스크바 강 다리)에서 현대전자 연수단을 인질로 1천만 달러의 몸값을 요구하던 빅토르 수르가이(34)를 작전 개시 10초 만에 사살, 인질 전원을 무사히 구출해 낸 계기로 잘 알려지게 되었다.

이 부대가 그동안 어떤 활동을 해 왔는가는 지금까지 전혀 공개된 바가 없으나 국내외에서 상당한 명성을 날리고 있는 것만은 분명하다.

소련이 지난 '79년 아프가니스탄을 침공할 때 알파부대는 아민 대통령 관저를 기습 공격하여 1백여 명을 사살하는 전과를 올리기도 했다. 또 지난 '80년 모스크바올림픽 때는 선수촌을 비롯하여 주요 인사들에 대한 경호 경비업무를 맡기도 했으며, 소련 내 각 공화국에서 민족 분규 또는 연방에 반기를 드는 불순 세력이 나타날 때면 이 부대가 항상 출동해 결정적인 역할을 하기도 했다.

105

지난 '91년 소련 보수파들이 쿠데타를 일으켰을 때 당시 크루츠코프 KGB 의장은 주요 인사에 대한 체포령을 이 부대에 내린 바 있으며, 러시아 의회 건물인 벨루이 돔(하얀 집, 러시아에서 백악관이라고 부름)을 공격하라는 지시까지 했다. 하지만 당시 알파부대원들은 이 같은 명령을 거부키로 자체 결정해 쿠데타 실패에 결정적인 역할을 했다.

쿠데타를 진압하고 러시아의 최고 지도자가 된 옐친은 비록 이 부대가 자신에게 충성을 보인 점을 인정하기는 했으나 자칫 잘못하면 정부 안보에 위해를 가할 수 있다는 점을 고려해 KGB를 해체하면서 크렘린 경비대에 이 부대를 통합시켰다. 이 부대는 지난 '93년 옐친의 개혁정책에 반기를 든 당시 러시아 최고회의 보수파들을 체포키 위해 무수한 총탄이 쏟아지는데도 불구하고 보수파들이 사수하고 있던 최고회의 건물로 쳐들어가 보수파들의 시노사였던 알렉산드르 루츠코이 부통령과 루슬란 하스불라코프 최고회의 의장을 붙잡기도 했다.

이처럼 혁혁한 전과에도 불구하고 지난 1995년 5월 러시아 남부 부덴노브스크 시에서 발생한 체첸 게릴라들의 테러사건 때는 제 역할을 못했다는 여론의 비판을 받기도 했다.

당시 체첸 게릴라들은 병원건물을 점거하여 1백여 명의 인질을 잡고 있었는데 알파부대는 1층 건물을 탈환하는 등 맹활약했으나 게릴라들이 인질과 함께 폭파시키겠다는 최후통첩에 밀려 퇴각하는 수모를 당하기도 했다. 이후 러시아 정부는 이 사건은 물론 최근 미 대사관 피습사건 등 각종 테러사건에 적절한 대응을 하기 위해 KGB의 후신인 연방보안국(FSB)에 대테러센터(ATC)를 창설키로 하고 알파부대를 이 기구에 재배치했다.

정권에 관계없이 자신들의 명예는 영원하다는 신념 속에 임무를 수행 중인 특수부대원들의 훈련모습

일파부대는 막강한 전력 때문에 자칫 잘못하면 위정자들이 이들을 정치적으로 이용할 소지가 있다는 비판을 받기도 한다. 옆의 사진은 폭동진압 훈련을 하고 있는 특수부대원들이다.

이 기구의 총책임자는 현 FSB의 제1

부장인 빅토르 조린 준장으로 KGB에서 잔뼈가 굵은 골수 정보통이며 제7총국장 등도 역임한 바 있고, FSB의 방첩부장을 거쳐 현직에 오른 인물이다. FSB 국장인 미하일 바르수코프 중장 역시 옐친이 집권한 이후 크렘린궁 경비대장을 해 오다 정부기관의 총책임자로 임명됐는데 KGB의 제7총국장을 역임한 경호 전문가이다.

FSB 소속으로 다시 돌아가게 된 알파부대의 규모나 조직 등이 일반에 공개된 적은 한 번도 없다. 이 부대의 지휘관인 알렉산드르 구세프 대령은 바르수코프 국장의 크렘린궁 경비대장 시절 연대장을 했으며, 현 부대장으로 취임했다. 그는 부덴노브스크 시 테러사건 이후 이 부대 사상 최초로 러시아 유력 시사 주간지 모스코브스키 노보스티지와 회견을 통해 알파부대가 임무에 실패하지 않았다는 변명을 하는 등 언론에 모습을 노출시키기도 했다. 모스코브스키 콤소몰레츠지 등 러시아 언론들의 보도에 따르면 현재 알파부대는 모스크바본부에 약 220~230명의 병력이 있으며 예카테린부르크, 하바로프스크, 크라스노야르스크 등에 각각 지부를 두고 50명의 병력을 각각 배치하고 있는 것으로 알려졌다.

알파부대원이 되려면 본인은 물론 가족과 친지 중 정치적으로 결격 사유가 없어야 하고 적정 수준의 교육을 받아야 하며 국가에 대한 충성심은 물론 신체적으로도 아무 이상이 없어야 한다.

이들은 일단 부대원으로 발탁되면 장교 계급을 부여받고 급여, 주택 등에 대한 특권이 주어진다. 대부분 무술 유단자이며 보통 30대 전후 나이에 신장 180cm 정도의 체격을 갖추고 있다. FSB는 이들을 산하 특수학교에서 1년 정도 교육을 시키는데 각종 무기를 이용한 사격술과 군사학, 폭약, 통신전문교육, 해상 및 공중 침투술, 약물 등을 식별할 수 있는 화학 기초학, 정보사진 판독법, 실종자 수색법 등은 물론 법학까지 배우게 된다.

알파부대원들은 기본적으로 칼라쉬니코프 자동소총과 권총 등으로 무장하고 러시아에서 제작된 최신 무기들을 우선적으로 지급받고 있으며 필요에 따라 이스라엘제 우지 자동소총 등 외국제 무기 등도 공급된다. 또 위성통신장비를 갖추고 있고 자체 항공기까지 보유해 유사시 어떤 지역이라도 신속하게 출동할 수 있는 능력이 있다. 이 때문에 알파부대원들은 일당백의 정예요원들이며 러시아 최강의 특수부대원들이라고 할 수 있다. 혹독한 훈련과 위험한 임무를 수행하기 때문인지 이들 부대원들 상호 간에는 의리와 협동심, 동료애도 뜨거운 것으로 알려졌다.

부덴노브스크 시 사건 때 3명의 알파부대원들이 피살되자 루비앙카(구 KGB 건물)의 제르진스키 클럽에서 거행된 장례식에는 현 부대원은 물론 전직 부대원까지 참여하기도 했다.

물론 이 같은 장례식이 열렸다는 것도 일체 비밀에 붙여지는 등 이들은 철저히 신분 위장을 하며 '그늘'에서만 활동하고 있다.

알파부대의 이 같은 막강한 위력 때문에 자칫 잘못하면 위정자들이 이들을 정치적으로 이용할 소지가 다분히 있어 러시아 일부 언론들은 FSB가 과거 KGB처럼 정권 안보의 전위역할을 하려는 등 권력에 집착하려 한다고 비판하고 있다.

하지만 최근 들어 급증하고 있는 인질사건 등 이들을 필요로 하는 사건들이 계속 발생하고 있어 다른 생각을 하기에는 너무 바쁘다는 것이 지배적인 견해다.

(2) 빔 펠

　　알파와 쌍벽을 이루는 '빔펠'은 대외 첩보부대다. 1979년 KGB의 대외 첩보 수집을 위한 전위 부대로 창설된 빔펠은 냉전 종식으로 그 역할이 줄어들면서 변신을 거듭하고 있다. 특히 '91년 쿠데타 불발 이후 이 부대는 거센 구조개편의 격랑에 휩쓸려 180명의 지휘자 가운데 110명이 전출되는 홍역을 치르기도 했다. 또 '93년 벨로이 돔(의사당) 유혈사태 이후에는 내무부로 흡수돼 마피아 등 조직범죄와의 전쟁에 투입되기도 했다.

　　창설 당시 빔펠의 임무는 해외에서 적의 동향을 탐지하고 비밀 군사정보를 수집하며 전쟁 발발 시 후방을 교란하는 것 등이다. 때문에 요원들은 최소한 외국어를 2~3개 이상 능숙하게 구사하며 어떠한 상황에서도 생존하는 방법을 터득하고 있다. 또 빔펠은 최근 들어 '배가'라는 특수부대를 구성하여 핵폭탄테러에 대비하고 있다. '배가'는 핵폭탄테러 방지가 주 임무이지만 주요 기간시설의 보호에도 투입된다.

　　또 지난 '94년 7월 북카프스 민보다에서 인질사건이 발생하자 인근에 있던 배가 요원들이 작전에 돌입하여 인질 4명이 희생되는 선에서 사건을 해결했다. 알파부대가 현장에 도착했으나 '이미 상황 끝'이라는 소식을 듣고 아연실색했다는 후문이다. 빔펠은 또 빈발하는 테러사건에 대비하여 대테러 전문부대인 '우소'의 창설 작업을 진행하고 있는 것으로 알려지고 있다. 그러나 보리스 옐친 대통령이 최근 FSB 내에 대테러 진압 총지휘 본부를 창설하는 것을 골자로 한 대통령 포고령에 서명했다. 이 포고령으로 일종의 경찰 조직인 오몬부대

(기동타격대)도 사건 발발 시 FSB의 지휘를 받게 됐다. 페르보마이스코예 인질극의 도화선이었던 키즐야르 시립병원 점거 현장에 제일 먼저 출동한 부대가 바로 오몬이었다.

(3) 오몬부대

오몬부대는 지난 '87년 수도 모스크바의 조직범죄를 퇴치하기 위해 창설하였고, 창설 목적은 페레스트로이카(개혁)와 글라스노스트(개방)로 인한 혼란기에 시민들의 안전을 보장하고 비상사태 발생 시 초기에 법과 질서를 확보함으로써 대규모 혼란을 예방하자는 것이다. 모스크바에서 활동하는 오몬요원은 약 2,000여 명인데, 이들의 활동 범위는 다른 경찰조직과는 달리 '자유로운 사냥꾼'이라고 불린다. 평소에는 공공 기관인 철도나 공항, 주요 백화점 등을 순찰하다 사건이 발생하면 신속히 현장으로 출동하며 마약사범 검거도 이들의 몫이다.

오몬부대는 지난해 10월 상트페테르부르크 경찰의 수배를 받고 있던 마약 전문조직의 두목이 모스크바의 한 호텔에 은신하고 있다는 정보를 입수하고 신속히 현장에 출동하여 10분 만에 두목을 비롯한 10여 명의 조직원을 검거했다.

오몬부대에도 알파에 못지않은 전문가들이 많다. 대도시 폭탄테러에 대비한 폭약처리 전담반과 도시형 저격팀은 이 부대의 자랑이다. 몇 해 전 한 오몬부대 저격요원은 벤츠 600 자동차에 설치된 폭탄을 200m 밖에서 명중시켜 폭파하기도 했다.

오몬부대는 내무부 산하 조직에서 엘리트 집단이다. 공수부대와 해병대, 체육특기생들 가운데 선발된 후보요원들은 엄격한 훈련과정을 거쳐 무적의 오몬요원으로 성장한다. 세 사람의 교관과 맨손으로 싸워 2분 동안 버틸 수 있느냐가 마지막 관문이라고 한다.

오몬부대는 장갑차 등 최신 무기와 첨단 특수장비 등을 갖추고 있으며 현재 인구 30만

내무부 산하 조직에서 엘리트 집단으로 평가받고 있는 오몬부대원

이 넘는 도시에 주둔하고 있다.

　오몬부대의 모델이라고 할 수 있는 특수 부대가 '비챠지'다. '80년 모스크바 올림픽을 성공적으로 치르기 위해 전문요원들로 창설되었고 올림픽 테러방지를 주목적으로 알파와 빔펠과는 달리 산하에 기동타격대를 두고 있었으며 백병전과 심리전에 능한 것으로 알려졌다. 이 부대의 성과는 지난 '93년 10월 의사당 유혈사태 직전 국영 오스탄키노방송국을 점령하려는 마카쇼프 장군 주도의 무장단체를 퇴치하면서 다시 한 번 입증됐다.

　당시 옐친 대통령의 오스탄키노방송국 사수 명령에 따라 마카쇼프 장군의 무장단체보다 4분 먼저 도착한 20여 요원들이 밤새 공방전을 벌여 방송국을 지켜 냈다. 무장단체가 방송국을 점거했을 경우 의사당 유혈사태는 다른 방향으로 흘러갔을 것이라는 게 전문가들의 이야기다.

　러시아 국방부 산하에도 특수부대가 하나 있다. 그것이 스페츠나츠 그루인데, 적의 후방 정찰과 후방 교란을 전담하며 최근 추가된 임무는 핵전발발 시 지휘부를 섬멸하는 것으로 공수부대나 해병대와 마찬가지로 공중낙하나 비밀상륙작전을 통해 적진지로 침투하지만 직접적인 전투는 피한다. 보통 5명에서 10명 단위로 움직이며 러시아 군의 대규모 공격에 앞서 장애물 제거, 적 지휘부 위치탐지 등을 전담한다. 부덴노브스크와 페르보마이스코예 인질사태 이후 테러사건에도 '스페츠나츠 그루'가 필요하다는 평가를 받았다. 그러나 이들은 현장에서 직접 인질을 구출하는 것이 아니라 테러범이나 인질들의 정확한 위치를 탐지하여 작전부대에 알려 줌으로써 최소한의 희생으로 작전을 끝내는 데 기여한다.

체첸반군지도자 바사예프도 특수부대를 상당히
두려워하고 있다.
사진은 특수부대 요원의 훈련모습이다.

5) 프랑스(GIGN, '국립헌병개입대')

지난 1994년 12월 26일 하오 5시 15분 프랑스 마르세유 마리냑 공항에서 승객과 승무원 180여 명을 태운 에어프랑스 여객기가 알제리 회교원리주의 게릴라들에 의해 납치·억류돼 급박한 위기 상황이 펼쳐지고 있었다. 납치극의 무대를 파리로 옮기기 위해 재급유를 요구하는 납치범들과 시간을 끌기 위해 17시간째 안간힘을 쓰는 공항 당국과의 줄다리기 국면이 벌어지고 있었다. 활주로에 어둠이 내릴 무렵 고성능 기관단총과 수류탄 등으로 완전 무장한 일단의 대원들이 피랍 여객기를 향해 사방에서 쏜살같이 달려들기 시작했다. 무수히 쏟아지는 납치범들의 총탄을 헤치며 이들 대원들은 사다리를 통해 비행기 앞문으로 돌격해 들어갔다. 기내에서 양측 간에 교환되는 총격전이 몇 분간 이어지다 조용해졌다. 잠시 후 대원 중 한 명이 여객기 밖으로 모습을 나타내 손을 흔들었다. 세계의 이목이 집중됐던 여객기 납치극은 번개 작전이 시작된 지 4분 만에 완전히 진압됐다. 승객과 대원들의 큰 피해도 없었다. TV생중계를 통해 상황을 지켜보고 있던 세계의 시청자들은 작전을 수행한 특공대에 찬사를 아끼지 않았다. 이날 에어프랑스기 구출작전을 감행한 특공대는 'GIGN(국립헌병개입대)'로 알려진 프랑스 국방부 산하 헌병대의 최정예 특수작전부대이다. GIGN은 지난 '74년 프랑스 국민을 전쟁 이외의 국지적 특수 위험으로부터 보호할 목적으로 창설됐다. '72년 뮌헨올림픽 때 팔레스타인 게릴라들에 의한 이스라엘 선수촌 테러사건에 충격을 받은 프랑스 정부가 테러진압 특공대의 필요성을 절감한 것이다.

파리 인근 사토리사에 기지를 두고 있는 GIGN은 소령급을 부대장으로 보통 80~90명가량의 정예대원들을 거느리고 있는데, 이들은 전문 분야에 따라 4개 기동 타격대로 짜여 있다.

1995년의 경우 80명이 GIGN 입대를 지원했으나 8명만이 선발됐을 정도로 GIGN에 들어가기 어렵다. GIGN은 지난 20여 년 동안 총 650여 건의 특수작전을 성공적으로 수행하여 그동안 550여 명의 테러리스트들을 무력화시켰으며 520여 명의 인질을 구출해 내는 위업을 과시하고 있다. 많은 작전에도 불구하고 그동안 숨진 대원은 불과 5명이다.

GIGN의 활약이 단연 돋보였던 것은 '79년 사우디아라비아의 회교성지 메카에서 있었던 회교원리주의자들의 메카사원 유혈점거난동사태 진압작전으로 일주일간 계속되고 있던 점거사태에 속수무책이었던 사우디 정부의 요청으로 특파된 GIGN 대원들은 회교도로 위장, 개종해서 사원에 침투하여 원리주의자들을 진압했다. 이 밖에 '76년 지부티에서 스쿨버스에 인질로 잡힌 어린이 30명을 구해 냈고, '83년 파리 오클리 공항에서 납치된 이란 여객기 승객 200여 명을 구출했으며, '84년 마르세유 공항의 화물기 납치사건 해결, '92년 이죄르 교도소 내 인질 21명 구출 등 풍부한 작전경험을 갖고 있다.

프랑스 정부가 위기 상황의 마지막 돌파구로 투입하는 GIGN은 과학적 분석에 기초한 정밀한 작전계획과 평소의 고난도 훈련, 현장에서의 정확성과 신속성 및 용맹성으로 '작전 실패율 제로'를 자랑하는 세계 최고의 특공대이다.

6) 이스라엘(하혜브레)

이스라엘의 특수부대로는 '76년 6월 PLO테러리스트가 납치한 에어프랑스기를 우간다의 엔테베공항에서 기습한 하혜브레가 알려져 있다. 이스라엘에서 5천km나 떨어진 엔테베공항까지 C-130기를 타고 날아간 하혜브레는 요원을 우간다 대통령 이디 아민으로 변장시켜 네탄야후 중령의 지휘로 인질이 갇혀 있던 터미널 빌딩에 돌입하여, 6명 중 사망자 3명을 제외한 인질 모두를 C-130기에 태워 무사히 이스라엘로 귀환시켰다. 하혜브레는 이와 동시에 공항에 세워 둔 우간다 공군의 미그-21 전투기 전부를 폭파했다. 이처럼 대

담무쌍한 작전을 성공리에 수행할 수 있었던 것은 그때까지 하혜브레가 수많은 특수전을 치른 경험이 바탕이 됐다. 하혜브레의 작전경험은 매우 풍부하다.

제2차 세계대전 중에 이미 영국 특수부대의 일부로 북아프리카에서 활약하기 시작해 4차례의 중동전을 성공적으로 치러 냈다. 하지만 이스라엘 국방군 특수부대인 하혜브레는 프랑스의 GIGN과 같은 대테러조직은 아니다. 소수 정예의 공정특공부대로서 적에 대한 게릴라식 공격을 감행하는 비정규전 성격이 짙다.

하혜브레 중 269부대는 엘리트들이 모인 집단으로 엔테베 작전을 수행한 병력 대부분도 이 부대 출신이다. 그러나 이러한 명성도 라빈 총리 암살로 인하여 실추되었다. 문제는 그동안 과격 테러단체들이 이스라엘 지도자에 대한 암살 기도가 전혀 없었기 때문에 최근 부쩍 늘어난 라빈 총리 등 지도자들에 대한 테러위협을 말 그대로 위협으로만 받아들였고 테러범은 이 같은 허점을 이용하여 실행했고 경호 당국은 안타깝게도 이를 간과했던 것이다.

7) 용병산업의 상업화

냉전종식 이후 크게 늘고 있는 소규모 국지(局地)분쟁을 틈타 용병(傭兵)산업이 급속도로 증가하고 있다.

또한 용병회사들도 다국적 거대기업화하는 양상으로 나타나고 있다. 이들은 주문에 따라 적게는 수십 명에서 많게는 수천 명에 이르는 전쟁 베테랑을 즉각 출동시킬 수 있는 고도의 동원능력을 갖추고 있으며 보유장비도 최신형 개인화기에서부터 장갑차·전차·전투기·대형 수송기에 이르기까지 다양해 작은 나라의 군사력을 능가할 정도다.

유엔인권위원회의 '97년도 보고서에 따르면 현재 세계적으로 활동하고 있는 대표적 용병기업은 남아공(南阿共)의 '이규제큐티브아웃컴스(EXO)'와 영국의 '샌드라인 인터내셔널(SLI)', 미국의 '밀리터리 프로페셔널 리소시스(MPRI)' 등 3개사다.

남아공 특수부대 부사령관 출신인 에벤 발로에 의해 지난 '89년 창설된 EXO는 영국의 스트래티직 리소시스(SR)란 회사의 자회사형태로 운영되고 있다.

외국정부를 상대로 SR이 계약을 따내면 실제 파병은 EXO가 맡는 식이다. 이미 앙골라, 시에라리온, 콩고민주공화국, 수단·라이베리아 등에 정부군 훈련·요인경호 등의 명목으로 용병을 보낸 데 이어 1998년에는 파푸아뉴기니와도 용병 송출계약을 했다.

EXO의 벨로 사장은 "34개 국가나 단체로부터 파병요청을 받았지만 일부는 법적으로 문제가 있어 거절한 경우도 있다"며 합법성을 강조하고 있다. 대부분 특수부대 출신인 1천8백 명의 EXO 보유병력 가운데는 러시아와 동유럽의 퇴역 공군조종사들도 있다.

SR은 병력수송을 위해 별도의 항공사를 운영하고 있으며 용병파견 대가로 따낸 광산채굴권을 관리하는 회사도 별도로 갖고 있다. EXO는 시에라리온에서 현금 1천5백만 달러와 다이아몬드광산 채굴권, 파푸아뉴기니에서는 3천2백만 달러와 구리광산 채굴권을 얻어 냈다.

영국왕실 근위대장 출신인 팀 스파이서 대령이 창설한 SLI는 영국 공수부대 SAS와 해병대 출신 베테랑들로 구성된 자체병력을 보유하고 있다. 1997년에는 파푸아뉴기니 정부로부터 용병지원 요청을 받고 190명을 파견해 2천7백만 달러의 수익을 올렸다.

미 버지니아 주 알렉산드리아에 소재한 MPRI는 지난 '87년 미 육군소장 출신의 버넌 루이스에 의해 창설됐다. 현재는 파나마의 노리에가를 축출하는 데 공을 세운 맥스웰 트루먼 등 전직 미군 장성 등이 고문으로 있으며 최근 옛 자이르(현 콩고민주공화국)에서 카빌라 반군이 정부군을 몰아내고 정권을 장악하면서 정체가 드러난 MPRI는 4성 장군을 포함, 5명의 전역장성과 170명의 전역장교를 고용하고 있는 것으로 전해지고 있다. 이들은 보스니아 회교도연방정부와 8억 달러짜리 군사훈련계약을 해 큰돈을 벌기도 했다.

카빌라는 용병에 대한 대가로 다이아몬드, 구리, 코발트, 우라늄, 망간 광산채굴권을 미국기업에 양도했는데 MPRI에 실제로 돈을 댄 것은 미국의 조지 부시 전 대통령, 로버트 게이트 전 CIA국장, 캐나다의 브라이언멀로니 전 총리가 경영진의 3두체제를 형성하고 있는 미국의 다국적 광산기업인 배릭 골드사(社)인 것으로 알려지고 있다.

용병산업은 앞으로 더욱 호황을 누릴 것으로 보인다.

국지분쟁의 당사자가 대부분 자체군사력이 미약해 광산채굴권 등을 대가로 외부의 힘에 의존할 수밖에 없기 때문이다. 또 냉전종식 후 대규모 실업상태에 빠진 특수부대원들이 용병산업에 몰려들고 있기 때문이다.

EXO는 조종사에게 월 1만 3천 달러, 전투원에게는 2천~4천 달러의 급료를 지불해 이들을 유혹하고 있다. 유엔은 용병거래에 깊은 관심과 우려를 나타내고 있다.

하지만 용병회사들이 국제법과 국내법상의 맹점을 이용하여, 법망을 교묘히 피해 가며 활동하고 있기 때문에 규제가 불가능한 실정이다.

8) 세계의 정보기관

(1) 한 국

대표기관은 국가정보원이다. 이 기관은 독립된 부처로 되어 있으며 국내 및 국외 정보활동을 하는 것으로 알려져 있다 그리고 이외로도 국방부 산하에 각 군 정보국과 기무부대 등이 있는데 주로 국가 안보에 관련된 국내정보 위주로 취급하는 것으로 알려져 있다.

(2) 중 국

① **국가안전부(MSS: 국안부):** 중국은 당·정·군에 50여 개의 정보기관이 있으나 국무원 산하 국가안전부가 최고기관이다. 핵무기·미사일·항공우주기술 같은 첨단 기술 획득 활동과 대만 공작을 주요 임무로 한다.

② 공안부(MPS)는 공공치안을 담당하는 주무 부서로, 일반 경찰기관의 업무 외에도 국경수비, 출입국 관리, 소방 및 산불예방, 민간항공, 산아제한, 기술정찰 등 다양한 기능을 담당한다. 공안부는 당 중앙군사위의 지휘하에 현재 약 150만 명으로 추산하는 무경을 관리·운영한다.

③ 신화사(NCNA)는 중국의 소식을 대외에 전파하고, 외국의 소식을 국내에 보도하는

일반적 통신사의 기능 외에 전 세계 각지의 소식을 수집・번역・요약・분석하여 중국의 고위급 지도자를 포함한 관계 부처에 수시 보고한다. 더욱이 신화사는 공안부 등 정보기관 요원의 해외 파견 때 신분을 은폐하는 수단으로 사용되기도 한다. 신화사는 당 중앙선전부의 지휘・감독을 받으며, 신화사 사장은 인민일보 사장과 마찬가지로 국무원 부장(장관)급에 해당한다. 국내 31개 지부, 국외 107개 지국을 운영하며, 고용 인원은 1만 명이 넘는다.

(3) 일 본

일본의 정보기관은 국가 정보기관 성격을 띠는 내각정보조사실과 군사정보기관으로 통합막료회의 직속기관인 정보본부 그리고 해외정보 수집과 국내 광신도 종교집단 감시 역할을 수행하고 있는 공안조사청으로 대별된다. 전 세계에 퍼져 있는 일본 대기업의 각국 지사에서 수집한 산업정보 및 국가정보원이 수집한 각종 정보를 모아서 분석・제공한다.

(4) 북 한

당 중앙위 대외정보조사부에는 국가안전보위부, 사회안전부(경찰), 인민무력성 보위사령부가 있다.

① **국가안전보위부**: 사회안전부와 더불어 대주민 사찰기관으로서 김일성, 김정일 부자(父子) 비방사건 수사 및 정치범수용소 관리, 반국가행위자 및 대간첩 수사, 공항・항만 등의 출입 통제 및 수출입품 검사와 밀수 단속, 해외정보 수집・공작, 호위사령부의 협조 아래 김정일을 비롯한 고위간부 호위 등의 임무를 수행한다.

② **인민무력성 보위사령부**: 국가안전보위부, 사회안전부와 함께 북한 3대 정보기관이다. 보위사령부는 각 군 본부에서 말단부대까지 요원이 파견돼 있으며 다른 정보조직과는 별도로 김정일에게 직접 군부 핵심인물 동향과 관련정보를 보고한다.

(5) 미 국

① **국토안보부(DOS)**: 국토안보부는 9・11테러 이후 미국 내 테러에 대비한 특별기구의 필요성에 의하여 해안경비대, 국경경비대, 세관국, 이민귀화국, 연방비상관리국

등 총 정원 17만 명, 22개 정부 부서를 흡수, 통합하여 2002년에 설립되었으며 주요 부서는 국경 및 교통안전국, 긴급상황대처국, 화생방, 핵공격대응국, 정보국, 기간시설보호국으로 구성되었으며 CIA, FBI 등 주요정보국보다 큰 새로운 정보조직이 탄생하였다.

② **CIA(Central Intelligence Agency, 국가정보국):** 미국의 정책입안자들과 군사 기획담당자들을 지원하기 위해 전 세계의 정보를 수집한다. 이 정보수집기관이 하는 일의 대부분은 정치, 경제적 쟁점들에 관련된 것들이다.

③ **CIA는 크게 4개의 하위 서로 이루어진다.**

   ㉠ **정보부:** 공개적으로 취합된 자료들과 스파이 활동, 항공, 위성사진, 전파, 전화 기타 통신 도청을 통한 비밀정보들을 분석하며, 분석한 결과는 충분한 검토과정을 거쳐 많은 보고서로 작성한다.

   ㉡ **작전부:** 비밀첩보활동과 그 밖의 특수임무를 수행한다.

   ㉢ **과학기술부:** 유용한 설비와 장치를 개발하고 임무수행을 기술적, 과학적으로 보조한다.

   ㉣ **집행부:** 행정기능의 수행뿐 아니라 요원 및 시설, 정보 그리고 망명자와 같은 정보원을 보호하는 보안국을 운영한다.

④ **NSA(National Security Agency, 미 국가안전보장국):** 에셜론의 도청망은 120개가 넘는 위성을 기반으로 하고 있으며 국제전화, 팩스, 전자우편, 무선통신을 시간당 200만 개씩 감청할 수 있는 능력을 갖춘 것으로 모든 통신의 도청이 가능하다. 폭탄, 미사일 등 안보와 관련된 특정 단어가 뜨면 자동으로 저장돼 에셜론의 슈퍼컴퓨터로 들어간다. NSA가 전화와 이메일을 검색해 하루 17억 건을 처리하고 있으며 최종 자료는 70개의 데이터베이스에 저장하도록 되어 있다. 외국인에 대한 정보는 삭제하지 않고 영구 저장한다.

⑤ **DIA(Defence Intelligence Agency, 국방정보국):** 전투지원기관으로서 정보기구 가운데 가장 상급의 군사정보국으로서의 위치를 점하고 있으며 1961년 설치되었다. DIA의 직원은 약 19,000명으로, 연간예산은 약 20억 달러로 추정된다.

⑥ **DIA의 임무:** 1차적 사명은 미국군대에 모든 정보를 제공하는 것이며, 그 중점은 전투의 손실 평가, 무기유출, 위기경고, PKO 활동의 지원, 외국군의 조직 및 장비에 관한 데이터베이스의 운용, 필요한 경우 유엔 및 동맹국 지원에 있다.

⑦ FBI(Federal Bureau of Investigation, **연방수사국**): 미 법무성 소속으로 법무장관의 지휘·감독을 받는 체제로 되어 있다. FBI는 미 헌법과 연방법률이 부여하는 200여 가지 영역에 걸쳐 관할권을 가지고 있는데, 그중 주요한 것들에는 다음과 같은 것이 있다.

ㄱ Espionage: 간첩행위

ㄴ Election Laws: 선거법 관련범죄

ㄷ Admiralty Matters: 해상범죄 수사

ㄹ Atomic Energy Act: 핵에너지 관련 법

ㅁ Civil Rights Act: 시민권 침해 관련 범죄

ㅂ Desertion from the Armed Forces: 탈영병 수사활동

ㅅ Act for Protection of Foreign Officials: 외국 주요인사 경호

ㅇ Assaulting the President of the USA: 대통령에 대한 공격행위

ㅈ Murder, Mass Murder, Serial Murder: 살인, 대량살인, 연쇄살인

ㅊ Murder in Multiple States: 2개 이상의 주에 걸친 살인사건

ㅋ Escape and Rescue: 연방법률에 의해 구금된 피의자의 도주, 도주원조행위

ㅌ Bank Ribbery and Embezzlemement: 연방법률에 의해 설립된 은행에 대한 강도 횡령

ㅍ Destruction of Aircraft or Motor Vehicles: 항공기 또는 주 간, 외국 간 교역에 사용되는 차량에 대한 파괴행위

ㅎ Extortion: 약취강도 – Assaulting or Killing a Federal Officer: 연방공무원에 대한 공무방해, 살인

(6) 영 국

MI 6(정식명칭 SIS: Secret Intelligence Service, 비밀정보부), MI 5(정식명칭 SS: Security Service, 보안부), DIS(국방정보부: Defence Intelligence Agency), GCHQ(정부통신본부: Government Communications Headquarters) 등의 정보기관이 있다.

코드넘버 007의 영국 첩보원 제임스 본드가 소속된 기관이 바로 흔히 MI 6로 알려진 비밀정보국(Secret Intelligence Service)이다. 영국의 경우도 미국처럼 국내 방첩은 이른바 MI 5로 더 알려진 보안국(Security Service)이 맡고 있으며, 해외정보활동은 비밀정보국(SIS)이 담당하는 식으로 분리되어 있다.

(7) 프랑스

DGSE(대외보안총국: Direction Generale de la Securite Exterieure), SDECE(대외정보·방첩국: Service de Documentation Exterieure et de Contre-Espionage를 재편), DST(국토감시국: Direction de la Surveillance du Territoire), RG(내무성 경찰총국 통합정보부), IIem B(참모본부 제2국: Deuxiem Bureau-DRM), DRM(군사정보국) 등이 있다

① **DGSE**: DGSE의 전신인 국외정보 관리·방첩부는 레지스탕스 조직인 자유프랑스의 행동정보중앙국과 제2차 세계대전 전의 비밀조직을 모체로 1946년 발족하였고, 1982년 4월부터 대외보안총국이라는 현재의 명칭으로 개칭하였다.

ㄱ DGSE의 임무-국외에서의 첩보·파괴활동 및 정보의 종합·분석이며 action homo(국외에서 프랑스의 이익에 반하는 활동을 하는 인물을 물리적으로 말살하는 것)도 포함되는 것으로 보고 있다.

ㄴ DGSE의 조직과 정원

조직과 정원은 국방비밀이어서 비밀정령으로 규정되어 있으나 관리부문 외에

- 중장기 정보전략을 수립하는 전략부
- 정보의 수집·분석을 담당하는 정보부
- 특수부대를 지휘하는 작전부
- 전략 SIGINT를 개발·관리하는 기술부

로 구성되어 있고, 정원은 일반직을 포함하여 약 3,200명으로 추정되고 있다. 1992년 당시 예산은 7억 5,000만 프랑이었다.

② **국토감시국(DST)**: 프랑스공화국 영도 내에서 국가권력에 의하여 교사, 기도, 지원된 프랑스의 안전을 위협하는 활동을 조사하고 예방하며 진압하는 것이다.

- DST의 조직-DSTDML 조직과 인원은 비밀이며, 중앙조직은 관리부문 외에, 외국의 첩보활동을 담당하는 방첩부, 첨단 기술정보의 보호 및 무기확산 문제를 담당하는 방호·보안부, 배후에 국가가 관여하는 테러를 담당하는 테러대책부, 위법통신의 단속을 담당하는 전기통신 경찰부가 있다. 정원은 약 1,500명으로 추정된다.

(8) 러시아

SVR(연방대외정보청), FSB(연방보안청), GRU(참모본부 정보총국), EPS(연방국경경비청), FAPSI(정부통신 정보국) 등이 있다.

① **SVR(연방대외정보청):** SVR은 KGB의 해외주재기관 및 그 정보망을 인계하였으며, 그 활동은 종래와 같이 대상국의 정치·경제·군사·사회정세 등 여러 분야를 대상으로 정보를 수집하고 있으며, 최근에는 국제테러·조직범죄·국제 무기밀수·핵확산 등에 관한 정보수집도 중요시하고 있다.

    ㉠ **관리국:** 정보의 분석·평가를 담당하는 RI국, 비합법활동을 담당하는 S국, 경제·기술정보를 담당하는 T국, 방첩·역스파이를 담당하는 K국 등이 있고 주로 지원·관리를 수행한다.

    ㉡ **지역담당국:** 제1~5국, 제8~10국, 제17국, 제18국, 발트 3개국 담당국, CIS 담당국으로 나뉘며, 한국·북한·중국·일본·베트남·동아시아는 제5국 소관이다.

    ㉢ **해외주재조직:** 주재대표(Resident), 부대표 밑에 LINE PR(정치, 경제, 군사공작 및 정보담당), LINE KR(방첩, 보안, 역스파이, 정치망명 담당), LINE N(비합법활동 지원 담당), LINE X(과학기술정보 담당)로 구성되었다.

② **연방보안청(FSB):** 국내방첩·국내치안 전반에 대한 정보수집 이외에 안전보장에 관련된 대외정보활동, 범죄수사가 임무이다. SVR과 경쟁관계가 형성되곤 한다.

③ **군 참모본부 정보총국(GRU):** 국방성의 중앙지휘기관이자 군 참모부에 속한 정보기관으로서, 외국군의 전략·전술·무기·장비·기술 및 관련 외국기업, 서구 선진국의 하이테크 과학, 공업기밀 등에 관한 정보수집과 분석이 주 임무, 최근에는 군사부문과 직접 관계없는 경제·첨단기술·정치정세 등의 정보수집에도 역점을 두고 있으며, 정보의 질을 높이기 위한 노력을 활발히 전개 중이다.

* **GRU의 조직**

    - 요원은 대사관 주재 무관·외교관·저널리스트·학자로 위장하여 활동하며 인원은 약 12,000명 수준

    - 조식은 작전정찰 부문, 교육훈련 부문, 관리국 및 후방지원 부문으로 되어 있으며, 국외담당부서는 SVR과 마찬가지로 LINE이 존재

(9) 독 일

BND(연방정보국: Bundesnachrichtendienst), BfV(헌법보호청: Bundesamt fur Verfassungschutz), MAD(군정보국: Militarischer Abschirmdienst), BND(연방정보국: Bundesnachrichtendienst) 등이 있다.

(10) 이스라엘

해외정보를 담당하는 모사드, 국내보안을 담당하는 신베트, 군사정보를 담당하는 아만, 외무부 산하의 정치기획·조사센터, 내무부 산하의 경찰 등으로 구성되었다.

 * 모사드(Mossad, 정보 및 특수임무를 위한 기관)

1951년 수상 직속기관으로 창설되었다. 모사드는 정보의 수집·분석 외에 특별공작을 수행하고 있으며, 특수임무로서는 1972년 뮌헨 올림픽사건(이스라엘 선수단이 팔레스타인 게릴라에게 인질로 잡혀 살해된 사건), 팔레스타인 지도자가 유럽에서 암살된 사건, 아르헨티나에 잠복하고 있던 나치 전범 아돌프 아이히만을 이스라엘로 납치해 온 사건 등이 알려지고 있다. 독일의 시사주간지 슈피겔지는 이스라엘의 모사드를 세계 최고 정보기관으로 선정하였는데 미국의 CIA가 2위로 뽑혔다.

경
호
실
무

I

(11) 쿠 바

DGI(비밀총국: Direccion General de Inteligencia), DSE(국가보안부: Departmento de Seguridad del Estado), DMI(혁명군사력성 군사정보부)

(12) 호 주

ASIS(비밀정보국: Australia Secret Intelligence Service), ASIO(보안정보기구: Australia Security Intelligence Organization)

(13) 캐나다

CSIS(보안정보국: Canadian Security Intelligence Service - 1983년 RCMP <Royal Canadian

Mounted Police>를 개편)

(14) 이 란

SAVAMA(국가정보보안기구: Sazemane Amniyat Va Etteleate Mellate lran의 약어로서 1980년 이스람혁명전 SAVAK의 후신), 바스타란(혁명 방위대), 내무성

(15) 이집트

Mukhabarat(국가정보국, '무하바라트'는 정보국을 의미하며 아랍 각국에서 사용)

(16) 이라크

무하바라트(국가정보국), 내무성 공안국, 육군 정보부

(17) 뉴질랜드

SIS(비밀정보국: Secret Intelligence Service), 정부통신안전국

(18) 대 만

국가안전국, 내무부, 국방부 군사정보국

(19) 인 도

RAW(조사분석본부)

(20) 스페인

CESID(중앙국방정보국)

(21) 이탈리아

정보조정국, 중앙보안국

(22) 파키스탄

ISI(정보본부)

제**2**장
범 죄

제1절 인간심리와 범죄

1) 심리학이란?

심리학이란 행동과 정신과정에 관해 과학적 연구를 하는 것으로 가설을 설정하고 그 가설을 경험적으로 검증하는 것을 특징으로 하는 지식에 대한 접근방법을 말한다.

심리학의 발전은 1920년대 후반부터 머큐니케이션 연구에 강력한 영향을 주었는데, 이러한 영향은 주로 심리학의 사회교육적인 분야에서 왔다. 이러한 분야들은 기능주의자 전통에 의해 영향을 받았으며, 실용주의에 근거한 이 전통은 비웨이, 엔젤(Bewey, Angell)에 의해 시카고에서 발전되었다.

127

기능주의지들은 독일로부터 미국 심리하에 유입된 경험주의를 신봉했으며, 비교연구와 농물연구들을 발전시켰다. 미드의 기능주의 '사회 행동주의'는 시카고에서 교육받은 사회학자들 사이에서 개발된 사회심리학적 이론들 내에 편입되어 있다.

심리학 내의 사회심리학의 관심은 영향력 있는 사회학에 영향받지 않은 심리학적 사고의 요소에 의해 성장되었다. 사회심리학의 관심은 1920년대 동안 심리학자들 사이에 급속히 확대되었다. 심리학 내 사회심리학의 발전에는 세 가지 요소가 있는데 ① 방법적 경향, ② 그것의 절충주의, ③ 개인의 차이와 태도 그리고 사회적 영향 과정에 대한 관심이다.

알포트의 사회심리학은 개인의 사회적 행위의 연구를 명백한 실험과정으로 산정했다. 행동주의적이지는 않았지만, 알포트의 의도는 정확한 측정과 실험의 측면을 지니고 있었다.

1920년대 초부더 객관석 측정은 사회심리학에 일반적으로 채택되었다. 통계적 수법의 사용도 급속하게 늘어났으며, 1920년대 말에는 표준적으로 채택되었다. 태도 측정은 인터뷰의 기초 평가에서 척도 구성과정의 채택에 기초한 평가로 변화되었다.

심리학은 인간 행동을 관찰하고, 비교하고, 분석하며 행동의 특징은 어떻게 발전하고 이 같은 행동은 사회에 어떠한 영향을 갖게 하는가를 비교 분석하여 사회문제의 해결을 찾는 데 노력해 왔으며 모든 학문의 기초가 되고 있다. 심리학의 발전은 산업사회 발달로 인한 여러 유형의 범죄분석에 필요한 인간 범죄심리학적 차원으로도 발전하고 있다.

2) 인간 행동

인간이 행동을 만드는가 아니면 행동이 인간을 만드는가, 인간은 본래 공격적인가, 환경이 행동을 만드는가, 부모와 자식 간에 생물학적 유전으로 인한 영향을 갖는가, 갖는다면 인간 행동에 얼마만한 부분이 유전되는가 등 여러 관점에서 인간의 행동에 대한 원인, 결과에 대한 분석이 가능하다.

모든 행동은 동기에서 시작되며 인간에게는 동기의 욕구가 누구에게나 있다. 욕구가 없는 사람의 마음은 이미 마음과 몸이 죽은 자와 같다.

☞ 동기 위계

기본적인 동기는 보다 높은 동기가 나타나기 전에 충족되어야 한다.

⇒ 1단계 욕구: 생물학적 본능(수면, 갈증, 식욕, 성욕)(1,000달러 욕구 충족)

⇒ 2단계 욕구: 신체 안전(건강, 범죄)(3,000달러 시작)

⇒ 3단계 욕구: 참여 의식(조직 활동, 봉사)(10,000달러 시작)

⇒ 4단계 욕구: 명예(돈, 직위), 성취욕 등

⇒ 5단계 욕구: 꿈의 실현

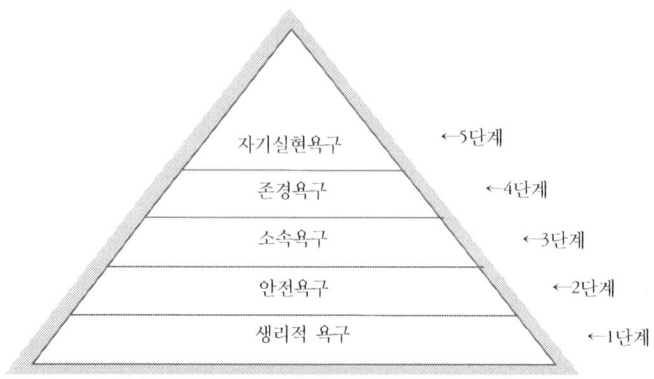

· 1단계 문제는 성욕
· 2~5단계는 대부분 범죄와 관계된다(강한 성취욕 - 강한 이기심 - 경쟁 관계).

(1) 1단계 욕구

생리적 욕구로는 식욕·성욕 등을 들 수 있으며, 이것이 불충분하면 범죄를 야기한다. 예를 들면 추우면 따뜻한 곳을, 더우면 시원한 곳을 찾는 이치다.

(2) 2단계 욕구

인간은 누구나 행복을 꿈꾼다. 안정되게 살고 싶다는 욕구를 가지면서 자신의 신변이 불안하면 상대적으로 보호를 받아 안정되기를 꿈꾼다.

(3) 3단계 이상

욕구 명예를 추구하면 이의(異議) 관건으로 먼저 사회적인 욕구가 충족되고, 직위 따위의 충족으로 이의가 관철되면 지배 행위의 욕구로 사고가 바뀌어 심리적 조급함을 느낀다. 인간이 앞에 열거한 욕구를 추구하며 죄를 짓고 법을 어겨 잡혀 구속되었을 때, 이유는 오로지 돈과 이성 때문임을 알아야겠고 돈은 4단계 욕구로서 정당한 수단 아닌 규칙을 깨뜨리며 법실서 파괴로 범죄행위를 하다 보니 죄를 짓게 되는 것이다.

① 안락 행동의 심리

㉠ 고생을 하지 않고 쉽게 돈을 벌자는 사고로 손쉽게 목적 달성을 꾀하는 것(소매치기, 강도, 성폭행 등에 속한다). 특히 고스톱과 빠찡코(슬롯머신) 등

㉡ 모든 인간은 자기에게 행운이 오기를 바란다(환상).

㉢ 이의 안락한 행동 심리에서는 희망이 멀어질 때 속임수를 쓴다(손쉽게 돈을 벌자는 논리).

㉣ 고스톱, 투전, 카지노 등은 모두 속임수가 가미된 단락 행동놀이로서 사람의 성격이 이때 잘 나타난다.

② 유전과 범죄

　　㉠ 인간의 특이성 소질은 유전된다.

　　㉡ 예를 들면 일란성 쌍둥이는 유전체가 똑같으며 이란성 쌍둥이는 보통 염색체(형제)와 같다.

③ 환 경

　　㉠ 인간은 가정이 빈곤하거나 자신의 능력에 대해 자포자기할 때 좀도둑질·폭행 등을 일삼는데, 이는 하류층이나 교육수준이 낮은 사람에게서 잘 나타난다.

　　㉡ 흔히 상류층, 있는 부류 등을 표현할 때 단백질 섭취계층으로 지칭하며, 상류 사회는 사기·강간 정도는 있어도 좀도둑은 없으며 그 반면 성폭행이 다수이다. 도심지대의 빈민촌은 생존경쟁의 전쟁터를 방불케 한다.

　　㉢ 인간은 환경과 교육으로 만들어진다 해도 과언이 아닌데 부모의 성격, 직업과 밀접한 관계가 있다. 인간은 어릴 적 환경이 좌우하며 초등학생을 상대로 조사·비교해 본 결과 폭행적인 부모의 어린이와 비폭력적인 부모의 어린이도 현격한 차이가 있는 것으로 판명되었다.

3) 인간 감정

　　인간은 모든 생물처럼 감정이라는 느낌을 경험하며 살아간다. 이 감정은 사물에 대한 분석과 동시에 감정을 갖게 되면 분석된 감정에 따른 동기를 갖는다. 또한 이 동기는 그 감정에 따른 행동으로 보이게 되며, 그 행동은 기쁨·행복·사랑과 같은 감정의 표현도 하지만 반대로 분노·비애·후회·경멸 등으로 표현되기도 한다. 이러한 인간의 마음은 하나이지만 감정은 많은 유형을 갖고 있다.

　　똑같은 즐거움도 행복·사랑·기쁨 등으로 느끼고 괴로움도 후회·경멸·분노와 같이 느끼게 되는 것이다. 이 같은 마음은 사물에 대한 느낌으로 감정을 갖게 됨으로써, 매우 복잡한 것이 인간 감정이라 하겠다.

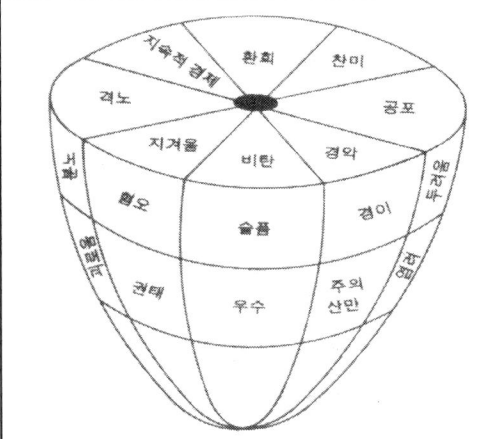

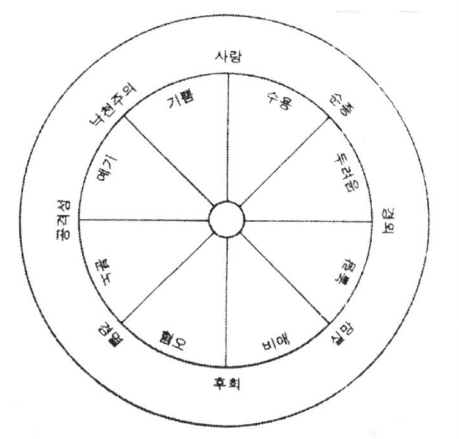

■8가지 기본정서를 나타내고 있는 Plutchik의 3차원 모형
같은 범주 내에서도 정서들은 강도가 다르다. 강도는
모형의 수직 차원에 나타나 있는데 위에 있을수록 강도가
높고 제일 밑은 수면상태이다. 이 모형은 밑으로 갈수록
차차 가늘게 되어 서로가 분명하게 구분되기 어렵다.

■Plutchik의 8가지 기본적 정서범주
그가 만든 情緖 '環'에서 서로 이웃해 있는 정서들은
정반대에 있거나 멀리 떨어져 있는 것보다 서로가 더
유사하다. 인접한 정서들을 조합하면, 새로운 것이지만
관련되어 있는 정서를 일으킨다. 예컨대, 비애와 놀람이
조합되면 실망을 일으킨다.

제2절 범 죄

범죄란 특정 사회가 가지고 있는 법률(규범·규칙)에 기반을 둔 개념으로 이를 지키지 않는 행위를 말한다. 그러나 그 내용도 시대변화와 사회변화에 따라 다른 성질을 가지고 있기 때문에 범죄행위를 어떤 개념에서 정의하느냐 하는 문제는 다소 차이가 있다.

그러나 반사회적으로 돌출하는 행위는 그 사회의 법률로 규정하는 것이 일반적이며, 특히 대인 범죄에 대해서는 엄격히 규정하고 있다.

물론 어떤 행위가 범죄가 되고 비행이 되는가는 그 행위가 행하여진 사회에 의하여 법률로 명확히 명시되어 있으며 우리나라의 형법에는 형벌이 과하여지는 것으로 규정되어 있는 행위에 한한다고 되어 있다. 따라서 법률이 없으면 범죄 없고, 범죄 없으면 형벌이 없다는 말로 규정하고 있는 것이다.

본래 법이란 그 사회를 통제하기 위한 가장 강력한 사회통제수단이다. 형법에 있어서는 살인을 한 자를 처벌하는 규정을 두어서 살인이 행하여지는 것을 방지하고 이로써 사람의 생명을 보호하는 보호법이 되기도 한다.

아무튼 범죄란 그 사회의 반사회적 행위이며, 법률은 그 행위를 규제하기 위해 정해 놓은 것이다.

1) 범죄 심리

범죄 심리란 자기욕구 충족을 위한 수단으로 불법적인 행동(범죄)을 하고자 하는 심리를 말한다.

인간은 끝없는 욕망을 본능적으로 갖고 태어난다. 성욕(성충동), 금욕(돈에 대한 욕심),

직위욕(명예) 등에 있어서는 보다 더 강한 충동을 갖고 있으며, 욕구를 채우고자 하는 충동은 비정상적인 방법을 통해 얻으려 하는 데서 온다.

또한 충동은 태아가 가지고 태어난 욕구, 동기, 심리적 에너지, 본능 등의 가장 원초적인 기반이며 쾌락원칙에 따른다. 이 '쾌락원칙'에 의하여 지배되는 행동 양식은 그 욕망의 해결방식으로서 우선 욕망이 발동하면 그 즉시 욕망이 충족되어야만 하고 그것을 충족하지 못하게 되면 대개 공격적이고 파괴적인 행동을 취하게 된다.

인간의 본성은 환경의 영향에 따라 수동적·소극적·이기적일 뿐만 아니라 능동적·적극적 욕구의 충족과 자기성장이나 가능성을 실현하려는 마음이며, 이 마음은 성장하면서 현실과 타협하는데 어디까지나 사회양식 기준이며, 그 사회가 갖고 있는 상황이 불리하다고 판단하게 되면 공격적인 방법을 생각하게 되는 것이다.

(1) 범죄 본능

① 환경의 지배에 속한 것으로 인간은 상황과 여건의 지배를 받는다는 논리와 현실
② 성경 속에 '인간은 죄인이다'라고 표현하고 있는데, 이는 근본적으로 우리 모든 인간은 태어날 때부터 죄인의 굴레를 짊어지고 있다는 뜻
③ 사실 인간은 모두가 다 범죄행위 소질이 있다는 해석으로 성인, 도덕군자도 여기에 포함된다.

(2) 비교급의 행동 공식

① 동식물도 그 내면의 세계에서는 범죄행위가 있다.
② 곤충의 행동 관찰에서 본능적으로 투쟁성이 있으며 같은 무리끼리, 상대적 무리 사이에 승자와 패자의 차이점이 있음을 알 수 있다.
③ 인간이 도덕적·윤리적으로 정해 놓은 규칙의 법을 어기는 범죄 형태는 반사회적(악) 행동이라 규정한다. 여기에는 의무와 책임으로 지켜야 할 rule(규칙)이 있으며, 이는 준법 또는 규정의 내용을 위배하는 것을 말한다. 즉, 교통질서 불이행 띠위도 범죄에 해당됨을 인식하여야 한다.

(3) 약육강식

약한 것을 강한 자가 먹는 것으로 동물 세계에서는 자연적으로 받아들여지며 고양이가 쥐를 잡아먹는 것과 같이 당연한 이치의 순리라 한다.

(4) 죄라는 것은 인간에게만 쓰는 말이자 현실

2) 범죄 실행 심리

범죄 욕구는 갈등에서 시작되며 욕구 충족이 좌절되었을 때 일어나는 긴장이나 압력 상태에서 동기를 갖게 됨으로써 자기 욕구 실현을 위한 수단으로 범죄를 실행한다.

(1) 갈등 유형

① 두 가지 목표를 두고 두 가지 다 포기할 수 없는 경우
② 두 가지 목표를 두고 한 가지만 선택해야 하는 경우
③ 두 가지 유형이 결합된 경우

사람은 어떤 상황이든 이러한 유형의 갈등에서 많은 갈등을 반복한다. 이러한 갈등은 판단을 어렵게 하고 판단에 따른 행동이 범죄로 이어지는 경우가 많다.

또한 내부적 이유나 외부적 상황으로 인한 장애 때문에 심적 갈등이 지속되면 강한 심리적 욕구 불만의 상태로 빠져들어 불안, 공포로 인한 자기 파멸(범죄)로 이르게 된다.

(2) 범죄 심리 영향

① 태아기에 부모로부터 유전된 범죄 심리
② 유아기에서의 인격 형성
③ 사춘기에 나타나는 일과성 불안정 상태
④ 학교생활의 불화합
⑤ 가정에서의 인간관계 결핍
⑥ 지역사회에서의 소외

⑦ 특수한 문화 속에서 성장

⑧ 문화 갈등에서의 성장(1.5세대)

⑨ 직장 생활의 불화합

⑩ 이상과 현실의 차이

이상과 같이 범죄 심리 영향은 생물학적·심리학적·사회학적으로 생각할 수 있다.

3) 범죄성 유전

덴마크의 유전학자인 한 부르너 박사는 유난히 범죄가 많은 한 가계의 가족을 연구한 결과 범죄를 저지른 사람의 집안 사람들에게서 공통적으로 'MAO'라는 효소를 만들어 내는 유전자가 없다는 사실을 밝혔다고 한다.

어떤 집안에서는 오빠가 여동생을 겁탈하는가 하면, 칼로 누나를 찔러 중상을 입힌 남동생도 있었고, 또 다른 남성은 자신을 나무라는 직장 상사를 차로 치어 살해하려 하는 등 범죄가 끊이질 않았으며 이들의 부모와 조상들의 행적도 범죄와 많은 관련이 있었다는 것이다. 부르너 박사는 이 같은 범죄가 뇌신경 물질을 분해하는 MAO 효소의 결핍에서 비롯되었다고 믿고 있으며, 그는 MAO의 결핍이 범죄를 불러오는 한 예로 '세로토닌'이라는 뇌신경 물질이 과다할 때 사람들은 쉽게 흥분될 수 있나고 한다.

135

또한 미 국립 알고올 남용 및 중독 연구소(NIAAA)의 마쿠 리노일 박사팀은 '트립토한 가수분해 효소' 생산에 관해서 유전자에 변형이 생겼을 경우 역시 세로토닌의 분해가 제대로 이뤄지지 않는다는 사실을 최근 밝혀냄으로써 범죄성이 유전될 수 있음을 뒷받침하는 데 결정적인 확신을 갖게 한다.

(1) 한국인들의 범죄적 심리의 문제점

① 오로지 자기 자신의 영달을 목적으로 한 이기주의와 기독교나 불교, 기타 종교에 의탁하여 자신에게만 오복이 오기만을 빈다. 돈·벼슬·자손·장수 등에 최고의 기지성을 부여한다.

② 특히 요행주의, 사행심 조작으로 온갖 수단과 방법을 동원하여 일확천금을 노리는 황금만능추구주의에 젖어 있다.

③ 세계에서 유례가 없는 정력존중주의의 타성에 젖어 희귀 동식물을 섭취하며, 지렁이 · 곰발바닥 · 인삼 · 녹용 등을 곧잘 복용한다.

④ 한국 사회에서 50년대 이전 세대들은 한때의 가난한 과거로 내가 못 배웠으니 그만이라는 논리와 개인주의, 이기주의의 뿌리 깊은 사고를 하게 되었고, 바로 이런 세대들이 사회 지도층을 구성하고, 부를 축적하게 된 것이 큰 병폐를 야기했다. 따라서 이는 주범 중에서도 가장 빈도가 높은 실질적 주범이라 할 수 있다.

⑤ 미신 문제는 세계에서도 으뜸이며 한국인들 중 평생을 털어 이의 내용에 부정 반긍정 반으로 안 믿어 본 사람이 없을 것이다. 자신의 본질적인 문제보다 무언가에 의지, 의탁하며 자기에게 돌아오는 불합리한 현실이나 실수를 무엇무엇 때문에 그렇다, 누구누구 때문에 그렇다 등으로 돌리는 책임 전가 또는 책임 회피, 자신의 의지 결핍 등은 심리적 모순으로 작용하며, 이는 곧 사회의 병폐이다.

4) 범죄의 위험

우리는 지금까지 광신도나 반사회적 과격분자들이 제도권 밖에서만 존재하고 있는 것으로 생각해 왔다. 그러나 1994년 지존파와 같이 반사회적 감정을 가진 범죄조직이 형성되어 불특정인을 대상으로 하는 살인 범죄가 일어나며 금품 갈취를 위한 단순살인 범죄가 보통 사람들에 의하여 증가하고 있어 사회 불안을 갖게 한다.

최근에 잇따라 일어난 강력 사건들이 오늘날 우리 사회의 문화 풍토가 얼마나 이기적이고 폭력적인 것으로 변화되었는가를 보여 주는 것이었다. 아무튼 광신도나 반사회적 과격분자들이 이제는 우리 사회의 생활권 중심부까지 깊숙이 들어와 있으며 폭력으로 인해 생활안정에 커다란 위험이 확산되고 있다.

※ 범죄를 일으키는 여러 가지 원인이 있다. 이러한 원인을 다음과 같이 표로 구분할 수 있다.

정신상태		원 인	범죄유형
정신병자에 의한 범죄		환각, 환청	살인, 방화
모방범죄		모방, 충동	폭력, 방화
정상심리	개인범죄	원한, 생활고, 반사회적 심리, 성욕	살인, 폭력, 납치, 유괴, 강간, 방화
	조직범죄	정치, 종교 개입, 조직 재원 마련	정부 폭력(살인 납치), 마약 밀매, 밀수, 매춘, 유흥업소, 도박장, 불법사업, 인신매매, 장기매매, 각종 이권 개입

(1) 범죄의 주범

① 범죄의 주범은 그가 속한 국가요, 사회이다. 이를 풀이하면 자유주의 국가는 자유가 있으며, 그 대신 질서가 제대로 없다. 반면 생활은 퇴폐적이며 빈부의 차가 크다(부익부·빈익빈). 예를 들면 미국·영국·이탈리아 등이며, 주로 테러·강도·소매치기·외국인 관광객 바가지상혼 등이 좋은 본보기다.

② 사회주의 국가는 자유가 그다지 없으나 질서가 있고 생활은 건실하다. 반면 빈부차가 거의 없으며 범죄가 적다.

③ 이상으로 열거한 범죄 심리, 인간 심리 등의 내용을 결론짓자면 범죄행위 그 자체의 행동이 병적이며 교도소라는 사회제도 통제권의 울타리에서 치료를 받아야 한다는 것이 주지의 사실이다. 하지만 궁극적으로 사회제도의 모순과 악순환이 가장 큰 책임이요, 주범이라 할 수 있다.

※ 이상적이며 현실적인 추구성은 참되게·진실하게·아름답게 사는 세상, 정의로운 사회 구현이 급선무이며, 우리 인간 누구나가 다 이에 호흡을 같이해야 함을 인식해야 한다.

5) 상습범(직업적 범죄)의 특징

범죄의 반복은 직업의식에서 발생한다. 물론 범죄의 종류에 따라 절도와 같은 범죄는 단순 상습범일 수도 있지만 살인과 같은 상습범은 직업적 특성을 지니고 있다. 그들의 행동은 생활 수단으로 극히 정상적인 행위로 받아들이려 하고 있으며, 이들은 거대한 범죄 조직 형성으로 이루어지는 것이 일반적이다.

이 같은 범죄는 완전 범죄를 위하여 많은 노력을 기울이고 있다. 그러나 범죄자가 아무리 노력한다고 해도 범행의 행적에 남겨진 증거가 있기 마련이다. 그것이 범행 수법이다. 범죄 행동에서의 개인적 특징이 나타나기 마련이다.

범죄 수법의 반복성은 심리적으로 인간 자체행동의 습관에 의하여 이루어지며 사람마다 독특한 유형, 하는 행동의 특징이 있다는 것이다. 실제로 이러한 특징은 범행 현장에서 범죄 수법으로 나타난다고 해도 과언이 아니라고 볼 수 있는 것이다.

범행 수단인 칼·총기류·폭약 등에서 칼을 예로 한다면 사전 준비한 흉기냐, 아니냐 또는 장소 선택, 시기 선택, 칼의 종류 선택, 찌르는 부위, 찌르는 각도 또는 길이 등 이와 같은 방법에서 그 범인의 특징을 발견할 수 있는 것이다.

계획된 범행이냐, 아니냐, 공범이냐, 아니냐 하는 것 등으로 살인 사고에 대한 특징을 분석할 수 있으며 공범일 경우에는 서로 부르는 칭호에 의하여 특정 지을 수 있는 경우도 있다.

범죄 수법의 원리는 동일한 범인에 의한 범행이 반복되면 범죄자의 개인적 특징에서 범죄 수법의 공통점이 나타나는 사실에 근거한다.

※ **상습범의 특징:** 그 수법을 쉽게 변경하지 않고 반복한다.

☞ 범죄 심도

발전 단계	동 기	변화 단계
초보적 단계	생계유지와 무관	충동
직업적 아마추어 단계	직업의식 무관	놀이 습관
아마추어적 직업 단계	주변 환경에서 자아가 지탱	직업관 의식 발생
직업적 단계	생활수단, 직업적 자긍심	전문화

(1) 한국 상습(재)범 추이

한 번 죄를 지은 뒤 다시 범죄를 저지르는 사람이 최근 들어 늘고 있다. 이 원인은 사회 구조의 급속한 변화로 인한 부작용으로 보고 있다.

인구 증가, 도시 집중화, IMF로 인한 실업률 증가, 소외계층 증가를 그 원인으로 보고 있으며 사회 도덕성 상실, 사회윤리 결여, 물질이 우선하는 사회, 이기적 사고 증가 등 사회심리 작용과 시민의 범죄신고율이 최근 들어 점점 떨어지고 있는 것도 재범률을 높이는 요인으로 보고 있다. 특히 살인·강간 등의 신고율은 더 떨어지고 있다고 한다.

살인죄의 재범률은 51.3%여서 살인범 2명 중 1명은 그전에 이미 살인을 포함한 다른 죄를 지은 전과자인 것으로 나타났다. 특히 2000년 검거된 범죄자의 61.2%는 재범자로서 동일범죄를 반복해서 저지르는 경우도 약 19.4%나 되었다.

(2) 모방 범죄

모방 범죄는 어떤 범죄행위를 보고 똑같은 행위를 하고 싶은 충동적 범죄 실행을 말한다.

위스콘신대 심리학 교수에 의하면 폭력 영화를 본 사람 중 100명당 50명이 폭력을 행동으로 옮긴다고 한다.

6) 범죄 구분

범죄 구분은 계획적 범죄와 우발적 범죄로 나눌 수 있으며, 이 중 계획적 범죄는 고도의 경호능력이 요구된다. 우발적 범죄형은 계획적인 범죄와는 다른 이성을 요구한다. 인간은 누구나 흥분할 수 있기 때문이다. 흥분된 상황에서는 공격적이지만 흥분이 가라앉게 되면 정상적인 사고력과 통제력을 갖게 되므로 위험하지 않다.

또 다른 경우는 정신박약이나 심신상실자에 의한 우연한 공격위험 등으로 우발적 범죄가 발생될 수 있다. 따라서 이 같은 경우에는 과잉방어 등에 주의가 필요하다. 하지만 범죄형은 우발적 범죄보다 계획적인 범죄가 사회 전반에 걸쳐 만연되고 있으며 계속 증가되고 있다.

(1) 계획적인 범죄

계획적인 범죄는 고도로 숙련된 인력과 장비의 현대화로 구성되기 때문에 범죄 징후를 감지하기 매우 어려우며 경호임무에 치명적일 수 있다. 때문에 계획적인 범죄는 예방 차원으로 경호 계획을 세우는 것이 보다 효과적이며 상황 발생 시에는 민첩하게 판단하여 상황 정도에 따라 경호원 자신이 육탄경호를 해야 하는 초인적인 정신력이 요구된다.

(2) 우발적인 범죄

우발적인 범죄는 계획적인 범죄와는 달리 전혀 예상할 수 없는 시간과 장소에서 언제 어디서든 돌발적으로 일어날 수 있기 때문에 민첩하고 예민한 경호를 요한다. 또한 사고능력 상실자 또는 정신이상자의 범죄이기 때문에 범인의 신변 또한 보호 조치하도록 노력해야 한다.

※ 신변 위험을 기하는 형태
① 주먹과 발로 가하는 위협
② 칼이나 각목으로 가하는 위협
③ 총기류 또는 폭약 등으로 가하는 위협

---

(3) 범행 계획

대상, 시간, 장소, 위협 수단 등으로 계획이 이루어진다.

(4) 범행 방법

범행에 있어 두 가지로 구분할 수 있다. 하나는 직접 범행이고 또 하나는 폭력 단체들을 통한 대리범행으로 구분할 수 있다. 이 같은 범죄는 반드시 공격대상에 대한 신변을 위협하기 위하여 범행하는 것으로 최초 목적이 쉽게 달라지지 않는다는 사실이다.

① **직접 범행:** 직접범행은 우선 범행 계획 및 행동에 있어 사전 노출이 되지 않고 또한 범행 후 증거 인멸로 보안유지에 유리하기 때문에 직접범행이 이루어진다.

② **대리 범행:** 대리범행은 직접범행이 어려울 경우, 즉 대상이 많거나 마음이 약한 경우 등을 들 수 있으며, 무엇보다도 범행 대상이 자신의 신변 안전에 따른 보호조치로 인하여 단독범행 실행이 어려운 경우에 이루어진다.

7) 범죄의 유형

범죄의 유형은 동기·수단·목적 상황에 따라 다양하게 진행되는 특징을 갖고 있다. 특히 물질이 우선하는 사회현실에서 인간의 생명에 대한 존엄성을 무시할 수 있는 가치기준의 변화로 생명을 담보로 하는 납치·유괴·인질·살인과 같은 다양한 범죄가 일어나고 있으며 매우 큰 폭으로 증가추세에 있어 커다란 사회문제가 되고 있다.

(1) 살인 범죄

살인이란 사람의 생명을 의도적으로 죽이는 행위로 살인 범법자로서 대법원 사형확정 판결의 경우를 제외하고는 범죄로 규정하고 있다. 살인은 어느 시대, 어느 사회에 있어서도 중대한 범죄로 간주되어 왔으며, 그에 대별되는 형벌로 처벌되었다. 다시 말해 살인행위를 범죄로 인정하여 형벌에 의하여 규제하지 아니할 수 없는 행위라고 생각하는 것이다.

인간에 있어 동족 간의 살인은 대규모적인 전쟁과 소규모적인 살인범죄로 구별되고 중규모적인 학살 및 대량살인의 경우도 있다. 한 사람을 살해하면 범죄이고 다수를 살해하면 영웅이라는 논법이 이루어지고 있지만 실은 그 근본적인 상황에서도 살인과 연루되어 있는 것이고 살인의 대립적인 형벌도 그 예외일 수 없는 것이다.

살인의 발생빈도나 형태는 변천하는 인간의 생활양식이나 사회구조 중 하나에 포함되고 있다. 그러나 살인의 발생빈도나 형태는 사회적·문화적인 요인에 의하여 많은 차이를 보이고 있다는 것이다. 이러한 차이는 가치관의 문제, 교육에 의한 사회화의 정도, 종교상의 억제, 대도시의 집중화, 인종 문제, 하류 계층의 소외감 증가라고 하는 사회적 요인이 작용하고 있기 때문이며 산업사회 발달로 인한 과학문명의 발달과 사회구조의 다양화, 이에 따르는 개인구조의 심리 팽배 등 물질이 우선하는 사회 환경으로 살인이라는 극단적 범죄가 증가하고 있는 현실은 인간들 사이에서 발생하는 극히 인간적인 현상이라고 말할 수 있다.

살인의 동기는 가해자와 피해자의 인간관계가 매우 밀접한 관계를 갖고 있다. 면식이 있는 살인이 전체 살인건수의 88%를 갖고 있으며 면식이 없는 살인은 12%라고 한다. 그 중에 살인 피해자가 가족인 경우가 57%이며, 주변 인물이 3%라 한다. 살인의 일반적인 경향은 남성의 경우 말다툼, 싸움 등에 의한 기회적인 살인이 많으며 여성의 경우 일시적 감정의 폭발로 범행에 이르는 것이 적고 가정의 애정 갈등, 불화, 원한, 분노에 의한 동기가 되어 살인을 하게 되며 피해자는 남편, 자녀, 애인 등이 많다. 동기나 형태 면에서 특징적인 형태를 보이고 있다.

141

※ 살인자는 초범자가 가장 많고 다음으로 2범, 3범의 순으로 나타나며 재범자는 정신이상자 또는 살인 청부업자로 면식이 없는 사람이 많다.

살인의 경우 치정 등에 의한 우발적 범행이 32.7%, 가정불화 12.2%, 보복살인 11.6%, 수요일 17.1% 가장 위험, 사고 51.2%가 가정 내 사고로서 최다

※ 살인의 경우 2009년 1.374건이 발생하여 2008년 1,087건에 비하여 크게 증가하였으며 2008년 강도사건은 6,346건이나 발생하였고 형법범 중 감금, 협박, 공갈, 유인납치 등을 합하여 2009년에 총 315,846건이나 발생하여 전년도 305,508건에 비해 증가하였음을 알 수 있다.

(2) 성범죄

성범죄란 육체적 성행위로 비정상적 방법을 취하여 그 대상에 피해를 주는 것으로 본다. 이와 같은 성범죄는 여러 가지 유형으로 볼 수 있다. 즉, 강간, 미성년자와의 성행위

(법규상 강간), 간음(미성년자와의 간음), 강제 외설을 하기 위하여 폭력을 사용해서 성적 만족을 구하려 하는 행동을 성범죄로 생각한다.

성범죄 특징 중 강간은 여러 사람에 의해서 이루어지는 경우가 많고 강제 외설은 한 사람이 복수심에 의해서 범행을 행한다. 또한 연령과의 관계에서는 강간, 강제 외설은 20세 미만의 소년에 의해 행해지는 비율이 40%에 달하지만 25세 미만인 자를 포함하면 70%나 된다.

강간은 18, 19세 젊은 청장년층에서 많이 발생하며 외설은 16, 17세의 소년이 많다. 연장 소년보다는 연소 소년 쪽에 편중하고 있음을 알 수 있다.

한국의 경우 한양대학교 심영희 교수의 연구에 의하면 성폭력 피해자 1,733명 중 신고한 사람은 66명으로 9%이며, 그 유형별로 보면 강간미수 1.9%, 성적 희롱 1.2%, 성기노출 1.1%, 강제추행 0.8%, 어린이 추행 0.7%, 음란전화 0.6%로 나타나 있다.

※ 강간: 20대가 41.2%, 자정부터 새벽 4시까지 25.6%, 수요일 20.2%

① **성범죄의 원인:** 배우자, 애인 등으로부터 성적 거절을 당했을 때 그 불만을 자기를 좌절시킨 특정 여성에게서 해소하지 않고 임의로 선택된 낯선 여성에게 성적 공격을 하게 된다.

또는 생물학적 원인을 들 수 있다. 남성 호르몬과 성욕과는 깊은 관계가 있다고 한다. 호르몬의 이상은 강한 성적 충동을 유발하고 원초적인 반응으로 생물학적 행위를 위해 불특정 대상을 상대로 성행위를 하게 된다는 것이다. 이러한 행위는 공격적이나 욕구 충족 후에는 불안정한 상태로 돌아오게 된다. 이러한 경우는 충동적 우발 범죄라 할 수 있다.

② **성범죄의 특성:** 성범죄는 상습적·강제적·공격적 특성을 지니고 있다.

ㄱ 성범죄자들이 심리적으로 대우받지 못한다고 생각할 때 그들은 상습적으로 비정상적인 성적 범행을 한다.

ㄴ 성범죄자들의 대부분은 10대 후반이거나 20대 초반이며, 이들 중 50~60%가 미혼이다.

ㄷ 정신병 환자라는 용어가 비성적 범죄자들에게 사용하는 경우는 많지만 정신병자로 지칭하는 성범죄자는 거의 없다. 한편 많은 성범죄자들은 심한 신경증 환자 혹은 뇌손상자 등에서 발견된다.

ㄹ 대부분의 성범죄자들은 충동적 현상이라기보다 성적으로 억압받는 경향이 있다.

이들의 대부분은 정서적으로 미성숙하다.

ⓜ 성범죄자의 20% 정도가 그들의 피해자를 감금했거나 폭력을 행사한다.

ⓗ 낮은 지능은 근친상간, 미성년 강간, 노출증 등에서 거의 발견된다.

ⓢ 대부분이 상대적으로 교육수준이 낮고 사회적·경제적인 배경이 빈약하다.

ⓞ 지능이 낮은 자가 많지만 소수의 경우에는 지능이 뛰어난 자도 있다.

ⓩ 범죄성은 크게 발달되어 있지 않다.

ⓒ 가정은 형식적으로 형성되어 있다.

ⓚ 약물(특히 시너)을 복용한 경험자가 많다.

※ 공격적인 특성은 그들의 행위에 있어 동물적 행위로 극히 흥분되어 있으며 이러한 흥분은 피해자의 공격(반항)이 있게 되면 더 많은 흥분을 갖게 된다.

※ 2009년 강간범죄는 10,215건으로, 2008년 9,883건보다 증가한 것을 알 수 있다.

(3) 유괴범

유괴란 비밀리에 사람을 강점하는 행위로 그 목적은 아주 다양하다. 금전요구, 인신매매, 장기매매 등의 목적으로 한다. 금전요구는 개인·단독 또는 소수 단체들에 의해 이루어지는 유형이며 인신매매 또는 장기매매 등과 같은 목적을 갖는 유괴는 범죄조직들의 새로운 사업 분야로 이루어지고 있는 유형이다.

143

유괴 대상은 사전에 정하여지기도 하며 그렇지 않은 경우도 있다. 유괴의 대상이 사전에 정하여지는 경우는 수요 계층이 있는 매매 대상이거나 금전요구 시에는 부유한 가정의 자녀 또는 기업체 사장들이 주 대상이며, 정치적 성격에 의한 유괴, 유명 연예인의 특정 광적인 극성팬에 의한 유괴를 들 수 있다.

그러나 유괴는 정신이상자의 유괴 유형보다는 정상적인 의식에서 돈을 벌고자 하는 수단으로 많이 이용되고 있다. 이러한 유형은 사회환경에 따라 그 목적이 다르지만 우리나라와 같은 사회환경에서는 사람을 상품화할 수 있다는 유괴범들의 의식이 증가하고 있어 많은 위험이 되고 있다.

(4) 인신매매 범죄

인신매매는 사람을 강제로 강점 판매하는 행위로 인신매매 대상의 의사와는 상관없이 사람이 상품화되어 판매되는 것이다. 이러한 인신매매는 계급사회를 이루고 있는 고대에 상민 또는 천민을 주고받는 과정에서 유래되었다 할 수 있다. 이때에는 농경사업이 주 사업이었으며, 많은 노동력이 요구되었고 이에 따른 시장형성이 이루어지게 됨으로써 인신매매가 자연스럽게 이루어졌던 것이다. 그러나 현대사회에서는 매춘과 같은 향락사업이 발달하면서 성이 상품화되는 현실에서 사람이 매매되는 사업 분야로 자리하게 된 것이다.

① **인신매매의 원인:** 인신매매의 원인에 대해서 형사정책연구원에 의해 조사된 바로는 전체 범죄 100% 중에서 거의 반수를 차지하는 42.2%가 단순히 돈이 궁해서 범죄를 저질렀다고 밝히고 있다. 또한 전문적 인신매매 범죄자도 19.3%에 이르렀다. 이같이 금전적인 수단으로서 범죄를 저지르는 것은 우리나라가 사치와 향락, 소비문화 그리고 물질만능주의에 물들었다는 것을 보여 주는 단적인 예이다.

또한 하위에 나와 있는 인신매매의 원인들 또한 대부분이 금전적인 원인에서 저질러지고 있는 것으로 나타나고 있다. 따라서 이 결과 경호와의 관계를 살펴보게 되면 금전적으로 풍요로운 부유층이나 가난한 사람이나 할 것 없이 인신매매의 대상이 될 수 있다고 보아야 한다. 더욱이 젊은 여성의 경우에는 더욱더 확실한 인신매매의 대상이 되고 있다. 이들 여성에 대한 경호는 따라서 인신매매가 존재하는 이상 꾸준한 중요 업무로 자리 잡을 것으로 예측된다.

② **인신매매의 목적:** 인신매매의 목적에 있어서는 다방 종업원이나 술집 접대부가 80% 이상을 차지하였으며 기타의 경우에 있어서는 노동력의 착취가 주요한 목적이었다. 다방 종업원의 경우에는 단지 전체의 4%로만 나와 이들에 대한 인신매매 행위는 그다지 이루어지지 않고 있는 것으로 나타나고 있으나 주점의 접대부나 본격적인 매춘업(포주업)은 각각 33.1%와 49.7%로 엄청난 수치를 나타내고 있다. 여기서도 알 수 있지만 인신매매의 결과는 매춘녀가 되는 것이 거의 대부분이다.

2009년 현재 성매매 시장규모는 약 20조, 30조 원으로 추정되는 것으로 알려져 있다.

구 분	매매 관계형	총 사건
돈이 궁해서	146(49.6)	151(42.2)
전문적 인신매매 사업	69(23.5)	69(19.3)
소개업무의 일환	39(13.3)	50(14.0)
아는 이의 사업원조	16(5.4)	27(7.5)
본인의 업소 운영	–	28(7.8)
빚을 갚기 위해	8(2.7)	9(2.5)
빚을 받기 위해	12(4.1)	14(3.9)
노동력 착취	–	3(0.8)
기생하기 위해	–	2(0.6)
사기성 재판매	2(0.7)	2(0.6)
자신의 취직을 위해	2(0.7)	3(0.8)
합 계	294(100.0)	358(100.0)

③ **인신매매의 과정**: 인신매매의 과정은 수단과 방법에 따라 다소 차이를 보이지만 완전 범죄를 위한 사전계획과 범행 후 구인자에게 인계를 위한 세부계획까지 준비된 상황에서 실시한다.

인신매매의 방법 중 가장 특이한 점은 시간대를 야간으로 선택한다는 것이다. 약취·유인을 시간대별로 조사해 본 바에 의하면 저녁 8시부터 새벽 4시까지 전체 매매사건 중 50.6%를 차지한다는 것이다. 이와 같은 통계는 야간에 배회하는 여성은 인신매매의 대상으로 될 수 있다는 것을 경고하고 있다.

☞ 약취 유인 시간

시 간	약취 유인 건수
오전(04~12시)	32(10.9)
오후(12~18시)	79(26.9)
저녁(18~20시)	34(11.6)
밤(20~04시)	149(50.6)
합 계	294(100%)

☞ 매매 시간

시 간	매매 건수
오전(04~12시)	50(19.5)
오후(12~18시)	96(37.7)
저녁(18~20시)	32(12.5)
밤(20~04시)	77(30.3)
합 계	255(100%)

매매 시간의 경우에 있어서는 시간의 정확한 대역이 없이 하루 내에서 각 시간대별로 골고루 일어나고 있다. 또한 약취 시간으로부터 매매 기간까지 1일 내지 3일이 일반적으로 걸리는 것으로 나타나고 있다.

인신매매의 범행 과정에 있어서는 발생 시간대 다음으로 중요한 것은 납치가 발생한 장소이다. 서울이 45.4%를 차지하고 있어 가장 높은 수치를 보여 주고 있다. 또한 부산, 광주에서 각각 12%와 9.6%로 나타나 인신매매 범죄의 발생이 도시에 집중되었음을 알 수 있다.

④ **범행 장소:** 인신매매의 장소 선택은 의외로 인적이 많은 장소에서 이루어지는 특징이 있다. 이들의 범행은 과감하고 신속하게 이루어지며 그 대상이 저항할 수 없도록 유인하기 좋은 장소에서 행한다는 것이다. 유인하기 위해서는 주변 환경이 밝고 인적이 많은 곳에서 대상인물이 경계를 하지 않는다는 심리를 이용한다는 것이다.

※ 유인 방법 중 취직 또는 데이트로 유인하는 경우는 청소년층이며 친절, 강제납치 등은 아동, 유아 등이 그 대상이고 협박, 채권 관계 또는 비밀 납치 등은 부녀자, 기업인 등이 그 대상이 되고 있다.

⑤ **대상 인물의 직업과 연령:** 인신 매매범들의 주 대상은 없다. 사람을 상품화할 수 있다고 생각하면 그 대상의 직업과 같은 것에는 별 관심을 두지 않는다. 또한 그 연령이 어떠하든 그 누구도 안심할 수 없는 일이다.

※ 무직이 32.4%, 대개 유아나 주부인 경우가 많다.

※ 학생인 경우가 17.1%로 유인 대상으로 손쉽기 때문이다.

(5) 장기매매 범죄

장기매매 유괴에 대해서는 그렇게 많은 사실이 알려져 있지는 않다. 과학문명의 발달로 현대의학도 눈부시게 발전하고 있다. 현대의학의 발전은 사람의 수명을 연장시킬 수 있는 여러 가지 방법이 제시되고 있다.

질병 또는 노화로 인한 장기 손상에 대하여 치료함으로써 과거와는 달리 수명을 연장할 수 있는 의술이 발전되었다. 인간은 누구든지 오래 살고 싶다는 욕망이 있으며 질병을 앓는 사람일수록 그 욕망이 강할 수밖에 없는 것이다. 이러한 사람이 현대 의술로 치료가 능한 질병을 갖고 있다면 어떻게 하겠는가? 그것은 당연한 이치로 비용과는 상관없이 치료하려 할 것이다.

그런데 문제는 치료 방법이 장기 교체만이 유일한 방법이라고 할 때에 문제가 되는 것이다. 정상적인 장기는 살아 있는 생명이고 그렇지 않으면 심장마비사 또는 교통사고당한 사람의 장기뿐인데 이들의 장기가 자신에게 꼭 맞을 수는 없는 것이다. 따라서 이들은 어떻게든 살고자 하는 욕망에서 범죄를 하고자 하는 것이며, 이들을 상대로 하는 장기 공급자의 장기 상품매매가 이루어지는 것이다. 또한 이러한 특수성이 있기 때문에 장기는 부르는 게 값이라 범죄조직의 사업이 되기도 한다.

실종된 사람의 일부가 이러한 장기매매 대상이 아니라고 배제할 수는 없다. 전 세계적으로 간, 심장, 폐와 같은 장기기증을 기다리는 사람들이 수백만 명에 이르고 있으며 생명과 직결되지 않는 안구, 신장 등을 합하면 그 수는 몇 배 증가되고 이로 인한 음성적 장기매매시장은 수조에 이른다고 알려져 있다.

(6) 마약 범죄

마약은 환각·흥분을 느끼게 하는 약물로 많은 양의 물질을 투여하거나 장기간 투여하게 되면 정신을 몽롱하게 하고 무기력하게도 하며 때에 따라서는 환각·흥분상태에서 폭력·살인·방화와 같은 강력범죄를 유발하기도 하며 이러한 행동은 커다란 사회문제로 야기된다. 이러한 마약은 아편·대마초·헤로인·마리화나·메스암페타민(필로폰)·코카인 등을 말하며 이 같은 마약은 천연 마약과 합성 마약으로 생산·제조할 수 있으며 이것을 판매, 구매, 투여하는 것을 법률로 엄격하게 규제하고 있다.

이 같은 마약은 초기에는 주로 지식인, 연예인, 중류층 인사들이 사용했다. 그 사용 배경은 두려움, 공포, 고통 등에서 벗어나려는 심리에서 사용했으며 또한 욕구 충족저인 수단으로 사용하였다. 그러나 내개 습관성이 되어 정상저인 활동을 제한받게 되며 그로 인한 사기 파멸을 갖게 된다.

※ 세계 최대 마약 밀매 조직
① 미얀마(세계 아편 공급 95%)
 · 샨 연합 혁명군
② 콜롬비아(세계 코카인 공급 70%)
 · 메데인 카르텔
③ 태국
 · 쿤다이

---

① **마약종류**: 마약은 '90년 이전에는 헤로인, 코카인, 마리화나 등을 중심으로 확산되는 추세였으나 '90년 이후 필로폰의 유통 증가와 함께 종류도 다양해지고 있다.

 ㉠ **아편**: 아열대기후에서 자라는 양귀비의 설익은 열매 껍질로부터 추출한 우윳빛

의 천연마약류. 냄새가 없고 백색, 연갈색을 띠는 설탕 형태의 작은 결정체다. 긴장·분노·공포 등을 억제하며 행복감과 도취감을 준다.

ⓛ **헤로인:** 생아편에 소석회·염화암모니아 등을 첨가해 가공한 모르핀 염기에다 초산·염산·활성탄 등을 섞어 화학 처리한 것이다. 효과는 아편과 같다.

ⓒ **코카인:** 남미의 안데스산맥 고지대에서 자라는 코카 나뭇잎에서 추출한 코카인 알칼로이드를 농축한 천연마약. 중추신경자극제로 약효가 **빠르다.**

ⓔ **크랙:** 코카인과 탄산나트륨 등을 물에 희석해 불로 가열한 다음 냉각시켜 추출한 백색결정체. 약효가 코카인보다 수배나 되며 중독성이 강하다. 최근 세계 각국에서는 가격이 저렴하다는 이점 때문에 **빠르게** 확산되고 있다.

ⓜ **메스암페타민:** 일명 히로뽕. 1888년 일본의 나카이(長井)가 천식약으로 사용하는 한방약 마황에서 에페드린을 추출하는 연구를 하다 발견했다. 초기에는 열광적이고 행복감을 느끼지만 약효가 진전되면 두려움과 혼돈에 **빠지며** 심한 경우 반사회적인 행위를 하거나 자살한다.

ⓗ **대마초:** 한국은 물론 중국·인도·중남미 등 광범위한 지역에서 자라는 칸나비스속 일년생 식물인 대마의 잎으로 만든다. 북남미에서는 마리화나로 불린다. 소량 흡입 시 풍족감, 이완감을 주지만 다량 흡입 시 환청·환각이 나타나며 자아 상실에 이른다.

ⓢ **해시시:** 대마초에서 채취한 수액을 건조, 입착시켜 제조한 것으로 대마초보다 8~10배가량 약효가 강하다. 유사제품으로 음지에서 특수 재배한 대마초의 수액을 대나무막대에 발라 피우는 타이스틱이 있다.

② **마약 생산과 유통:** 헤로인은 양귀비에서 추출한 생아편을 가공한 모르핀에서 천연 마약성분 알칼로이드를 추출해 초산과 함께 가열, 화학반응을 통해 만든 반(半)합성 마약으로 필로폰, 아편, 코카인 등 다른 습관성 마약보다 환각 효과가 크고 미량으로도 금단 현상을 일으키기 때문에 '마약의 왕'으로 불리며 기네스북에도 값이 가장 비싼 약으로 기록돼 있다.

코카인과 함께 세계 마약 시장의 양대 산맥을 이루는 이 헤로인은 주로 동남아, 서남아에서 생산되어 주 소비지인 미국(아편 미국 소비 70% 미얀마 공급), 유럽, 호주 등으로 흘러들어 간다. 헤로인의 원료인 아편의 세계 최대 경작지가 바로 태국, 미얀마, 라오스 접경지대를 잇는 골든트라이앵글(황금의 삼각지대)과 이란, 아프가니스탄, 파키스탄 접경지대를 잇는 골든크레슨트(황금의 초승달 지대)이다.

1993년 황금의 삼각지대 아편 생산 추정량은 미얀마가 2천5백여 톤, 라오스가 180여 톤, 태국이 42톤 정도로 세계 아편 생산량의 절반 이상을 차지하고 있다. 특히 미얀마의 태국 인접 접경지대에서 우익 반정부 게릴라 단체인 샨 연합 혁명군 2만 명을 이끌고 있는 군벌 쿤사는 10여 개소의 정제소에서 세계 최대의 헤로인을 생산하여 나이지리아, 네팔인 등을 통해 국제 마약 시장에 공급하는 마약의 제왕으로 통한다. 쿤사는 미얀마 정부의 무장해제 요구를 거절하고, 미얀마 군과 정면 대결함에 따라 증가하는 무기 구입비를 충당하기 위해 헤로인 생산량을 늘리면서 한국, 일본, 홍콩 등에 새 시장을 개척하고 있는 것으로 국제 마약 수사 기관은 파악하고 있다. 이 지역에서 생산된 헤로인은 태국을 1차 경유지로 말레이시아, 필리핀, 싱가포르, 베트남을 거쳐 최종 소비지인 북미, 호주, 유럽 등지로 퍼진다.

최근엔 중국 육로의 교통량 폭주로 수색이 불가능하게 됨에 따라 중국 남부의 운난성, 광둥성으로 빠져나온 헤로인이 홍콩, 말레이시아, 한국, 마카오 등지를 경유하여, 소비지에 전달되는 새로운 유통 경로가 뿌리를 내리고 있다.

황금의 초승달 지역에서 생산된 헤로인은 종래에는 이란→터키→동구로 이어지는 발칸 경로를 이용해 유럽시장에 유입되던 것이 최근에 국경 치안이 취약한 중앙아시아와 코카서스 해 연안에 위치한 독립국가연합(CIS) 국가들을 경유하는 사례가 급증하고 있다.

검찰, 경찰, 세관 등 마약 전문수사기관들은 전통적으로 미국과 유럽, 호주 등 선진국 지역에서 소비되던 헤로인이 중국, 대만, 일본 등 아시아 지역으로 확산되고 있는데 바짝 긴장하고 있다.

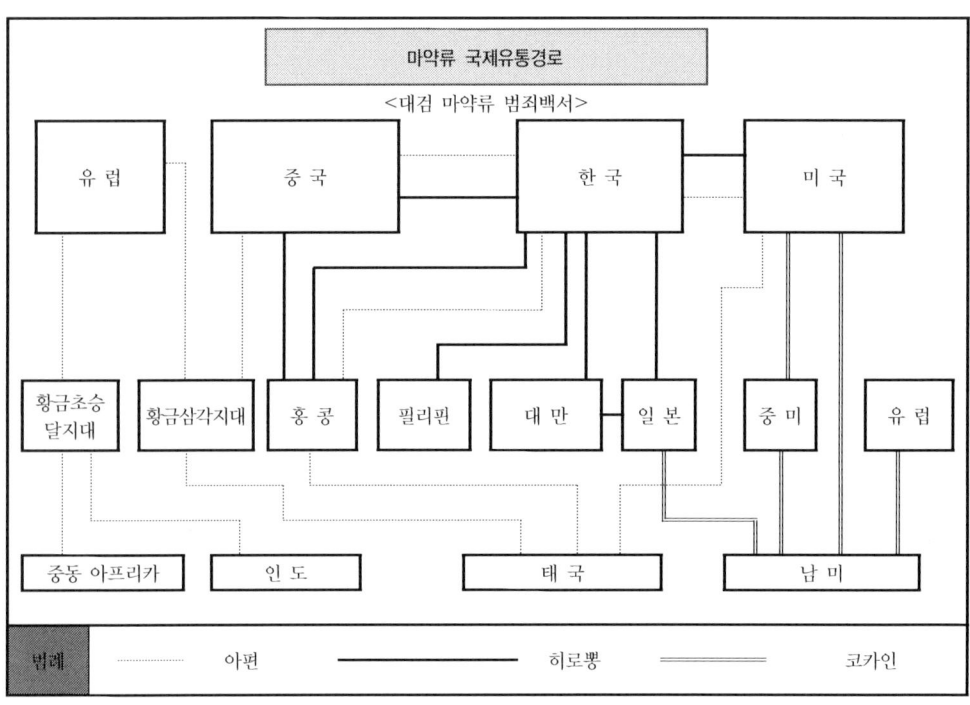

마약류 국제유통경로

<대검 마약류 범죄백서>

| 유럽 | 중국 | 한국 | 미국 |

| 황금초승
달지대 | 황금삼각지대 | 홍콩 | 필리핀 | 대만 | 일본 | 중미 | 유럽 |

| 중동 아프리카 | 인도 | 태국 | 남미 |

범례 ·········· 아편 ────── 히로뽕 ═══════ 코카인

③ 마약류사범 원인별 현황

㉠ 전체 마약류사범을 범죄 원인별로 보면 호기심(40.3%), 우연(13.0%), 유혹(4.4%) 등에 의한 것이 절대적으로 우위를 점하고 있다.

㉡ 대마사범에서는 호기심이 가장 높은 점유율(70.0%)을 보이고 있어 대마가 가장 흔한 마약류 입문 과정임을 보여 주고 있다.

㉢ 향정신성 사범 중 영리(26.5%)의 비율이 제일 높다. 그 원인은 일확천금을 노리는 제조범, 밀수범들이 적지 않음을 반영한 것이다.

(7) 방화 범죄

방화는 고의적으로 화재를 일으키는 행위로서 그 행위에 대한 처벌 규정은 법률로 정하고 있다. 방화를 일으키는 동기 중 가장 큰 이유는 원한, 분노, 범행의 은폐 또는 모험상기 등 많은 동기를 갖고 있으며, 이 중 여자 방화의 동기 중에는 분노가 압도적으로 많은 게 특징이며 가족 간의 갈등에서 비롯된다. 또한 범죄의 용이화가 있다. 이것은 화재의 혼란을 틈타 절도 등을 할 목적으로 하는 경우가 있으며 이러한 범죄는 면식이 없는 범인이다.

※ 방화의 특징은 범죄 수단 중 가장 손쉽고 효과적이라는 것이다.

※ 방화는 정신이상자의 환각, 망상 등 원인에서 발생한다. 전체 방화 중 23%가 정상인의 방화이고 비정상적인 방화가 77%가 된다. 이러한 비율은 정신이상자의 위험이 높다는 것을 알 수 있다.

※ 또한 방화는 모방 범죄가 많으며 모방 범죄의 연령 계층은 주로 16세 이하가 높다.

남자 방화범의 동기		여자 방화범의 동기	
동 기	계	동 기	계
		원한, 분노	46
		치정관계	11
원한, 분노	50	범행의 은폐	9
범행의 은폐	19	도주	4
이욕	14	자살	3
범행의 용이화	13	절도의 용이화	2
도주	6	선망	2
자살	3	복수	2
치정관계	1	타인을 실각시키기 위해	1
형무소에 가고 싶어	1	빌려 준 토지의 취득	1
소화에 의하여 대접받고 싶어	2	보험사기	1
나쁜 장난	1	빼앗긴 유물의 취득	1
화재를 보고 싶어	1	증거의 인멸	1
증거의 인멸	2	차압당한 건물의 소가	1
		화재를 보고 싶어	1
		동기 불명	1
계	113	계	87

151

(8) 납치, 인질 영업 범죄

전 세계적으로 새로운 형태의 목적성을 갖고 발생되는 범죄들이 늘고 있다. 그 대표적인 범죄가 납치인질사업을 목적으로 하는 범죄로 국내외적으로 크게 증가되는 추세이며 지능화·전문화·규모화·조직화되고 있다.

주로 남미국가를 중심으로 콜롬비아, 볼리비아, 멕시코, 브라질, 페루 등지에서는 표편화된 돈벌이 사업이 되었다. 평범한 가정주부에서 공무원들까지 직·간접적으로 간여하고 있을 정도로 매우 특별한 사람들에 의해 이루어진다는 인식과는 사뭇 다르다.

현재 남미 지역을 포함해 전 세계 129개 국가에 950여 개의 국제납치조직이 활동하고 있으며 2009년 7월 한 달 동안에만 납치사건이 323건이 발생했다.

납치 안전지대가 없어지는 까닭에 이미 납치보험이 등장했고 다국적기업과 개인들이 보험에 가입하면서 납치보험시장이 3억 달러 규모가 되었으며 최근 소말리아와 아프간에서의 한국인 인질사건에서 보여 준 것과 같이 국제납치가 기업처럼 치밀한 전략에 따라 행동하는 기업형으로 변화하고 있다. 현재 국제시장에서 한국인의 몸값은 경제수준을 감안하여 1인 기준 한화로 10억 원 정도로 형성돼 있다.

※ 국내범죄추세

전체 범죄 건수가 줄어들고 있는 가운데 살인과 강도 등 5대 강력 범죄는 오히려 늘고 있다. 경찰청이 발간한 경찰백서를 보면 지난해 총 범죄 발생건수는 202만 건으로 일 년 전보다 2.1% 감소했지만 5대 강력범죄는 54만 4,000건으로 8.3% 증가한 것으로 나타났다.

특히 살인 사건은 1,370건으로 일 년 전보다 24% 늘어 하루 평균 3.7건을 기록했고, 강도 사건도 5,350건으로 32% 급증한 것으로 집계됐다.

또, 절도 사건은 일 년 전보다 15% 늘었고 강간과 폭력도 각각 3.1%와 3.4% 증가했다.

8) 주요국가별 범죄동향

(1) 미 국

테러, 마약, 위폐 등 국제범죄와 함께 '총기지옥'으로 불리는 미국은 총기제조업체가 350여 개에 이르고 총기시장 규모가 연간 300억 달러에 달하여 실질적인 총기규제가 거의 불가능한 상황에 놓여 있으며 한 해 3만 명가량이 총기로 목숨을 잃고 있는 실정이다.

총기소유자는 6,000만~6,500만 명, 유통 중인 총포는 2억 3,000만 정, '95년 총기 관련 사망자 수 피살 1만 7,800명, 우발적 사고 사망자 1,300명

☞ 사례

특히 애틀랜타 주의 경우는 1년간('95년) 발생한 살인사건 184건 가운데 122건(66.3%)이 총기에 의한 살인으로 나타나 총기매수운동 등 총기범죄예방에 각고의 노력을 경주하고 있다.

※ 미국 내 연쇄살인범은 약 200~300명이 활동 중에 있으며 계속 증가하는 추세에 있다.

※ 연쇄살인범 중 최고는 150명을 살해한 오시스톨로 현재 300년형을 받고 복역 중에 있다.

※ 미국 4만 5천 건의 미해결 살인사건은 거의 대부분 연쇄살인사건으로 추정하고 있다.

(2) 러시아

러시아는 마피아 공화국으로 불릴 만큼 마피아와 같은 범죄단체로 인한 각종 범죄로 큰 고통을 겪고 있는데 가장 심각한 것은 청부살인이 유행병처럼 번지고 있다는 사실인데 '96년 10월 말까지 152명이 청부살인에 의해 희생되었으며, 청부살인수사를 담당하는 인력이 60명이나 배치되어 있으면서도 검거는 3건에 불과한 실정이다.

또한 '94년 3월 옐친 대통령의 '범죄와의 전쟁' 선포에도 불구하고 강력범죄는 줄지 않고 있으며, 러시아 경찰은 '96년 모두 1,069회에 걸쳐 총기를 사용, 범법자 185명을 사살하고 904명을 부상케 한 가운데 치안공무원도 319명이 살해되고 610명이 부상하는 등 피해를 입은 것으로 나타났다.

※ 러시아 범죄단체 중 마피아는 사실상 존재하지 않고 있다. 러시아에 활동하는 범죄단체는 현지 자생하고 있는 단체들이다.

(3) 중 국

중국은 급변하는 사회변동과 함께 마약, 밀매(특히 담배밀매), 위폐, 가짜상표사건 등 각종 범죄가 증가하고 흉악화하고 있으며, 특히 미얀마, 라오스 등과 인접하고 있는 서남부 국경지역으로부터 대량의 마약이 유입되고 있어 중국 전역의 마약중독자가 52만 명에 달하는 등 마약오염이 남방으로부터 전국으로 확산일로에 있고 외국인의 범죄도 증가하여 최근 5년간 1만 5천 명의 외국인이 각종 범죄혐의로 추방되었다.

이와 같은 상황하에서 중국정부는 중·대형 범죄의 방지와 청소년도덕교육의 강화 등을 내용으로 하는 사회치안 5개년 계획을 수립, 시행하고 있는데 이 계획에는 경찰관의 범죄제압 및 신변안전을 위한 경찰무기사용조례의 제정, 무장경찰력의 대대적 증원(현재의 130만 명에서 190만 명으로)방안이 포함되어 있다.

※ 중국 내에서는 트라이어드(triad)로도 불리는 삼합회(14K1죽현방 등 50계파로 나누어

집)와 광둥성 중심으로 활동하는 문도회, 하이난성을 중심으로 활동하는 남래천, 구이저우성을 중심으로 활동하는 금정방, 장쑤성을 중심으로 활동하는 오씨 가족, 산시성을 중심으로 활동하는 남방 등 6개 대표적인 범죄단체가 활동하고 있다.

(4) 유 럽

공산주의 체제 붕괴 이후 구소련 및 동구권으로부터 독일 등 서구에로의 매춘을 비롯한 포르노산업에 팔려 가는 소녀 유입이 증가하고 있어 EU(유럽연합)는 이 문제의 심각성을 깊이 인식하고 유럽경찰기구(EUROPOL)의 권한 확대를 검토하고 소녀매춘조직의 적발 강화에 나서고 있다.

비무장에 평화적 근무의 전통을 굳게 지켜 내려온 영국도 제복경찰관의 무장화를 신중히 검토하고 있으며 독일은 동독과의 통일 이후 국경이 개방되면서 국제범죄가 급격하게 증가하고 있는데다 동독지역에 연고가 많은 러시아 마피아들의 득세로 대응책 마련에 고심하고 있다.

(5) 일 본

'96년의 경우 선진 21개국의 전체 은행강도 발생에 있어 가장 안전한 나라로 선정되는 등 세계적으로 치안활동의 우수성을 나타내고 있는 일본도 최근 총기범죄 확산과 청소년 범죄의 급증에 비상이 걸려 있다.

'96년 9월 중순 교토에서 경찰관 대표적 폭력단 '야마구치구미' 조직원 사이에 총격전이 벌어져 일본 국민에게 충격을 주었는가 하면 청소년범죄는 그 양상이 점차 발전하여 최근에는 전혀 죄의식 없이 게임을 즐기듯 술 취한 중년남성을 강탈대상으로 하여 범행을 저지르는 일명 '어른사냥(오야지사냥)'의 양상으로 나타나 사회문제화되고 있다.

9) 범죄조직

범죄조직이란 한 사람 이상의 범죄자가 불법적인 행위를 할 목적으로 서로 공모하고 범죄를 실행하는 것으로 폭력, 절도, 부정 개입, 경제적 폭력 등을 위한 활동을 하며 범죄조직의 목적은 정치·경제적 요인에서 시작한다.

사회구조는 정치·경제·폭력의 삼각관계를 볼 수 있다. 그 어떤 것도 그 조직이 유지·보호되기 위해서는 상호 필요 관계인 것이다. 따라서 상호 비호하고 비밀리에 상호 관계유지에 필요한 유대관계를 맺고 있다. 따라서 범죄조직의 뿌리를 뽑으려는 노력을 기울여도 쉽게 그 뿌리가 뽑히지 않는 것이다.

범죄조직의 공통적인 성격은 집단 성원에 의한 범죄행위가 그 집단의 성립 및 존속에 밀접하게 관련되어 있다는 것이다.

이와 관련하여 범죄조직에 대한 정의는 집단으로서의 조건뿐만 아니라 범죄 활동과 집단 그리고 그 집단의 성원과 관계를 설정해야 한다. 이에 대한 구체적인 설명은 다음과 같다.

① 범죄조직은 불법적인 행위를 계획하고 실행하거나 불법적인 수단에 의하여 합법적인 목표를 추구하는 사람들로 구성되어 계층적인 구조가 확립되어야 한다.

② 범죄조직은 경제적·정치적 이익 추구를 목표로 한다.

③ 범죄조직은 경험 관습에 의하여 관계인이나 피해자를 효과적으로 통제하고 구성원을 훈련시켜 연속성 및 지속성을 가져야 한다.

④ 범죄조직의 일종인 이상 형사법의 위반행위를 할 것이 요구된다. 린드스미드(Alfred R. Lindesmith)는 범죄조직의 정의를 특별히 상호 의무와 권리 관계의 기반에서 어떤 조직체에 의하여 전문적인 범죄를 범하는 것이라고 하였다.

155

말츠(Michael maltz)는 범죄조직을 세 가지 차원의 의미(정치·경제·법)를 결합시켜 화이트칼라 범죄도 포함해 조직화된 범죄라고 정의하고 있다. 말츠의 정의는 폭력이나 어떤 특정한 범죄유형에 기반을 두고 있지 않음을 유의해야 한다. 또 범죄조직의 뚜렷한 목적은 정치적 혹은 경제적인 힘과 지배를 얻기 위한 것이고, 그 존속에 있어서 절대적인 것은 장기적인 계획이나 음모이다. 따라서 범죄조직의 지속성은 조직적인 범죄의 뚜렷한 특징이며, 범죄조직은 일시적인 것이 아니다.

범죄조직은 몇 개의 특징을 가지고 있다. 그것은 당연히 명백한 목적을 달성하기 위해서 구성되어 있고 조직성이 그 하나의 특징이다. 그것은 계층을 분류하고 규칙과 지시에 따라 각 구성원의 노력을 결합시키는 것이다.

※ 국내 주요 테러 및 범죄 사건

1947년 7월 19일	여운형 피살 사건
1947년 12월 2일	장덕수 피살 사건
1949년 6월 26일	백범 김구 암살 사건(안두희 사건)
1956년 9월 28일	민주당 전당대회 장면 부통령 저격 사건
1957년 5월 25일	장충단 공원 테러사건
1958년 2월 16일	대한 민항기 납북(26명 귀환, 8명 억류)
1960년 5월 29일	이승만 하와이로 망명
1961년 5월 16일	박정희 군사 쿠데타 발발
1962년 9월 10일	조두현 군 유괴 사건
1967년 1월 19일	해군 경비정 북한 포격 침몰
1968년 1월 21일	무장공비 서울 침투(김신조 사건), 27명 남파
1969년 10월 30일	울진·삼척 무장공비 침투사건, 120명 남파
1969년 3월 16일	주문진 무장공비 침투사건
1970년 3월 31일	일본 적군파 요도호 납치
1973년 4월 23일	윤필용 사건
1973년 8월 8일	김대중 납치 사건
1974년 8월 15일	국립극장에서 8·15기념 행사 시 육영수 여사 서거(문세광 저격사건)
1975년 10월 17일	연쇄살인사건 범인 김대두 검거
1976년 8월 18일	판문점 도끼만행사건(미군장교 2명 살해)
1977년 11월 11일	이리역 폭발사건 범인 신우일(59명 사망 1천3백 명 부상)
1978년 10월 18일	정호국 군 유괴 사건
1979년 10월 26일	박정희 전 대통령 피살(김재규 사건)
1983년 10월 9일	버마 아웅산 묘소 폭발 사건
1987년 8월 29일	오대양 집단 변사 사건
1987년 11월 29일	KAL 858기 폭발 사건(김현희 사건)
1988년 10월 8일	미결수 탈주범 인질사건(3명 권총 자살, 8명 자수)
1989년 1월 8일	현대 노조원 피습 사건
1991년 10월 19일	여의도 광장에서 자동차질주 살인사건
1993년 11월 22일	연예인 최진실 전 매니저 배병수 씨 암매장 사건
1994년 5월 19일	박한상 부모살해 사건
1994년 9월 19일	전남 영광에서 지존파 연쇄살인 사건(5명 살인)
1994년 9월 19일	부녀자 연쇄살해사건(온보현) 6명 납치, 2명 살해
1996년 9월 18일	동해 잠수함 침투사건(이광수), 26명 남파
1997년 8월 31일	박나리 양 유괴사건
1997년 2월 15일	이한영 경기도 성남시 분당아파트에서 피살
1998년 12월 23일	당진 및 여수 앞바다 북한 반잠수정 침투사건(여수침투선 격침)
1998년 6월 15일	경찰복 차림의 5인조에 의하여 김현철 씨 납치사건
1999년 3월 18일	4인조 연쇄납치사건(재벌 2세 등 부유층 부녀자만 납치)
2000년 3월 8일	자민련 김종필 명예총재가 충북 청주에서 계란투척봉변사건
2000년 10월 28일	유화건설주식회사 사장 납치, 1,000억 원대 회사를 강제로 가로챈 사건
2001년 2월 8일	(주)엔비로 유명 벤처회사 김효근 사장 청부살해사건
2001년 3월 16일	연예인 최진영 4인조에 의하여 강남구 청담동에서 납치모면사건

2001년 3월 23일	서 모 씨(부동산업자) 지하주차장 납치사건 60억 요구(1,000억대 재산가)	
2001년 8월 31일	경북 안동여고 김 모 양(17) 납치살해사건 5천만 원 요구	
2001년 1월 10일	황장엽 씨 귀순 뒤 270여 차례 테러위협(정대철 의원 공개)	
2002년 7월 29일	부산에 소재한 청도개발 사장 김홍구 씨 납치살해사건 수억 원 요구	
2002년 9월 24일	동대문구 허 모(7세) 초등학생 납치사건 수천만 원 요구	
2006년 5월 20일	박근혜 한나라당 대표, 신촌 현대백화점 앞에서 지방선거지원유세 도중 흉기를 든 50대 괴한 지 모 씨에게 피습	

10) 세계 주요 범죄조직

동구권 국가의 몰락으로 상징되는 동서 냉전체제의 종식과 전례 없이 증대된 국가 간의 빈번한 교류와 접촉으로 국제범죄조직들의 활동영역도 전 세계적으로 확대되고 있다. 이들은 마약밀조, 밀거래 테러, 밀수, 통화위조 총기밀거래, 조직폭력 등 국제거래분야에서 현저한 활동을 보이고 있고 때때로 합법적인 금융그룹군에도 진출하는 등 광범위한 산업지배의 현상까지 나타내고 있어 국제사회의 초미의 관심사로 부상하고 있다.

세계적 범죄조직은 가까운 일본의 야쿠자, 홍콩의 삼합회, 미국의 마피아, 소련의 범죄조직, 이탈리아의 마피아 조직 등을 들 수 있다. 이 같은 조직은 국가체제까지도 위협하는 거대한 조직으로 그 역량이 대단하다. 세계 각국은 이들과의 싸움을 전쟁이라 비교하고 있을 정도로 매우 심각한 상태에 있다. 이러한 조직원이 국가권력 핵심인물로 있는 경우도 있으며 러시아에서는 제1야당이 마피아라는 말을 할 정도이다.

157

특히 최근에는 러시아의 범죄조직인 마피아가 부동산·호텔·관광업계에의 투자를 통하여 자금세탁을 위한 거점과 루트를 정착시키는 등 세계 50여 개국으로 활동무대를 확산하고 있는 가운데 동구권과의 교역 확대에 따른 외국인들의 국내 출입이 더욱 잦아지면서 총기·마약 등 밀반입 사례가 급증하고 있어 국내 범죄조직과의 연계가능성이 우려되고 있다.

콜롬비아의 대통령 '에르네스토 삼페르'와 보테로 전 국방장관이 마약 조직과 결탁한 혐의로 사임과 구속을 피하지 못했다. 또한 세계 최대 마약조직 카르텔의 3대 두목 중 하나인 '호세 산타크루스 론도노(53)'가 콜롬비아의 피코타 교도소를 유유히 탈출했다. 일명 체페로 알려진 산타크루스는 1993년 12월 라이벌 관계인 '메데인 카르텔'의 두목 파블로 에스코바르가 경찰에 의해 사살된 뒤 세계 마약시장을 80%나 장악한 두목으로 그가 탈출하도록 정부 관계자 및 교도관이 도왔다는 정보가 전해지고 있다고 한다. 이처럼 범죄조직의 활동은 광범위한 범위를 갖고 있으며 이들의 자금과 인원은 그 나라의 정치 경제에 영향을 주고 있다는 것이다.

이들 범죄조직의 활동은 청부 폭력, 마약 재배·제조·유통, 도박장 운영, 유흥업소 운영, 주류 유통, 사업 프로젝트, 고리대금업, 매춘, 인신매매, 장기매매 등 사업으로 다양화하며 극히 정상적인 사업으로 수익 사업을 병행하여 합법적 사업으로 위장하는 경우도 늘어나고 있다.

※ 일반적인 마피아의 규율
① 두목에 대하여 절대적으로 충성·복종할 것
② 어떠한 것이든 위난에 즈음 하여서는 상호 원조할 것
③ 조직원 중 한 사람이 받은 공격은 전원에 대한 공격이라고 생각하여 어떠한 희생을 치르더라도 복수할 것
④ 정의를 위해 국가기관에 고소하지 않을 것
⑤ 조직원 이름이나 조직의 비밀을 밝히지 않을 것

마피아의 5계는 조직·질서 및 보호를 위한 엄격한 규율로 국가의 군경조직 이상의 그들만의 법규를 갖고 있으며, 이를 따르지 않거나 배신할 경우에는 신체 불구를 만들거나 사형에 처하는 경우도 있다.

국제범죄조직들은 첨단기술과 고도의 정보를 이용하여 세계화하고 있는 추세여서 미국에서는 폭력조직범죄집단을 입법·사법·행정·언론에 이은 제5부라고 부르는 사람들도 나타나고 있는 실정이며, 제9차 UN범죄예방회의 비공식회의에 제출된 한 보고서의 내용에 의하면 마약밀매 등을 하는 국제범죄조직들의 1년 수입을 모두 합치면 1조 달러를 웃도는 것으로 파악되고 있다.

(1) 일본(야쿠자)

일본의 경시청 자료에 따르면 2002년 현재 일본에는 3,500개의 야쿠자 조직이 있는 것으로 나타나 있으며, 가장 큰 조직은 고베와 오사카를 근거지로 한 '야마구치구미'로 휘하에 23,010명의 조직원이 있고 그다음으로는 도쿄를 중심으로 한 스미요시 카이와 이나카와 카이다.

스미요시 카이는 조직원이 8,000명, 이나카와 카이는 7,400명 그다음으로는 아이즈지방 (후크시마현 일대)에서 120여 년 전 유명한 폭력단 두목 고데츠를 중심으로 암흑세계를 일으킨 것이 효시이며 현재는 시가켄을 중심으로 활동하고 있다. 조직원은 1,600명으로 알려져 있다.

이 조직의 회장은 재일 한국인이며 일본명 다카야마 두쿠다로 알려져 있다. 이 소식은 일본경찰을 상대로 소송을 제기해 화제가 되고 있다. 그동안 조직원들이 맡고 있던 경마장과 경륜장, 경비용역 건 때문에 일본 경시청과 싸움을 하고 있는 것이다.

한마디로 야쿠자의 합법적 활동을 제한하는 것은 부당하다며 공안당국과 법률로 맞서고 있어 다른 나라의 범죄조직과 다른 면을 볼 수 있다. 일본의 현재 야쿠자는 약 110,000명의 조직원을 거느리고 있는 것으로 알려져 있다.

일본의 야쿠자 전성기인 1963년에는 총 184,000명의 조직원이 있었다고 하며, 일본 경시청의 추산에 의하면 1년간 이들의 총수입은 1조 3천억 엔(한화 약 13조 원)에 달하며 이 중에 4천5백 엔이 마약 수익금이라 추산하고 있다. 이들 폭력단의 자금원은 풍속영업, 유흥업, 금융업, 토목건축업 등 합법적 사업에서 얻는 것도 있지만 중요한 것은 마약밀매, 공갈, 도박 등 비합법적인 것에 의하여 얻기도 한다.

특히, 마약에 있어서 큰 이익을 얻고 있으며 밀수와 밀매를 하는 조직이 적지 않다. 더구나 최근에는 폭력단의 위력을 배경으로 한 금전소비대차, 가옥임대차, 교통사고 등 금

전이 있는 곳에 민사개입, 폭력사범이 증가하고 있다.

　일본 범죄단체의 특성은 정치·경제의 발전단계에 있던 1960년대에 양적 증가를 가져오다가 정치·경제의 안정·성장에 접어들면서 조직과 조직원의 감소세를 나타내고 있으며 1990년대에 들면서 그 수가 다시 증가하고 있다는 것이다.

　일본이 1990년대 들어 엔고현상과 경제 침체에 들면서 조직과 조직원이 새로이 증가함으로써 범죄조직 증감과 경제환경이 밀접한 관계가 있음을 나타내고 있다. 또한 일본의 야쿠자는 합법적 사업을 통해 자금을 확보하려 하고 있으며 기업 그룹 형태로 발전하는 것으로 볼 수 있다.

☞ 야쿠자의 변화추이

연 도	조직 수	폭력단 총수	피체포자
1960	5,119	124,763	56,780
1961	4,970	162,450	58,924
1962	1,131	172,711	52,429
1963	5,107	184,091	51,065
1964	4,573	177,035	58,687
1965	3,944	156,293	56,704
1966	3,790	147,171	43,303
1967	3,750	142,660	38,573
1968	3,603	138,288	38,808
1969	3,500	139,089	38,180
1970	3,481	138,506	42,815
1971	3,214	129,432	43,527
1972	2,957	123,044	48,117

연 도	조직 수	폭력단 총수	피체포자
1973	2,723	114,506	52,877
1974	2,650	110,819	53,277
1975	2,607	110,042	53,053
1976	2,555	109,955	56,423
1977	2,502	108,266	57,351
1978	2,525	108,700	58,750
1979	2,517	106,754	51,462
1980	2,487	103,955	52,247
…	…	…	…
1996	3,372	113,000	
2000	4,500	130,000	약 40,000

☞ 日 야쿠자 9만 명 추산

일본의 폭력단 야쿠자의 조직원 수는 현재 총 9만~13만 명으로 추산되며 이 가운데 야마구치구미(山口組) 등 3대 야쿠자 소속이 66%를 차지하고 있다고 일본 경찰청이 발표한 바 있다. 이 가운데 정식 야쿠자 조직원 수는 4만 6,000명으로 1996년 한 해 동안 600명이 줄었으나 예비대원인 '준구성원'은 1,200명이 늘어나 3만 3,900명이 됐다고 일본 경시청이 발표했다.

161

(2) 러시아 범죄조직

러시아에는 두 개의 정부가 존재한다고 할 정도로 러시아에서는 범죄조직의 문제를 단순 범죄조직으로 생각하지 않는다고 한다. 다시 말해 범죄단체의 문제는 국가권력의 문제라고 한다.

우리나라 사람이 생각할 때 '범죄단체'라는 단어에 마약밀매, 유흥업소 갈취, 매춘 정도로 떠올리기 쉽다. 그러나 러시아의 범죄단체는 러시아의 거의 모든 기업으로부터 정부의 세금처럼 일정분의 수익금을 받고 있다.

또한 천연가스 등 러시아의 천연자원 수출에 직간접적으로 관여하고 있으며 군수물자의 밀매와 핵원료 밀매 등에 깊이 개입되어 있으며 세계 주요 범죄조직에 값싼 총기류를 제공하고 그들과의 교류를 이루어 국제범죄조직화하고 있다. 이들은 또한 자체무장이 50개 사단과 맞먹는 무장력과 대규모 은행 기업군을 거느리고 있고 국가 중요 직책에도 이들의 조직원이 상당히 활동하고 있으며, 또한 정부 중요 요인이 범죄단체를 비호하고 있

는 실정이다.

범죄단체가 정부 공직자들에게 지불하는 뇌물이 연간 10억 달러에 달하고 있으며 이 금액은 러시아 전체 농업예산의 두 배가 되는 금액이라 한다. 다시 말해 러시아 공직자들은 봉급을 마피아 정부로부터 받고 있다고 볼 수 있다. 또한 이들 범죄단체는 그들의 법을 갖고 있다. 그리고 이 법을 어긴 자에게는 사형을 선고하고 이를 확실하게 집행한다고 한다.

1995년만 해도 리스트에르 국영 TV 사장 스코로치킨 하원의원, 키베르디 러시아 전경련 회장 등이 이들에 의하여 사라졌다. 이러한 막강한 마피아 조직이 형성된 것은 1988년 「조합에 관한 법률」이 고르바초프 전 대통령에 의해서 만들어지면서 임대기업을 허용하는 과정에서 만들어졌다고 한다. 이 기업은 막대한 이익을 남기는 사업으로 국가 중요 직책에 있는 자들에 의하여 부정부패의 시발이 되었다는 것이다. 현재 러시아의 범죄조직은 약 2만 2천 개가 있는 것으로 알려져 있다.

이 중 러시아 범죄단체는 연간 총수입이 200억 달러로 국내총생산(GDP)의 40% 이상을 차지할 만큼 막강한 경제력과 정치적 배경을 갖고 있다. 이들 조직은 러시아연방에 본거지를 둔 조직이 5,691개를 이루고 있으며, 유럽지역에 300여 개, 미국 내 30여 개의 지부까지 설치돼 있다. 조직원 수는 지역두목급 700여 명, 중간보스급은 200,000여만 명에 달하며, 말단조직원은 300여만 명이나 된다. 미국에만 4,000명의 조직원을 거느리고 있다는 게 미연방수사국(FBI)의 추산이다.

경
호
실
무

I

특히 1995년 12월 러시아 총선에서 마피아 출신 하원의원 당선자가 85명으로 밝혀져 세상을 놀라게 했으며, 엄청난 자금력을 바탕으로 정계실력자들에 줄을 대고 있는 등 러시아 정치·경제권의 상당 부분을 잡고 있는 것으로 알려졌다.

러시아의 범죄단체가 처음 출현한 것은 18세기, 1917년 볼셰비키혁명 직후 일망타진된 듯했으나, 레닌의 신경제정책(NEP)으로 신흥부자들이 나타나면서 범죄조직이 되살아났다. 스탈린 시대의 '암흑기'가 끝난 뒤 1960년대 중반 흐루시초프 시대 말기부터 브레즈네프 시대의 10여 년 동안 마피아조직이 재건되기 시작되어 고르바초프의 집권기에 들어 개혁 개방노선에 편승하면서 마피아의 지하경제가 지상으로 부상했으며, 1991년 12월 구소련 붕괴를 계기로 전국에 조직기반을 구축하게 됐다.

현재 이들의 활동으로 인한 가장 큰 문제는 국가 중요 요인 또는 경제인 등의 신변위협이다. 러시아의 살인사건은 평균 매일 100건이 일어나고 있다. 그러나 경찰의 치안활동 부족과 적극적인 사건추적 미흡으로 법안제도를 못 하고 있으며 범죄조직의 활동은 더욱더 기승을 부리고 있다. 그래서 러시아의 기업인들은 자구책으로 러시아 공영 TV 사장이 청부 살해된 사건에 100만 달러 현상금을 걸고 범인검거 착수에 들어가기도 한다.

1994년 모스크바 시에서만 1,820건의 살인사건(1993년 1,353건)이 발생했고 범죄자에 의해 희생된 경찰관 숫자도 16명이나 되었다고 한다.

☞ 모스크바 8大 범죄조직(2002년)

조직명	활동영역	배후설(소문)	해외 마피아 관련
발라쉬킨스카야	은행, 금융	코르자코프 전 경호실장 시절 대통령 경호실	미국 진출 ※ 두목 이반코프 FBI에 체포됨
돌고프루드넨스카야	무기밀매	그라프 전 국방장관 당시 국방부	독일 - 오스트리아 등 중부 유럽
이즈마일로프스카야	생필품 도매시장	구 공산청년동맹	네덜란드, 이탈리아
유베레스카야	중고차 시장	-	이스라엘, 독일
포돌스카야	청부살인	-	미국, 벨기에
부쉬키노이반티브스카야	주류도매, 카지노, 골동품 밀매	모스크바 시청 관련설	미국, 태국
솔츠세브스카야	매춘	내무부 등 사법기관 관련설	미국, 중국
타간스카야	마약	극우파 지리노프스키 관련설	우크라이나, 중앙아시아 등 ※ 체첸 범죄단체와 전쟁으로 유명

(3) 중국의 범죄조직(트라이어드)

중국은 14억의 많은 인구와 거대한 영토를 갖고 있는 나라로 그동안 공산정권에서 공안천국으로 불려 왔었다. 그러나 중국 정부 통계에 의하면 강도, 강간, 살인, 마약밀매를 비롯한 전체 범죄 발생건수가 매년 약 18%씩 증가하고 있으며, 거기다 최근에는 러시아를 통해 권총 등 총기류가 범죄조직을 통해 대량 밀매입되면서 범죄율이 증가하고 있으며, 범죄조직의 양적 증가와 조직이 도시 중심으로 거대화되고 있다고 한다.

1949년 공산통일 이후의 암흑가 소탕으로 거의 고사해 버렸던 범죄조직의 이와 같은 증가는 개혁 개방이 가져온 산물로 보인다. 중국 범죄조직은 홍콩과 마카오 반환 등과 때맞춰 앞으로는 국제적 활동을 강화할 것으로 예상돼 국제사회에 큰 영향을 주게 될 것 같다. 개혁 개방 초기였던 1980년대 중반까지만 해도 중국 범죄조직은 중국 토착조직이 아니었다. 정도의 차이는 있지만 홍콩의 트라이어드, 대만의 사해방, 죽연방, 천도맹, 송연방 등 지부성격이 강했다.

그러나 암흑가의 시장규모가 점점 커져 가면서 중국 독립조직으로 하나둘씩 독립을 꾀하고 있으며, 또 자생적 조직도 우후죽순처럼 생겨나고 있다. 대표적 단체는 고성회, 사권문, 팔형제 등이 가장 활발하게 활동하는 대표적 조직으로 꼽히고 있다. 현재 이들의 규모는 2,000여 개 조직에 총 300여만 명에 이르는 것으로 파악되고 있다. 그러나 중국 내 크고 작은 폭력조직은 대략 10만 개로 추정되고 있으나, 상해와 같은 시장개방 특구지역을 중심으로 한 범죄단체 활동만을 파악한 것으로 중국대륙의 전체 범죄조직은 이보다 훨씬 많은 것으로 보고 있다. 이 같은 현상은 경제 발전으로 인한 황금만능주의의 팽배와 이를 제어할 만한 사회 원리기능의 부재 때문이라고 분석한다. 최근 대도시로 몰려드는 농민들이 도시 빈민층을 형성하며 이들이 범죄 집단으로 전락하고 있는 것도 원인으로 보고 있다.

지금까지 중국사회에 형성되고 있는 범죄조직이 외부에 크게 알려진 경우는 그리 많지 않다. 그러나 중국사회의 급속한 산업사회 발달로 분명 많은 소외계층을 형성하고 있다고 보고 있으며 이들의 생계방법이 범죄 수단에 의한 의존도가 높아지면서 그 구성원들의 이익을 위한 투쟁 성격에서 범죄조직의 형성이 이루어지고 있다고 본다.

중국사회는 워낙 거대한 국가로 이루어져 있어 범죄조직의 실체를 정확히 알 수가 없다. 그러나 범죄의 수법에서 벌써 거대한 범죄조직을 형성하고 있음을 짐작게 하고 있으며 또한 주변국과의 범죄조직 연계성이 주변국가에서 나타나고 있다. 그 하나가 트라이어드라는 범죄조직이다. 그 규모에 대해서는 알려진 바가 거의 없으나 국제조직과 연계하여 마약거래, 밀수 등을 하는 것으로 알려지고 있다.

※ 중국의 강력 범죄자 중 매년 3,000명씩 사형에 처해지고 있으며 해마다 늘어나고 있다. 2003년 전국적 폭력조직 소탕작전에서는 무려 총기류 180만 정을 압수하기도 했다. '97년 7월 홍콩의 주권이 중국으로 반환되면서, 현재까지 홍콩을 거점으로 하던 범죄조직인 삼합회(일명 '트라이어드')가 앞으로는 중국 본토와 우리나라를 비롯한 인근 아시아 국가로 세력을 확산할 가능성이 있는 것으로 보여 주변 국가들의 관심을 불러일으키고 있다. 이 같은 국제범죄조직은 향후 잠재적으로 테러를 지원하고 대량 파괴를 위한 물질, 기술, 무기 확산 등을 부추길 것이 예상되어 우리나라를 비롯한 세계 각국은 정보수사기관 간의 협력 확대, 수사 전문 인력 양성 등 그 대책 마련에 부심하고 있다.

(4) 미 국

미국의 조직범죄는 협박, 공갈과 같은 불법적인 수단으로서의 갱 활동에 그 기원을 두고 있다. 이들 조직범죄는 마피아의 속성에 근거하여 체계화하였다. 그리고 제1차 세계대전 10년간에 걸친 조직범죄는 약탈적 범죄로 발전하여 합법적·비합법적 사업을 경영하였으며 어떤 지역에서는 독점적인 합법적 사업으로 그 체질을 전환하였다. 그 대표적인 예로서는 알카포네 조직 등이 있으며 근년에는 마피아가 그 예라 하겠다.

알카포네 조직의 예를 보면 그 조직이 1920년대에 시카고를 중심으로 조직, 결성되었고 알카포네를 두목으로 하는 조직의 배경은 그들이 단순히 절도단이었던 것이 아니고 술의 밀주, 밀매나 매춘 등 비합법사업을 경영하여 조직자금을 만들어 왔으며 1920년에 성립된 미국 금주법에 의하여 대규모의 사업 활동으로서 조직범죄의 활동무대가 만들어졌고 비합법적이라는 사실이 그 이익을 크게 만들었으며 폭력에 의한 사업 독점화를 가능하게 하여 그 이익을 크게 증가시켰던 것이다.

그러다가 1933년에 금주법이(13년간 유지) 폐지됨으로써 술의 제조·판매·유통이 자유로워지고 폭력조직의 사업적인 매력이 없어지면서 새로운 분야를 개척하는 것이 불가피하게 되었다. 따라서 1930년대 후반부터 1940년에 전반에 이들의 사업은 청부폭력, 도박사업 등으로 주 활동을 하였으며 이익이 많이 남는 마약사업을 주로 하게 되었다. 마피아는 1882년 시칠리아 섬의 가장 큰 도시 팔레르모의 원주민들이 수백 년간 다스려 온 프랑스 식민 통치자들의 통치에서 벗어나기 위해 민중 봉기를 일으켰는데, 이때 원주민의 구호는 '프랑스 인의 죽음만이 이탈리아 인의 외침'이었는데 여기에 그 기원을 둔다. 마피아 조직은 주로 이탈리아 시실리 섬에 조상을 가진 사람들의 미국에서의 집단이라고 한다. 이들 집단은 상호 연락을 하고 있는데 뉴욕의 가스스테로, 안토니스, 란스키의 신디케이트와 시카고의 알카드, 구이크, 피세디의 신디케이트를 연결시키는 교량 역할을 하고 있다.

한 자료에 따르면 범죄단체조직은 미국 내 24개 조직이 존재하며, 뉴욕에는 5개 조직이 존재한다. 미국 내 범죄단체는 주로 절도, 장물, 고리대금, 주거침입, 자동차 절도, 매춘, 마약, 도박 등 불법적인 사업과 기업 경영과 호텔이나 제빵업 등 합법적 사업도 경영한다. 조직범죄 대책특별위원회(1976년)에 의하면 마피아가 움직이는 지하경제는 1년에 최소한 500억~700억 달러에 이른다고 한다.

미국의 신화적인 갱이었던 알카포네나 벅시 등 갱들 또한 이러한 과정을 통해서 부와 힘을 쌓아 갔다. 실제로 알카포네의 경우에는 시카고 경찰의 90%에게 자신이 직접 돈을 지급했을 정도로 정부의 부패 고리와 밀접하게 연결되어 있었다.

또한 미국의 FBI 국장이었던 애드가 후버와 지미 워커 뉴욕시장은 수년간 마피아를 비호한 혐의를 받기도 했다. 벅시 또한 합법적인 사업을 통해서 지금은 세계적인 도박 도시가 된 라스베이거스를 자신이 직접 건설하기도 하였다. 이와 같이 마피아는 20세기 전반의 미국 사회를 지배하였다.

마피아 조직에 대한 존재를 모르다가 1940년에서야 알게 되었으며 일반 미국 국민들은 1950년대까지만 해도 범죄조직단체에 대한 존재를 잘 알지 못했다.

최근에 와서는 마피아 보스들의 잇따른 검거와 외국의 범죄조직인 일본의 야쿠자, 홍콩의 삼합회, 중국차이나 갱들의 진출로 인하여 그들의 이권을 많이 빼앗기고 있다. 현재 한국계 히스패닉계 갱들의 유흥업소, 도박, 마약 등 불법 사업을 하는 범죄소식도 형성되고 있다고 한다.

또한 청소년 범죄조직이 극성을 부리고 있으며, 북버지니아 지역의 범죄조직이 1995년 현재 88개 있으며, 인종별로 보면 (멕시칸)히스패닉 27개, 흑인 25개, 아시아 15개, 다민족 10개, 미확인 4개 조직으로 알려져 있으며 이 중 동족 출신끼리 조직한 엘살바도르 14개, 캄보디아 5개, 한국 4개, 중국 2개, 베트남 2개, 라오스 1개, 아프가니스탄 1개 등 총 29개 파가 있으며, 특징은 최근 전쟁 등 극심한 혼란을 겪었던 나라 출신들이라는 점이다. 때에 따라서 이들은 필요에 의하여 편입 또는 병합하기도 하는데 이 과정에서 특징도 나타난다.

미국 사회는 다인종으로 형성된 국가로서 인종 간의 갈등이 있음을 보여 준다. 같은 출신 민족으로 범죄조직이 형성되고 있으며 조직 간의 편입 현상노 같은 대륙, 즉 아시아일 경우 중국·한국 등 출신들이 병합한다는 것이다.

이러한 특징은 같은 피부색의 동질성 같은 남다른 애착을 갖고 있다고 볼 수 있다. 1990년대 미국 강력범 중에 범죄조직에 의한 범죄가 늘고 있으며 마약 및 도박사업의 이

권으로 인한 범죄발생이 높아지고 있다.

실제로 1994년 한 해 동안 미국인들이 도박에 사용한 돈은 무려 400억 달러(약 31조 2천억 원)로 영화 관람, 스포츠 구경, 위락 시설 이용 등에 쓴 오락비를 합친 것보다 2배 이상이 많은 돈이다. 지난 '84년 말만 해도 카지노 영업이 허가된 주는 네바다 등 2개 주에 불과했으나 지금은 10개 주로 늘어났다.

이는 물론 각 주의 재정 수입을 위해서다. 이러한 사업에서 나오는 재정 이주 정부에 크게 기여하는 현실을 감안하면 미국의 도박산업 성장은 당분간 계속될 것으로 보이며 이러한 현실로 미국 내 범죄조직의 주 수입으로 더 많은 이권으로 인한 조직범죄는 늘어날 것이라 전망한다.

※ 태머니협회 정치배후 세력은 사실상 폭력조직임(루스벨트 주지사가 조사한 이후 대통령으로 당선됨)

※ 2000년 뉴욕의 5개 마피아 조직이 증권사기 및 협박으로 5천만 불을 갈취한 최대의 사건이 발생하였다.

☞ 미국 강력범죄 상황

구 분	비 교
강력범죄 발생 건수	437만 건
경찰에 신고된 강력범죄	185만 건
강력범죄로 체포된 경우	75만 4,110건
유죄선고 강력범죄자	21만 3,100명
선고 후 수감된 범죄자	15만 3,730명
집행유예 피고인	5만 9,370명

※ 경찰에 의해 해결된 사건이 극히 적다. → 살인사건 해결 1993년에 66% 그침

(5) 독일(스킨헤드)

구서독 지역 2,900명, 구동독에는 2,500명의 스킨헤드로 불리는 극우 폭력 조직원이 있다. 서독의 4분의 1밖에 되지 않는 인구를 감안하면 동독 쪽의 비율이 훨씬 높은 것이다. 동독 시절에는 범죄를 저질러도 도주할 길이 없어 범죄 자체가 거의 없었으나 통일 후에는 주민들이 불안한 현실 때문에 떨고 있다. 외국인을 적대시하는 극우파의 폭력이 심해지고 있으며, 1994년 한 해 동안에만 7,952건의 네오나치 관련 범죄가 발생했다. 이 같은

범죄는 통일 후 새로운 사회문제로 실업 문제, 임금 격차, 빈부 격차 등으로 사회적응에 실패한 동독인들이 중심이 된 신흥범죄조직이 형성되고 있으며 이들은 사회 진출 후 유흥업소 및 폭력, 도박, 마약과 같은 범죄를 그들의 생계수단으로 삼고 있어 통일 후에 커다란 사회문제가 되고 있다.

※ 국제범죄 특성
① 일부 국가에서 외교적 특권을 이용해 국가 차원의 마약밀매·위폐제작 유통 등을 꾀하고 있음
② 국제법적 대응방안이 미흡한 약섬을 잘 이용
③ 세계가 1일 생활권 시대로 접어들어 초국가적인 집단으로 대형화하는 추세
④ 국제범죄단체 원조 및 협력(연합)

※ 국제범죄조직이 마약 밀매, 무기 밀거래, 밀수, 돈세탁 등 각종 범죄로 얻은 수익금은 세계 5백대 기업 총자산의 60%와 맞먹는 3천조 달러에 이르고 있다.

※ 최근에는 국제범죄조직들이 해상에서 상선과 유조선 등을 나포해 해적행위 등을 일삼고 있으며 선원들과 선박의 대가로 선주와 보험사를 상대로 돈을 요구하는 범죄가 늘어나고 있으며 특히, 소말리아 인근 아덴만 해역에서 많이 발생되고 있다.

이로 인해 최근 해상 보험료는 해적 노략질이 빈발한 뒤 크게 올랐다. 상선은 평균 5만 파운드이며 초대형 유조선은 최고 30만 파운드에 달한다. 보험사들은 2008년과 2009년 사이에 해적에게 붙잡힌 선원 몸값과 관련 비용으로 약 3억 달러(약 3,400억 원)를 지불하기도 했다.

아덴만에는 상선 2만 2,000척이 매년 68억t의 화물을 싣고 운항한다. 이들 상선은 약 1,000명으로 추산되는 소말리아 해적들의 노략질에 손쉬운 먹잇감이 되고 있다. 소말리아 해적의 노략질은 2009년에 정점을 이뤘다. 217건의 상선 공격이 발생해 47척이 나포됐다. 2010에는 8월 현재까지 123건의 해적 공격이 벌어져 33척의 상선이 나포된 것으로 파악되고 있다.

이같이 심각한 수준에 이르러 각국은 대책을 고심하고 있으나 외교적인 문제로 인하여 실질적이고 효과적인 대안을 마련하고 있지 못하는 실정이다. 국제적인 보험회사들이 자체적으로 해군을 결성해 해적에 맞설 계획을 세우고 있다. 아프리카 소말리아 인근 아덴만과 인도양 일대 해적들이 상선을 상대로 벌이는 인질극과 노략질로 보험금 부담이 크게 증가한 데 대한 자구책이다.

국제 보험회사들은 순시선 약 20척으로 구성된 사설 해군 결성을 추진하고 있다. 보험회사 해군은 정규 해군의 영향력이 안 닿는 해역의 전력 공백을 메우는 동시에 독자 작전으로 해적을 물리치게 된다.

사상 첫 사설 해군 창설은 세계 상선보험의 14%를 장악한 자딘로이드톰슨(JLT) 사가 주도하고 있는 것으로 알려져 있다. 사설 해군은 정규군의 직접적인 지휘를 받으며 국제법상 교전수칙을 준수하게 될 것이라고 JLT 측은 밝혔다. 지금까지 민간해군 창설과 관련 영국 국방부, 교통부, 외무부와 기초 협의가 진행된 상태다.

보험사 해군은 창설비용만 약 1,000만 파운드(약 180억 원)에 이른다. 비용은 보험사들이 갹출한 펀드로 조성할 예정으로 알려져 있다.

(6) 한국의 범죄조직

① **한국의 범죄 상황:** 경찰청 통계자료에 의하면 2001년 형사범의 범죄발생 건수는 802,573건으로 나타나고 있다. 이 같은 문제는 경찰력의 한계로 야기되는 치안 공백 상태를 말하는 것과 같다. 우리나라도 선진국과 같이 1960년대 이후 산업화·도시화·민주화되면서 급속한 사회구조 문제가 대두되며 이에 따른 범죄발생 빈도가 증가하고 있으며 단일범죄와 조직범죄의 발생 빈도가 높아지는 현상이 두드러지고 있다.

☞ 범죄발생 시간 비교

구 분	2000년 1~10월	1996년
살 인	9시간 4분	12시간 5분 49초
강 도	1시간 36분	2시간 23분
강 간	1시간 16분	1시간 34분
절 도	3분 5초	7분 30초
폭 력	1분 35초	2분 42초

② **범죄조직:** 한국의 폭력단체 현황에 관한 경찰청의 자료를 보면 1999년까지 전국의 폭력단체는 약 300개에 달하고 관리대상 조직은 212개 조직으로 보고 관리하고 있다.

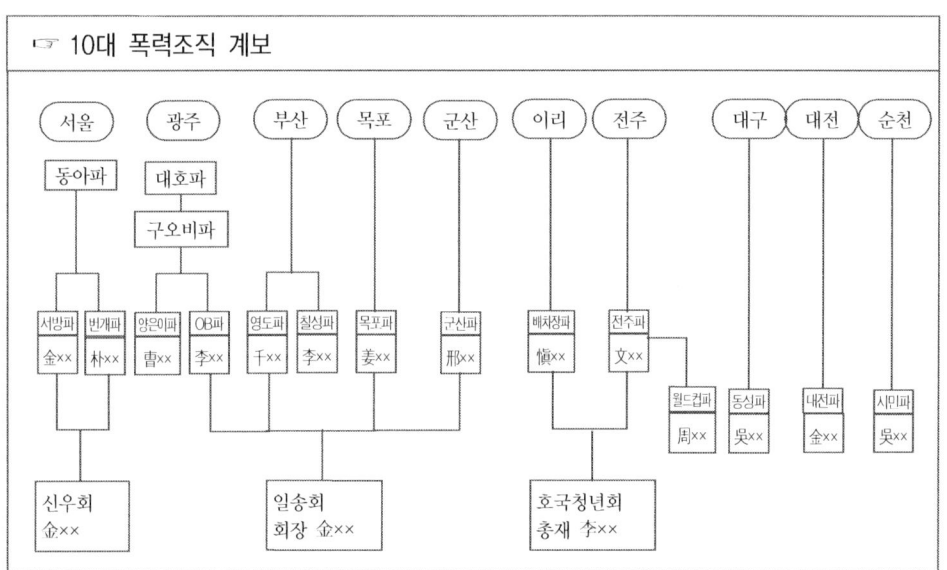

☞ 10대 폭력조직 계보

자료: 서울지검 강력부, 범죄와의 전쟁 100일 작전, 1991. 1.

※ 이들 폭력조직은 양대 선거를 치르면서 호국 청년연합회, 신우회, 일송회, 새마음회 등의 이름으로 우익 반공단체 또는 청소년 선도 사업을 하는 것처럼 위장하여 전국적인 조직은 물론 동경, LA까지 지부를 결성하여 확대하여 왔다. 그러나 1990년 검찰의 민생 특수부 발족으로 두목급이 추적, 구속되자 현재 이들 조직 폭력배는 해체 또는 와해된 상태이고 아직도 군소 조직은 계속 활동하고 있다. 경찰청에 의하면 관리대상 조직폭력배의 수는 56개이며, 그 구성원은 1,522명으로 보고 있다.

이들은 청부 폭력, 유흥업소, 도박장 운영, 마약 밀매, 매춘 사업 등으로 활동하고 있으며 불법적인 폭력을 행사함으로 많은 이권에 개입하고 있다.

☞ 경찰청 관리대상 조직 폭력배 현황

구분 시도	조직 수	구성원	검 거	미검거	조 치			활 동 (내사 중)
					구 속	불구속	이 첩	
계	212	4,599	1433	89	1,242	176	15	686
서 울	36	372	151	20	144	5	2	45
부 산	22	342	50	21	50			24
대 구	18	417	74	4	54	20		5
울 산	5	134						
인 천	10	205	31	0	28	3		
경 기	28	621	328	6	271	53	4	163
강 원	13	159	32	3	20	8	4	3
충 북	5	209	90	6	65	25		3
충 남	22	328	45	2	44	1		2
전 북	17	590	223	10	187	32	4	131
전 남	17	666	211	8	208	3		189
경 북	6	251	160	3	156	3	1	64
경 남	10	210	38	6	15	23		29
제 주	3	95						

자료: 경찰청 강력부 자료. 2000. 8.

☞ 조직 폭력배 동향분석

직 업	무 직	308명	45.0%
	유흥주점주 및 종업원	125명	18.2%
	건설·부동산업	21명	3.1%
	숙박업	5명	0.7%
범죄유형	금품갈취·폭력	182명	26.5%
	세력다툼	135명	19.6%
	청부폭력	10명	38%
자금조달영역	유흥가	376명	54.7%
	도박·유기장	30명	4.4%
	입찰경매	26명	3.8%
	채권·채무·고리	17명	2.5%
	건축재개발, 재건축	14명	2.0%
	숙박·안마시술소	12명	1.7%

※ 경찰청이 최근에 조직폭력배 일제 검거기간에 검거한 폭력배 33개 파 214명 등 688명을 상대로 조사한 결과

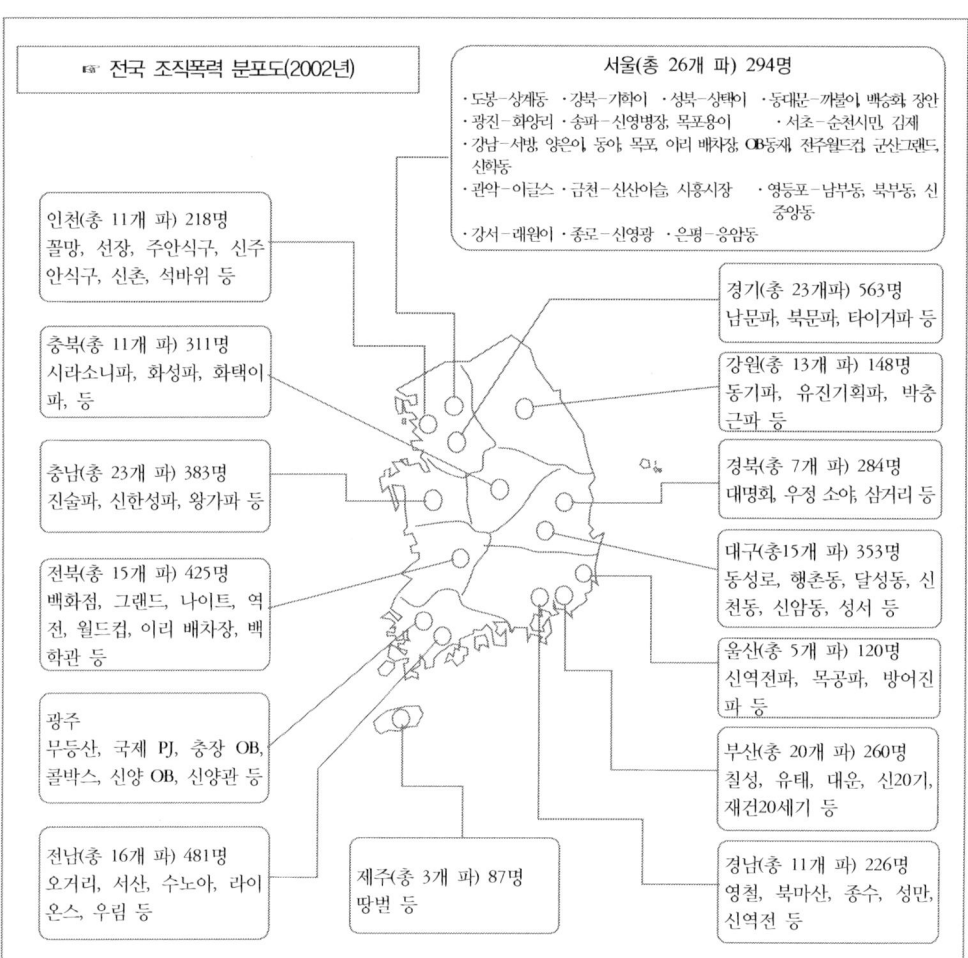

전국 조직폭력 분포도(2002년)

서울(총 26개 파) 294명
- 도봉-상계동 · 강북-기하이 · 성북-상택이 · 동대문-까불이, 백승화, 장안
- 광진-화양리 · 송파-신영병장, 목포용이 · 서초-순천시민, 김제
- 강남-새방, 양은이, 동아, 목포, 이리 배차장, OB동재, 전주월드컵, 군산그랜드, 신학동
- 관악-이글스 · 금천-신산아슬, 시흥시장 · 영등포-남부동, 북부동, 신중앙동
- 강서-래완이 · 종로-신영광 · 은평-응암동

인천(총 11개 파) 218명
꼴망, 선장, 주안식구, 신주안식구, 신촌, 석바위 등

충북(총 11개 파) 311명
시라소니파, 화성파, 화택이파, 등

충남(총 23개 파) 383명
진술파, 신한성파, 왕가파 등

전북(총 15개 파) 425명
백화점, 그랜드, 나이트, 역전, 월드컵, 이리 배차장, 백학관 등

광주
무등산, 국제 PJ, 충장 OB, 콜박스, 신양 OB, 신양관 등

전남(총 16개 파) 481명
오거리, 서산, 수노아, 라이온스, 우림 등

제주(총 3개 파) 87명
땅벌 등

경기(총 23개파) 563명
남문파, 북문파, 타이거파 등

강원(총 13개 파) 148명
동기파, 유진기획파, 박충근파 등

경북(총 7개 파) 284명
대명회, 우정 소야, 삼거리 등

대구(총15개 파) 353명
동성로, 행촌동, 달성동, 신천동, 신암동, 성서 등

울산(총 5개 파) 120명
신역전파, 목공파, 방어진파 등

부산(총 20개 파) 260명
칠성, 유태, 대운, 신20기, 재건20세기 등

경남(총 11개 파) 226명
영철, 북마산, 종수, 성만, 신역전 등

경
호
실
무

Ⅰ

☞ 주요 폭력조직 현황

지 역	조직명	조직원 수
서 울	범서방파	30
	양은이파	42
	신림동 이글스파	51
	구로동파	34
	영등포 북부동파	31
	상계동파	28
인 천	꼴망파	89
수 원	남문파	72
대 전	진술파	43
대 구	동성로파	169
부 산	칠성파	66
광 주	충장OB파	149
전 주	월드컵파	92

자료: 대검찰청

☞ 서울지역 주요 조직폭력배 현황(단위: 명)

구분	조직명	조직원 수	출소자 수	활동무대	구분	조직명	조직원 수	출소자 수	활동무대
전체	43개 파	438	318			까불이	8	8	전농동
주요	범서방	30	9	서울, 양천	주요	화양	10	9	구의동
	양은이	42	25	서울, 순천, 광주		북부동	12	10	강서, 양천
	신송정리	10	7	강남		진성	18	5	금천
	호남남부	7	7	논현동		막내	7	6	영등포
	정수	14	14	강남, 영동		래원이	17	17	개화동
	신영광	7	6	종로3가		신이글스	22	14	신림동
	창신동	7	6	창신동		텍사스	12	11	천호동
	용산이	8	8	동소문동		신영병장	13	10	마천동
	조회장	11	11	공릉동					

③ **한국 국제범죄조직 활동가능성:** 날이 갈수록 향락, 마약사범 등 반사회적 범죄가 급증하는 우리나라가 국제범죄조직의 활동무대로 변할 가능성이 크다고 국가정보원은 국제범죄실태 발표에서 밝힌 바 있다. 교통, 통신 발달로 세계가 1일 생활권 시대로 접어들어 범죄조직이 초국가적인 집단으로 대형화하는 추세로 보이고 있으며 그

흐름은 한국의 지리적 입지조건으로 인하여 외국산 마약, 총기류의 밀반입 거점으로 이용되고 있고 일본의 야쿠자, 중국의 트라이어드, 러시아의 범죄조직, 홍콩의 삼합회 등 국제적인 범죄조직들이 우리나라를 새로운 활동 무대로 이용하기 위해 국내침투를 본격화하고 있다고 한다.

최근 해외 폭력조직의 국내진출 가능성과 관련, 중국계를 중심으로 한 미국 내 아시아계 거대범죄집단 실태를 공개했다. 이 자료는 미국 연방수사국(FBI)이 검찰의 요청에 따라 최근 제공한 것으로 실제로 서울 수유동 택시회사 사장부인 청부살인 사건의 범인이 이들 조직의 일원으로 밝혀진 바 있다.

이 자료에 따르면 현재 한국 진출을 도모하고 있는 아시아계 범죄집단은 크게 △통스(TONGS – 비밀결사), △스트리트 갱(STREET GANG – 거리패), △트라이어드(TRIAD – 삼합회) 등 세 부류이다.

비밀결사조직은 19세기 미국에 이민 온 중국인들이 서로 도우며 살기 위해 합법적으로 조직했던 비영리 단체들이 범죄조직으로 변질된 것으로 도박장 영업과 함께 살인, 마약, 매춘 등을 저지르고 있다.

거리패는 △와칭갱, △푹칭갱, △비룡 청룡파, △유령 그림자파, △핵심 세력파 등 여러 조직으로 정예단원만도 수천 명이며 비밀결사와 삼합회와도 연계돼 있는 등 가장 위협적인 범죄조직. 특히 지난번 수유동 청부살인 사건의 범인이 소속된 와칭갱 조직은 뉴욕에 400명, 캘리포니아에 600~700명 이상의 단원이 있는 것으로 파악되고 있다.

중국 범죄집단 중 가장 규모가 크고 오래된 삼합회는 홍콩에 본거지를 두고 약 50개의 조직이 LA·샌프란시스코 등지에서 돈 세탁, 청부살인, 마약거래 등을 하며 △살인단(Born To Kill), △와칭갱, △홉싱통 등과 연계하고 있다. 이러한 국제범죄가 새로운 사회문제로 등장할 가능성이 커지고 있으며 주요 강력범죄의 원인이 되는 마약유통이 급격히 늘어나는 현상이 이미 일어나고 있다고 한다.

특히 리비아, 쿠바, 이라크, 북한 등 일부 국가의 외교적 특권을 악용한 국가 차원 테러, 마약밀매, 위폐유통 등으로 국제범죄가 집단화할 우려가 있다고 지적하기도 했다.

현재 국제범죄조직이 마약밀매, 무기 밀거래, 밀수, 돈 세탁 등 각종 범죄로 얻는 수익금은 세계 5백대 기업 총자산의 60%와 맞먹는 3천조 달러에 이르고 있다고 밝힌다. 이러한 국제범죄조직의 국내활동은 정치·경제·사회에 엄청난 영향을 끼치게 될 것이다.

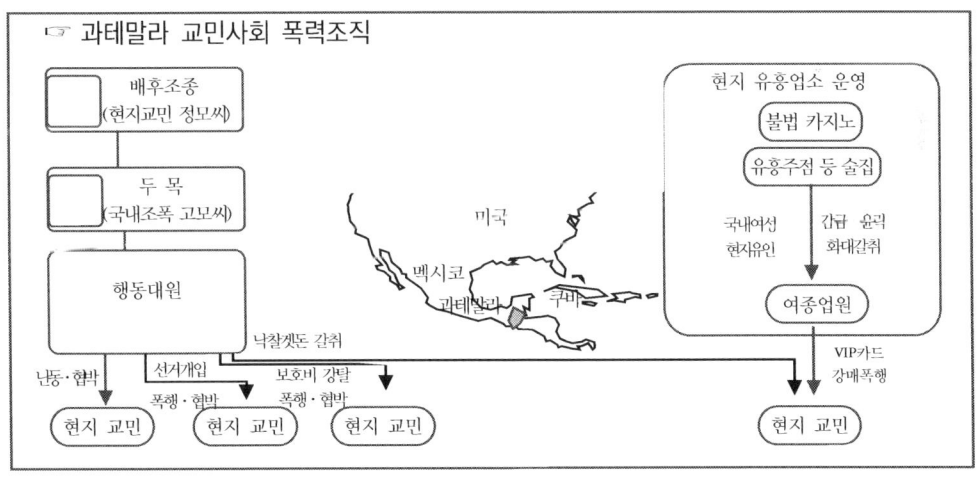

☞ 과테말라 교민사회 폭력조직

☞ 외국과의 사법 공조 현황

조약 내용	구 분	국 가
범죄인 인도조약	체결한 뒤 발효된 나라	호주, 스페인, 캐나다
	체결했으나 발효되지 않은 나라	필리핀, 칠레
국제형사사법 공조조약	체결한 뒤 발효된 나라	호주, 캐나다
	체결한 뒤 발효되지 않은 나라	미국, 프랑스

④ **LA 아시아인 증오범죄 목표:** 미국 로스앤젤레스에서는 아시아인들이 갈수록 증오범죄의 목표가 돼 가고 있는 것으로 밝혀졌다. 미국 인간관계위원회가 1996년 4월 19일 발표한 제16차 증오범죄 연례보고서 예에 따르면, 지난해 발생한 증오범죄 건수는 793건으로 재작년 776건보다 17건 증가했다. 특히 인종관련 증오범죄 448건 가운데 아시아인 희생자는 53명으로 전년에 비해 83%나 증가했다. 약 800만 명이 살고 있는 로스앤젤레스는 백인 50%, 중남미인 33%, 아시아인 9%, 흑인 8% 등으로 구성되어 있다.

(7) 연예인 피습 사례

지난 '98년 삼성생명 사회정진 건강연구소가 남녀 연예인 106명을 상대로 설문 조사한 결과 44명이 스토킹 피해를 경험한 것으로 나타나 충격을 던졌다.

가장 대표적인 사건은 지난 1998년 7월에 일어난 도지원 납치 미수사건, 도지원은 두 남녀에게 납치당해 5시간이나 차 트렁크에 실려 끌려 다녔고 1,400만 원의 몸값을 내면서도 "이 돈으로 목숨을 산다는 느낌이었다"고 털어놨다.

또한 최진실은 1998년 연말 집 앞 계단에 숨어 있던 남자에게 납치당할 위기에서 매니저에 의해 구조됐고, 장진영은 집에 도둑이 들었는데도 귀중품은 놓아두고 개인앨범만 사라지는 희한한 사건을 겪기도 했다.

연예인들의 대응도 "더 이상은 참기 어렵다"는 쪽, 김창완은 11년에 걸친 스토킹 끝에 폭행까지 가해 온 스토커를 최근 두 차례에 걸쳐 고소했고, 김미숙도 '사랑한다'며 10년간 자신을 괴롭혀 온 여성 스토커를 신고해 체포되게 했다.

경
호
실
무
I

이들은 모두 실형을 선고받았고, 특히 도지원 납치사건의 주범 류 모 씨는 징역 7년의 중형을 선고받기도 했다.

연예인들의 고민은 본격적인 행동에 들어가지 않은 스토커는 처벌할 수 없다는 한계, 납치기도와 같은 경우에는 즉시 체포해 처벌할 수 있으나, '느낌만으로' 극성팬을 스토커로 지목하는 것은 쉽지 않다.

경찰 관계자들은 "본인이 직접 신고하는 것이 가장 바람직하다"고 밝히고 있다.

채시라의 경우에는 1년간 집 앞에서 기다리며 공포감을 조성한 남자를 신고해 경찰에 넘겼다. 이 경우 '불안감 및 혐오감 조성에 의한 경범죄'로 처벌이 가능하다.

김채연 사건도 사건의 출발점은 연예인에 대한 과도한 애정으로, 상대 연예인에게도 '내가 특별한 존재'임을 부각시키려다 보니 무리한 행동에 들어가기도 한다.

그러나 팬에 의한 극단적인 행동은 그나마 나은 편이다.

도지원 납치사건의 범인이 갖고 있던 연기자 주소록 수첩에는 톱스타 21명의 이름 아래에 밑줄이 그어져 '전문범죄'로 발전할 수도 있었음을 보여 줬다.

전문가들은 "연예인들은 유명인사들에 비해 항상 대중에게 노출돼 있는데 피해를 입어도 신고하지 않을 것이라는 생각으로 범행의 표적이 될 수 있다"고 한다.

☞ 연예인 피습일지

- **가수 남진:** '89년 11월 서울 장충동 타워호텔 카바레 주차장에서 20대 남자 3명에게 피습, 왼쪽 허벅지를 흉기에 찔려 전치 3주의 부상을 당했다.
- **가수 태진아:** '90년 9월 서울 상봉동 모 스탠드바 사장으로부터 출연료 계약건과 관련 가슴을 구타당해 전치 2주의 부상을 당했다.
- **개그맨 조금산:** '94년 서울의 한 나이트클럽에서 나오다 팬으로 가장한 괴한에 의하여 폭행당함, 이마에 중상을 입었다.
- **가수 김건모:** '94년 미국 재미동포가 1억 원을 요구하며 공갈 협박한 사건
- **탤런트 최진실:** '95년 5월 서울 은평구 갈현동 집 앞, 지방대생 김 모 군으로부터 피랍 위기 모면, 범인은 미리 복면 등을 준비하고 주차장에서 기다리다가 경찰의 불심검문에 걸림, 경찰조사에서 최진실의 알몸을 찍어 협박, 돈을 뜯어내려 했다고 진술했다.
- **탤런트 도지원:** '98년 7월 서울 강남구 압구정동 모 스포츠센터 지하 4층 주차장, 운동을 마치고 나오던 중 남녀 2명에게 자신의 차 트렁크에 감금돼 납치당함, 현금카드로 70여만 원을 털린 뒤 5시간 만에 풀려남, 이후 전화협박을 통해 1,400만 원을 더 강탈당함, 범인들은 추가 범행을 모색하다 경찰의 불심검문에 의해 구속되었다.
- **모델 겸 MC 이소라:** '99년 1월 서울 강남구 청담동 집 앞, 10대 후반 3명의 남자들에 의한 납치 위기 모면, 범인들은 이소라가 소리를 지르며 반항하자 얼굴을 구타한 뒤에 도주하였다.
   - ※ 톱 연예인들은 조직범죄단체들의 목표가 되기도 한다. 유명가수가 음반 하나로 순식간에 수십억에서 수백억 원의 수익을 올릴 수도 있으며, 유명배우가 출연한 경우 영화 한 편의 수익가치 또한 수십억에서 수백억 원까지 되기 때문에 유명 연예인들을 이용해 돈을 벌어들이려는 조직범죄 단체들로부터 손쉬운 목표가 되기도 한다. 이 같은 범죄단체들에 의하여 피해를 본 유명 연예인들이 많지만 대부분 범죄단체들의 위협 때문에 고소, 고발을 엄두도 내지 못하는 실정이기 때문에 소문으로만 알려지고 있는 경우가 대부분이며 인기관리를 위하여 피해사실을 숨겨 알려지지 않은 실제 피해사례는 더 많이 있을 것으로 보인다.
- 1999년 9월에는 당시 베이비복스 멤버였던 간미연이 한 스토커로부터 면도칼이 들어

경
호
실
무
Ⅰ

있는 살해 협박편지를 받는 사건이 벌어졌다.

- 2000년 9월 가수 김창완은 13년간 자신을 따라다닌 스토커에게 맞아 코뼈가 부러지는 중상을 입었다.
- 2000년 12월 그룹 지오디는 팬으로부터 독극물이 담긴 음료수를 받았고 이를 잘못 마신 가족들이 구토 증세를 일으키는 사건이 있었다.
- 2002년 12월에는 가수 하리수가 부산의 한 나이트클럽에서 조직폭력배 두 명이 인분이 든 비닐봉지를 뿌리는 난동으로 신변에 위협을 당하는 사건이 벌어졌다.
- 2003년 9월 베이비복스의 멤버 이희진이 괴한에게 납치를 당할 뻔한 사건이 생기기도 했다.
- 2005년 1월에는 배우 송혜교가 전 매니저에게 염산과 환각제를 뿌리겠다는 협박을 받기도 했다.
- 2006년 9월엔 배우 이지현이 괴한들에게 납치되는 사건이 있었다. 그룹 동방신기의 멤버 유노윤호는 그해 10월, 팬을 가장한 스토커가 보낸 본드가 든 음료수를 마시고 병원으로 후송되기도 했다.
- 2007년에는 크리스마스이브를 앞두고 배우 이승신이 남편인 그룹 봄여름가을겨울 멤버 김종진의 콘서트장에서 괴한의 습격을 받는 사건이 있었다.

제**3**장
형 사 법

제1절 형 법

1. 총 론

1) 총 설

(1) 총 설

① 형법의 기본 개념

　ㄱ **의의:** 어떠한 행위가 범죄이고 이에 대한 법적 효과로서 어떤 형벌 또는 보안처분을 할 것인가를 규정하는 법규범의 총체를 말한다. 실질적 의미의 형법과 형식적 의미의 형법으로 사용할 수 있으며 모두 국가적 법규범을 총칭한다.

　ㄴ **규범적 성격:** 일반국민에게 일정한 행위를 금지 또는 명령함으로써 행위의 준칙을 제시하는 행위규범인 동시에 법관의 사법 활동에 대한 일정한 기준을 제시하는 재판규범이다.

　ㄷ **기 능**

　　ⓐ 규제적 기능: 범죄행위에 대한 국가의 규범적 평가를 명확하게 하는 기능을 말한다.

　　ⓑ 보호적 기능: 사회질서의 근본적 가치를 보호하는 기능을 말한다.

　　ⓒ 보장적 기능: 국가형벌권의 한계를 명백하게 규정하여 자의적인 형벌로부터 국민의 자유와 권리를 보장하는 기능을 말한다.

　　ⓓ 사회안전 기능: 국가나 사회의 질서를 침해하는 범죄에 대하여 질서를 유지, 보호하는 기능을 말한다.

② 죄형법정주의

    ㉠ **의의:** 법률 없으면 범죄 없고 형벌도 없다는 근대형법의 기본원리를 말하는 것으로 어떤 행위를 범죄로 정하고, 어떤 형벌을 과할 것인가를 미리 성문의 법률로 규정해 둬야 하는 원칙을 말한다.

    ㉡ **죄형법정주의의 내용**

        ⓐ 관습형법금지의 원칙: 관습법을 근거로 새로운 구성요건을 창설하거나 기존의 구성요건보다 가중 처벌하는 것은 안 된다.

        ⓑ 명확성의 원칙: 범죄와 형벌을 가능한 한 명확하게 규정해야 한다는 원칙을 말한다.

        ⓒ 유추해석금지의 원칙: 법률에 규정이 없는 사항에 대하여 법규의 가능한 문언의 한계를 넘어 비슷한 사례에 적용하는 것을 금지하는 원칙을 말한다.

        ⓓ 소급효금지의 원칙: 형벌법규는 그 시행 이후에 이루어진 행위에 대해서만 적용되고 그 시행 이전의 행위까지 소급하여 적용될 수 없다는 원칙을 말한다.

③ 형법의 적용범위

    ㉠ **시간적 적용범위:** 법이 어느 때를 기준으로 하여 적용되는가를 말한다.

    ㉡ **장소적 적용범위:** 어떤 장소에서 발생한 범죄에 대하여 법이 적용되는가를 말한다.

    ㉢ **인적 적용범위:** 법이 어떤 사람에게 적용되는가를 말한다. 원칙적으로 시간적, 장소적 효력이 미치는 범위에 있는 모든 사람에게 적용된다.

④ 형법이론

    ㉠ **형법이론:** 범죄에 대하여 형벌을 과하는 것은 응보의 원리에 기인한다고 하는 구파의 주장으로서 형벌의 목적은 오로지 응보적 해악으로서의 형벌 그 자체이다.

    ㉡ **범죄이론:** 범죄의 본질을 행위자의 외부적·객관적 측면인 행위 그 자체 또는 그에 기한 결과라든가 법익침해 등으로 보고 형벌의 종류와 경중도 이에 상응하는 견해이다.

(2) 형법의 발전

① 범죄론 체계의 역사적 발전과정

  ㉠ 복수시대, 속죄시대: 원시시대 고대국가 형성 전

    ⓐ 피의 복수추방

    ⓑ 원시종교적 미신적 사회규범

    ⓒ 동해보복, 속죄형 제도

  ㉡ 위하시대, 형벌의 국가화: 고대국가 17세기

    ⓐ 왕권강화와 공형벌

    ⓑ 형벌의 잔혹성

    ⓒ 16세기 카롤리나 형법전, 교회법

    ⓓ 규문주의

    ⓔ 일반예방주의의 강조

  ㉢ 박애시대 형벌의 법률화: 18~19세기 중엽

    ⓐ 계몽주의, 합리주의, 민주주의, 법치주의

    ⓑ 개인의 자유와 인권 중시

    ⓒ 죄형법정주의의 확립

    ⓓ 인도적인 형벌제도

  ㉣ 과학시대 19세기 후반~현대

    ⓐ 범죄의 격증, 상습법, 소년범

    ⓑ 범죄인의 특별예방주의

    ⓒ 범죄원인과 범죄인에 관한

    ⓓ 실증과학적 연구

2) 범죄론

(1) 범죄의 기본 개념

① 범죄의 의의와 종류

  ㉠ **의의:** 일정한 국가의 법질서와 무관하게 언제, 어디서나 절대적으로 통용되는 자

연적 범죄개념을 말한다.

ⓛ **종 류**

ⓐ 친고죄: 공소를 제기하기 위해서는 피해자, 기타 고소권자가 고소가 있을 때 요하는 범죄이다.

ⓑ 반의사 불벌죄: 피해자의 명시한 의사에 반하여 논할 수 없는 범죄를 말한다. 이를 해제조건부 범죄라고도 한다.

② **행위론**

㉠ **의의:** 범죄란 구성요건에 해당하는 위법하고 책임 있는 행위로 정의되며 범죄는 먼저 행위의 존재를 요건으로 한다.

㉡ **인과적 행위론:** 인과적 행위론은 행위를 의욕된 신체활동 유의적 거동에 의한 외부세계의 야기, 의욕된 작위 또는 부작위라고 말할 수 있다.

㉢ **목적적 행위론:** 일정한 행위의 목적을 설정하고 그 목적 달성에 필요한 수단을 선택한 다음 선택된 수단을 이용하여 목적을 향하는 행위를 지배·조종하는 의식적, 목적적 활동에 있다.

㉣ **사회적 행위론:** 인간 행위의 사회적 중요성을 고의 행위, 과실행위 작위와 부작위 등 모든 형태에 타당한 행위 개념으로 정립하고자 하는 이론이지만 목적적 행위론과는 달리 범죄론 체계 구성상 어떤 특별한 주장을 내세우지는 않는다.

(2) 구성요건

① 구성요건 이론

㉠ **의의:** 구성요건이란 일반적으로 형벌법규 중 금지 또는 요구되는 행위가 무엇인가를 추상적, 일반적으로 기술해 놓은 것을 말한다.

㉡ **종 류**

ⓐ 불법구성요건

ⓑ 체계적 불법구성요건

ⓒ 책임구성요건

ⓓ 범죄구성요건

ⓔ 보장 불법구성요건

      ⓕ 총체적 요건

   ⓒ **불법구성요건의 표식(요소)**

      ⓐ 객관적 구성요건 요소

      ⓑ 주관적 구성요건 요소

② 행위의 주체

   ㉠ **의의:** 행위의 주체 문제는 누가 범행의 주체로 될 수 있는지의 문제이다. 자연인이 범행의 주체가 된다는 점은 이론이 없으나 법인에 있어서는 논란이 있다. 이는 법인의 범죄 능력, 수형 능력문제 및 현행법의 법인을 처벌하는 경우 이론적 근거는 무엇인가 등과 관련되어 논의된다.

   ㉡ **법인의 범죄능력**

      ⓐ 비교법적 고찰

      ⓑ 법인의 본질과의 관계

   ㉢ **법인의 처벌:** 각종 행정형법에서는 행위자 이외에 법인도 처벌하는 양벌규정을 두고 있다.

③ 행위의 객체와 보호의 객체

   ㉠ **의의:** 구성요건에 규정되어 있는 물질적·외형적 대상으로서 감각적으로 지각할 수 있는 존재를 말한다. 예) 살인죄에서 사람, 절도죄에서 타인의 재물

   ㉡ **보호의 객체:** 구성요건에 의하여 보호되는 가치적·관념적 대상

④ 인과관계와 객관적 귀속

   ㉠ **의의:** 구성요건에 해당하는 실행행위에 의하여 결과가 발생할 것을 요구하는 결과범에 있어서 발생한 결과를 행위자의 행위에 의한 것으로 귀속시키는 데 필요한 행위와 결과 사이의 연관관계를 말한다.

   ㉡ **인과관계가 문제되는 경우**

      ⓐ 기본적 인과관계

      ⓑ 가설적 인과관계

      ⓒ 이중적 인과관계

      ⓓ 중첩적 인과관계

ⓔ 단절적 인과관계

ⓕ 비유형적 인과관계

⑤ 구성요건적 고의

㉠ **의의:** 객관적 구성요건 표지의 인식과 인용(실현의사)을 말한다.

㉡ **고의의 본질**

ⓐ 인식설

ⓑ 의사설

㉢ **고의의 내용**

ⓐ 고의의 지적 요소

ⓑ 사실의 인식

ⓒ 의미의 인식

ⓓ 인식의 정도

㉣ **고의의 종류**

ⓐ 직접 고의

ⓑ 불확정적 고의(미필적 고의, 택일적 고의)

ⓒ 사전 고의(사후 고의, 승계 고의)

⑥ 구성요건적 착오

㉠ **의의:** 구성요건에 속하는 객관적 사정에 대하여 고의성립에 필요한 인식이 행위자에게 결여된 경우로서 행위자가 주관적으로 인식, 인용한 사실과 현실적으로 발생한 범죄사실이 불일치한 경우를 말한다. 형법상 의미 있는 착오는 인식 사실과 발생 사실이 모두 범죄 사실에 속하나 양자가 불일치한 경우에 한한다.

㉡ **구체적 부합설:** 행위자가 인식한 사실과 현실로 발생한 사실이 구체적으로 부합하는 경우에 한하여 발생한 사실에 대해 고의의 성립을 인정하는 견해

㉢ **법정적 부합설:** 행위자가 인식한 범죄사실과 현실로 발생한 범죄사실이 동일한 구성요건 또는 죄질에 속하면 발생한 범죄사실에 대하여 고의가 성립된다는 견해

㉣ **추상적 부합설:** 행위자가 범죄를 범할 의사가 있고 그 의사에 의하여 범죄가 발생한 이상 인식과 사실이 추상적으로 가벌적 사실이라는 점에서 중첩되면 그 범위 내에서 고의의 기수를 인정한다.

(3) 위법성

① 위법성의 이론

　　㉠ **의의:** 위법성은 문자 그대로 법에 반하는 것, 즉 법질서와의 관계에서 행위가 무가치하다는 것을 의미한다. 그런데 위법한 행위만이 범죄가 될 수 있으므로 어떤 행위가 구성요건에 해당하더라도 다시 위법하지 않으면 안 된다. 구성요건에 해당하는 행위가 법질서 전체의 입장과 객관적으로 모순, 충돌하는 것을 의미한다고 볼 수 있다.

　　　　ⓐ 구성요건 해당성 및 책임과의 관계

　　　　ⓑ 위법성의 본질

② 결과반가치와 행위반가치

　　㉠ **의의:** 결과반가치란 법익보호의 관점에서 결과에 대한 부정적 가치판단을 의미하며 행위반가치란 불법의 실질을 판단함에 있어 행위의 태양, 행위의 의도, 목적 등 주·객관적 요소에 의하여 특정 지어지는 행위에 대한 부정적 가치판단을 의미한다.

　　　　ⓐ 일원적, 주관적 불법론

　　　　ⓑ 이원적, 인적 불법론

191

③ 위법성조각 사유(정당화 사유)

　　㉠ **의의:** 구성요건에 해당하는 행위에 대하여 위법성을 배제하는 특별한 사유를 말한다. 위법성 조각 사유는 허용규범을 기초로 하는 점에서 금지규범을 기초로 하는 구성요건과 본질적인 차이가 있다.

　　　　ⓐ 위법성조각 사유의 일반원리

　　　　ⓑ 주관적 정당화 요소

④ 정당방위

　　㉠ **의의:** 자기 또는 타인의 법익에 대한 현재의 부당한 침해를 방위하기 위한 상당한 이유가 있는 행위를 말한다.

　　　　ⓐ 정당방위의 근거

　　　　ⓑ 성립 요건

ⓒ 정당방위의 제한

ⓓ 과잉방위

ⓔ 오상방위

ⓕ 오상과잉방위

⑤ 긴급피난

ⓐ **의의:** 자기 또는 타인의 법익에 대한 현재의 위난을 피하기 위한 상당한 이유 있는 행위를 말한다.

ⓐ 긴급피난의 본질과 근거

ⓑ 성립요건

ⓒ 효과

ⓓ 긴급피난의 특칙

ⓔ 과잉피난과 오상피난

ⓕ 의무의 충돌

⑥ 자구행위

ⓐ **의의:** 권리자가 그 권리를 침해당한 때에 공권력의 발동에 의하지 않고 자력에 의하여 그 권리를 구제, 실현하는 행위를 말한다.

ⓐ 성립요건

ⓑ 효과

ⓒ 과잉자구행위와 오상자구행위

⑦ 피해자의 승낙

ⓐ **의의:** 법익의 주체가 타인에 대하여 자기의 법익을 침해할 것을 허용한 경우 일정한 요건하에서는 구성요건적 행위의 위법성을 조각시키는 피해자의 동의를 말한다.

ⓛ **피해자의 양해:** 양해의 경우 착오, 기망, 강요 등 의사의 흠결, 하자 있어도 무방하나 승낙의 경우 이 같은 하자, 흠결 있으면 성립할 수 없다.

ⓒ **피해자의 승낙:** 형법각칙의 규정 가운데 그 보호법익을 피해자가 처분할 수 없

지만 구성요건적 행위의 불법내용이 단순히 피해자의 의사에 반하는 데 본질이 있는 것이 아니라 피해자의 의사와 관계없이 행위의 객체에 대한 침해가 독자적으로 사회생활에서 중요성을 가지는 범죄에 있다. 이러한 범죄에 있어서 피해자의 법익침해에 대한 동의를 피해자의 승낙이라 한다.

⑧ 정당행위

    ㉠ **의의:** 정당행위라 함은 사회 상규에 위배되지 않는 행위로 국가적, 사회적으로 정당시되는 행위를 말한다.

    ㉡ **법령에 의한 행위:** 권리 또는 의무로서 행하여지는 행위로서 여기서 법령이란 실체법, 절차법의 모든 실정법률은 물론 명령, 규칙을 포함한다.

    ㉢ **업무로 인한 행위:** 사람이 사회생활상의 지위에 기하여 계속, 반복의 의사로 행하는 일을 말하며 이러한 업무로 인한 행위는 사회윤리상 정당하다고 인정되는 때에는 위법성이 조각된다.

    ㉣ **사회 상규에 지배되지 않는 행위:** 법질서 전체의 정신이나 그 배후를 이루는 사회윤리에 비추어 용인될 수 있는 범위 내의 행위를 말한다.

(4) 책임론

① **책임이론 의의**

범죄가 성립하기 위해서는 구성요건 해당성과 위법성 및 책임이 있을 것을 요한다. 구성요건 해당성과 위법성이라는 불법은 책임에 선행되며 불법 없이는 책임을 논할 수도, 필요도 없다. 따라서 책임이란 구성요건에 해당하는 위법한 행위를 한 자에 대한 비난가능성을 의미한다.

    ㉠ 책임의 기초

    ㉡ 책임의 근거

② **책임능력**

    ㉠ **형법의 규정**

        ⓐ 책임무능력자: 14세 미만, 심신상실자

        ⓑ 한정책임능력자: 심신미약자, 농아자

    ㉡ **심신상실자:** 정신장애로 식별력을 잃은 자

    ㉢ **심신미약자:** 심신장애로 사물을 변별한 능력, 의사를 결정할 능력이 미약한 자

ⓔ **농아자:** 청각 및 언어장애가 있는 자(선천적, 후천적 불문)

ⓜ **형사미성년자(절대적 책임무능력자):** 만 14세 미만인 자

③ 원인에 있어서 자유로운 행위

구분(원인행위 시 기준)	결함상태의 야기	결함상태에서의 범행
제1유형	고의	고의
제2유형	고의	과실
제3유형	과실	고의
제4유형	과실	과실

ⓐ **의의:** 원인에 있어서 자유로운 행위란 행위자가 자의로 자기를 책임능력 결함 상태에 빠지게 한 후 이러한 상태하에서 범죄를 실행하는 것을 말한다.

예) 사람을 상해할 목적으로 만취상태에서 타인을 상해한 경우

ⓑ **가벌성의 근거**

ⓐ 원인설정 행위에서 책임의 근거를 구하는 견해

ⓑ 간접정범이론을 수용하는 견해

ⓒ 유형과 실행의 착수 시기

구 분	긴급피난	강요된 행위
본 질	위법성 조각사유	책임조각사유
원인의 부당성	불요(현재의 위난)	요구(불법한 폭행·협박)
상당성	이익 간의 균형성 요구	상당성과 관계없다
보호법익	자기 또는 타인의 모든 법익	자기 또는 친족의 생명·신체에 한함

④ 위법성의 인식

ⓐ **의의:** 구성요건에 해당하는 행위가 규범적으로 허용되지 않는다는 것을 인식하는 것으로 범죄사실의 인식처럼 단순한 심리적 사실에 불과한 요소가 아니라 법질서의 요구에 반하는 동기설정을 억제하는 법적인 가치의식 내지 규범의식을 말한다.

ⓑ **위법성의 인식과 심정반가치:** 심정반가치란 행위에서 드러난 법적으로 비난되는 행위자의 심정을 말한다. 여기서 법적으로 비난되는 행위자의 심정이란 불법한 행위를 한 행위자의 심정을 의미한다.

ⓒ **위법성의 인식 대상과 내용**

ⓐ 법적 인식

ⓑ 구성요건 관련성

ⓒ 잠재적 위법성의 인식

ⓓ 미필적 위법성의 인식

⑤ 법률의 착오

㉠ **의의:** 행위자에게 구성요건적 사실의 인식은 있었으나 위법성을 인식하지 못한 경우, 즉 행위자가 무엇을 하는가는 인식하였으나 착오로 금지되어 있음을 알지 못하는 경우를 말한다.

㉡ **법률의 착오 유형**

ⓐ 직접적 착오

ⓑ 간접적 착오

㉢ **법률의 착오와 범죄의 성부**

㉣ **위법성 조각 사유의 전제사실에 관한 착오**

㉤ **형법 제16조 해석:** 자기의 행위가 법령에 의하여 죄가 되지 아니한 것으로 오인한 행위는 그 오인에 정당한 이유가 있는 때에 한하여 벌하지 않는다고 규정

⑥ 기대가능성

㉠ **의의:** 행위 시의 구체적 사정에 비추어 볼 때 행위자에게 위법행위 대신에 규범의 요구에 따라 적법행위에 나갈 것을 기대할 수 있는 경우에만 행위자에게 책임비난이 가능하다는 이론이다.

㉡ **기대가능성의 체계적 지위**

ⓐ 고의, 과실의 요소로 보는 견해

ⓑ 제3의 독립된 책임요소로 보는 견해

ⓒ 책임조각 사유로 보는 견해

㉢ **기대가능성의 판단기준**

ⓐ 행위자 표준설

ⓑ 평균인 표준설

ⓒ 국가 표준설

⑦ 강요된 행위

ⓐ 의의: 법 제12조에는 강요된 강제상태하에서는 행위자에게 적법행위에 대한 기대가능성이 없으므로 책임이 조각된다는 것을 명백한 규정으로 본다. 저항할 수 없는 폭력이나 자기 또는 친족의 생명, 신체에 대한 위해를 방어할 방법이 없는 협박에 의하여 강요된 행위는 벌하지 않는다고 규정한다.

ⓛ 요 건

ⓐ 강제상태

ⓑ 강요된 행위

(5) 미수범

① 범죄실현의 제 단계

㉠ **고의적 범행의 제 단계**

ⓐ 범죄의 결심

ⓑ 범죄의사의 표시

ⓒ 예비, 음모

ⓓ 미수

ⓔ 자수

ⓕ 범행의 종료

㉡ **예비죄**

ⓐ **의의**: 특정범죄를 실현할 목적으로 행하여지는 준비행위로서 아직 실행의 착수에 이르지 아니한 일체의 행위를 내용으로 하는 범죄를 말한다.

ⓑ 법적 성격

ⓒ 성립 요건

ⓓ 처벌

② 미수범

㉠ **의의**: 범죄의 실행에 착수하여 행위를 종료하지 못하였거나 결과가 발생하지 않은 경우에 성립하는 범죄를 말한다.

㉡ **미수범의 종류**

ⓐ 장애미수, 중지미수, 불능미수

ⓑ 착수미수, 실행미수

③ 중지미수

　ⓣ **의의:** 범죄의 실행에 착수한 자가 그 범죄가 완성되기 전에 자의로 실행행위를 중지하거나 결과 발생을 방지한 경우를 말한다.

　ⓛ **중지미수의 법적 성격**

　　ⓐ 형사정책설

　　ⓑ 법률설

　　ⓒ 결합설

　　ⓓ 보상설

　　ⓔ 형벌목적설

　　ⓕ 책임이행설

　ⓒ **처 벌**

　　ⓐ 필요적 감면

　　ⓑ 중지범이 범행을 중지하였으나 다른 죄명에 해당하는 결과가 발생한 때

④ 불능미수

　ⓣ **의의:** 불능미수는 가벌적 미수이고 불능범은 불가벌적 미수라는 견해이다.

　ⓛ **형법 제27조의 성격**

　　ⓐ 불능법, 미수범 구별설

　　ⓑ 준불능범설

　　ⓒ 불능미수범설

　ⓒ **처벌:** 불능미수범도 미수범의 일종이므로 형법 각 본 조에 미수범을 처벌하는 규정이 있을 때에만 처벌되며 임의적 감면 사유이다.

(6) 공범론

① 공범이론

　ⓣ **의의:** 두 사람 이상이 서로 합심하여 구성요건을 실행하는 경우로서 이에는 정범과 공범이 포함된다.

ⓛ **범죄 참가 형태의 규율방식**

  ⓐ 단일정범체계

  ⓑ 정범, 공범 분리 방식

ⓒ **임의적 공범과 필요적 공범**

② 정범과 공범

 공범은 정범을 전제로 하는 개념이므로 정범과 공범의 구별은 언제나 공범의 개념 규정에 앞서 정범의 개념표지를 확정짓고 난 뒤에 비로소 이루어져야 한다.

③ 공동정범

  ㉠ **의의:** 두 명 이상이 공동의 범죄계획에 따라 각자 실행 단계에서 본질적인 기능을 분담하여 이행함으로써 성립하는 정범 형태를 말한다.

  ㉡ **공동정범의 본질**

   ⓐ 범죄공동설

   ⓑ 행위공동설

   ⓒ 양설의 차이

  ㉢ **성립조건**

  ㉣ **처벌:** 공동정범은 각자를 그 범죄의 정범으로 처벌한다.

  ㉤ **승계적 공동정범**

   ⓐ 승계적 공동정범 성립의 시간적 한계

   ⓑ 승계적 공동정범의 귀책 범위

  ㉥ **과실범의 공동정범**

④ 동시범

  ㉠ **의의:** 2인 이상의 정범이 의사 연락 없이 동시(同時), 이시(異時)에 동일한 객체에 대하여 구성요건적 결과를 실현한 경우를 말한다.

  ㉡ **요 건**

   ⓐ 주체

   ⓑ 다수인의 실행행위

   ⓒ 동시적 · 장소적 동일성 문제

   ⓓ 행위 객체의 동일성

ⓔ 공동 의사 연락의 불존재

ⓒ **동시범의 범위**

ⓐ 범죄공동설

ⓑ 행위공동설

ⓓ **동시범에 대한 법률 효과**

ⓐ 고의 행위 사이의 동시범

ⓑ 과실 행위 사이의 동시범

ⓜ **동시범의 특례**

ⓐ 본 조의 법적 성격

ⓑ 본 조의 적용 범위

⑤ 간접정범

㉠ **의의:** 타인을 생명 있는 도구로 이용하여 범죄를 실행하는 것을 말한다.

　예) 정신이상자를 강요하여 방화하게 하거나 사정을 모르는 간호사에게 독약을 주
　　사하게 하여 환자를 사망케 하는 경우의 그 배후 이용자 등이 이에 해당한다.

㉡ **정범설**

ⓐ 확장적 정범 개념 이론

ⓑ 공범종속성설

ⓒ 도구설

ⓓ 행위지배설

㉢ **공범설**

ⓐ 제한적 정범 개념 이론

ⓑ 공범종속성설

㉣ **처벌:** 간접정범은 교사 또는 방조의 예에 의하여 처벌한다.

ⓐ 교사 또는 방조의 예에 의해 처벌

ⓑ 간접 정범 미수의 처벌

⑥ 교사범

㉠ **의의:** 타인으로 하여금 범죄를 결의하여 이를 실행케 하는 자를 말한다.

ⓛ 본 질
ⓐ 공범종속성설
ⓑ 공범독립성설
ⓒ 성립 조건
ⓐ 교사자의 교사행위
ⓑ 교사자의 실행행위
ⓔ 처벌: 교사범은 정범과 동일한 형으로 처벌한다.
ⓜ 관련 문제
ⓐ 교사의 착오
ⓑ 교사의 교사
ⓒ 교사의 미수
ⓓ 예비의 교사

⑦ 종범(방조범)
ⓘ 의의: 방조범이란 정범을 방조한 자를 말한다. 방조란 정범의 범죄 실행 결의를 강화해 주거나 범죄 실현을 가능 또는 용이하게 하는 것을 말한다.
ⓛ 성립조건
ⓐ 종범의 방조행위
ⓑ 정범의 실행행위
ⓒ 위법성과 책임
ⓒ 처 벌
ⓐ 필요적 감경: 종범의 형을 정범의 형보다 감경한다. 여기서 감경할 수 있는 형은 법정형을 의미한다. 정범이 미수에 그친 때에는 종범은 이중으로 감경될 수 있다.
ⓑ 각측상 방조행위가 독립된 구성요건으로 특별히 규정된 경우: 방조행위 자체가 정범의 실행행위에 해당한다.
ⓒ 특수종범: 자기의 지휘, 감독을 받는 자를 방조하여 결과를 발생케 한 자는 정범으로 처벌한다.

⑧ 공범과 신분
ⓘ 의의: 신분이란 남녀의 성별, 내외국인의 구별, 친족관계, 공무원의 자격뿐만 아

나라 널리 일정한 범죄행위에 범인의 인적 관계인 특수한 지위 또는 상태를 말한다.

ⓒ **신분의 종류**

ⓐ 구성적 신분

ⓑ 가감적 신분

ⓒ 소극적 신분

(7) 범죄의 특수출현 형태

① 과실범

㉠ **의의:** 과실이란 정상의 주의를 태만함으로 인하여 죄의 성립요소인 사실을 인식하지 못한 것을 말한다. 과실범은 불법 정도와 책임이 고의범에 비하여 가볍기 때문에 법률에 특별한 규정이 있는 경우에 한하여 처벌된다.

㉡ **과실의 종류**

ⓐ 인식 없는 과실과 인식 있는 과실

ⓑ 보통의 과실과 업무상 과실

ⓒ 경과실과 중과실

㉢ **과실의 행위성**

ⓐ 인과적 행위론과 목적적 행위론

ⓑ 사회적 행위론

201

㉣ **과실의 실체적 지위**

ⓐ 책임요소설

ⓑ 위법성 요소설

ⓒ 구성요건 요소설

㉤ **신뢰의 원칙**

ⓐ 적용범위

ⓑ 적용한계

㉥ **과실범의 위법성**

ⓐ 행위반가치

ⓑ 결과반가치

ⓒ 위법성 조각사유

② 결과적 가중범

　　㉠ **의의**: 고의에 기한 기본범죄로 인하여 행위자가 예견하지 못한 중한 결과가 발생한 경우 그 중한 결과를 이유로 형이 가중되는 범죄를 말한다.

　　㉡ **결과적 가중범은 중하게 처벌한다.**

　　㉢ **결과적 가중범의 종류**

　　　ⓐ 진정 결과적 가중범과 부진정 결과적 가중범

　　　ⓑ 고의의 결과적 가중범과 과실의 결과적 가중범

③ 부작위범

　　㉠ **의의**: 부작위한 단순한 무위나 소극적 행위가 아니라 규범적으로 기대되는 특정한 행위를 하지 않는 것을 말한다.

　　㉡ **부작위범의 종류**

　　　ⓐ 진정부작위범

　　　ⓑ 부진정 부작위범

　　㉢ **구성요건**

　　　ⓐ 모든 부작위범에 공통된 객관적 구성요건 요소

　　　ⓑ 부진정 부작위범에 공통된 객관적 구성요건 요소

　　㉣ **기 타**

　　　ⓐ 미수와 실행의 착수 시기

　　　ⓑ 과실에 의한 부작위

　　　ⓒ 부작위범과 공범

　　　ⓓ 작위 의무의 착오

(8) 죄수론

① 죄수이론

　　㉠ **의의**: 범죄의 수가 1개인가 또는 몇 개인가의 문제와 이 경우 어떻게 처벌할 것인가를 대상으로 한다.

ⓛ **죄수 결정의 기준**

　　　　ⓐ 행위표준설

　　　　ⓑ 법익표준설

　　　　ⓒ 의사표준설

　　　　ⓓ 구성요건표준설

　　ⓒ **죄수 취급의 제 원칙**

　　　　ⓐ 병과주의

　　　　ⓑ 가중주의

　　　　ⓒ 흡수주의

② 일 죄

　ⓐ **의의:** 범죄행위가 1개의 구성요건을 1회 충족시켰을 경우를 일죄라 한다.

　ⓛ **법조경합**

　　　ⓐ 법조경합의 본질

　　　ⓑ 태양

③ 수 죄

　ⓐ **상상적 경합**

　　　ⓐ 의의: 1개의 행위가 수 개의 형벌 법규 또는 동일한 형벌법규를 수차 침해하는 경우를 말한다.

　　　ⓑ 요 건

　　　　㉮ 한 개의 행위가 있을 것

　　　　　ⅰ 행위의 단일성

　　　　　ⅱ 행위의 동일성

　　　　㉯ 수 개의 죄에 해당할 것

　　　　　ⅰ 이종의 상상적 경함

　　　　　ⅱ 동종의 상상적 경합

　　　ⓒ 법적 효과

　　　　㉮ 실체법적 효과

　　　　㉯ 소송법적 효과

ⓛ **경합범**

    ⓐ 의의: 판결이 확정되지 아니한 수 개의 죄 또는 판결이 확정된 죄와 그 판결 확정 전에 범한 죄를 말한다.

    ⓑ 종 류

      ㉮ 동시적 경합범과 사후적 경합범

      ㉯ 동종의 경합범과 이종의 경합범

    ⓒ 요 건

      ㉮ 동시적 경합범의 요건

      ㉯ 사후적 경합범의 요건

    ⓓ 효 과

      ㉮ 동시적 경합범의 처벌

      ㉯ 사후적 경합범의 처벌

3) 형벌과 보안처분

(1) 형벌론

  ① 형벌의 의의와 종류

    ㉠ **의의:** 국가의 형벌권에 기하여 범죄에 대한 법률상의 효과로서 범죄자에게 과하는 일정한 법익의 박탈을 말한다.

    ㉡ **형벌의 종류**

      ⓐ 생명형: 사형

      ⓑ 자유형: 징역, 금고, 구류

      ⓒ 명예형: 자격상실, 자격정지

      ⓓ 재산형: 벌금, 과료, 몰수

  ② 형의 양정

    ㉠ **의의:** 법원의 법정형에 법률상 가중, 감경 또는 작량 감경을 하여 얻어진 처단형의 범위 내에서 범인과 범행 등에 관련된 제반 정황을 구체적으로 선고할 형을 정하는 것을 말한다.

ⓛ 형의 양정 구체화 과정

    ⓐ 법정형

    ⓑ 처단형

    ⓒ 선고형

ⓒ 형의 가중, 감경, 면제

    ⓐ 형의 가중

    ⓑ 형의 감경

    ⓒ 형의 면제

    ⓓ 자수, 자복

③ 누 범

  ㉠ 의 의

    ⓐ 광의의 누범: 확정판결을 받은 범죄가 있는 경우 그 후 다시 범한 범죄를 말한다.

    ⓑ 협의의 누범: 광의의 누범 중 금고 이상의 형을 받아 그 집행을 종료하거나 면제를 받은 후 3년 내 금고 이상에 해당하는 죄를 범한 것을 뜻한다.

  ㉡ 누범의 성질

    ⓐ 죄수설

    ⓑ 양형설

  ㉢ 누범가중과 책임주의

    ⓐ 일사부재리의 원칙 및 평등원칙과의 관계

      ㉮ 누범가중의 위헌론

      ㉯ 누범가중의 합헌론

    ⓑ 누범가중과 책임론

      ㉮ 누범가중의 근거

      ㉯ 책임주의와의 조화

  ㉣ 누범가중의 요건

    ⓐ 전범에 관한 요건

    ⓑ 후범에 관한 요건

④ 선고유예

　　㉠ **의의:** 범정(犯情)이 경미한 범인에 대하여 일정 기간 동안 형의 선고를 유예하고 그
　　　　유예기간을 특정한 사고 없이 경과하면 면소된 것으로 간주하는 제도를 말한다.

　　㉡ **선고유예의 요건**

　　　　ⓐ 1년 이하의 징역이나 금고, 자격정지, 벌금의 형을 선고할 경우

　　　　ⓑ 개전의 정상이 현저할 것

　　　　ⓒ 자격정지 이상의 형을 받은 전과가 없을 것

　　㉢ **효 과**

　　　　ⓐ 선고유예의 선고

　　　　ⓑ 선고유예의 보호 관찰

　　　　ⓒ 선고유예기간 경과의 효력

　　㉣ **선고유예의 효과**

⑤ 집행유예

　　㉠ **의의:** 일단 유죄의 형을 선고하고 정상을 참작하여 일정한 기간 동안 그 형의 집
　　　　행을 유예한 후 그 유예기간을 특별한 사고 없이 경과하면 형의 선고의 효력을
　　　　잃게 하는 제도를 말한다.

　　㉡ **집행유예의 요건**

　　　　ⓐ 3년 이하의 징역 또는 금고의 형을 선고할 경우일 것

　　　　ⓑ 정상에 참작할 만한 사유가 있을 것

　　　　ⓒ 금고 이상의 형의 선고를 받아 집행을 종료하거나 면제된 후 5년이 경과할 것

　　　　ⓓ 집행유예와 보호관찰, 사회봉사명령 및 수강명령

　　㉢ **집행유예의 실효와 취소**

　　　　ⓐ 집행유예의 실효

　　　　ⓑ 집행유예의 취소

　　　　　㉮ 필요적 취소

　　　　　㉯ 임의적 취소

⑥ 가석방

　　㉠ **의의:** 자유형의 수형자가 그 행상이 양호하여 개전의 정이 현저하다고 인정되는

경
호
실
무
Ⅰ

경우 형기 만료 전에 조건부로 석방하고 그 석방이 취소 또는 실효되지 아니한 채 잔여 형기를 경과하면 형의 집행을 종료한 것과 같은 효과를 발생케 하는 행정처분을 말한다.

   ⓛ **가석방의 효과**

      ⓐ 징역 또는 금고의 집행 중에 있는 자가 무기에 있어서는 10년, 유기에 있어서는 형기의 3분의 1을 경과한 후일 것

      ⓑ 행상이 양호하여 개전의 정이 현저할 것

      ⓒ 벌금 또는 과료의 병과가 있을 때는 그 금액을 완납할 것

   ⓒ **가석방의 기간과 보호관찰**

      ⓐ 가석방 기간

      ⓑ 가석방과 보호관찰

⑦ 형의 시효, 소멸

   ㉠ **형의 시효**: 형의 선고를 받은 자가 재판이 확정된 후 그 형의 집행을 받지 않고 일정한 기간을 경과한 경우에 그 집행이 면제되는 제도를 말한다.

   ㉡ **시효기간**

      ⓐ 사형은 30년

      ⓑ 무기징역 또는 금고는 20년

      ⓒ 10년 이상의 징역 또는 금고 15년

      ⓓ 3년 이상 징역, 금고 또는 10년 이상 자격정지는 10년

      ⓔ 3년 미만 징역, 금고 또는 5년 이상 자격정지는 5년

      ⓕ 5년 미만 자격정지 벌금, 몰수 또는 추징은 3년

      ⓖ 구류, 과료는 1년

   ㉢ **형의 소멸**: 유죄판결의 확정에 의하여 발생한 형의 집행권을 소멸시키는 제도이다.

(2) 보안처분

① 일반이론

   ㉠ **보안처분의 의의**: 형벌로는 행위자의 사회복귀와 범죄의 예방이 불가능하거나 행위자의 특수한 위험성으로 인하여 형벌의 목적을 달성할 수 없는 경우에 형벌

을 대체하거나 보완하기 위한 예방적 성질의 목적적 조치를 말한다.

ⓛ **보안처분의 정당성과 지도원리**

   ⓐ 정당성

      ㉮ 실정법정 근거

      ㉯ 이론적 근거

   ⓑ 비례성의 원칙

   ⓒ 사법적 통제와 인권 보장

ⓒ **보안처분과 형벌과의 관계**

   ⓐ 이원주의

   ⓑ 일원주의

   ⓒ 대체주의

② 현행법상의 보안처분

  ㉠ **소년법상의 보안처분:** 반사회성 또는 비사회성이 있는 소년에 대하여 환경의 조성과 성행의 교정을 위하여 보호처분을 규정하고 있다.

  ㉡ 보호관찰법상의 보안관찰처분

  ㉢ 보호관찰 등에 관한 법률상의 보호관찰처분

   ⓐ 대 상

      ㉮ 소년범죄자: 형법에 의해 선고유예나 집행유예를 받은 소년, 소년법 제32조 제1항 2, 3호의 처분을 받은 소년, 소년원에서 가석방이나 가퇴원을 한 소년 등이 해당된다.

      ㉯ 성인범죄자: 선고유예, 집행유예나 가석방시에 일정한 조건하에 보호관찰을 부과할 수 있다.

  ㉣ **사회보호법상 보안처분**

   ⓐ 보호감호시설의 수용기간

   ⓑ 가출소

   ⓒ 보호감호의 집행방법

   ⓓ 보호감호의 집행순서

  ㉤ **감호치료:** 심신장애자와 중독자를 치료감호시설에 수용하여 치료를 위한 조치를

행하는 보안처분을 말한다.

ⓗ **보호관찰:** 가출소한 피보호감호자와 치료위탁된 피치료감호자를 감호시설 외에서 지도, 감독하는 것을 내용으로 하는 보안처분을 말한다.

2. 각 론

1) 개인의 법익에 대한 죄

(1) 생명과 신체에 대한 죄

① 살인의 죄

㉠ **총설 의의:** 살인의 죄란 사람을 인위적으로 살해함으로써 그 생명을 침해하는 것을 내용으로 범죄를 말한다.

㉡ **살인죄**

ⓐ 구성요건

㉮ 객관적 구성요건: 주체, 객체, 행위

㉯ 주관적 구성요건: 고의, 착오

ⓑ 죄수 및 타죄와의 관계

㉮ 죄수

㉯ 타죄와의 관계

ⓒ 안락사

㉮ 진정안락사

㉯ 간접안락사

㉰ 소극적 안락사

㉱ 적극적 안락사

㉢ **존속살해죄**

ⓐ 의의: 자기 또는 배우자의 직계존속을 살해함으로 성립하는 범죄를 말한다.

ⓑ 객관적 구성요신: 주제, 객체, 행위

㉣ **영아살해죄**

ⓐ 의의: 직계존속이 치욕을 은폐하기 위해서나 양육할 수 없음을 예상하거나

특히 참작할 만한 동기로 인하여 분만 중 또는 분만 직후 영아를 살해함으로
성립되는 범죄를 말한다.

  ⓑ 성 격

   ㉮ 감경적 구성요건

   ㉯ 부진정신분범

  ⓒ 객관적 구성요건: 주체, 객체

  ⓓ 책임구성요건

   ㉮ 특별한 책임요소

   ㉯ 형법 제53조 적용 여부

   ㉰ 착오의 경우

 ㉤ **촉탁, 승낙에 의한 살해**

  ⓐ 의의: 피해자의 촉탁, 승낙을 받아 그를 살해함으로 성립하는 범죄를 말한다.

  ⓑ 성 격

   ㉮ 책임감경설

   ㉯ 불법감경설

   ㉰ 불법 및 책임감경설

  ⓒ 구성요건: 주체, 객체

 ㉥ **자살 교사, 방조죄**

  ⓐ 의의: 사람을 교사 또는 방조하여 자살하게 함으로 성립하는 범죄를 말한다.

  ⓑ 자살교사, 방조의 가벌성

   ㉮ 공범독립성설

   ㉯ 공범종속성설

  ⓒ 구성요건: 주체, 객체, 행위, 미수범

 ㉦ **위계, 위력에 의한 살인죄**

  ⓐ 의의: 위계, 위력으로 사람을 촉탁 또는 승낙을 받아 살해하거나 자살을 결의
케 하여 자살케 함으로 성립하는 범죄를 말한다.

  ⓑ 구성요건: 주체, 객체, 행위

  ⓒ 처벌: 본죄에 해당하는 때에는 형법 제50조의 예에 의하여 처벌한다.

 ◎ **살인예비, 음모죄의 의의:** 살인죄, 존속살해죄, 위계, 위력에 의한 살인죄를 범할

경
호
실
무
Ⅰ

목적으로 예비 또는 음모함으로 성립하는 범죄이며 살인죄, 존속살해죄, 위계, 위력에 의한 살인죄의 수정적 구성요건이다.

② 상해와 폭행의 죄

㉠ 총 설

ⓐ 의의: 상해와 폭행의 죄란 사람의 신체에 대한 침해 내용으로 하는 범죄를 말한다. 그러므로 개인적 법익 중에서 생명 다음으로 중요한 법익으로 보호하는 것이다.

ⓑ 상해죄와 폭행죄의 구별

구분 \ 죄목	상해죄	폭행죄
보호법익	신체의 건강	신체의 건재
성 질	침해범	형식범
수 단	유형적·무형적 방법	유형적 방법
미수범	처벌	불벌
소추조건	규정 무	반의사 불벌죄

㉡ 상 해

ⓐ 의의: 사람의 신체를 침해함으로써 성립하는 범죄를 말한다.

ⓑ 구성요건: 객체, 행위

ⓒ 위법성

㉮ 피해자의 승낙

㉯ 의사의 치료 행위

ⓓ 죄수 및 타죄와의 관계

㉮ 죄수

㉯ 타죄와의 관계

ⓔ 존속상해죄

ⓕ 중상해죄, 존속 중상해죄

ⓖ 상해치사죄, 존속 상해치사죄

- ⓒ 폭행죄
    - ⓐ 의의: 사람의 신체에 폭행을 가함으로써 성립되는 범죄를 말한다.
    - ⓑ 형법상 폭행의 개념
      - ㉮ 최광의의 폭행
      - ㉯ 광의의 폭행
      - ㉰ 협의의 폭행
      - ㉱ 최협의의 폭행
    - ⓒ 구성요건: 객체, 행위
    - ⓓ 존속폭행죄
    - ⓔ 폭행치사상죄
  - ㉣ 특수폭행죄
    - ⓐ 의의: 단체 또는 다중의 위력을 보이거나 위험한 물건을 휴대하여 사람의 신체에 폭행을 가함으로써 성립하는 범죄를 말한다.
    - ⓑ 구성요건
      - ㉮ 객관적 구성요건
        - ⓘ 단체 또는 다중의 위력을 보이는 경우
        - ⓘⓘ 위험한 물건을 휴대하는 경우
      - ㉯ 주관적 구성요건: 본죄의 고의에는 단체 또는 다중의 위력을 보이거나 위험한 물건을 휴대하고 폭행한다는 사실에 대한 인식, 인용이 있어야 한다.
  - ㉤ 상습상해, 폭행죄
    - ⓐ 의의: 상습적으로 상해죄, 존속상해죄, 중상해죄, 존속중상해죄, 폭행죄, 존속폭행죄, 특수폭행죄를 범함으로 성립하는 범죄를 말한다.
    - ⓑ 구성요건: 상습성, 상습법 가중처벌의 근거, 공범과의 관계, 상습범에 관한 중법 규정
    - ⓒ 죄수, 공범: 죄수, 공범, 반의사 불벌죄 해당 여부

③ 과실치사상죄

  - ㉠ 과실치사상죄
    - ⓐ 의의: 과실로 인하여 사람을 사망에 이르게 하거나 사람의 신체를 상해하는

것을 내용으로 하는 범죄를 말한다.

   ⓑ 구성요건: 객체, 행위

ⓛ **업무상 과실, 중과실치사상죄**

   ⓐ 의의: 업무상 과실 또는 중대한 과실로 인하여 사람을 사망에 이르게 함으로 성립하는 범죄를 말한다.

   ⓑ 업무상 과실치사상죄에 대한 형벌가중의 근거

      ㉮ 주의의무설

      ㉯ 주의능력설

      ㉰ 형사정책설

      ㉱ 예견가능설설

   ⓒ 구성요건

      ㉮ 객관적 구성요건: 주체 및 객체, 인과관계

      ㉯ 주관적 구성요건: 업무상 과실, 중과실

④ 낙태의 죄

  ㉠ **의의:** 사망에 대한 인식, 인용 없이 태아를 자연분만기에 앞서 인위적으로 태모 밖으로 배출하거나 태아를 모체 안에서 살해하는 것을 내용으로 하는 범죄를 말한다.

  ㉡ **자기 낙태죄**

   ⓐ 의의: 부녀가 약물 기타 방법으로 낙태함으로 성립하는 범죄를 말한다.

   ⓑ 구성요건

      ㉮ 객관적 구성요건: 주체, 객체, 행위

      ㉯ 주관적 구성요건

   ⓒ 공범관계

      ㉮ 부녀가 타인을 교사하여 그 타인이 낙태를 한 경우

      ㉯ 타인이 임부를 교사, 방조하여 그 임부가 낙태한 경우

      ㉰ 타인이 임부를 교사하고 또한 의사 등을 교사하여 낙태하게 한 경우

  ㉢ **동의낙태죄 의의:** 부녀의 촉탁 또는 승낙을 받아 낙태함으로 성립하는 범죄를 말한다.

ⓔ 업무상 동의낙태죄

    ⓐ 의의: 의사, 한의사, 조산사, 약제사 또는 약종상이 부녀의 촉탁 또는 승낙을 받아 낙태케 함으로써 성립하는 범죄를 말한다.

    ⓑ 구성요건

      ㉮ 객관적 구성요건: 주체, 행위

      ㉯ 주관적 구성요건

    ⓒ 위법성: 모자보건법, 긴급피난

ⓜ **부동의 낙태죄**

    ⓐ 의의: 부녀의 촉탁 또는 승낙 없이 낙태케 함으로 성립하는 범죄를 말한다.

    ⓑ 구성요건

      ㉮ 객관적 구성요건: 주체, 행위

      ㉯ 주관적 구성요건

    ⓒ 타죄와의 관계: 상해죄와의 관계, 살인죄와의 관계, 강요죄와의 관계

ⓗ **낙태치사상죄**

    ⓐ 의의: 동의낙태죄, 업무상 동의낙태죄, 부동의 낙태죄를 범하여 부녀를 사상케 함으로 성립하는 범죄를 말한다.

    ⓑ 구성요건

      ㉮ 객관적 구성요건: 주체, 행위

      ㉯ 주관적 구성요건

⑤ 유기의 죄

  ㉠ **총 설**

    ⓐ 의의: 노유, 질병 기타 사유로 인하여 부조를 요하는 자를 보호할 의무가 있는 자가 유기함으로 성립하는 범죄를 말한다.

    ⓑ 보호법익 및 보호정도: 보호법익, 보호정도

  ㉡ **유기죄**

    ⓐ 구성요건

      ㉮ 객관적 구성요건: 주체, 객체, 행위

      ㉯ 주관적 구성요건

ⓑ 위법성: 위법성 조각사유, 피해자의 동의, 승낙

ⓒ 존속유기죄, 중유기죄, 유기치사상죄

ⓒ 영아유기죄

ⓐ 의의: 직계존속이 치욕을 은폐하기 위하거나 양육할 수 없음을 예상하거나 특히 참작할 만한 동기로 인하여 영아를 유기함으로 성립하는 범죄를 말한다.

ⓑ 구성요건: 주체, 객체

ⓔ 학대죄, 존속학대죄

ⓐ 의의: 자기의 보호 또는 감독을 받는 사람을 학대하거나 자기 또는 배우자의 직계존속에 대하여 학대함으로 성립하는 범죄를 말한다.

ⓑ 구성요건

㉮ 객관적 구성요건: 주체, 객체, 행위

㉯ 주관적 구성요건

ⓜ 아동혹사죄

ⓐ 의의: 자기의 보호 또는 감독을 받는 16세 미만의 자를 그 생명 또는 신체에 위험한 업무에 사용할 영업자 또는 그 종업자에게 인도하거나 인도받음으로 성립하는 범죄를 말한다.

215

ⓑ 구성요건

㉮ 객관적 구성요건: 주체, 객체, 행위

㉯ 주관적 구성요건

(2) 자유에 대한 죄

① 협박의 죄

㉠ 총 설

ⓐ 의의: 해악을 고지함으로 개인의 의사결정 자유를 침해하는 내용으로 하는 범죄를 말한다.

ⓑ 형법상의 협박개념: 광의의 협박, 협의의 협박, 최협의의 협박

㉡ 협박죄

ⓐ 구성요건: 객체, 행위

ⓑ 위법성: 권리의 행사, 형사고소를 고지하여 협박한 경우, 노동쟁의 행위

ⓒ 죄수 및 타죄와의 관계: 죄수, 폭행죄와의 관계

ⓓ 소추조건: 존속협박죄, 특수협박죄, 상습협박죄

② 강요의 죄

㉠ **의의:** 폭행 또는 협박으로 사람의 권리행사를 방해하거나 의무 없는 일을 하게 하는 것을 내용으로 하는 범죄를 말한다.

㉡ **강요죄**

ⓐ 구성요건

㉮ 객관적 구성요건: 객체, 행위

㉯ 주관적 구성요건

ⓑ 죄수: 특별관계, 보충관계

㉢ **인질강요죄**

ⓐ 의의: 사람을 체포, 감금, 약취, 유인하여 이를 인질로 삼아 제3자에 대하여 권리 행사를 방해하거나 의무 없는 일을 하게 함으로 성립하는 범죄를 말한다.

ⓑ 죄수 및 타죄와의 관계: 죄수, 체포 · 감금 · 약취 · 유인죄와의 관계

ⓒ 협의감경, 인질상해, 치상죄, 인질살해치상죄

③ 체포와 감금의 죄

㉠ **총 설**

ⓐ 의의: 불법하게 사람을 체포, 감금하여 사람의 신체활동의 자유를 침해하는 것을 내용으로 하는 범죄이다.

ⓑ 구성요건

㉮ 객관적 구성요건: 주체, 객체, 행위, 기수시기

㉯ 주관적 구성요건

ⓒ 위법성: 정당행위, 피해자의 승낙

ⓓ 타죄와의 관계: 폭행죄 · 협박죄와의 관계, 강요죄와의 관계, 감금 중에 강간 · 강도 · 살인 · 상해를 한 경우, 체포 · 감금이 살인의 수단이 된 경우

㉡ **폭력 행위 등 처벌에 관한 법률상의 폭력행위 범죄**

ⓐ 의의: 형법상 폭력 행위 범죄의 특수 형태를 구성요건화한 것이다. 물리적, 유형력 또는 심리적 무형력의 폭력행사에 의한 범죄를 말한다.

ⓑ 상습적 폭력 행위 등 죄, 야간폭력 행위

ⓒ 흉기 기타 위험한 물건 소지 행위

㉮ 흉기 및 위험한 물건

㉯ 정당방위의 특례

㉰ 우범자

㉱ 처벌

ⓓ 집단적 폭력행위: '공동하여'의 의의, 폭력단체 조직죄, 폭력단체 이용행위, 처벌

ⓔ 사법경찰관리의 형사적 책임

④ 약취와 유인의 죄

㉠ **의의:** 사람을 약취, 유인 또는 매매하여 자기 또는 제3자의 실력적 지배하에 둠으로 개인의 자유로운 생활관계를 침해하는 내용으로 하는 범죄를 말한다.

㉡ **미성년자의 약취, 유인죄 의의:** 미성년자를 약취, 유인함으로 성립하는 범죄이다. 약취와 유인 죄의 기본적 구성요건이다.

㉢ **추행, 간음, 영리목적 약취, 유인죄**

ⓐ 의의: 추행, 간음 또는 영리의 목적으로 사람을 약취 또는 유인함으로 성립하는 범죄이다. 목적으로 인하여 불법이 가중되는 가중적 구성요건이다.

ⓑ 소추조건: 본죄 중 추행, 간음 목적으로 약취 유인한 죄와 그 미수범은 친고죄이다.

㉣ **부녀매매죄 의의:** 추업(醜業)에 사용할 목적으로 부녀를 매매함으로 성립하는 범죄를 말한다.

㉤ **국외 이송목적 약취유인, 매매죄 의의:** 국외에 이송할 목적으로 사람을 약취, 유인 또는 매매함으로 성립하는 범죄이다. 목적으로 인하여 불법이 가중되는 가중적 구성요건이다.

㉥ **피약취, 유인 매매자 국외이송죄 의의:** 약취, 유인 또는 매매된 자를 국외에 이송함으로 성립하는 범죄이다. 행위 태양으로 인하여 불법이 가중되는 가중적 구성요건이다.

㉦ **결혼 목적 약취, 유인죄 의의:** 결혼할 목적으로 사람을 약취, 유인함으로 성립되는 범죄이다. 목적으로 인하여 불법이 감경되는 감경적 구성요건이다.

⑤ 강간과 추행죄

　　㉠ **의의**: 개인의 성적 자유를 침해하는 것을 내용으로 하는 범죄를 말한다.

　　㉡ **강간죄**

　　　　ⓐ 의의: 폭행 또는 협박으로 부녀를 강간함으로써 성립하는 범죄를 말한다.

　　　　ⓑ 구성요건

　　　　　㉮ 객관적 구성요건: 주체, 객체, 행위

　　　　　㉯ 주관적 구성요건: 본죄의 고의는 폭행, 협박에 의하여 부녀를 그 의사에 반하여 간음한다는 사실에 대한 인식, 인용이다.

　　　　ⓒ 기수시기: 남자의 성기가 여성의 성기에 삽입되는 순간부터이다. 성적 만족은 불문한다.

　　㉢ **강제추행죄**

　　　　ⓐ 의의: 폭행 또는 협박으로 사람에 대하여 추행함으로 성립하는 범죄를 말한다.

　　　　ⓑ 구성요건

　　　　　㉮ 객관적 구성요건: 주체, 객체, 행위

　　　　　㉯ 주관적 구성요건

　　㉣ **준강간죄, 준강제추행죄**

　　　　ⓐ 의의: 사람의 심신 상실 또는 항거불능상태를 이용하여 간음 또는 추행함으로 성립하는 범죄를 말한다.

　　　　ⓑ 구성요건

　　　　　㉮ 객관적 구성요건: 주체, 객체, 행위

　　　　　㉯ 주관적 구성요건

　　　　ⓒ 소추조건: 본죄는 친고죄로서 고소가 있어야 공소를 제기할 수 있다.

　　㉤ **미성년자 의제강간, 강제추행죄 의의**: 13세 미만의 부녀를 간음하거나 13세 미만의 사람에게 추행함으로 성립되는 범죄를 말한다. 강간죄, 강제추행죄의 파생적 구성요건으로 13세 미만 자에게 간음, 추행에 대한 동의능력을 인정하지 않는 것이다.

　　㉥ **강간 등 상해치사죄, 강간 등 치사죄 의의**: 강간 등 상해치사죄는 강간죄, 강제추행죄, 준강간, 준강제추행죄, 미성년자 의제강간, 강제추행죄 및 그 미수범을 범한 자가 사람을 상해하거나 상해에 이르게 함으로써 성립하는 범죄이다.

ⓐ **미성년자, 심신미약자 간음, 추행죄 의의:** 미성년자 또는 심신미약자에 대하여 위계 또는 위력으로 간음, 추행함으로 성립되는 범죄이다. 객체 및 침해방법의 특수성으로 인한 독립된 구성요건이다.

ⓞ **피감호 부녀간음죄 의의:** 업무, 고용 기타 관계로 인하여 자기의 보호 또는 감독을 받는 부녀를 위계, 위력에 의해 간음함으로 성립되는 범죄를 말한다. 상대적으로 열세에 놓인 피감호 부녀의 성적 자유가 부당하게 침해되는 것을 방지하기 위한 독립된 구성요건이다.

ⓩ **피구금 부녀간음죄 의의:** 법률에 의하여 구금된 부녀를 감호하는 자가 그 부녀를 간음함으로 성립하는 범죄를 말한다.

ⓒ **혼인빙자 간음죄 의의:** 혼인을 빙자하거나 기타 위계로서 음행의 상습 없는 부녀를 기망하여 간음함으로 성립하는 범죄를 말한다. 객체와 침해 방법의 특수성으로 인한 독립된 구성요건이다.

ⓔ **성폭력 범죄의 처벌 및 피해자 보호 등에 관한 법률상의 성범죄**

　ⓐ 특수강도, 강간 등의 죄

　ⓑ 특수강간 등의 죄

　ⓒ 친족관계에 의한 강간 등의 죄

　ⓓ 업무상 위력 등에 의한 추행죄

　ⓔ 공중 밀집 장수에서이 추행죄

　ⓕ 통신 매체 이용 음란죄

　ⓖ 형사절차상 특징: 친고죄와 비친고죄의 병존, 고소제한에 대한 예외, 고소기간

219

(3) 명예와 신용에 대한 죄

① 명예에 관한 죄

　㉠ **총 설**

　　ⓐ 의의: 공연히 사실을 적시하여 사람의 명예를 훼손하거나 사람을 모욕함으로 성립하는 범죄를 말한다.

　　ⓑ 보호법익: 명예의 개념, 내부적 명예, 외부직 명예, 녕예감정

ⓛ **명예훼손죄**

 ⓐ 구성요건

  ㉮ 객관적 구성요건: 주체, 객체, 행위

  ㉯ 주관적 구성요건: 고의, 사실의 착오

 ⓑ 위법성

  ㉮ 일반적 위법성 조각 사유: 정당 행위, 피해자의 승낙

  ㉯ 제310조 의한 위법성 조각 사유: 적용대상, 적용요건

ⓒ **사자의 명예훼손죄**

 ⓐ 의의: 공연히 허위의 사실을 적시하여 사망한 자의 명예를 훼손함으로 성립하는 범죄이며 명예훼손죄로부터 독립된 독자적 구성요건이다.

 ⓑ 구성요건

  ㉮ 객관적 구성요건: 객체, 행위

  ㉯ 주관적 구성요건: 고의, 착오

 ⓒ 소추조건: 친고죄로서 고소권자는 친족, 자손이다.

ⓔ **출판물에 의한 명예훼손죄**

 ⓐ 의의: 사람을 비방할 목적으로 신문, 잡지 또는 라디오 기타 출판물에 의하여 사실 또는 허위사실을 적시하여 명예를 훼손함으로 성립하는 범죄를 말한다.

 ⓑ 구성요건

  ㉮ 객관적 구성요건: 주체, 객체, 행위, 기수시기

  ㉯ 주관적 구성요건: 고의, 비방의 목적

 ⓒ 소추조건: 반의사 불벌죄로서 피해자의 명시한 의사에 반하여 공소를 제기할 수 없다.

ⓜ **모욕죄**

 ⓐ 의의: 공연히 사람을 모욕함으로 성립하는 범죄를 말한다.

 ⓑ 구성요건

  ㉮ 객관적 구성요건: 객체, 행위

  ㉯ 주관적 구성요건: 고의는 공연히 타인을 모욕한다는 사실에 대한 인식, 인용이다.

 ⓒ 소추조건: 친고죄로서 고소가 있어야 공소를 제기할 수 있다.

ⓓ 타죄와의 관계

㉮ 외국원수, 외교사절에 대한 모욕

㉯ 명예훼손죄와의 관계

② 신용, 업무와 경매에 관한 죄

㉠ 의의: 사람의 신용을 훼손하거나 업무를 방해하거나 경매, 입찰의 공정성을 침해하는 것을 내용으로 하는 범죄이다.

ⓐ 신용훼손죄 의의: 허위의 사실을 유포하거나 기타 위계로서 사람의 신용을 훼손함으로 성립하는 범죄를 말한다.

ⓑ 업무방해죄

㉮ 의의: 허위의 사실을 유포하거나 위계 또는 위력으로 타인의 업무를 방해함으로 성립하는 범죄를 말한다.

㉯ 구성요건: 객관적 구성요건, 객체, 행위, 업무방해

ⓒ 컴퓨터 업무방해

㉮ 의의: 컴퓨터 등 정보처리 장치, 전자기록 등 특수매체 기록을 손괴하거나 정보장치에 허위의 정보, 부정한 명령을 입력하거나 기타 방법으로 장애를 발생케 하여 타인의 업무를 방해함으로 성립하는 범죄를 말한다.

㉯ 구성요건: 객관적 구성요건, 객체, 행위, 업무방해

㉰ 죄수 및 다죄와의 관세: 죄수, 업무방해죄와의 관계, 소위 해킹범죄

ⓓ 경매, 입찰 방해죄

㉮ 의의: 위계 또는 위력 기타 방법으로 경매, 입찰의 공정을 해함으로 성립하는 범죄를 말한다.

㉯ 객관적 구성요건: 객체, 행위, 담합행위, 신탁입찰

(4) 사생활의 평온에 대한 죄

① 비밀 침해의 죄의 의의

개인의 사생활에 있어서 비밀을 침해하는 것을 내용으로 하는 범죄이며 국가의 기밀을 침해하는 것을 내용으로 하는 간첩죄, 외교상 기밀누설죄 및 공무상 기밀누설죄와 구별된다.

㉠ 비밀침해죄 구성요건

ⓐ 객관적 구성요건: 객체, 행위

ⓑ 주관적 구성요건

ⓒ **업무상 비밀 누설죄 의의:** 의사, 한의사, 치과의사, 약제사, 약종상, 조산사, 변호사, 변리사, 공인회계사, 공증인, 대서업자는 그 직무상 보조자 또는 차등에 직위에 있던 자나 종교의 직에 있는 자 또는 있던 자가 그 업무 처리 중 지득한 타인의 비밀을 누설함으로 성립되는 범죄를 말한다.

② **주거침입죄 의의**

사람이 주거 또는 간수하는 장소의 건조물, 선박이나 항공기 또는 점유하는 방실의 평온과 안전을 침해하는 것을 내용으로 하는 범죄를 말한다.

　　⊙ **주거침입죄 객관적 구성요건:** 객체, 행위

　　ⓛ **퇴거불응죄**

　　　　ⓐ 의의: 사람이 주거, 관리하는 건조물, 선박, 항공기 또는 점유하는 방실에서 퇴거를 요구받고 응하지 않음으로 성립하는 범죄를 말한다.

　　　　ⓑ 구성요건: 주체 및 객체, 행위

　　ⓒ **특수주거 침입죄 의의:** 단체 또는 다중의 위력을 보이거나 위험한 물건을 휴대하여 주거 침입이나 퇴거에 응하지 않음으로 성립되는 범죄를 말한다.

　　ⓔ 주거, 신체수색죄 의의: 사람의 신체, 주거·관리하는 건조물, 자동차, 선박, 항공기 또는 점유하는 방실을 수색함으로 성립되는 범죄를 말한다.

(5) 재산에 대한 죄

① **절도의 죄 의의**

절도죄는 타인의 재물을 몰래 절취하는 것을 내용으로 하는 범죄이다. 재산죄 중에서도 가장 소박한 원시적인 범죄 형태이며 이욕범의 전형이다.

　　⊙ **절도죄 구성요건**

　　　　ⓐ 객관적 구성요건: 객체, 행위

　　　　ⓑ 주관적 구성요건: 고의, 불법영득의사

　　ⓛ **야간 주거 침입 절도죄**

　　　　ⓐ 의의: 야간에 주거·간수하는 저택, 건조물, 선박 또는 점유하는 방실에 침입하여 타인의 재물을 절취함으로 성립하는 범죄를 말한다.

　　　　ⓑ 법적 성격: 위법성 가중설, 결합법설, 독립적 범죄설

ⓒ 특수절도죄: 야간에 문호 또는 장벽 기타 건조물 일부를 손괴하고 주거 등에 침입하여 타인의 재물을 절취함으로써 성립하는 범죄를 말한다.

   ⓐ 손괴 후 야간 주거 침입 절도

   ⓑ 흉기 휴대 절도: 흉기를 휴대하고 타인의 재물을 절취함으로 성립하는 범죄이다.

   ⓒ 합동절도: 2인 이상이 합동하여 타인의 재물을 절취함으로 성립하는 범죄이다.

ⓓ 합동범 의의: 2인 이상이 합동하여 범하는 죄를 말한다. 형법상 특수절도, 특수강도, 특수도주의 세 규정과 성폭력 범죄의 처벌 및 피해자 보호 등에 관한 법률상의 특수강간, 특수추행죄의 경우에 단독범이나 공동정범보다 형을 가중하고 있다.

ⓜ 상습절도죄

   ⓐ 의의: 상습적으로 절도죄, 야간 주거 침입 절도죄 및 특수 절도죄를 범한 경우에 성립하는 범죄이다. 상습성이라는 일종의 신분 요소에 의하여 책임이 가중되는 가중적 구성요건이며 부진정신분범의 일종이다.

   ⓑ 죄 수

     ㉮ 상습으로 수 개의 절도 행위를 한 경우

     ㉯ 절도, 야간 주거침입 절도, 특수절도를 상습적으로 반복한 경우

ⓗ 친족상 도례

   ⓐ 의의: 친족 간에 범해진 재산죄에 있어서 친족관계라는 특수사정을 고려하여 범인에게 유리하게 작용히는 특례규정을 말한다.

   ⓑ 적용범위

     ㉮ 적용되는 범죄: 강도죄, 손괴죄를 제외한 형법상 모든 재산죄 적용

     ㉯ 친족의 범위: 직계 혈족, 배우자, 동거친족, 호주, 가족

② 강도죄의 의의

폭행, 협박으로 타인의 재물을 갈취하거나 또는 재산상의 이익을 취득하거나 제3자로 하여금 이를 취득하게 하는 것을 내용으로 하는 범죄를 말한다.

㉠ 강도죄 구성요건

   ⓐ 객관적 구성요건: 객체, 행위

   ⓑ 주관적 구성요건

ⓛ **준강도죄**
  ⓐ 의의: 절도가 재물의 탈환을 항거하거나 체포를 면탈하거나 죄적을 인멸할 목적으로 폭행 또는 협박을 가함으로써 성립되는 범죄를 말한다.
  ⓑ 구성요건
    ㉮ 객관적 구성요건: 주체, 객체, 행위, 기수, 미수의 결정 기준
    ㉯ 주관적 구성요건: 고의 및 불법영득의사, 목적
ⓒ **인질강도죄**
  ⓐ 의의: 사람을 체포, 감금, 약취, 유인하여 이를 인질로 삼아 재물, 재산상의 이득을 취하거나 제3자로 하여금 이를 취득하게 함으로 성립하는 범죄를 말한다.
  ⓑ 구성요건: 객체, 행위
ⓔ **강도상해, 치상죄**
  ⓐ 의의: 강도가 사람을 상해하거나 상해에 이르게 함으로 성립하는 범죄를 말한다.
  ⓑ 객관적 구성요건: 주체, 상해
ⓜ **강도살인, 치사죄**
  ⓐ 의의: 강도가 사람을 살해하거나 사망에 이르게 함으로 성립하는 범죄를 말한다.
  ⓑ 사자의 점유
    ㉮ 강도의 고의 없이 사람을 살해하고 그의 재물을 영득한 때
    ㉯ 강도의 고의로 사람을 살해하고 그의 재물을 강취한 때
    ㉰ 피해자의 사망과 전혀 무관한 자가 사자의 휴대품을 영득하는 경우
ⓗ **강도 강간죄의 의의:** 강도가 부녀를 강간함으로 성립하는 범죄이다. 강도죄와 강간죄의 결합범이다.
ⓢ **해상강도죄의 의의:** 다중이 위력으로 해상에서 선박을 강취하거나 선박 내에 침입하여 타인의 재물을 강취함으로 성립하는 범죄를 말한다. 해적 행위의 위험성으로 인하여 불법이 가중되는 가중적 구성요소이다.
ⓞ 해상강도 상해 치상죄 및 해상강도 살인, 치사, 강간죄
ⓩ **상습강도죄의 의의:** 상습적으로 강도죄, 특수강도죄, 인질강도죄, 해상강도죄를 범함으로 성립하는 범죄를 말한다.
ⓩ **강도예비, 음모죄의 의의:** 강도할 목적으로 예비, 음모함으로 성립되는 범죄를 말한다.

예) 강도에 사용할 흉기를 구입하거나 흉기를 휴대하고 통행인의 출현을 대기하는 때에는 강도예비죄가 성립한다.

③ 사기죄

 ㉠ **사기죄의 의의:** 사람을 기망하여 재물의 교부를 받거나 재산상의 이익을 취득하거나 제3자로 하여금 취득하게 함으로 성립하는 범죄를 말한다.

  ⓐ 구성요건

   ㉮ 객관적 구성요건: 객체, 행위

   ㉯ 주관적 구성요건: 고의, 불법영득, 불법이득의사

  ⓑ 죄수 및 타죄와의 관계

   ㉮ 죄수

   ㉯ 타죄와의 관계: 위조문서 행사죄와의 관계, 위조 통화, 수뢰죄와의 관계, 횡령죄와의 관계, 배임죄와의 관계

 ㉡ **신용카드 관련 범죄**

  ⓐ 신용카드 범죄의 종류 및 형사법상 고찰

   ㉮ 타인 시용카드 불법 영득 행위

   ㉯ 신용카드 불법 취득 행위

   ㉰ 신용카드 위조, 변조 행위

   ㉱ 신용가드 부정 사용 행위

   ㉲ 매출전표의 허위 작성 행위

  ⓑ 신용카드 부정사용죄의 기수시점 및 죄수

   ㉮ 자기 명의에 의한 신용카드 부정 사용

   ㉯ 타인 명의에 의한 신용카드 부정 사용

 ㉢ **준사기죄의 의의:** 미성년자의 지려 천박 또는 사람의 심신 장애를 이용하여 재물의 교부를 받거나 재산상 이익을 취득하거나 제3자로 하여금 재물의 교부를 받게 하거나 재산상 이익을 취득하게 함으로써 성립하는 범죄를 말한다.

 ㉣ **편의시설 부정 사용죄의 의의:** 부정한 방법으로 대가를 지급하지 않고 자동판매기, 공중전화 기타 유료자동 설비를 이용하여 재물 또는 재산상 이익을 취득함으로 성립하는 범죄를 말한다.

ⓜ **부당이득죄의 의의:** 사람의 궁박한 상태를 이용하여 현저하게 부당한 이익을 취하거나 제3자로 하여금 부당한 이익을 취득하게 함으로 성립하는 범죄를 말한다.

④ 공갈죄

㉠ **공갈죄 의의:** 사람을 공갈쳐서 재물의 교부를 받거나 재산상의 이익을 취득하거나 또는 제3자로 하여금 재물의 교부를 받게 하거나 재산상 이익을 취득하게 함으로 성립하는 범죄를 말한다.

ⓐ 구성요건

㉮ 객관적 구성요건: 객체, 행위, 착수, 기수시기, 재산상 손해

㉯ 주관적 구성요건: 고의 이외에 불법영득, 불법이득의 의사가 필요하다.

ⓑ 죄수 및 타죄와의 관계

㉮ 죄수

㉯ 타죄와의 관계: 수뢰죄의 관계, 사기죄와의 관계, 소요죄와의 관계, 체포, 감금죄와의 관계, 횡령죄와의 관계, 장물죄와의 관계

㉡ **상습공갈범의 의의:** 상습적으로 공갈죄를 범함으로 성립되는 범죄이다. 상습성으로 인하여 책임이 가중되는 가중적 구성요건이다.

⑤ 횡령의 죄

㉠ **횡령죄의 의의:** 타인의 재물을 보관하는 자가 그 재물을 횡령하거나 그 반환을 거부함으로 성립되는 범죄이다. 횡령죄의 기본적 구성요건이다.

ⓐ 객관적 구성요건: 주체, 객체, 행위

ⓑ 주관적 구성요건

㉡ **업무상 횡령죄의 의의:** 업무상 임무에 위배하여 자기가 보관하는 타인의 재물을 횡령함으로 성립하는 범죄를 말한다. 보관자라는 구성적 신분과 업무자라는 가감적 신분이 복합된 이중신분범이다.

㉢ **점유이탈물 횡령죄의 의의:** 유실물, 표류물, 매장물 또는 타인의 점유를 이탈한 재물을 횡령함으로 성립하는 범죄를 말한다.

⑥ 배임의 죄

  ㉠ **배임죄**

    ⓐ 의의: 타인의 사무를 처리하는 자가 그 임무에 위배하는 행위로서 재산상의 이익을 취득하거나 제3자로 하여금 이를 취득하게 하여 본인에게 손해를 가함으로써 성립하는 죄를 말한다.

    ⓑ 이중저당과 이중매매의 형사 책임: 이중저당, 부동산의 이중매매, 동산의 이중매매

  ㉡ **업무상 배임죄의 의의:** 업무상 임무에 위배하여 재산상 이익을 취득하거나 제3자로 하여금 이를 취득하게 하여 본인에게 손해를 보게 함으로써 성립하는 죄를 말한다.

  ㉢ **배임수재죄:** 타인의 사무를 처리하는 자가 그 임무에 관하여 부정한 청탁을 받고 재물 또는 재산상 이익을 취득함으로 성립하는 범죄를 말한다.

⑦ 장물의 죄

  ㉠ **장물죄 의의:** 장물을 취득, 양도, 운반, 보관 또는 알선함으로 성립하는 범죄를 말한다.

  ㉡ 상습장물죄

  ㉢ 업무상 과실, 중과실 장물죄

227

⑧ 손괴의 죄

  ㉠ **재물 손괴죄:** 타인의 재물, 문서 또는 전자기록 등 특수매체 기록을 손괴 또는 은닉 기타 방법으로 그 효용을 해함으로 성립되는 범죄를 말한다.

  ㉡ **공공건조물 파손죄:** 공익에 공하는 건조물을 파괴함으로 성립하는 범죄이다. 재물 손괴죄와는 보호법익을 달리하는 독립적 구성요건이다.

  ㉢ **중손괴죄, 손괴치사상죄:** 재물 손괴죄와 공익건조물 파괴죄를 범하여 사람의 생명 또는 신체에 대하여 위험을 발생하게 함으로써 성립되는 범죄를 말한다.

  ㉣ **특수손괴죄:** 단체 또는 다중의 위력을 보이거나 위험한 물건을 휴대하여 재물손괴죄 또는 공익건조물 파괴죄를 범함으로써 성립 되는 범죄를 말한다.

  ㉤ **경계침범죄:** 경계표를 손괴, 이동 또는 제거하거나 기타 방법으로 토지의 경계를 인식 불능하게 함으로 성립하는 범죄를 말한다.

⑨ 권리행사를 방해하는 죄

　　㉠ **권리행사 방해죄:** 타인의 점유 또는 권리의 목적이 된 자기의 물건 또는 전자기록 등 특수매체 기록을 취거, 은닉 또는 손괴하여 타인의 권리행사를 방해함으로 성립하는 범죄이다.

　　㉡ **점유강취죄:** 폭행, 협박으로 타인의 점유에 속하는 자기의 물건을 강취함으로 성립하는 범죄이다.

　　㉢ **준점유 강취죄:** 타인의 점유에 속하는 자기의 물건을 취거함에 당하여 그 탈환을 항거하거나 체포를 면탈하거나 죄적을 인멸할 목적으로 폭행 또는 협박으로서 성립하는 범죄이다.

　　㉣ **중권리 행사방해죄:** 점유강취죄, 준점유강취죄를 범하여 사람의 생명에 대한 위험을 발생하게 함으로써 성립하는 범죄를 말한다.

　　㉤ **강제집행면탈죄:** 강제집행을 면할 목적으로 재산을 은닉, 손괴, 허위 양도 또는 허위의 채무를 부담하여 채권자를 해함으로 성립하는 범죄를 말한다.

2) 사회적 법익에 대한 죄

(1) 공공의 안전과 평온에 대한 죄

① 공안을 해하는 죄

　　㉠ **범죄단체 조직죄:** 범죄를 목적으로 하는 단체를 조직 또는 가입하거나 병역 또는 납세의 의무를 거부할 목적으로 단체를 조직 또는 가입함으로 성립되는 범죄이다.

　　㉡ **소요죄:** 다중이 집합하여 폭행, 협박 또는 손괴 행위를 함으로 성립하는 범죄를 말한다.

　　㉢ **다중불해산죄:** 폭행, 협박 또는 손괴의 행위를 할 목적으로 다중이 집합하여 그를 단속할 권한 있는 자로부터 3회 이상의 해산명령을 받고 해산하지 않음으로 성립되는 범죄를 말한다.

　　㉣ **전시공수계약 불이행죄:** 전쟁, 천재기로 사변에 있어서 국가 또는 공공단체와 체결한 식량 기타 생활필수품의 공급계약을 정당한 이유 없이 이행하지 않거나 이행을 방해함으로 성립되는 범죄를 말한다.

　　㉤ **공무원 자격 사칭죄:** 공무원이 아닌 자가 자격을 사칭하여 그 직권을 행사함으

로 성립되는 범죄를 말한다.

② 폭발물에 관한 죄

    ㉠ **폭발물사용죄:** 폭발물을 사용하여 사람의 생명, 신체 또는 재산을 해하거나 기타 공안을 문란케 함으로 성립되는 범죄를 말한다.

    ㉡ **폭발물 사용 예비, 음모, 선동죄:** 폭발물 사용죄, 전시폭발물 사용죄를 범할 목적으로 예비, 음모, 선동함으로 성립되는 범죄를 말한다.

    ㉢ **전시폭발물 제조, 수입, 수출, 수수, 소지죄:** 전쟁, 사변에 있어서 정당한 이유 없이 폭발물을 제조, 수입, 수출, 수수 또는 소지함으로써 성립하는 범죄를 말한다.

③ 방화와 실화의 죄

    ㉠ **현주건조물 방화죄:** 불을 놓아 사람이 주거에 사용하거나 사람이 현존하는 건조물, 기차, 전차, 자동차, 선박, 항공기, 광갱을 소훼함으로 성립하는 범죄이다.

    ㉡ **공용건조물 등 방화죄:** 불을 놓아 공용 또는 공익에 공하는 건조물, 기차, 전차, 자동차, 선박, 항공기, 광갱을 소훼함으로 성립되는 범죄를 말한다.

    ㉢ **일반 건조물 등 방화죄:** 불을 놓아 사람의 주거에 사용되지 않거나 사람이 현존하지 않고 공용 또는 공익에 공하지 않는 건조물, 기차, 전차, 자동차, 선박, 항공기, 광갱을 소훼함으로 성립되는 범죄를 말한다.

    ㉣ **일반물건 방화죄:** 불을 놓아 제164조 내지 제166조에 기재된 이외의 물건을 소훼하여 공공의 위험을 발생케 함으로 성립하는 범죄를 말한다.

    ㉤ **연소죄:** 자기 소유 일반건조물 또는 일반 물건에 대한 방화가 확대되어 현주건조물, 공용건조물, 타인소유건조물 또는 물건에 연소함으로써 성립되는 범죄이다.

    ㉥ **진화 방해죄:** 화재에 있어서 진화 용의 시설 또는 물건을 은닉 또는 손괴하거나 기타 방법으로 진화를 방해함으로 성립하는 범죄를 말한다.

    ㉦ **폭발성 물건 파열죄:** 보일러, 고압가스 기타 폭발성 있는 물건을 파열시켜 사람의 생명, 신체 또는 재산에 대하여 위험을 발생케 함으로 성립되는 범죄를 말한다.

    ㉧ **가스, 전기 등 방류죄:** 가스, 전기, 증기, 방사선, 방사성물질을 방출, 유출 또는 살포시켜 사람의 생명, 신체 또는 재산에 대하여 위험을 발생케 함으로 성립되는 범죄를 말한다.

ⓩ **가스, 전기 등 공급방해죄:** 가스, 전기, 증기의 공작물을 손괴 또는 제거하거나 기타 방법으로 공급이나 사용을 방해하여 공공의 위험을 발생케 하거나 공공용의 가스, 전기 또는 증기의 공작물을 손괴 또는 제거하거나 기타 방법으로 공급이나 사용을 방해함으로 성립되는 범죄를 말한다.

ⓧ **실화죄:** 과실로 제164조, 165조에 기재한 물건 또는 타인 소유에 속하는 제166조에 기재한 물건을 소훼하거나 고실로 인하여 자기의 소유에 속하는 제166조, 167조에 기재한 물건을 소훼하여 공공의 위험을 발생케 함으로 성립되는 범죄를 말한다.

④ 일수와 수리에 관한 죄

ㄱ **현주건조물 등 일수죄:** 물을 넘겨 사람의 사용하거나 사람이 현존하는 건조물, 기차 전차, 자동차, 선박, 항공기, 광갱을 침해함으로 성립되는 범죄를 말한다.

ㄴ 공용건조물 등 일수죄

ㄷ 일반건조물 등 일수죄

ㄹ **방수방해죄:** 수재에 있어서 방수용의 시설, 물건을 손괴, 은닉하거나 기타 방법으로 방수를 방해함으로 성립하는 범죄를 말한다.

ㅁ 과실일수죄

ㅂ 일수예비, 음모죄

ㅅ 수리방해죄

⑤ 교통방해의 죄

육로, 수로, 교량을 손괴 또는 불통하게 하거나 기타 방법으로 교통을 방해함으로 성립되는 범죄를 말한다.

ㄱ 일반교통방해죄

ㄴ 기차, 선박 등 교통방해죄

ㄷ 기차 등 전복죄

ㄹ 교통방해 치사상죄

ㅁ 과실, 업무상 중과실 교통방해죄

(2) 공공의 신용에 대한 죄

① 통화에 관한 죄

행사할 목적으로 통용하는 대한민국의 화폐, 지폐 또는 은행권을 위조 또는 변조함
으로 성립되는 범죄를 말한다.

㉠ 내국 통화 위조ㆍ변조죄

㉡ 내국 유통 외국 통화 위조ㆍ변조죄

㉢ 외국 통화 위조ㆍ변조죄

㉣ 위조ㆍ변조 통화 행사 등 죄

㉤ 위조ㆍ변조 통화 취득죄

㉥ 위조 통화 취득 후 지정 행사죄

㉦ 통화류 이물 제조 등 죄

㉧ 통화 위조, 변조 예비, 음모죄

② 유가증권, 우표와 인지에 관한 죄

행사할 목적으로 유가증권을 위조, 변조 또는 허위 작성하거나 위조ㆍ변조 허위 작
성하는 유가증권을 행사, 수입, 수출하는 것을 내용으로 하는 범죄이다.

㉠ 유가 증권 위조ㆍ변조죄

㉡ 기재의 위조ㆍ변조죄

㉢ 자격 모용에 의한 유가 증권 작성죄

㉣ 허위 유가 증권 작성죄

㉤ 위조 등 유가 증권 행사죄

㉥ 우표, 인지 등 위조ㆍ변조죄: 행사할 목적으로 내국 또는 외국의 인지, 우표 기타
    우편요금을 표시하는 증표를 위조ㆍ변조함으로 성립되는 범죄를 말한다.

㉦ 위조ㆍ변조 인지, 우표 등 행사죄

㉧ 위조ㆍ변조 인지, 우표 등 취득죄

㉨ 소인말소죄

㉩ 인지, 우표 능 유이물 제조 등 죄

㉪ 예비, 음모죄

③ 문서에 관한 죄

행사할 목적으로 문서를 위조 또는 변조하거나 허위의 문서를 작성하거나 위조, 변조, 허위 작성된 문서를 부정행사 하는 것을 내용으로 하는 범죄를 말한다.

㉠ 사문서 위조 · 변조죄

㉡ 자격모용에 의한 사문서 작성죄

㉢ 공문서 위조 · 변조죄

㉣ 자격모용에 의한 공문서 작성죄

㉤ 허위 진단서 등 작성죄

㉥ 허위 공문서 작성죄

㉦ 공정 증서 원본 등 부실기재죄

㉧ 위조 · 변조, 작성사문서 행사죄

㉨ 위조 · 변조, 작성, 변개, 부실기재 등 공문서 행사죄

㉩ 사문서 부정행사죄

㉪ 공문서 등 부정행사죄

㉫ 사전자 기록 위조, 변작, 행사죄

㉬ 공전자 기록 위조, 변작, 행사죄

④ 인장에 관한 죄

행사할 목적으로 인장, 서명, 기명, 기호를 위조 또는 부정 사용하거나 행사하는 것을 내용으로 하는 범죄를 말한다.

㉠ 사인 등 위조, 부정행사죄

㉡ 위조 등 사인행사죄

㉢ 공인 등 위조, 부정 사용죄

㉣ 위조 공인 등 행사죄

(3) 공중의 건강에 대한 죄

① 음용수에 관한 죄

사람이 음용에 공하는 정수 또는 그 수원에 오물, 독극물 기타 건강을 해할 물건을 혼입하거나 수도 기타의 시설을 손괴 또는 기타의 방법으로 불통시켜 공중의 음용수의 이용과 안전을 위태롭게 하는 것을 내용으로 하는 범죄를 말한다.

㉠ 음용수 사용 방해죄

　　㉡ 음용수 유해물 혼입죄

　　㉢ 수도음용수 행사방해죄

　　㉣ 수도음용수 유해물 혼입죄

　　㉤ 음용수 혼독치사상죄

　　㉥ 수도 불통죄

② 아편에 관한 죄

　　아편을 흡식하거나 아편 또는 아편 흡식 기구를 제조·수입·판매·소지하는 것을
　　내용으로 하는 범죄를 말한다.

　　㉠ 아편 흡식죄

　　㉡ 아편 흡식 장소 제공죄

　　㉢ 아편 등 제조, 수입, 판매, 판매 목적 소지죄

　　㉣ 아편 흡식기 제조, 수입, 판매, 판매 목적 소지죄

　　㉤ 세관 공무원의 아편 등 수입, 수입 허용죄

　　㉥ 상습아편 흡식, 제조, 수입, 판매죄

　　㉦ 아편 등 소지죄

(4) 사회의 도덕에 내한 죄

① 의 의

　　성생활에 관련되는 성도덕 또는 성풍속을 해하는 내용으로 하는 범죄이다.

　　㉠ **간통죄:** 배우자 있는 자가 간통함으로 성립되는 범죄이다. 신분범이고 필요적 공
　　　범 중 대향범이며 자수범이다.

　　㉡ **음행매개죄:** 영리의 목적으로 미성년 또는 음행의 상습 없는 부녀를 매개하여
　　　간음하게 함으로 성립하는 범죄이다.

　　㉢ **음화 등 반포, 판매, 임대, 공연전시죄:** 음란한 문서, 도화, 필름, 기타 물건을 반
　　　포, 파매, 임대하거나 전시 또는 상영함으로 성립히는 범죄이다.

　　㉣ 음화 등 제조, 소지, 수입, 수출죄

　　㉤ 공연음란죄

② 도박과 복표에 관한 죄

도박을 하거나 도박을 개장하거나 복표를 발매, 중개 또는 취득하는 것을 내용으로 하는 범죄이다.

ㄱ 단순도박죄

ㄴ 상습도박죄

ㄷ 도박개장죄

ㄹ 복표발매, 중개, 취득죄

③ 신앙에 관한 죄

종교적 평온과 종교감정을 침해하는 것을 내용으로 하는 범죄를 말한다.

ㄱ 예식장, 제사, 예배, 설교방해죄

ㄴ 사체 등 오욕죄

ㄷ 분묘발굴죄

ㄹ 사체 등 손괴, 유기, 은닉, 영득죄

ㅁ 변사체 검시방해죄

3) 국가적 법익에 대한 죄

(1) 국가의 기능에 대한 죄

① 공무원의 직무에 관한 죄

공무원의 직무에 위배하거나 직권을 남용하여 국가기능의 공정을 해하는 행위와 뇌물을 수수함으로 국가기능이 부패되는 것을 내용으로 하는 범죄이다.

ㄱ **직무유기죄:** 공무원이 정당한 이유 없이 그 직무수행을 거부, 유기함으로 성립되는 범죄를 말한다.

ㄴ 피의사실 공표죄

ㄷ 공무상 비밀누설죄

ㄹ 직권남용죄

ㅁ 불법체포, 감금죄

ㅂ 폭행, 가혹행위죄

ㅅ 선거방해죄

◎ 단순수뢰죄

㉢ 사전수뢰죄

㉣ 제3자 뇌물공여죄

㉤ 수뢰 후 부정처사죄

㉣ 사후수뢰죄

㉤ 알선수뢰죄

㉥ 증뢰죄

② 공무방해에 관한 죄

직무를 집행하는 공무원에 대하여 폭행 또는 협박함으로써 성립되는 범죄를 말한다.

㉠ 공무집행방해죄

㉡ 직무, 사직강요죄

㉢ 위계에 의한 공무집행 방해죄

㉣ 법정, 국회회의장 모욕죄

㉤ 인권 옹호 직무 방해죄

㉥ 공무상 비밀표시 무효죄

㉦ 공무상 비밀누설죄

㉧ 부동산 강제집행 효용침해죄

㉨ 공용 서류 등 무효죄

㉩ 공용물 파괴죄

㉪ 공무상 보관물 무효죄

㉫ 특수공무방해죄, 특수공무 방해치사상죄

③ 도주와 범인 은닉의 죄

도주와 범인 은닉의 죄는 형사사법에 있어서 인적 도피를 내용으로 하는 범죄이다.

㉠ **단순도주죄**: 법률에 의하여 체포 또는 구금된 자가 도주함으로 성립하는 범죄이다.

㉡ 집합명령 위반죄

㉢ 특수도주죄

㉣ 단순도주 방조죄

㉤ 간수자 도주 방조죄

ⓗ **범인은닉죄:** 벌금 이상의 해당하는 죄를 범한 자를 은닉 또는 도피하게 함으로 성립되는 범죄이다.

④ 위증과 증거인멸의 죄

　　㉠ **단순위증죄:** 법률에 의하여 선서한 증인이 허위의 진술을 함으로써 성립되는 범죄이다.

　　㉡ 모해위증죄

　　㉢ 허위 감정, 번역죄

　　㉣ **증거인멸죄:** 타인의 형사사건 또는 징계사건에 관한 증거를 인멸, 은닉, 위조, 변조하거나 사용함으로 성립되는 범죄이다.

　　㉤ 증인은닉, 도피죄

　　㉥ 모해증거인멸죄

⑤ 무고의 죄

　　타인으로 하여금 형사처분 또는 징계처분을 받게 할 목적으로 공무소 또는 공무원에 대하여 허위의 사실을 신고함으로 성립되는 범죄이다.

(2) 국가의 존립과 권위에 대한 죄

① 내란의 죄

　　㉠ **내란죄:** 국토를 참절하거나 국헌을 문란케 할 목적으로 폭동함으로써 성립되는 범죄이다.

　　㉡ 내란목적 살인죄

　　㉢ 내란 예비, 음모, 선동, 선전죄

② 외환의 죄

　　외환을 유치하거나 내국에 항적하거나 적국에 이익을 제공하여 국가의 안전을 위태롭게 하는 것을 내용으로 하는 범죄이다.

　　㉠ 외환유치죄

　　㉡ 여적죄

ⓒ 모병이적죄

ⓐ 시설 제공 이적죄

ⓜ 시설 파괴 이적죄

ⓗ 물건 제공 이적죄

ⓢ 일반 이적죄

ⓞ 간첩죄

ⓩ 전시 군수 계약 불이행죄

ⓩ 외환예비, 음모, 선동, 선전죄

③ 국기에 관한 죄

대한민국을 모욕할 목적으로 국기, 국장을 손상, 제거, 오욕, 비방하는 것을 내용으로 하는 범죄이다.

ⓖ 국기, 국장 모독죄

ⓛ 국기, 국장 비방죄

④ 국교에 관한 죄

237

국제법상 보호되는 외국의 이익을 침해함으로 외국과의 국교관계를 해하고 내국의 대외적 지위를 위태롭게 하는 것을 내용하는 범죄이다.

ⓖ 외국 원수에 대한 폭행 등 죄

ⓛ 외국 사절에 대한 폭행 등 죄

ⓒ 외국 국기, 국장 모독죄

ⓐ 외국에 대한 사전죄

ⓐ 중립명령 위반죄

ⓜ 외교상 기밀누설죄

제2절 형사소송법

1) 형사소송법의 의의와 성격

(1) 형사소송법의 의의

형사소송법은 형법을 적용·실현하기 위한 절차를 규정하고 있는 법률체계를 의미한다. 국가의 형벌권을 실현하기 위해서는 개개의 사건에 있어서 어떠한 범죄가 행하여졌는가를 조사하고, 그 범죄사실을 확정하여 범죄가 성립한다면 적절한 형벌을 과하여 이를 집행하는 절차(형사절차)가 필요하다.

① 형식적 의의의 형사소송법과 실질적 의의의 형사소송법

　㉠ **형식적 의의:** 국가가 특히 형사소송법이라고 명명하여 공포 시행하고 있는 법전, 즉 형사소송법전을 말한다. 보통 형사소송법이라고 할 때에는 이것을 의미한다.

　㉡ **실질적 의의:** 형사소송에 관한 모든 법규를 실질적 의의의 형사소송법이라고 한다.

　　ⓐ 협의의 형사소송: 국가 형벌권의 구체적 행사에 관한 재판상의 절차(공소의 제기부터 재판의 확정에 이르기까지)를 말한다.

　　ⓑ 광의의 형사소송: 국가 형벌권의 행사에 관한 일체의 절차를 가리킨다(수사절차, 재판의 집행절차를 포함).

② 형사절차 법정주의

헌법 제12조 제1항은 "누구든지 법률에 의하지 아니하고는 체포, 구속, 압수, 수색 또는 심문을 받지 아니하며, 법률과 적법한 절차에 의하지 아니하고는 처벌 보안처

분 또는 강제노역을 받지 아니한다"고 되어 있으므로, 형사절차법정주의란 형사소송절차는 국회에서 제정한 법률에 의하여 규정하여야 한다는 원칙을 말한다.

③ 형사소송법의 성격

형사소송법은 형법을 적용 실현하기 위한 절차법으로서 공법에 속하며, 범죄인에 대한 국가의 사법작용의 행사방법을 규정하고 있는 법률이므로 형사법으로서 사법법에 속한다.

④ 형사소송법 적용범위

㉠ **장소적 적용범위:** 형사소송법은 대한민국의 영역 내에서만 효력을 가진다(속지주의). 대한민국 내에 있는 한 국적을 묻지 않으며, 국외에 있는 우리나라의 선박과 항공기에도 미친다.

㉡ **시간적 적용범위:** 형사소송법은 법률의 일반원칙과 같이 시행 시부터 폐지 시까지 적용된다.

㉢ **인적 적용범위:** 형사소송법의 효력은 원칙적으로 대한민국 내에 있는 모든 사람에게 미친다(외국인 포함).

㉣ **물적 적용범위:** 형사소송법은 대한민국 법원에 재판권이 있는 모든 형사사건에 적용된다. 따라서 과태료 등 질서벌사건이나 징계사건에는 적용되지 아니한다.

㉤ **형사소송법의 법원(法源):** 형사절차는 국회에서 제정된 법률의 의하여야 하므로 이에 의하여 제정된 형사절차에 관한 일반적인 기본법인 형시소송법(형식직 의미의 형사소송법)이 가장 중요한 법원(法源)이다.

(2) 형사소송법의 이념

① 형사소송법의 목적

형사소송법은 죄 있는 자를 벌하고, 죄 없는 자가 무고하게 벌 받는 일이 없도록 함으로써, 형사사법을 통한 정의를 실현하려는 데 그 목적이 있다.

② 형사소송법의 지도 이념

㉠ **실체적 진실주의:** 실체적 진실(발견)주의란 법원이 당사자의 주장이나 제출된 증거에 구속되지 아니하고 실질적으로 사안의 진상을 밝혀 진실한 사실을 인정하

는 주의를 말한다.

ⓐ 실체적 진실주의의 한계

㉮ 사실상의 한계: 실체적 진실주의가 형사소송법의 최고의 이념이긴 하지만, 진실발견을 위한 비용과 시간을 무한정 투입한다는 것도 불가능하므로 이러한 범위 내에서 가능한 한 실체적 진실에 접근하려는 것이 실체적 진실주의이다.

㉯ 형사소송의 다른 목적에 의한 한계: 실체적 진실주의는 형사소송의 다른 목적인 적정절차, 신속한 재판, 인권보장을 위하여 제약을 받는다.

㉰ 초소송법적 이익에 의한 제약: 형사소송에 있어서 실체적 진실을 발견하는 것은 국가적·사회적인 중요한 이익이지만 어떤 경우에는 이 이익을 다른 이익에 양보하여야 하는 경우가 있다.

ⓛ **적정절차의 원리**

ⓐ 의의: 적정절차의 원리란 법치국가의 원리를 바탕으로 하여 개인의 기본권보장을 위하여 공정한 법정절차(法定節次)에 따라 형벌권이 실현되어야 하는 원리를 말한다.

ⓑ 공정한 재판의 원칙: 법에 따른 적정절차의 원리는 공정한 재판을 실현함을 그 내용으로 한다.

ⓒ 피고인 보호의 원칙: 피고인을 보호하기 위하여 법원은 피고인에게 일정한 소송행위의 법적 결과를 설명하고 권리의 행사를 가르쳐 주어야 한다.

ⓓ 비례성의 원칙: 비례성의 원칙이란 형벌권의 실현을 위한 수단으로서 강제처분은 사건의 구체적 상황을 고려하여 소송의 목적을 달성하는 데 적합하다.

ⓔ 실체적 진실주의와의 관계: 적법절차의 이념이 개인의 기본적 인권을 보장하는 데 그 목적이 있다면, 죄 없는 자를 유죄로 하는 일이 없도록 한다.

(3) 형사소송법의 기본구조

① 서 설

현대의 탄핵주의 소송구조는 그 체계에 있어서 일반적으로 크게 두 가지 유형으로 구분할 수 있다. 즉, 직권주의를 기본원리로 하는 대륙법체계와 당사자주의가 지배되고 있는 영미법체계이다.

② 규문주의와 탄핵주의

　㉠ **규문주의:** 규문주의란 소추기관의 소추를 기다리지 않고 법원이 직권으로 심리를 개시하여 재판할 수 있는 주의를 말한다.

　㉡ **탄핵주의:** 탄핵주의는 재판기관과 소추기관을 분리하여 법원이 재판기관 이외의 자의 소추에 의하여 재판절차를 개시하는 주의를 말한다.

③ 직권주의와 당사자주의

　㉠ **직권주의:** 직권주의는 법원에 주도적 지위를 인정하여 당사자 기타 소송관계인의 의사 여하를 불문하고 직권에 기하여 소송을 진행시키고 심판하는 주의를 말한다.

　㉡ **당사자주의:** 당사자주의는 당사자인 검사와 피고인에게 주도적 지위를 인정하여 이들에 의하여 소송이 진행되는 주의를 말한다.

④ 우리나라 형사소송법의 구조

우리나라 형사소송법의 기본구조는 직권주의적인 대륙법체계와 당사자주의 변론주의적인 영미법체계를 절충한 구조를 가지고 있다.

　㉠ **직권수의적 요소:** 소송의 대상에 있어서 법원은 심리의 경과에 비추어 상당하다고 인정될 때에는 공소사실 또는 적용법조의 추가 또는 변경을 요구하는 공소장변경요구 제도를 두고 있으며, 공소장 변경에 대하여 법원의 허가를 요한다.

　㉡ **당사자주의적 요소:** 형사소송법은 심판범위의 명확한 한정을 요구하여 공소장에 공소사실을 특정하여 기재하도록 하고 있다.

　㉢ **직권주의와 당사자주의의 조화:** 직권주의와 당사자주의는 각각 장단점을 가지고 있으므로, 대륙법계에서 직권주의를 채택하고 있다고 하여 당사자주의적 요소를 완전히 부정하는 것이 아니며, 영미법계의 당사자주의도 직권주의적 요소를 금지하는 것도 아니므로 양 제도는 서로 조화를 이루며 혼합 절충되어 있다.

⑤ 소송절차의 기본원리

　　㉠ **소송절차의 본질:** 절차란 일정한 목적을 향한 행위의 연속을 의미하므로 형사소 송절차는 확정판결을 위하여 소송의 주체인 법원과 검사·피고인의 연속된 소송 행위에 의하여 발전하는 과정을 말한다.

　　　　ⓐ 법률관계설: 소송은 법원과 양 당사자 사이에 존재하는 법률관계로서 법원은 심판을 할 권리 의무를 가지고, 당사자는 심판을 구하거나 심판을 받을 권리 의무를 가지므로 이러한 법률관계가 발전하여 나가는 데 소송의 본질이 있다 고 한다.

　　　　ⓑ 법률상태설: 소송은 법률관계가 아니라 기판력을 정점으로 하는 부동적인 법 률상태라고 한다.

　　　　ⓒ 이면설: 소송을 실체 면과 절차 면으로 구별하여 실체 면은 실체법이 소송을 통하여 실현되는 과정으로서 부동적인 성격을 가지고 있다.

　　㉡ **소송의 실체 면과 절차 면**

　　　　ⓐ 소송의 실체면: 소송의 실체 면이란 구체적인 사건에서 실체법률관계가 형성 확정되는 과정을 말한다.

　　　　ⓑ 소송의 절차면: 소송의 절차 면이란 소송절차에서 실체 면을 제외한 절차적 측면을 말한다.

　　　　ⓒ 실체 면과 절차 면의 관계: 실체 면과 절차 면은 하나의 소송절차의 두 측면 으로서 실체 면과 절차 면은 밀접한 관련을 가지고 서로 영향을 미친다.

(4) 소송의 주체

① 소송 주체의 의의와 종류

　소송의 주체란 소송의 인적 구성요소로서 이들에 의하여 소송이 개시되고 발전되며 종 료되는 주체이며, 한편 소송의 기초가 되는 기본적 법률관계를 구성하는 주체를 말한다.

② 법 원

　㉠ **법원의 의의**

　　　ⓐ 국법상의 의의: 국법상의 의의에 있어서의 법원은 사법행정상의 의의에 있어

서의 법원이라고도 한다.

ⓑ 소송법상의 의의: 구체적인 사건에 관하여 실제로 재판권을 행사하는 재판기관, 즉 법관의 합의체 또는 1인의 법관을 말한다.

ⓛ **법원의 종류**

ⓐ 보통법원: 현행법상 보통법원은 최고법원인 대법원과, 고등법원, 특허법원, 지방법원, 가정법원, 행정법원이 있다.

ⓑ 특별법원: 현행법상 특별법원은 군사법원뿐이다. 특별법원인 군사법원은 군사재판을 관할하기 위한 것으로서 보통군사법원과 고등군사법원이 있으며, 상고심은 대법원에서 관할한다.

ⓒ 소송법상의 의의에 있어서의 법원

㉮ 단독제와 합의제: 재판기관으로서의 법원은 1인의 법관으로 구성되는 단독제(단독판사)와 3인으로 구성되는 합의제(합의부)가 있다.

㉯ 재판장, 수명법관, 수탁판사, 수임판사

ⅰ 재판장: 합의체 구성원 중 1인이 재판장이 된다. 재판장은 기일지정권, 소송지휘권, 법정경찰권, 급속을 요하는 경우 피고인의 소환·구속 등의 처분을 할 수 있는 권한을 가지고 있다. 재판장 이외의 법관을 합의부원이라고 한다.

243

ⅱ 수명법관: 합의체인 법원이 그 구성원인 법관에게 특정한 소송행위를 하도록 명하였을 때 이 명을 받은 법관을 수명법관이라고 한다.

ⅲ 수탁판사: 법원이 다른 법원의 판사에게 특정한 소송행위를 촉탁한 경우에 그 촉탁을 받은 법관을 수탁판사라고 한다.

ⅳ 수임판사: 수소법원과는 독립하여 소송법상의 권한을 행사할 수 있는 개개의 법관을 수임판사라고 한다.

㉰ 법원 직원의 제척·기피·회피: 재판의 생명은 공정한 재판이므로, 자기가 담당하는 직무에 관하여 개인적인 특수관계가 있다거나 기타 일정한 사유로 인하여 공정한 재판을 기대할 수 없다고 인정될 때에는 그 법관이나 법원직원은 당해 직무를 집행하지 못한다.

ⅰ 제척(除斥): 제척이란 특정한 법관에게 법률에 규정된 불공정한 재판을 할 염려가 있는 현저한 사유가 존재할 경우 당해 법관은 그 직무에서 배제되

는 것을 말한다.

　ⅱ 기피(忌避): 기피는 법관에게 불공평한 재판을 할 사정이 있는 경우에 당사자의 신청에 의하여 그 법관을 당해 사건의 직무집행으로부터 탈퇴케 하는 제도이다.

　ⅲ 회피(回避): 회피는 법관이 기피의 원인이 있다고 생각할 때에는 스스로 직무집행에서 탈퇴할 수 있도록 한 제도이다.

　ⅳ 법원사무관 등에 대한 제척, 기피, 회피: 제척, 기피, 회피에 관한 규정은 전심재판에 관여하는 경우인 17조 7호의 규정을 제외하고는 법원사무관 등과 통역인에게 준용한다.

　ⓒ 법원의 관할(管轄)

　　ⓐ 관할의 의의와 종류

　　　㉮ 관할의 의의: 법원의 관할이란 각 법원에 분배된 직무의 분담, 즉 재판권행사의 권한을 말한다.

　　　㉯ 관할의 종류

　　　　ⓘ 법정관할: 법정관할이란 법률의 규정에 의하여 정하여지는 관할로서 사물관할, 토지관할, 심급관활, 관련사건의 관할이 있으며, 재정관할이란 재판에 의하여 정해지는 관할로서 관할의 지정과 관할의 이전이 있다.

　　　　ⅱ 사물관할: 사물관할이란 사건의 경중 또는 성질을 기준으로 한 제1심법원의 관할의 분배를 말한다.

　　　　ⅲ 토지관할: 토지관할이란 사건의 토지적 관계에 의한 동등법원 간에 있어서의 제1심 관할의 분배를 말하며 재판적이라고도 한다.

　　　　ⅳ 심급(審級)관할: 상소절차에 있어서의 상소사건의 분배를 말한다.

③ 당사자

소송의 당사자는 검사와 피고인이다. 검사는 능동적인 당사자이고 피고인은 수동적인 당사자이다.

　㉠ 검 사

　　ⓐ 검사의 의의

　　　㉮ 의의: 검사는 검찰권을 행사하는 국가기관을 말한다. 검사는 형사절차의 모

든 단계에 관여하여 형사사법의 정의를 실현하는 데 기여하는 능동적이고 적극적인 국가기관이다.

    ㉯ 검사의 권한: 검사는 범죄수사 및 공소제기와 그 유지에 필요한 행위를 하고, 범죄수사에 관하여 사법경찰관리를 지휘 감독하며, 법원에 대하여 명령의 정당한 적용을 청구하고 재판의 집행을 지휘 감독하며, 국가를 당사자로 하는 소송과 행정소송의 수행 및 지휘 감독에 관한 것 등의 직무와 권한을 갖는다.

ⓑ 검사의 성격

    ㉮ 준사법기관: 검사가 행하는 검찰권은 행정권에 속하지만 검찰권의 내용인 범죄수사, 공소의 제기 및 유지, 재판의 집행 등은 사법권과 밀접한 관계가 있으므로 검사는 행정기관인 동시에 사법기관인 성격을 갖는다.

    ㉯ 단독제의 관청: 개개의 검사는 검찰권을 행사하는 단독제의 관청으로서 검찰총장이나 검사장의 보조기관이 아니다.

ⓒ 검사의 소송법상 지위

    ㉮ 수사의 주재자로서의 지위

       ⅰ 수사의 주체: 검사는 범죄의 혐의가 있다고 사료하는 때에는 직접 수사할 수 있고 또한 범죄수사에 관하여 사법경찰관리를 지휘 감독한다.

       ⅱ 사법경찰관리와의 관계: 수사기관에는 검사와 사법경찰관리가 있으나 형사소송법상 검사와 사법경찰관리의 관계는 상호 협력관계가 아니라 상명하복의 관계에 있다.

    ㉯ 공소권의 주체: 법 246조는 공소는 검사가 제기하여 수행한다.

    ㉰ 재판의 집행기관: 재판의 집행은 검사가 지휘한다.

ⓓ 검사의 조직과 구조

    ㉮ 검사조직의 특수성: 검사는 법무부에 속하는 행정기관이지만 검찰권은 형사사법에 중대한 영향을 미치므로 검찰권의 행사가 행정권에 의하여 좌우된다면 형사사법의 공정을 기하기 어렵다.

    ㉯ 검사 동일체의 원칙

       ⅰ 의의: 개개의 검사는 검찰권을 행사하는 독립된 관청이다.

       ⅱ 검사의 상명하복관계: 검사는 검찰사무에 관하여 상사의 명령에 복종한다.

ⅲ 직무승계와 이전: 검찰총장과 검사장 또는 지청장은 그 소속 검사의 직무를 자신이 처리하거나 다른 검사로 하여금 처리하게 할 수 있다.

ⅳ 직무대리권: 각급 검찰청의 차장검사는 소속장에게 사고가 있을 때에는 특별한 수권 없이 그 직무를 대리하는 권한을 갖는다.

㉱ 법무부장관의 지휘 감독권: 검사는 법무부 소속 공무원이므로 법무부장관이 검사에 대한 일반적인 지휘 감독권을 갖는 것은 당연하다.

ⓛ **피고인**

ⓐ 의 의

㉮ 피고인의 개념: 피고인이란 검사에 의하여 형사책임을 져야 할 자로 공소가 제기된 자 또는 공소가 제기된 자로 취급되어 있는 자를 말한다.

㉯ 피고인 특정의 기준: 공소장에는 피고인의 성명, 기타 피고인을 특정할 수 있는 사항을 기재하여야 한다.

ⓑ 피고인의 소송법상 지위: 규문절차에서의 피고인은 조사의 객체가 되는 데 그치지만 탄핵주의 소송구조에서의 피고인은 소송의 주체가 된다.

㉮ 당사자로서의 지위

ⅰ 수동적 당사자: 피고인은 검사에 대립하는 당사자이다.

ⅱ 피고인의 방어권과 참여권: 형사소송법은 피고인이 당사자로서 검사와 대등한 지위에서 공격 방어를 할 수 있도록 하기 위하여 피고인에게 방어권과 소송절차 참여권을 보장하고 있다.

㉯ 증거방법으로서의 지위: 피고인은 당사자의 지위를 가지지만 동시에 증거방법으로서의 지위도 갖는다.

㉱ 강제처분의 대상으로서의 지위: 피고인은 소환, 구속, 압수, 수색 등의 강제처분의 객체가 된다.

ⓒ 당사자 능력

㉮ 의의: 당사자 능력이란 소송법상 당사자가 될 수 있는 일반적인 능력을 말한다.

㉯ 당사자 능력이 있는 자: 권리능력이 있는 자는 모두 당사자 능력을 가진다.

㉱ 당사자 능력의 소멸: 피고인이 사망하거나, 피고인인 법인이 존속하지 아니하게 되었을 때에 소멸한다.

ⓓ 소송능력

㉮ 의의: 소송능력이란 피고인이 당사자로서 유효하게 각종의 소송행위를 할 수 있는 능력을 말한다.

㉯ 능력의 정도: 소송능력은 피고인으로서 자기의 지위와 중요한 이해를 변별하여 상당한 방어행위를 할 수 있는 의사능력이 있음으로써 족하다.

㉰ 흠결의 효과: 소송능력이 없는 자가 한 소송행위는 무효이다.

㉢ **변호인**

ⓐ 의의와 존재이유: 변호인이란 피고인의 방어력을 보충하기 위하여 선임된 보조자를 말한다.

ⓑ 형식적 변호와 실질적 변호: 우리 형사소송법은 당사자주의와 직권주의를 조화한 소송구조를 채택하고 있다.

ⓒ 변호인의 지위

㉮ 보호자적 지위: 변호인은 피고인의 이익을 위하여 활동하는 피고인의 보호자이다.

㉯ 공익적 지위: 변호인은 단순한 피고인의 대리인이 아니고 피고인의 정당한 이익을 옹호함으로써 공정한 형사사법의 실현에 공헌하여야 하는 공익적 성격을 갖는다.

247

ⓓ 변호인의 권한: 피고인의 보호지인 변호인의 활동을 보장하기 위하여 변호인에게는 피고인을 대리하는 대리권과 고유권이 인정된다.

㉮ 대리권: 변호인은 피고인이 할 수 있는 소송행위 중 성질상 대리가 허용될 수 있는 모든 소송행위에 대하여 포괄적인 대리권을 갖는다.

㉯ 고유권: 변호인의 권리 중에서 성질상 대리권이라고 볼 수 없는 권한을 고유권이라고 한다.

ⓔ 변호인의 선임: 변호인이 소송절차에 관여하기 위해서는 일정한 자의 선임행위를 필요로 한다.

㉮ 사선변호인

① 선임권자: 피고인 또는 피의지는 언제나 변호인을 선임힐 수 있으며, 피고인 또는 피의자의 법정대리인, 배우자, 직계친족, 형제자매와 호주는 독립하여 변호인을 선임할 수 있다.

ⅱ 피선임자: 변호인은 변호사 중에서 선임하여야 한다.

㈏ 국선변호인

ⓘ 제도의 취지: 사선변호인 제도가 있다 하더라도 경제적 빈곤 등으로 사선변호인을 선임할 수 없는 자에 대해서는 변호권을 실질적으로 보장할 수 없게 되므로 평등의 원칙에도 반하게 된다.

ⓘ 선임사유: 피고인의 방어력이 열악하거나 무자력인 경우와 사건이 중대한 경우에 국선변호인을 선임한다. 국선변호인은 사선변호인이 없는 때에만 선정할 수 있다.

ⓕ 보조인: 피고인(또는 피의자, 이하 같음)의 법정대리인, 배우자, 직계친족, 형제자매와 호주는 보조인이 될 수 있다.

(5) 소송행위와 소송조건

① 소송행위

㉠ **소송행위의 의의와 종류**

ⓐ 의 의

㉮ 소송행위의 개념: 소송행위란 소송절차를 조성하는 개개의 행위로서 소송법상의 효과가 인정되는 것을 말한다.

㉯ 소송행위의 특질: 소송행위는 소송목적을 향한 절차의 연속이므로 절차의 발전단계에 따라 이미 이루어진 행위를 바탕으로 또 다른 행위가 이루어진다.

ⓑ 소송행위의 종류: 소송행위는 주체, 기능, 성질 및 목적을 기준으로 구별할 수 있다.

㉡ **소송행위의 일반적 요소**

ⓐ 소송행위의 주체 및 적격: 소송행위를 하는 행위의 주체가 그의 이름으로 소송행위를 할 수 있는 자격을 행위적격이라고 한다.

ⓑ 소송행위의 내용: 소송행위에는 형식적 확실성이 요구된다.

ⓒ 소송행위의 방식

㉮ 소송행위의 방식: 소송행위의 방식은 법적안정성 및 형식적 확실성을 확보하고 국가기관의 자의적인 권력발동을 방지함으로써 피고인을 보호하기

위하여 엄격히 규정되어 있다.

　　㉯ 서류와 송달

　　　ⓘ 소송서류: 특정한 소송에 관하여 작성된 일체의 서류를 소송서류라고 한다.

　ⓓ 소송행위의 일시와 장소

　　㉮ 기일: 기일이란 공판기일, 증거조사기일과 같이 법관 당사자 기타 소송관계인이 일정한 장소에 회합하여 소송행위를 하도록 정해진 때를 말한다.

　　㉯ 기간: 기간이란 시기와 종기까지 계속되는 일정한 시간의 길이를 말한다.

　　㉰ 기간의 계산: 기간의 계산에 관해서는 시로써 계산하는 것은 즉시부터 기산하고 일, 월 또는 연으로써 계산하는 것은 초일을 산입하지 아니한다.

　　㉱ 법정기간의 연장: 법정기간은 소송행위를 할 자의 주거 또는 사무소의 소재지와 법원 또는 검찰청 소재지와의 거리 및 교통통신의 불편 정도에 따라 대법원규칙으로 이를 연장할 수 있다.

　　㉲ 소송행위의 장소: 공판기일의 소송행위는 법원의 건물 내에 있는 법정에서 행한다.

ⓒ **소송행위의 가치판단: 소송행위의 의미와 내용을 합리적으로 판단하여 그 객관적 의미를 명백히 하는 것을 소송행위의 해석이라고 한다.**

　ⓐ 소송행위의 성립·불성립

　　㉮ 의의: 소송행위의 성립·불성립은 소송행위기 소송행위로시 깇추어야 할 본질적인 요소를 구비하고 있는가에 대한 가치판단이다.

　　㉯ 성립여부 판단의 실익: 불성립한 소송행위는 이를 무시하고 방치할 수 있으나 소송행위가 성립하면 비록 그것이 무효라 할지라도 이를 무시하고 방치하는 것은 절차의 형식적 확실성을 해치게 된다.

　ⓑ 소송행위의 유효·무효

　　㉮ 의의: 소송행위의 유효·무효는 소송행위의 성립을 전제로 하고, 이에 그 본래적 효력을 인정하겠는가에 대한 가치판단을 말한다.

　　㉯ 무효의 원인

　　　ⓘ 행위 주체에 관한 무효원인: 소송행위에 필요한 행위적격이 없는 자의 소송행위는 무효가 된다.

　　　ⓙ 내용과 방식에 관한 무효원인: 소송행위의 내용이 법률상 또는 사실상 불

능일 때에는 무효가 된다.

ⓒ 무효의 치유

㉮ 의의: 소송행위의 유·무효는 원칙적으로 행위 당시를 기준으로 판단한다.

㉯ 공격 방어방법의 소멸에 의한 하자의 치유: 토지관할에 대한 관할위반 신청은 피고사건에 대한 진술 후에는 할 수 없다.

㉰ 소송행위의 추완: 소송행위의 추완이란 법정기간이 경과한 후에 이루어진 소송행위에 대하여 그 기간 내에 행한 소송행위와 같은 효력을 인정할 수 있는가의 문제를 말한다.

㉱ 소송행위의 취소·철회: 소송행위의 하자를 이유로 소급하여 그 효력을 소멸시키는 소송행위의 취소는 절차유지의 원칙상 인정되지 아니한다.

② 소송조건

㉠ **의의:** 소송조건이란 실체적 심판의 조건, 즉 형벌권의 존부를 심판하는 데 있어 구비되어야 할 전제조건을 말한다.

㉡ **소송조건의 종류**

ⓐ 일반적 소송조건과 특수적 소송조건: 일반적 소송조건이란 법원의 재판권, 관할권과 같이 모든 사건에 공통적으로 필요한 조건을 말한다.

ⓑ 절대적 소송조건과 상대적 소송조건: 절대적 소송조건이란 법원이 언제든지 직권으로 조사하여야 할 소송조건을 말하고, 상대적 소송조건이란 당사자의 신청을 기다려 비로소 조사하는 예외적인 소송조건을 말한다.

ⓒ 적극적 소송조건과 소극적 소송조건: 관할권, 재판권과 같이 일정한 사실의 존재가 소송조건이 되는 것을 적극적 소송조건이라 하고, 동일사건에 관하여 확정판결이 없을 것, 동일법원에 이중의 공수제기가 없을 것과 같이 일정한 사실의 부존재가 소송조건으로 되는 것을 소극적 소송조건이라고 한다.

2) 수사와 강제처분

(1) 수 사

① 수사의 의의

　㉠ **수사의 의의:** 형사절차는 수사에 의하여 개시되므로 수사는 형사절차의 첫 단계이다.

　㉡ **수사기관**

　　ⓐ 수사기관의 의의: 수사기관이란 법률상 수사의 권한이 있는 국가기관을 말한다. 수사기관에는 검사와 사법경찰관리가 있다. 검사는 수사의 주재자이고 사법경찰관리는 검사의 지휘를 받아 수사를 행한다.

　　ⓑ 사법경찰관리: 수사서기관, 수사사무관, 경무관, 총경, 경정, 경감, 경위는 사법경찰관으로서 검사의 지휘를 받아 수사하여야 한다. 경사, 경장, 순경은 사법경찰관리로서 검사 또는 사법경찰관의 지휘를 받아 수사의 보조를 하여야 한다.

　　ⓒ 검사와 사법경찰관리의 관계

　　　㉮ 상명하복의 관계: 검사와 사법경찰관리는 상호협조 관계에 있는 것이 아니라 상명하복의 관계에 있다.

　　　㉯ 지휘감독권의 구체적 보장: 검사의 사법경찰관리에 대한 지휘감독권을 제도적으로 보장하기 위하여 검사가 작성한 조서와 사법경찰관이 작성한 조서의 증거능력에 차이가 있다.

② 피의자의 지위

　㉠ **피의자의 개념:** 피의자라 함은 수사기관에 의하여 범죄의 혐의를 받아 수사의 대상으로 된 자를 말한다.

　㉡ **피의자의 소송법상 지위**

　　ⓐ 준당사자로서의 지위: 현행법은 영미의 인권보장제도의 장점을 많이 도입하여 피의자의 권익보호와 장차 피고인으로서의 방어준비에 만전을 기함으로써 당사자에 준하는 지위를 보장하고 있다.

ⓑ 기본적 지위: 수사의 주체는 검사와 사법경찰관리이므로 피의자는 기소 후의 절차에서의 피고인의 지위에 비하면 수사의 객체로서의 성격이 강하므로 피의자는 수사기관의 필요한 조사를 받아야 한다.

ⓒ **피의자의 소송법상 권리**: 형사소송법은 수사절차에 있어서 피의자의 인권을 보호하기 위하여 영장주의와 강제수사 법정주의를 채택하고 있고, 피의자에 대하여 진술거부권, 변호인선임권, 증거보전청구권, 체포구속적부심사청구권, 접견교통권, 구속의 취소청구권 등이 인정되고 있다.

③ 수사의 개시

ⓐ **수사의 단서**: 수사기관은 '범죄의 혐의가 있다고 사료하는 때'에는 언제든지 수사를 개시할 수 있다.

　ⓐ 현행범인: 현행범인은 범죄의 실행 중이거나 실행의 직후인 자를 말한다.

　ⓑ 불심검문: 불심검문이란 경찰관이 거동이 수상한 자를 발견한 때에 이를 정지시켜 질문하는 것을 말한다.

　ⓒ 고발: 고발이란 고소권자와 범인 이외의 자가 수사기관에 대하여 범죄사실을 신고하여 그의 소추를 구하는 의사표시를 말한다.

　ⓓ 자수: 자수는 범인 스스로 수사기관에 대하여 자기의 범죄사실을 신고하여 수사와 소추를 구하는 의사표시이다.

④ 고 소

ⓐ **고소의 의의**: 고소는 범죄의 피해자 또는 그와 일정한 관계에 있는 고소권자가 수사기관에 대하여 범죄사실을 신고하여 범인의 소추를 구하는 의사표시이다.

ⓑ **고소의 절차**: 고소는 고소권자에 의하여 행하여져야 한다. 따라서 고소권 없는 자가 한 고소는 고소로서의 효력이 없다.

ⓒ **고소의 취소**

　ⓐ 의의: 고소의 취소는 일단 제기한 고소를 철회하는 법률행위적 소송행위이다. 고소는 제1심 판결선고 전까지 취소할 수 있다.

　ⓑ 취소의 방법: 고소를 취소할 수 있는 자는 고유의 고소권자이거나 고소의 대리행사권자이거나 불문한다.

⑤ 임의수사

　　㉠ **임의수사와 강제수사**

　　　　ⓐ 임의수사와 강제수사의 의의: 수사의 목적을 달성하기 위하여, 즉 범인 및 증거를 발견하고 공소의 제기 및 유지에 필요한 자료를 얻기 위해서는 상대방의 동의나 승낙을 전제로 필요한 조사를 할 수 있다.

　　　　ⓑ 임의수사의 원칙과 강제수사의 규제

　　　　　㉮ 임의수사의 원칙: 수사에 관해서는 그 목적을 달성하기 위하여 필요한 조사를 할 수 있다.

　　　　　㉯ 강제수사의 규제: 강제수사 내지 강제처분은 필연적으로 개인의 기본권을 침해하게 되므로 이를 제한하기 위한 법적 규제가 필요하다.

(2) 강제처분과 강제수사

① 강제처분의 의의와 종류

　　㉠ **강제처분의 의의:** 강제처분이란 소송의 진행과 형벌의 집행을 확보하기 위하여 강제력을 사용하는 것을 말한다.

　　㉡ **강제처분의 종류:** 강제처분은 강제력이 행사되는 객체를 표준으로 하여 소환, 체포, 구속, 증인신문과 같은 대인적 강제처분과 압수, 수색, 검증과 같은 대물적 강제처분으로 나누어진다.

② 체포와 구속

　　㉠ **피의자의 체포**

　　　　ⓐ 체포의 의의: 체포란 죄를 범하였다고 의심할 만한 상당한 이유가 있는 피의자를 단시간 동안 수사관서 등 일정한 장소에 인치하는 제도이다.

　　　　ⓑ 체포영장에 의한 체포

　　　　　㉮ 체포의 요건: 체포영장을 발부하기 위해서는 피의자가 죄를 범하였다고 의심할 만한 상당한 이유가 있고, 수사기관의 출석요구에 응하지 아니하거나 응하지 아니할 우려가 있어야 한다.

　　　　　㉯ 체포의 절차: 검사는 관할지방법원판사에게 청구하여 체포영장을 발부받아

피의자를 체포할 수 있고, 사법경찰관은 검사에게 신청하여 검사의 청구로 관할지방법원판사의 체포영장을 발부받아 피의자를 체포할 수 있다.

ⓒ 긴급체포

㉮ 긴급체포의 의의: 긴급체포란 중대한 죄를 범하였다고 의심할 만한 상당한 이유가 있는 피의자를 수사기관이 법관의 체포영장을 발부받지 않고 체포하는 것을 말한다.

㉯ 긴급체포의 요건: 피의자가 사형, 무기 또는 장기 3년 이상의 징역이나 금고에 해당하는 죄를 범하였다고 의심할 만한 상당한 이유가 있고, 피의자가 증거를 인멸할 염려가 있거나 도망 또는 도망할 염려가 있는 경우에 긴급을 요하여 지방법원판사의 체포영장을 받을 수 없는 때에는 그 사유를 알리고 영장 없이 피의자를 체포할 수 있다.

㉰ 긴급체포의 절차: 검사 또는 사법경찰관은 피의자에게 긴급체포를 한다는 사유를 고하고 영장 없이 피의자를 체포할 수 있다.

ⓓ 현행범인의 체포

㉮ 현행범인의 의의: 현행범인이란 범죄의 실행 중이거나 실행의 즉후인 자를 말한다.

㉯ 현행범인의 체포: 현행범인은 누구든지 영장 없이 체포할 수 있다.

㉰ 체포 후의 절차: 검사 또는 사법경찰관리 아닌 자가 현행범인을 체포한 때에는 즉시 검사 또는 사법경찰관리에게 인도하여야 한다.

ⓛ 구 속

ⓐ 구속의 의의: 구속은 피고인 또는 피의자의 신체의 자유를 제한하는 강제처분이다.

ⓑ 구속의 요건: 피고인이나 피의자가 죄를 범하였다고 의심할 만한 상당한 이유가 있는 자

ⓒ 구속의 절차: 구속은 법관이 발부한 영장에 의하여야 한다.

ⓔ 보석: 보석이란 보증금을 납부시킨 뒤 적당한 조건을 붙여 구속의 집행을 정지함으로써 구속된 피고인을 석방하는 제도이다.

ⓡ 구속의 집행정지

ⓐ 의의: 구속의 집행정지란 구속의 집행력을 정지시켜서 피고인을 석방하는 제

도를 말한다.

ⓑ 절차: 법원이 구속집행정지의 결정을 함에는 검사의 의견을 물어야 한다.

ⓜ **구속의 취소와 구속의 실효**

ⓐ 구속취소

㉮ 의의: 구속의 취소란 구속의 사유가 없거나 소멸된 경우에 직권 또는 일정한 자의 청구에 의하여 장래에 향하여 구속의 효력을 상실시키는 법원의 결정을 말한다.

㉯ 구속취소사유: 구속의 사유가 없거나 소멸된 때이다.

③ 압수 · 수색 · 검증

㉠ **의의:** 증거물이나 몰수물의 수집과 보전을 목적으로 하는 강제처분으로서 그 직접적 대상이 물건이라는 점에서 대물적 강제처분이라고 한다.

㉡ **압수와 수색:** 압수란 유체물에 대한 점유의 취득 및 그 점유의 계속을 내용으로 하는 강제처분을 말한다.

㉢ **검증감정유치:** 수사기관의 검증. 검증이란 사람, 장소, 물건의 성질, 형상을 사람의 오관의 작용에 의하여 인식하는 강제처분을 말한다.

(3) 수사의 종결

① **개 념**

수사는 범죄 혐의의 유무를 밝혀 공소를 제기할 것인가를 결정하기 위한 수사기관의 활동이므로 수사절차는 공소제기의 유무를 결정할 수 있을 정도로 피의사건이 규명되었을 때, 즉 범죄사실이 명백하게 되었거나 수사를 계속할 필요가 없는 경우에 수사를 종결한다.

② **수사종결처분의 종류**

㉠ **공소제기:** 범죄의 객관적 혐의가 충분하고 소송조건 및 처벌조건을 구비하여 유죄판결을 받을 수 있는 경우에 검사는 공소를 제기한다.

㉡ **타관송치(타 검찰청에의 송치):** 검사는 사건이 그 소속검찰청에 대응한 법원의

관할에 속하지 아니한 때에는 사건을 서류와 증거물과 함께 관할법원에 대응한 검찰청 검사에게 송치하여야 한다.

③ 검사의 통지처분

　㉠ **고소·고발 사건의 처리:** 검사가 고소 또는 고발에 의하여 범죄를 수사할 때에는 고소 또는 고발을 수리한 날로부터 3월 이내에 수사를 완료하여 공소제기 여부를 결정하여야 한다.

　㉡ **피의자에 대한 통지:** 검사는 불기소 또는 타관송치의 처분을 한 때에는 피의자에게 즉시 그 취지를 통지하여야 한다.

④ 불기소처분에 대한 불복

검사의 불기소처분에 대한 고소·고발인의 불복 수단으로는 재정신청과 검찰청법에 의한 항고, 재항고 및 헌법재판소법에 의한 헌법소원이 있다.

　㉠ **검찰항고·재항고:** 검사의 불기소처분에 불복이 있는 고소인 또는 고발인은 그 검사가 속하는 지방검찰청 또는 지청을 거쳐 서면으로 관할 고등검찰청의 장에게 항고할 수 있다.

　㉡ **헌법소원 의의:** 헌법소원이란 공권력의 행사 또는 불행사로 인하여 헌법상 보장된 기본권을 침해받은 자가 헌법재판소에 그 권리구제를 청구하는 것을 말한다.

⑤ 소송제기 후의 수사

　㉠ **문제의 제기:** 수사는 공소의 제기 및 유지 여부를 결정하기 위한 절차이다.

　㉡ **기소 후의 강제수사 구속:** 공소제기 후의 피고인 구속은 법원의 권한에 속한다.

　㉢ **기소 후의 임의수사:** 기소 후에도 공소를 유지하거나 그 여부를 결정하기 위한 수사가 가능한 이상 공소제기 후의 임의수사는 원칙적으로 허용된다.

(4) 공소의 제기

① 공소의 의의

공소란 검사가 법원에 대하여 특정한 형사사건의 심판을 구하는 검사의 법률행위적 소송행위를 말한다.

② 공소제기의 기본원칙

　㉠ **공소제기의 주체:** 공소제기의 권한은 국가기관, 특히 검사에게 전담하게 하는 것을 국가소추주의라고 하며, 사인의 공소제기를 인정하는 사인소추주의에 대립하는 개념이다.

　㉡ **기소독점주의의 의의 및 장단점:** 국가기관 중에서 검사만이 공소를 제기하고 수행할 권한을 갖는 것을 검사의 기소독점주의라고 한다.

　㉢ **기소편의주의 의의:** 기소편의주의라 함은 공소제기 여부를 검사의 자유로운 판단에 일임하는 주의를 말한다.

③ 공소의 취소

　㉠ **의의:** 공소의 취소란 검사가 일단 제기한 공소를 소송 도중에 철회 내지 포기하는 법률행위적 소송행위를 말한다.

　㉡ **공소취소의 절차**

　　ⓐ 취소권자: 공소취소는 검사만이 할 수 있다.

　　ⓑ 취소의 방식: 공소취소는 이유를 기재한 서면으로 하여야 한다.

　　ⓒ 취소의 시기: 공소는 제1심 판결선고 전까지 취소할 수 있다.

　㉢ **공소취소의 효과, 공소기각의 결정:** 공소가 취소된 때에는 결정으로 공소를 기각한다.

④ 재판상의 준기소절차

　㉠ **의의 및 인정 이유:** 준기소절차란 일정한 범위의 피의사건에 관하여 검사의 불기소처분이 있는 경우 고소인 또는 고발인이 이에 불복하여 재정신청을 하고 법원이 이를 이유 있다고 인정하여 심판에 부하는 결정을 한 때에는 공소제기가 있는 것으로 간주하는 제도를 말한다.

　㉡ **재정신청**

　　ⓐ 신청권자 및 신청의 대상: 신청권자는 고소인 또는 고발인이다. 신청대상은 공무원의 직무에 관한 죄 중 형법 123조, 124조, 125조에 해당하는 피의사건에 관한 검사의 불기소처분이며, 무혐의처분 외에 기소유예처분도 신청의 대상이 된다.

ⓑ **신청의 방식:** 불기소처분의 통지를 받은 날로부터 10일 내에 서면으로 신청한다.

ⓒ **부심판사건의 공판절차:** 부심판 결정에 의하여 사건의 송치를 받은 지방법원 또는 지원에서는 공판절차가 개시된다.

⑤ 공소제기의 방식

㉠ **공소장의 제출:** 공소의 제기는 공소장을 관할법원에 제출함으로써 한다.

㉡ **공소장의 기재사항, 필요적 기재사항:** 공소장에는 피고인·죄명·공소사실 및 적용법조를 기재하여야 하며, 피고인의 구속 여부도 기재하여야 한다.

㉢ **공소장 일본(一本)주의:** 공소장에는 사건에 관하여 법원에 예단이 생기게 할 수 있는 서류 기타 물건을 첨부하거나 그 내용을 인용하여서는 아니 된다는 원칙을 공소장 일본주의라고 한다.

⑥ 공소제기의 효과

㉠ **소송계속:** 공소가 제기되면 피의사건이 피고사건으로 변하여 법원의 소송사건으로 된다.

㉡ **사건의 범위의 한정:** 공소는 검사가 지정한 피고인 이외의 사람에게는 그 효력이 미치지 않으며, 소송계속이 생기는 사건의 범위는 피고인 및 공소사실이 동일한 한 사건의 전부에 미친다.

㉢ **재소의 금지:** 소송계속의 소극적 효과로서 공소가 제기된 사건에 관해서는 다시 이중으로 공소를 제기할 수 없다.

㉣ **공소시효의 정지:** 공소제기에 의하여 공소시효의 진행이 정지되며, 공소기각 또는 관할위반의 재판이 확정된 때로부터 진행한다.

⑦ 공소제기의 효력이 미치는 범위

㉠ **사건범위의 한정, 공소불가분의 원칙:** 공소제기의 효과는 공소장에 기재된 피고인과 공소사실에 대하여 단일성 및 동일성이 있는 한 그 전부에 대하여 미친다.

㉡ **인적 범위(주관적 범위):** 공소는 검사가 피고인으로 지정한 자 이외의 다른 사람에게는 그 효력이 미치지 아니한다.

ⓒ **공소제기의 물적 효력범위**

ⓐ 범죄사실의 일부에 대한 공소는 그 효력이 전부에 대하여 미친다.

ⓑ 일죄의 일부에 대한 공소제기: 1죄의 일부를 기소한 경우에 공소제기의 효력이 전부에 미친다는 것은 공소불가분의 원칙상 당연하다.

⑧ 공소시효

공소시효란 확정판결 전에 일정한 시간의 경과에 의하여 형벌권이 소멸되는 것을 말한다.

㉠ **공소시효의 기간**

ⓐ 사형에 해당하는 범죄에는 15년

ⓑ 무기 징역 또는 무기금고에 해당하는 범죄에는 10년

ⓒ 장기 10년 이상의 징역 또는 금고에 해당하는 범죄에는 7년

ⓓ 장기 10년 미만의 징역 또는 금고에 해당하는 범죄에는 5년

ⓔ 장기 5년 미만의 징역 또는 금고, 장기 10년 이상의 자격정지 또는 다액 1만 원 이상의 벌금에 해당하는 범죄에는 3년

ⓕ 장기 5년 이상의 자격정지에 해당하는 범죄에는 2년

ⓖ 장기 5년 미만의 자격정지, 다액 1만원 미만의 벌금, 과료 또는 몰수에 해당하는 범죄에는 1년

㉡ **공소시효의 정지:** 시효는 공소의 제기로 진행이 정지되고 공소기각 또는 관할위반의 재판이 확정된 때로부터 진행한다.

3) 공 판

(1) 공판절차의 기본원칙

① 공판절차의 의의

공판 또는 공판절차란 공소가 제기되어 사건이 법원에 계속된 이후부터 그 소송절차가 종결될 때까지의 모든 절차를 말한다.

㉠ **공개주의:** 공개주의란 일반 국민에게 심리의 방청을 허용하는 주의를 말한다.

㉡ **구두변론주의:** 구두변론주의란 법원이 당사자의 구두에 의한 공격·방어를 근거

로 하여 심리·재판하는 주의를 말한다.

　　ⓒ **직접심리주의:** 직접심리주의(직접주의)란 법관이 공판정에서 직접 조사한 증거만을 재판의 기초로 삼아야 한다는 주의를 말한다.

　　ⓓ **집중심리주의:** 집중심리주의란 심리에 2일 이상을 요하는 사건은 연일 계속하여 심리해야 한다는 원칙이며 계속심리주의라고도 한다.

(2) 공판절차

① 심판의 대상

공판절차에서 심판의 대상은 공소장에 기재된 피고인과 공소사실에 제한되어야 한다는 것은 불고불리의 원칙상 당연한 결과이다.

② 공소장 변경

　　㉠ **의의:** 공소장 변경이란 검사가 공소사실의 동일성을 해하지 않는 한도에서 법원의 허가를 얻어 공소사실 또는 적용법조를 추가 철회 또는 변경하는 것을 말한다.

　　㉡ **공소장 변경의 한계:** 공소장 변경은 공소사실의 동일성을 해하지 않는 범위에서 허용되므로 공소사실의 동일성은 공소장변경의 한계이다.

　　㉢ **공소장변경 절차**

　　　ⓐ 검사의 신청에 의한 공소장 변경

　　　　㉮ 검사의 신청: 검사는 법원의 허가를 얻어 공소장에 기재한 공소사실 또는 적용법조의 추가, 철회 또는 변경을 할 수 있다.

　　　　㉯ 공소장변경 허가: 공소장변경신청이 있는 경우 법원은 공소사실의 동일성을 해하지 아니하는 한도에서 허가하여야 한다.

③ 공판준비절차

공판준비절차란 공판기일에서의 심리를 위하여 수소법원에 의하여 행하여지는 절차를 말한다.

④ 공판정의 심리

　㉠ **공판정의 구성**

　　ⓐ 판사·검사·변호인의 출석: 공판정은 판사와 법원사무관 등이 열석하고 검사가 출석하여 개정하며, 검사의 좌석은 변호인의 좌석과 대등하고 피고인은 재판장의 정면에 착석한다.

　　ⓑ 피고인의 출석: 피고인이 공판기일에 출석하지 아니한 때에는 특별한 규정이 없으면 개정하지 못하는 것이 원칙이다.

　㉡ **법정경찰권(감치·과태료 처분):** 법정경찰권이란 법정의 질서를 유지하고 심리의 방해를 제지 또는 배제하기 위하여 법원이 행하는 권력작용을 말한다.

⑤ 공판기일의 절차

　제1심 공판기일의 절차는 모두절차와 사실심리절차 및 판결선고절차로 구분된다.

　㉠ **공판정의 개정:** 공판기일은 공판정에서 개정하여 심리한다.

　㉡ **모두(冒頭)절차:** 재판장은 피고인의 성명, 연령, 본적, 주거와 직업을 물어서 피고인임에 틀림없음을 확인하여야 한다.

261

　㉢ **사실심리절차**

　　ⓐ 피고인 신문: 피고인 신문의 순서는 검사, 변호인, 재판장 순이 된다. 합의부원인 판사는 재판장의 신문단계에서 미리 재판장에게 고하고 신문을 할 수 있다.

　　ⓑ 증거조사: 증거조사란 법원이 사실인정과 양형에 관한 심증을 얻기 위하여 각종의 증거를 조사하여 그 내용을 감지하는 소송행위를 말한다.

　㉣ **판결의 선고:** 판결은 공판정에서 재판서에 의하여 선고한다. 판결의 선고는 재판장이 하며 주문을 낭독하고 이유의 요지를 설명하여야 한다.

⑥ 공판심리의 특칙

　㉠ **변론의 분리·병합·재개**

　　ⓐ 변론의 분리·병합: 법원은 필요하다고 인정한 때에는 직권 또는 검사, 피고인이나 변호인의 신청에 의하여 결정으로 변론을 분리하거나 병합할 수 있다.

　　ⓑ 변론의 재개: 법원은 필요하다고 인정한 때에는 직권 또는 검사, 피고인이나

변호인의 신청에 의하여 결정으로 종결한 변론을 재개할 수 있다.

ⓒ 변론의 속행: 공판기일에 변론을 종결하지 아니하고 다음 공판기일에 변론을 계속 진행하는 것을 변론의 속행이라고 한다.

ⓓ 변론의 종결: 공판이 진행되어 피고인신문과 증거조사가 종료한 때에는 검사의 의견진술 및 피고인과 변호인의 최종의견진술이 있은 다음 변론을 종결하게 된다.

ⓛ **간이공판절차:** 간이공판절차란 피고인이 법정에서 공소사실에 대하여 자백하는 사건에 관하여 공판절차를 간이화함으로써 소송경제와 재판의 신속을 기하고자 하는 제도이다.

ⓒ **공판절차와 정지와 갱신**

　ⓐ 공판절차의 정지: 공판절차의 정지란, 일정한 사유가 발생한 경우에 결정으로 공판절차의 진행을 중지하는 것을 말한다.

　ⓑ 소송절차의 정지: 소송절차를 정지하여야 하는 때에도 공판절차를 정지하여야 한다.

　ⓒ 공판절차의 갱신: 공판절차의 갱신이란 일정한 사유가 발생하는 때에 공판정에서 이미 진행한 절차를 일단 무시하고 다시 그 절차를 진행하는 것을 말한다.

⑦ 증인신문 · 감정 · 검증

ⓐ **증인신문**

　ⓐ 의의: 증인신문이란 증인이 실험한 사실을 내용으로 하는 진술을 얻는 증거조사를 말한다.

　ⓑ 증인의 의의와 증인적격: 증인이라 함은 법원 또는 법관에 대하여 자기가 과거에 체험한 사실을 진술하는 제3자를 말한다.

　ⓒ 증인의 의무와 권리: 증인신문은 증인을 출석시켜 선서하게 한 후에 신문에 따라 진술하게 되므로 증인에게는 출석과 선서 및 증언의 의무가 있으며, 증인의 권리로서는 증언거부권과 비용청구권이 있다.

　ⓓ 당사자의 참여권: 당사자는 증인신문에 참여할 권리를 가진다.

　ⓔ 증인신문의 실시: 재판장은 증인의 성명 · 주민등록번호 · 주거 및 직업을 물어서 증인임에 틀림없음을 확인하여야 한다.

ⓛ **감 정**

  ⓐ 감정의 의의: 감정이란 특별한 지식이나 경험을 가진 제3자가 그 지식·경험에 의하여 알 수 있는 법칙 또는 그 법칙을 적용하여 얻은 판단을 법원에 보고하는 것을 말한다.

  ⓑ 감정의 절차: 법원은 학식·경험 있는 자에게 감정을 명할 수 있다.

ⓒ **통역과 번역:** 법정에서는 국어를 사용한다. 그러나 외국어에 의한 진술이나 서류가 제출되는 것을 금지하는 것은 아니므로 통역과 번역이 필요하다.

ⓔ **검증:** 검증이란 법관의 시각, 청각, 후각, 미각, 촉각 등 오관의 작용에 의하여 물건, 인체 또는 장소의 존재, 형태, 성상 등을 실험, 관찰하여 인식하는 증거조사를 말한다.

ⓜ **증거조사에 관한 이의신청:** 이의신청이란 당사자가 법원 또는 소송관계인의 소송행위가 위법 또는 부당함을 주장하여 그 시정 또는 다른 조치를 법원에 청구하는 의사표시를 말한다.

(3) 증 거

① 증거의 의의와 종류

  ㉠ **증거의 의의:** 형사소송은 형법의 적정한 적용을 위하여 구체적 법률관계를 형성·확정하는 것을 목적으로 하므로 형사소송에 의하여 확정되는 구체적 법률관계는 사실관계의 정확한 파악을 전제로 한다. 이러한 사실관계의 확정, 즉 사실인정의 근거가 되는 자료를 증거라고 한다.

  ㉡ **증거(방법)의 종류:** 증거자료와 요증사실과의 관계에 따라 증거를 분류한 것이다.

② 증 명

  사실의 존부에 관하여 법관이 확실한 심증을 얻는 것 또는 법관에게 이러한 심증을 얻게 하는 것을 증명이라고 한다.

③ 자백의 증거능력의 제한

  ㉠ **자백의 의의:** 자백이란 자기의 범죄사실의 전부 또는 일부를 인정하는 진술을 말한다.

ⓛ **자백 배제의 법칙:** 임의성이 없거나 의심되는 자백의 증거능력을 부정하는 증거 법칙을 자백 배제의 법칙이라고 한다.

④ 위법모집증거 배제 법칙

㉠ **의의 및 근거**

ⓐ 의의: 위법모집증거의 배제 법칙이란 위법한 절차에 의하여 수집된 증거의 증거능력을 부정하는 법칙을 말한다.

ⓑ 근거: 위법하게 수집된 증거의 증거능력을 배제하는 이론적 근거는 적정절차의 보장이라는 관점에서 그 증거능력이 부정되어야 한다는 것이다.

⑤ 전문법칙

㉠ **전문증거와 전문법칙의 의의**

ⓐ 전문법칙의 의의: 전문법칙이란 전문증거는 증거가 아니므로 증거능력이 없다는 원칙이다.

ⓑ 전문증거의 의의: 사실인정의 기초가 되는 경험적 사실을 경험자 자신이 직접 법원에 진술하지 않고, 간접적으로 보고하는 경우에 그 간접적인 보고를 전문증거라고 한다.

ⓛ 전문법칙의 적용범위: 전문증거는 요증사실을 직접 경험한 자의 진술을 내용으로 하는 진술증거를 의미한다.

(4) 재 판

① 재판의 의의와 종류

㉠ **재판의 의의:** 재판이란 협의로는 사건의 실체에 대한 법원의 공권적 판단, 즉 실체적 종국재판을 말하며, 광의의 재판이란 널리 법원 또는 법관의 의사표시적 소송행위를 총칭한다.

㉡ **재판의 종류:** 재판은 그 기능에 따라 종국재판과 종국 전의 재판, 재판의 형식에 따라 판결·결정·명령으로, 재판의 내용에 따라 실체재판과 형식재판으로 분류된다.

ⓐ 종국재판과 종국 전의 재판

㉮ 종국재판: 종국재판이란 피고사건의 소송을 그 심급에서 종료시키는 재판을 말한다.

㉯ 종국 전 재판: 종국재판에 이르기까지 피고사건의 소송을 계속 진행시키기 위하여 절차상의 문제를 해결하는 재판을 종국 전의 재판 또는 중간재판이라고 말한다.

ⓑ 판결·결정·명령: 판결과 결정은 법원이 행하는 재판이고, 명령은 법관(재판장, 수명법관, 수탁판사)이 행하는 재판이다.

ⓒ **재판의 성립:** 재판은 법원 또는 법관의 의사표시이므로 의사의 결정과 결정된 의사의 표시라는 두 단계로 나누어진다.

ⓐ 재판의 내부적 성립: 재판의 의사표시적 내용이 당해 사건의 심리에 관여한 재판기관의 내부에서 결정되는 것을 재판의 내부적 성립이라고 한다.

ⓑ 재판의 외부적 성립: 재판의 의사표시적 내용이 재판을 받는 자에게 인식될 수 있는 상태에 이른 것을 재판의 외부적 성립이라고 한다.

ⓔ **재판의 구성과 방식**

ⓐ 재판서의 구성: 재판은 주문과 이유로 구성된다.

ⓑ 재판서의 방식: 재판을 할 때에는 재판서를 작성하여야 한다.

ⓜ **재판의 선고·고지**

ⓐ 의의: 재판은 선고 또는 고지에 의하여 외부적으로 공표된다. 다시 말하면 재판의 외부적 성립 절차는 선고 또는 고지이다. 선고 및 고지는 재판장이 한다.

ⓑ 판결의 선고

㉮ 필요적 공개: 판결의 선고는 반드시 공개하여야 한다.

㉯ 판결선고기일: 판결의 선고만을 행하는 공판기일을 실무상 판결선고기일이라고 부른다.

② 종국재판

㉠ **유죄의 판결**

ⓐ 유죄판결의 의의

㉮ 의의: 유죄판결은 범죄의 증명이 있는 때에 선고하는 판결이다.

㉯ 주형(主刑): 선고형을 말한다.

　　㉰ 부수처분: 판결선고 전 구금일수는 그 전부 또는 일부를 유기징역, 유기금
　　　고, 벌금이나 과료에 관한 노역장유치 또는 구류에 산입한다.

ⓛ **무죄판결**: 무죄판결이란 피고사건에 대하여 형벌권의 부존재를 확인하는 판결을
　　말한다.

ⓒ **관할위반의 판결**

　　ⓐ 관할위반판결의 의의: 피고사건이 수소법원의 관할에 속하지 아니한 때에는
　　　판결로써 관할위반의 선고를 하여야 한다.

　　ⓑ 관할위반판결의 사유: 관할위반의 판결을 할 수 있는 사유는 피고사건이 수
　　　소법원의 관할에 속하지 아니하는 것이다.

　　ⓒ 재배당과 이송: 단독판사의 관할사건이 공소장 변경에 의하여 합의부관할로
　　　변경된 경우에는 사건 배당의 착오에 의한 것이 아니므로 재배당할 것이 아
　　　니라 단독판사는 관할권이 있는 합의부로 이송결정을 하여야 한다.

ⓡ **공소기각의 재판**

　　ⓐ 공소기각재판의 의의: 공소기각의 재판은 관할권 이외의 형식적 소송조건이
　　　결여된 경우에 절차상의 하자를 이유로 공소를 부적합하다고 인정하여 사건
　　　의 실체에 대한 심리를 하지 않고 피고사건을 종결시키는 형식재판이다.

　　ⓑ 공소기각의 결정: 공소기각 결정사유는 절차상의 하자가 중대하고 명백한 경
　　　우이다.

　　ⓒ 공소기각의 판결: 공소기각의 판결에 대하여는 상소할 수 있으나 피고인이
　　　무죄를 주장하여 상소하는 것은 허용되지 않는다.

ⓜ **면소의 판결**

　　ⓐ 면소판결의 의의: 재판에는 실체재판과 형식재판이 있다.

　　ⓑ 면소판결의 사유

　　　㉮ 확정판결이 있은 때

　　　㉯ 사면이 있을 때

　　　㉰ 공소의 시효가 완성되었을 때

　　　㉱ 범죄후의 법령개폐로 형이 폐지되었을 때에는 판결로써 면소의 선고를 하
　　　　여야 한다.

ⓑ 기타 사건을 종국시키는 재판

   ⓐ 소년부송치의 결정: 법원은 소년에 대한 피고사건을 심리한 결과 벌금 이하
의 형에 해당하는 범죄이거나 보호처분에 해당할 사유가 있다고 인정한 때에
는 결정으로써 사건을 관할 소년부에 송치하여야 한다.

   ⓑ 가정보호사건송치의 결정: 법원은 가정폭력범죄의 처벌 등에 관한 특례법 제
2조 제3호 소정의 가정폭력범죄를 범한 자 및 가정구성원인 공범에 대한 피
고사건을 심리한 결과 같은 법에 의한 보호처분에 처함이 상당하다고 인정한
때에는 결정으로 사건을 가정보호사건의 관할법원에 송치할 수 있다.

③ 재판에 따르는 사무처리

   ㉠ **재판결과통지:** "형사판결 또는 감호판결이 있을 때에는 담임 법원사무관 등은
지체 없이 재판장의 확인을 받아 판결 결과를 검찰청에 통지하여야 한다"고 규
정하고 있는데 이를 '재판결과통지'라고 한다.

   ㉡ **재판서의 수령 및 정서와 상황부 등의 정리:** 판결초고는 당일 또는 적어도 선고
된 다음 날 위 상황부와 함께 법원장에게 공람하여 검인을 받는다. 재판사무처리
시스템을 사용하는 경우에는 송달상황 부분을 제외한 초고수령 부분만 남게 되
어 위 절차를 밟게 될 것이다.

④ 소송비용

   ㉠ **의의:** 소송비용이란 소송절차를 진행함으로 인하여 발생한 비용으로서 형사소송
법에 의하여 특히 소송비용으로 규정된 것을 말한다.

   ㉡ **소송비용의 부담자**

      ⓐ 소송비용의 피고인 부담: 형의 선고를 하는 때에는 피고인에게 소송비용의
전부 또는 일부를 부담하게 하여야 한다.

      ⓑ 소송비용의 제3자 부담: 고소 또는 고발에 의하여 공소가 제기된 사건에 관하여
무죄 또는 면소의 판결을 하는 경우에, 고소인 또는 고발인에게 고의나 중과실
이 있는 때에는 그 자에게 소송비용의 전부 또는 일부를 부담케 할 수 있다.

⑤ 재판의 효력

    ㉠ 재판의 확정

        ⓐ 재판의 확정: 재판이 통상의 불복방법에 의하여 다툴 수 없게 되어 그 내용을 변경할 수 없게 된 상태를 재판의 확정이라고 하며, 이러한 상태에 있는 재판을 확정재판이라고 한다.

        ⓑ 재판의 확정시기: 불복신청이 허용되지 않는 재판은 선고 또는 고지와 동시에 확정된다.

    ㉡ **재판의 확정력:** 재판의 확정은 형식적 확정과 내용적 확정으로 구별되며, 이에 따라 그 효력도 형식적 확정력과 내용적 확정력으로 구별된다.

(5) 상 소

① 상소의 통칙

    ㉠ **상소의 의의와 종류**

        ⓐ 상소의 의의: 상소란 미확정의 재판에 대하여 상급법원에 구제를 구하는 불복신청제도이다.

        ⓑ 상소의 종류: 상소에는 항소·상고 및 항고 세 종류가 있다.

    ㉡ **상소권**

        ⓐ 의의 및 성질: 형사재판에 대하여 상소를 할 수 있는 소송법상의 권리를 상소권이라고 한다.

        ⓑ 상소권자: 검사와 피고인은 당사자로서 당연히 상소권을 가지는 고유의 상소권자이다.

    ㉢ **상소권의 발생·소멸·회복**

        ⓐ 상소권의 발생: 상소권은 재판의 선고 또는 고지에 의하여 발생한다.

        ⓑ 상소권의 소멸: 상소권은 상소기간의 경과, 상소의 포기 또는 취하에 의하여 소멸한다.

② 항 소

　㉠ **항소와 항소심의 구조**

　　ⓐ 항소의 의의: 항소란 제1심 판결에 대한 제2심 법원에의 상소를 말한다.

　　ⓑ 항소심의 구조에 관한 입법주의

　　　㉮ 복심제: 이는 제1심이 전혀 없었던 것과 같이 항소심의 심리를 처음부터 다시 하는 제도이다.

　　　㉯ 속심제: 속심제는 제1심의 심리를 토대로 항소심의 심리를 속행하는 제도를 말한다.

　　　㉰ 사후심제: 이는 원심의 소송절차와 소송자료만을 기초로 원판결 시를 기준으로 하여 원판결의 당부를 심사하는 제도를 말한다.

　㉡ **항소이유**: 항소를 제기하기 위해서는 원판결의 하자를 지적하지 않으면 안 된다. 이와 같이 항소 이유란 항소권자가 적법하게 항소를 제기할 수 있는 법률상의 이유를 말한다.

　㉢ **항소심의 절차**: 항소를 함에는 7일 이내에 항소장을 원심법원에 제출하되 항소장에는 상소법원을 제출처로 기재하여야 한다.

③ 상 고

　㉠ **상고의 의의와 상고심의 구조**

　　ⓐ 상고의 의의: 상고란 판결에 대한 대법원에의 상소를 말한다.

　　ⓑ 상고심의 구조: 상고심은 원칙적으로 법률문제를 심리 판단하는 법률심이다.

　㉡ **상고심의 절차**

　　ⓐ 상고의 제기: 상고는 상고기간 내에 상고장을 원심법원에 제출하여야 한다.

　　ⓑ 원심법원의 절차: 상고의 제기가 법률상의 방식에 위반하거나 상고권 소멸 후인 것이 명백한 때에는 원심법원은 결정으로 상고를 기각하여야 한다.

　㉢ **상고심의 재판**

　　ⓐ 공소기각의 결정: 공소가 취소된 경우, 피고인이 사망하거나 피고인인 법인이 존속하지 아니하게 되었을 때에 상고법원은 결정으로 공소를 기각하여야 한다.

　　ⓑ 상고기각의 재판: 상고인이나 변호인이 상고이유서 제출기간 내에 상고이유서를 제출하지 아니한 때에는 결정으로 상고를 기각하여야 한다.

ⓒ 원심판결의 파기: 상고이유가 있는 때에는 판결로써 원심판결을 파기하여야
한다.

④ 항고와 준항고

㉠ **항 고**

ⓐ 항고의 의의와 종류

㉮ 항고의 의의: 항고란 결정에 대한 상소를 말한다.

㉯ 항고의 종류: 항고에는 보통항고와 즉시항고가 있다.

(6) 비상구제절차

① **재 심**

재심이란 확정된 유죄판결에 대하여 중대한 사실오인이나 그 의심이 있는 경우에 유죄
판결을 받은 자의 이익을 위하여 판결의 부당함을 시정하기 위한 비상구제절차이다.

② **비상상고**

비상상고란 확정판결에 대하여 그 심리 또는 재판에 법령위반이 있음을 이유로 허
용되는 비상구제절차를 말한다.

(7) 재판의 집행과 형사보상

① **재판의 집행**

㉠ **집행의 일반원칙**

ⓐ 재판집행의 의의: 재판의 집행이란 재판의 의사표시 내용을 국가권력에 의하
여 강제적으로 실현하는 것을 말한다.

ⓑ 집행의 기본원칙: 재판은 이 법률에 특별한 규정이 없으면 확정한 후에 집행
한다.

ⓒ 재판집행의 지휘: 재판의 집행은 그 재판을 한 법원에 대응한 검찰청검사가
지휘한다.

ⓓ 집행지휘의 방식: 재판의 집행지휘는 재판서 또는 재판을 기재한 조서의 등

본 또는 초본을 첨부한 서면으로 하여야 한다.

ⓔ 형집행을 위한 소환: 사형, 징역, 금고 또는 구류의 선고를 받은 자가 구금되지 아니한 때에는 검사는 형을 집행하기 위하여 이를 소환하여야 한다. 소환에 응하지 아니한 때에는 검사는 형집행장을 발부하여 구인하여야 한다.

ⓛ **형의 집행**

ⓐ 집행의 순서: 형의 집행은 사형의 집행, 자유형의 집행, 자격형의 집행, 재산형의 집행으로 나눌 수 있다. 몰수·소송비용·비용배상의 집행은 재산형의 집행과 같이 취급된다.

ⓑ 사형의 집행

㉠ 집행 절차: 사형은 법무부장관의 명령에 의하여 집행한다.

㉡ 집행의 방법: 사형은 교도소 또는 구치소 내에서 교수하여 집행한다.

㉢ 사형의 집행정지: 사형의 선고를 받은 자가 심신의 장애로 의사능력이 없는 상태에 있거나 잉태 중에 있는 여자인 때에는 법무부장관의 명령으로 집행을 정지한다.

ⓒ 자유형의 집행

㉠ 집행방법: 자유형은 검사가 형집행지휘서에 의하여 지휘한다. 자유형은 교도소에 구치하여 집행하며, 검사는 자유형의 집행을 위하여 형집행장을 발부할 수 있다.

㉡ 미결구금일수의 산입: 미결구금일수란 구금당한 날로부터 판결확정 전일까지 실제로 구금된 일수를 말한다.

ⓓ 자격형의 집행: 자격상실 또는 자격정지의 신고를 받은 자에 대해서는 이를 수형자원부에 기재하고 지체 없이 그 등본을 형의 선고를 받은 자의 본적지와 주거지의 시, 구, 읍, 면장에게 송부하여야 한다.

ⓔ 재산형의 집행

㉠ 집행명령과 그 효력: 벌금, 과료, 몰수, 추징, 과태료, 소송비용, 비용배상 또는 가납의 재판은 검사의 명령에 의하여 집행한다.

㉡ 집행방법: 재산형도 형이므로 선고를 받은 본인, 즉 수형자의 재산에 대해서만 집행할 수 있다.

㉢ 가납재판의 집행조정: 가납금액이 확정재판의 금액을 넘으면 초과액을 환

부하여야 한다.

   ㉣ 노역장 유치의 집행: 벌금 또는 과료를 완납하지 못한 자에 대한 노역장 유치의 집행에는 형의 집행에 관한 규정을 준용한다.

  ⑥ 몰수물의 처분과 교부: 몰수물은 검사가 처분하여야 한다.

② 형사보상

  ㉠ **형사보상의 의의와 성질:** 형사보상이란 형사상의 재판절차에서 억울하게 구금 또는 형의 집행을 받은 사람에 대하여 국가가 그 손해를 보상해 주는 제도를 말한다.

  ㉡ **요 건**

   ⓐ 적극적 요건: 형사보상은 무죄판결을 받거나 기소유예처분 이외의 불기소처분을 받은 자가 구금 또는 형의 집행을 받았을 것을 요건으로 한다.

   ⓑ 소극적 요건: 위 적극적 요건을 충족하는 때에도 아래의 경우에는 법원의 재량에 의하여 보상청구의 전부 또는 일부를 기각할 수 있다.

  ㉢ **보상의 내용:** 구금의 일수에 따라 1일 5,000원 이상 대통령령이 정하는 금액 이하의 비율에 의한 금액을 지급한다.

(8) 특별절차

① 약식절차

  ㉠ **약식절차의 의의:** 약식절차란 지방법원의 관할 사건에 대하여 검사의 청구가 있는 때에 공판절차에 의하지 않고 검사가 제출한 서면심리만으로 피고인에게 벌금, 과료를 과하는 간이한 형사절차를 말한다.

  ㉡ **약식명령의 청구**

   ⓐ 청구할 수 있는 사건: 약식명령을 청구할 수 있는 사건은 지방법원의 관할에 속하는 사건으로서 벌금·과료 또는 몰수에 처할 수 있는 사건에 한한다.

   ⓑ 청구의 방식: 약식명령의 청구는 검사가 공소제기와 동시에 서면으로 하여야 한다.

② 즉결심판절차

　　㉠ **즉결심판의 의의:** 즉결심판이란 범증이 명백하고 죄질이 경미한 범죄사건에 대하여 통상의 형사소송절차에 의하지 아니하고 간단하고 신속한 절차에 의하여 일정한 범위 내의 경미한 형을 선고하는 절차를 말한다.

　　㉡ **청구 및 관할**

　　　ⓐ 청구권자 및 청구의 방식

　　　　㉮ 청구권자: 경찰서장 및 해양경찰서장이 청구권자이다.

　　　　㉯ 청구의 방식: 즉결심판을 청구함에는 즉결심판청구서라는 서면을 제출하여야 한다.

제**4**장

경호장비 및 폭발물

제1절 경호장비

1) 경호장비의 의의

경호장비란 경호대상을 경호하는 데 필요한 호신장비, 감시장비, 방호장비, 검색장비, 통신장비, 폭발물 제거장비 들을 말한다. 요즘 테러형태는 날로 고도화되면서 장비 또한 첨단화되는 추세에 있어 경호 임무완수에 많은 어려움이 따르고 있다.

따라서 이와 같은 테러형태에 대응하기 위해서는 보다 과학화된 첨단경호장비를 이용한 경호운용이 크게 요구되는 현실에서 경호원들이 다양한 경호장비 등에 대한 정보와 사용인식 그리고 장비의 선택과 조작기술능력 등을 갖추어야 하기 때문에 기술하고자 한다.

2) 장비경호

대상물 선정, 대상 시설물의 센서(sensor), 감시카메라 등 기계 경호경비지역으로 바꿀 장소 또는 구역 등을 면밀히 검토한다. 기계설비만 설치하면 경호경비가 완벽해지는 것으로 여겨 방심해서는 안 된다.

또한 장소나 대상에 따라 경호장비 운용이 더 유효한 경우가 있으며, 경호원이 아니고는 경호할 수 없는 장소나 대상을 제외하고는 경호장비운용을 고려해 보는 것도 좋다. 그리고 테러범들이 첨단공격용 무기로 무장하기 때문에 이에 대응할 수 있는 첨단호신장비 운용 등으로 경호력을 강화해야만 한다

3) 경호장비 선택

기계는 제조업체에 따라 그 형태나 성능·원리·제원 등이 각각 다르며 그 종류도 다양하다. 따라서 어떤 구조·어떤 방식의 경호용 장비를 채택하느냐에 대한 검토는 아주 신중하고 충분하게 가져야 한다.

4) 경호장비의 운용가치

장비운용의 효과와 가격 면을 따져서 선택하며 장비 원가나 감가상각상 그 유지가 불가능하게 된다든지 또는 장비를 조작할 수 없어진다든지 하는 일이 없도록 해야 한다. 특히 경호장비운용 효과와 가치를 비교해 경제성을 고려하여 장비운용을 판단하도록 한다.

5) 호신장비

호신장비라 함은 일반적으로 자신의 생명과 신체가 위험 상태에 놓여 있을 때, 자신 스스로를 보호하는 데 사용하는 도구를 말하는 것으로 이론적으로는 신변에 있는 것은 무엇이나 호신용 도구로 사용할 수 있는 것이다.

그러나 경호원(보디가드)이 휴대할 수 있는 호신장비는 현행법상 민간 경호원은 정부기관의 민생치안 담당기관이 아닌 사설경호원(보디가드)이기 때문에 공공 기관에서 인정하는 가스봉·가스총 등을 휴대할 수 있다(단, 허가 필). 그러나 공공 기관에서 인정하지 않는 총·칼·각목·야구방망이 등을 호신용구로 휴대하는 것은 위법으로 허용되지 않는다.

단, 2001년 개정된 경비업법에 의하여 특수경비요원에 대하여 부분적으로 총기를 휴대할 수 있도록 법이 개정되어 극히 제한적으로 허용하고 있기는 하다. 이렇듯 우리나라 현행법상 제한적인 호신장비로 인하여 경호업무에 취약점을 안고 있다.

외국, 특히 미국 같은 선진국의 경호원들은 현행법상 합법적인 절차에 의해 호신용 실탄무기를 소지할 수 있어 신속하고 완벽한 경호를 유지할 수 있다. 그러나 우리나라에서는 경호원이 권총과 같은 무기를 소지할 수 없도록 되어 있어서 경호임무에 어려움이 많다. 상황에 따라 긴급상황이 일어날 때에는 인간 방호벽을 구축하는 육탄 경호식 방어가 최선이라 하겠다.

6) 호신장비의 종류

호신장비로 소유할 수 있는 장비로는 가스봉, 가스총과 같은 극히 제한적인 범위 내에서 허가된다. 이의 종류에는 가스분사기, 전자충격기, 방어봉, 방탄조끼 등이 있다.

(1) 가스총

① **휴대용 가스분사기 및 가스분사봉:** 청원 경찰이나 경호원은 공공 기관에서 인정하는 가스 분사기(가스총)나 가스 분사봉(가스봉)을 휴대, 사용할 수 있다. 가스총이나 가스봉이 무기는 아니나 범인 등이 소지하게 되면 사회 안정상 중대한 위해 발생의 우려가 있다.

② **일단 범인에게 발사하면**
　㉠ 1~2분간 눈을 뜰 수 없으며
　㉡ 일시적 말초신경 둔화 및 호흡곤란 등으로 범인 도주 및 대항이 불가능하다.

③ 피부 및 의복에 유착 시 노랗게 색깔이 변한다.

④ 유효 거리는 2~3m이다.

(2) 가스분사기 사용(착안사항)

① 취급자(사용자)는 가스분사기에 대한 제원 · 취급요령 · 안전수칙 등을 습득하여야 한다.

② 가스분사기 사용 시에는 불가항력의 상황에서 정당방위 행위의 수단에서만 사용해야 하며 개인감정과 같은 무분별한 사고에서 사용되어서는 안 된다.

③ 가스분사기가 범인의 손에 들어가 역공격을 당할 상황이 예상될 수 있다. 따라서 범인에게 가스분사기를 피탈하였을 때는 지체 없이 관할 경찰서에 신고하여야 한다.

④ 가스분사기 사용 시에는 약탄 교환을 반드시 해야 한다.

⑤ 가스분사기 사용 시에는 총기에 준하여 안전하게 취급하여야 한다.

☞ 가스분사기(SUPER-7)

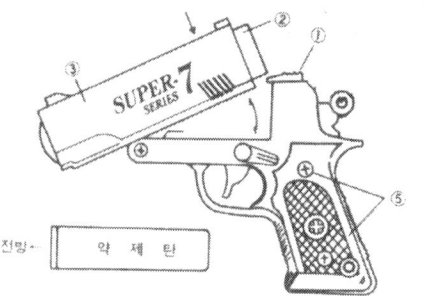

▷ 제원			
전 장	155m/m	전 고	110m/m
총 중량	375g	가스양	30g
분사시간	약 1초 7연발 발사가능		
분사거리	(상온 시) 2~5m	사용전압	DC12V
최대출력	0.2W	소비전류(신호 시)	140mmA
배터리사용시간(연속)	약 15분		

전방→ [약 제 탄]

▷ 제원 사용방법

1. 1발을 사용하고자 할 때에는 방아쇠를 당겼다 놔 준다.
2. 2발, 3발을 나누어 발사하고자 할 때에는 상기와 같은 동작을 취하면 된다.
3. 연속으로 발사하고자 할 때에는 방아쇠를 계속 당기고 있으면 5초 이내로 약제가 모두 분사된다.
4. 경보장치: 경보음을 발생코자 할 때는 스위치(② 2단 push)를 누르면 작동이 되며 중지 때에도 다시 한 번 스위치를 눌러 주면 된다.

▷ 약제탄 교환방법

먼저 ① 총열개폐 가늠자를 뒤쪽으로 당기면 자동으로 총열 내부에서 모두 사용한 약제탄이 자동으로 밖으로 이탈된다. 새로운 약제탄을 총열 ② 안에 넣고 총열을 누르면 장전된다.

착용모습

☞ 가스분사기 종류(기타)

▷ 가스권총
· 총 중량: 410g · 구경: 7.2mm
· 탄창 수: 6연발, 분사거리: 5m
· 분말실탄, 공포탄
· 수출 및 군경, 공공단체, 청원경찰
· 리볼버식

▷ EAGLES-2
· 총 중량: 325g · 전장: 150cm
· 전고: 110mm
· 가스양: 30g
· 분사거리: 2~5m
· 분사시간: 약 1초 7연발 액체실탄

▷ Super-7
· 총 중량: 375g · 전장: 155cm
· 전고: 110mm · 가스양: 30g
· 분사거리: 2~4m
· 분사시간: 약 1초 7연발 액체실탄
· 경보장치

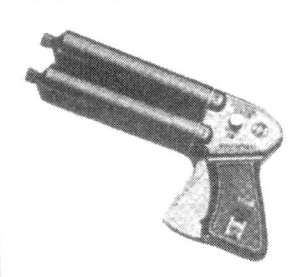

▷ SOS-909 Super
· 총 중량: 350g · 전장: 173cm
· 가스양: 6/40g×2
· 분사거리: 5~7m
· 분사시간: 2~3초
· 2연발 분말실탄

▷ Super-10
· 총 중량: 420g · 전장: 160cm
· 전고: 110mm
· 가스양: 40g
· 분사거리: 2~7m
· 분사시간: 약 1초 10연발 액체실탄

▷ 이지스(AEGIS)
· 총 중량: 390g · 전장: 19.5cm
· 분사거리: 3~7m
· 분사시간: 2~3초
· 가스양: 5g/40g×2연발 분말실탄

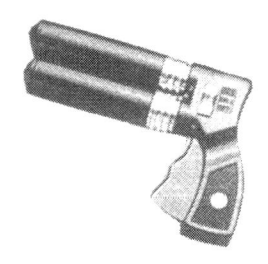

▷ SP88-II
· 총 중량: 520g · 전장: 180cm
· 가스양: 4/40g×2
· 분사거리: 4~5m
· 분사시간: 2~3초
· 2연발: 분말실탄

☞ PERSONAL DEFENDERS

| ▷ SM: 6004 | ▷ SM: 6005 | ▷ SM: 6006 |

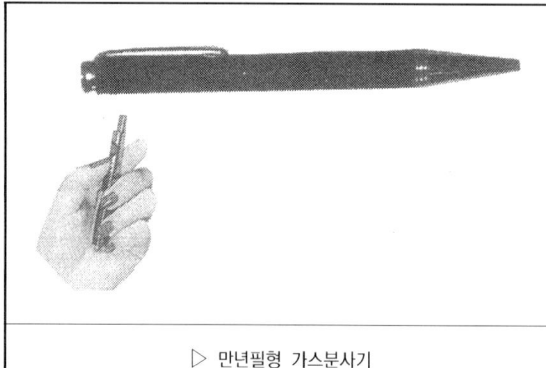

▷ 만년필형 가스분사기

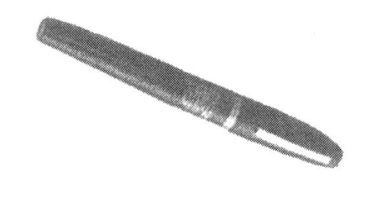

▷ 만년필 가스총
- 총 중량: 60g   · 전장: 160cm
- 분사거리: 2m   · 분사시간: 2~3초
- 가스양: 2g   · 분말실탄(탄창교환식)

경
호
실
무

Ⅰ

(3) 전자충격기

　※전자충격기의 종류

　① 3단식 자동 호신용 전자충격기 TITAN－M

　　▷ TITAN-M의 기본원리

배터리(직류)>교류>순간승압>전류 전환

· 가스총에 비하여 조작이 간편하다.

· 특수플라스틱으로 파손되지 않는다.

· 1.5V 소형건전지 4개로 약 1년간 사용이 가능하다.

▷ 제원

· 길이: 휴대 시 30㎝, 사용 시 47㎝

· 무게: 325

· 재질: 특수플라스틱

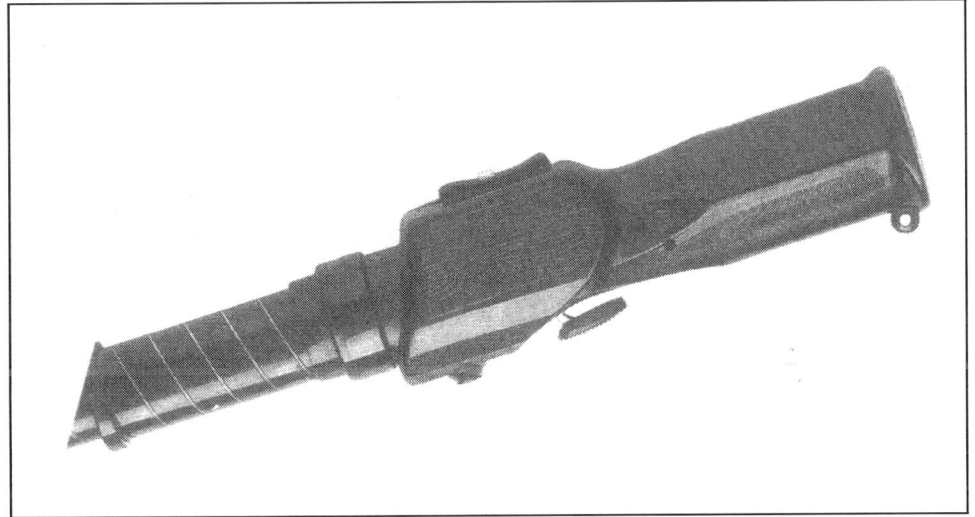

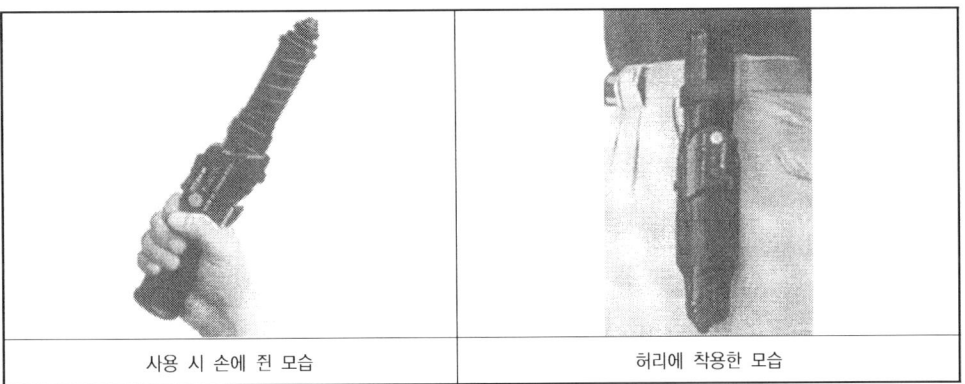

| 사용 시 손에 쥔 모습 | 허리에 착용한 모습 |

▷ 사용방법 및 순서

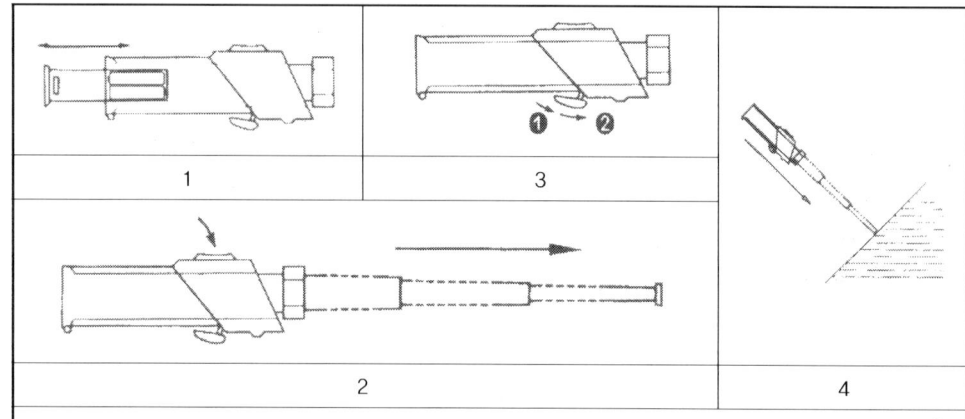

1	3
2	4

1. 손잡이 밑으로 건전지를 삽입한다.
2. 스위치를 누르면 3단봉이 튀어나온다.
3. 스위치 1단 경보음 발생, 2단 전류발생
4. 지면이나 벽면에 봉 끝을 대고 누르면 3단봉이 접힌다.

② 기 타

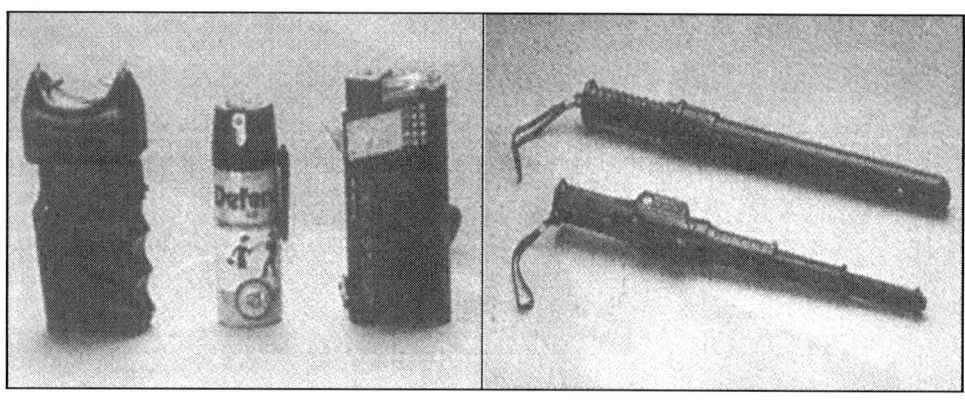

▷ 전자충격기 쇼트 · 총 중량: 110g · 전장: 13.3cm · 출력: 50,000V(THUNDER SHOT) ▷ DEFENOL SPRAY GUN · 수입품 · 액체 5연발 ▷ TITAN SP No.901 · 총 중량: 125g · 전장: 125cm · 분사거리: 3m · 액체 3연발 · 수입품 · Flash Light, Super Gas Gun, 경보사이렌	▷ SP-88S 경봉가스총 · 총 중량: 580g · 전장: 485cm · 유효거리: 7~8m · 가스양: 60g · 분말실탄 ▷ TITAN-M 3단 전자충격기 · 총 중량: 325g · 전장: 470cm(휴대 시 300cm) · 출력: 60,000V · 수입품
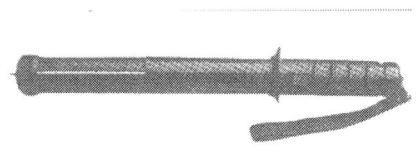 ▷ 초강력 전자봉 충격기 · 전장: 49cm · 중량: 450g · 전압: 50,000V 이상 · 용도: 수사 및 호신용 · 특징: 방망이 겸용	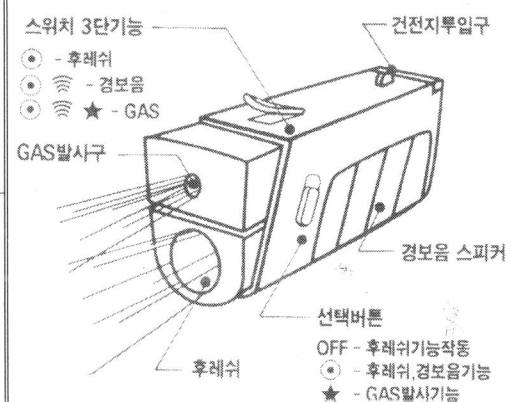 스위치 3단기능 ◉ - 후레쉬 ◉ ≈ - 경보음 ◉ ≈ ★ - GAS GAS발사구 건전지투입구 경보음 스피커 선택버튼 OFF - 후레쉬기능작동 ◉ - 후레쉬,경보음기능 ★ - GAS발사기능 후레쉬

▷TITAN-SP

 Stun-Shooter with Light & Alarm	제원 · 크기: 가로 5cm, 세로 12.5cm, 두께 3cm · 무게: 125g · 재질: 플라스틱 · 분사거리: 약 8m 특징 · 개인 호신용 가스분사기로 플래시, 경보사이 렌, 가스분사기 등 세 가지 기능이 있다.

(4) 방어봉

※ 방어봉의 종류

① 3단형 철봉(미제)

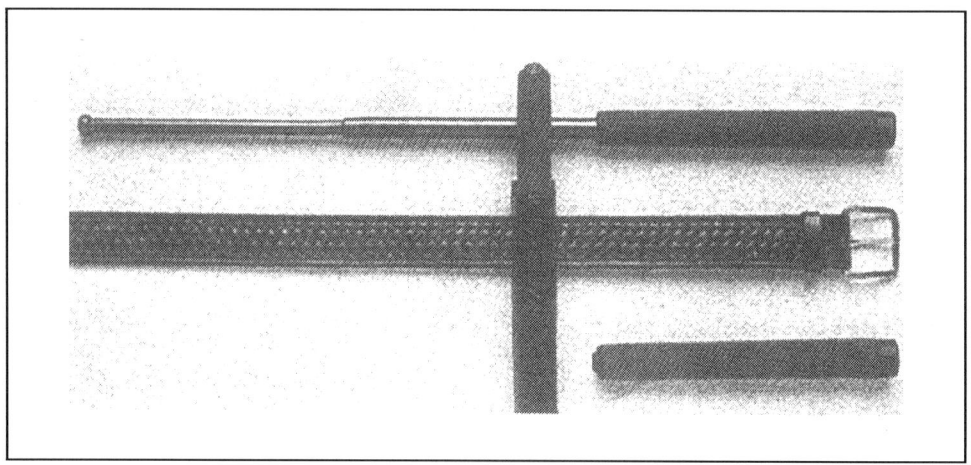

② T자형 봉 및 일자형 봉(미제)

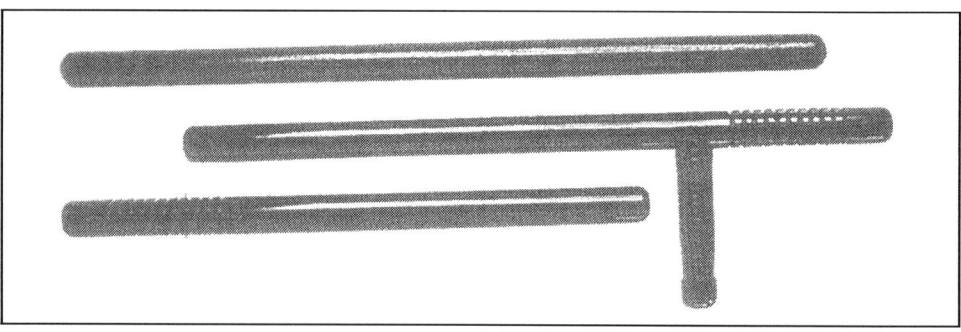

③ 3단형 스프링 봉

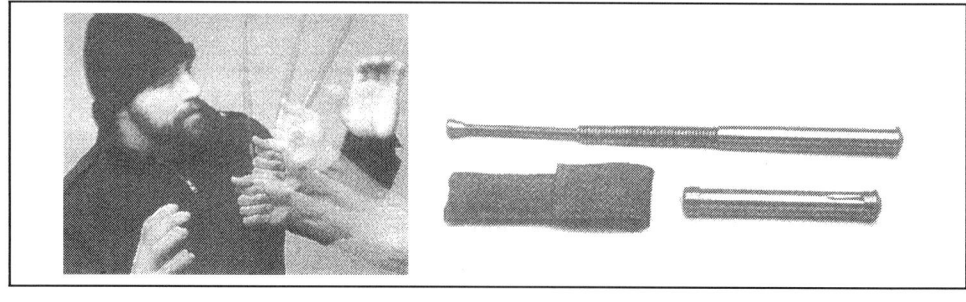

④ 일자형 목봉

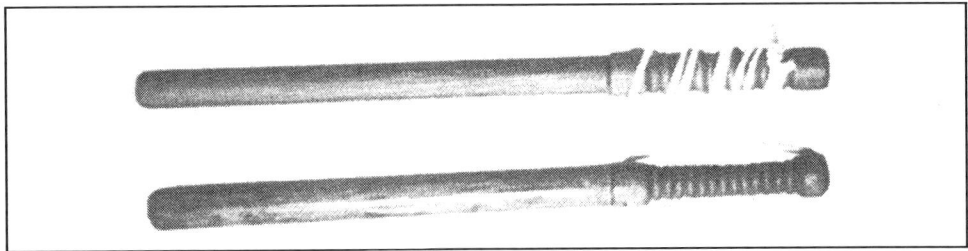

⑤ 3단형 철봉

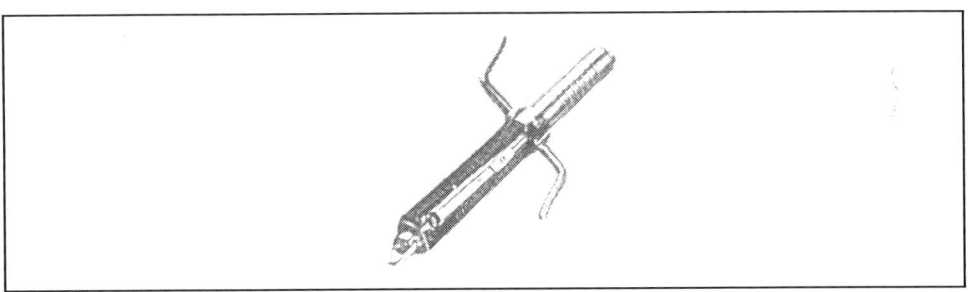

⑥ 삼단봉(접힘) 국산

⑦ 삼단봉(폈을 때)

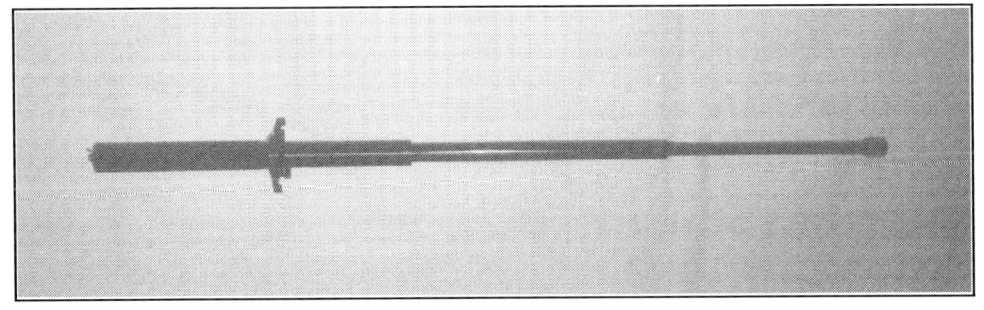

⑧ 전기충격기(16만 볼트) 국산

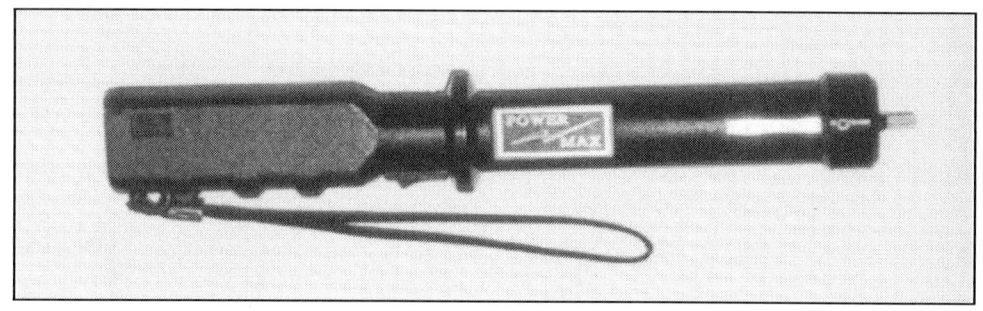

⑨ 탐지기(대인용) 미제

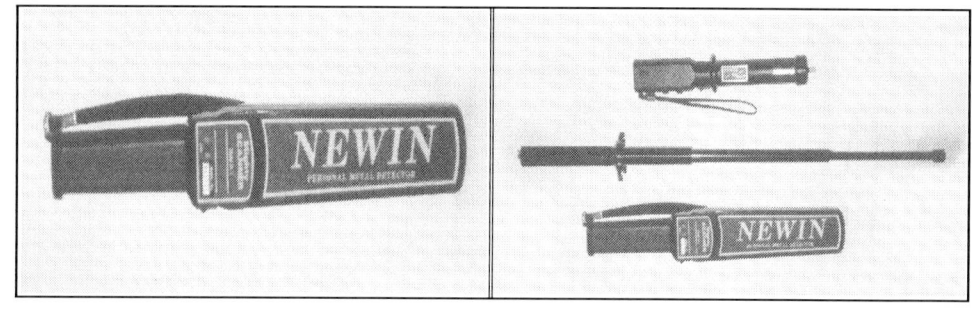

(5) 방탄조끼(호신조끼)

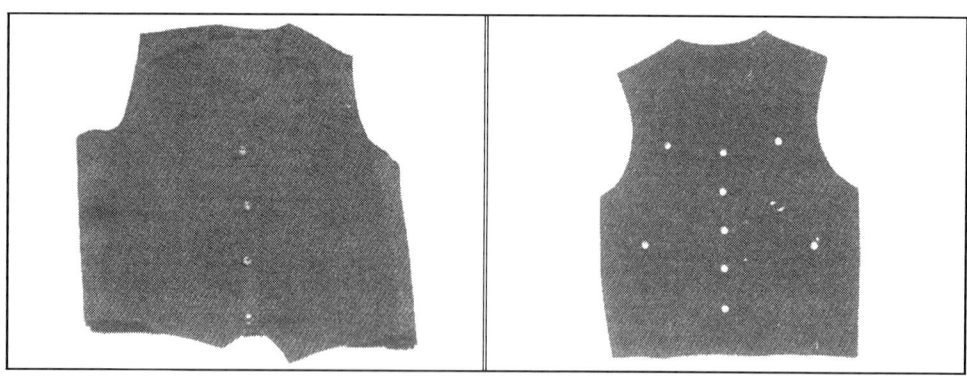

특징
· 재질: 포리카바
나이트 및 캐브
라 2겹으로 방
호편 구성
· 무게: 2.0kg

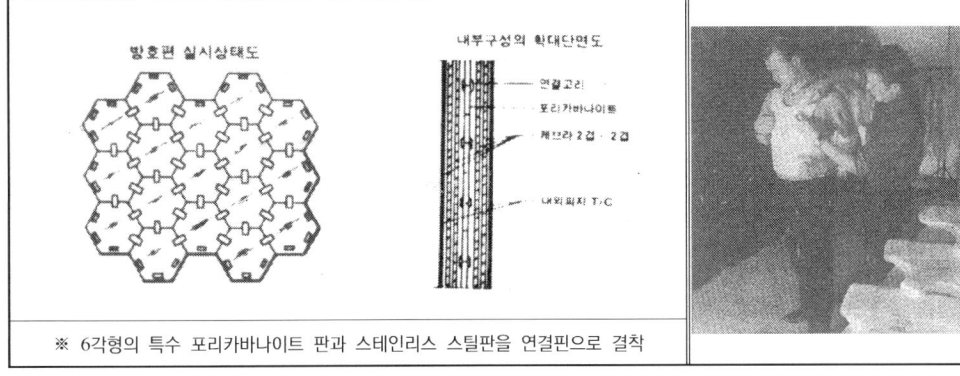

방호편 실시상태도 　　　내부구성의 확대단면도

연결고리
포리카바나이트
캐브라 2겹 · 2겹
내외피지 T/C

※ 6각형의 특수 포리카바나이트 판과 스테인리스 스틸판을 연결핀으로 결착

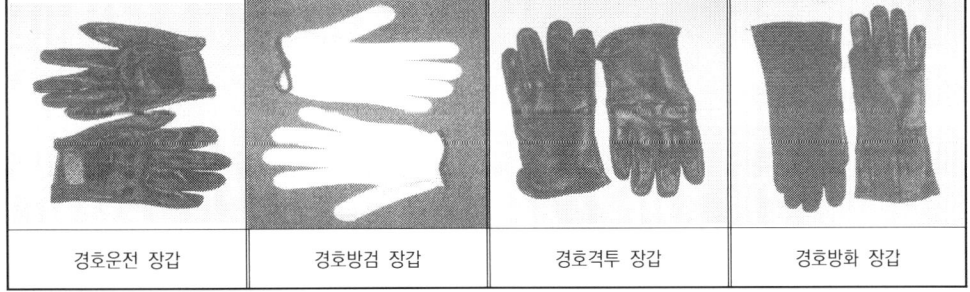

| 경호운전 장갑 | 경호방검 장갑 | 경호격투 장갑 | 경호방화 장갑 |

7) 감시장비 및 감지장비

감시장비 및 감지장비는 경호임무에 있어 인력 부족으로 인한 경호의 취약점을 보완하는 수단이자, 침입 또는 범죄행위를 사전개시 및 감지할 수 있는 보안장비를 말하는 것으로 전자파, 초음파, 저외선 등 과학을 응용한 기계장비를 가리킨다.

건물 내의 필요 요소에 감지기(콘택트)를 설치하여 이것이 진동·온도·습도 및 소리·연기 또는 단선에 의한 이상을 감지하여 잠복 위험물의 이상들을 발신하고 유무선에 의해서 즉각 발견하는 것이 감시장비 및 감지장비인 것이다.

　※ 감시장비 및 감지장비의 종류

　망원경, 감시카메라, 적외선(감지장비) 등이 있다.

(1) 망원경

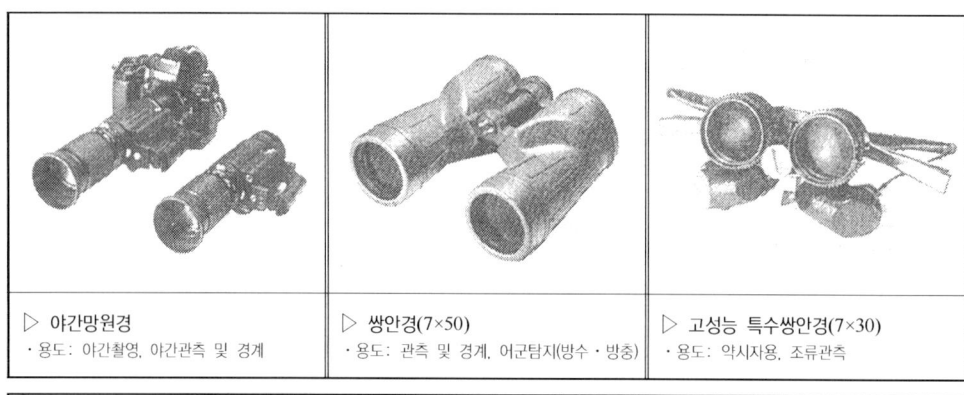

▷ 야간망원경	▷ 쌍안경(7×50)	▷ 고성능 특수쌍안경(7×30)
·용도: 야간촬영, 야간관측 및 경계	·용도: 관측 및 경계, 어군탐지(방수·방충)	·용도: 악시자용, 조류관측

① 카메라

• 특징 - 좌우 회전 가능 - 클로즈업 가능 - 컬러화면 전달	

② 영상화면

•특징 - 컬러화질 - 4대의 영상신호를 1화면에 축소표시 - 날짜, 시각 타이틀의 표시기능 - 정지화면 가능	

③ 녹화기

③ 녹화기 •특징 - 정전복귀기능 - 알람탐색기능 - 24시간 녹화 - 비상녹화기능 - AC 220V	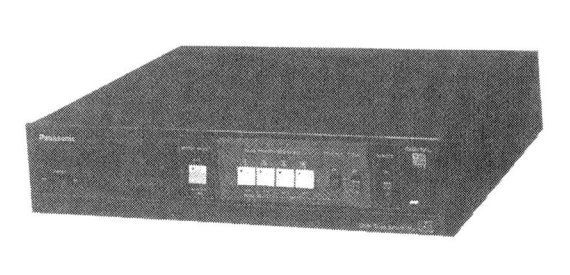

④ 경호경비지역 카메라 설치 계통도

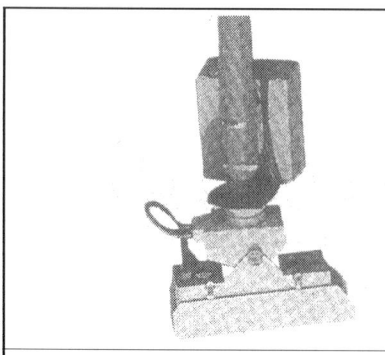	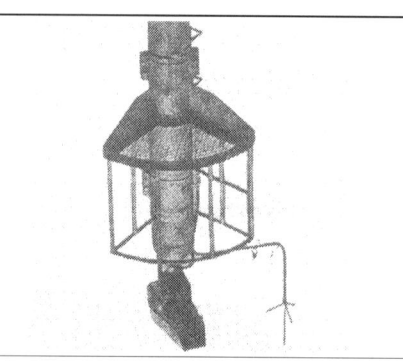
POLE(RX) PAN/TILT ZOOMLENS, CAMERA (출입구, 주차장, 운동장)	도로감시망 CAMERA (교통망, 차량감시)

	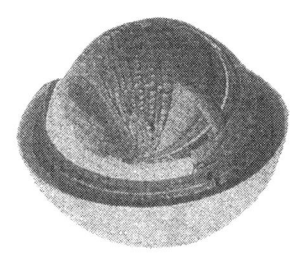
옥외 HOUSING PAN/TILT 와이퍼 FAN CAMERA (외곽감시)	옥외스피트 DOME형 CAMERA HOUSING (집회장소, 경기장)

CONSOLE DESK 다중분할 감시용 Type

⑤ 기타(감시카메라)

　　㉠ Color CC-TV 카메라

BW-2301ED CAMERA	촬상소자	1/3 ″ IT CCD 27만화소(흑백)
	유효화소	수평 514×수직 491 27만화소
	동기방식	내부동기
	S/N 비	50dB 이상(AGCOFF)
	해상도	수평 380TV본, 수직 350TV본
	최저조도	0.1Lux
	사용전원	DC12V
	영상출력	CVC 1.0Vp-p STNC 75Ω

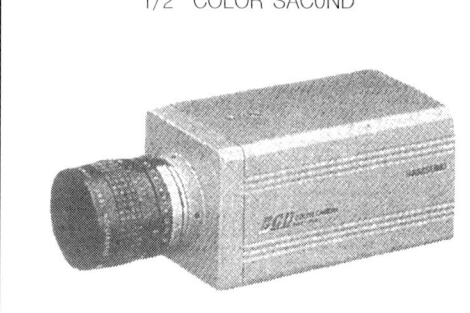

1/2 ″ COLOR SAC0ND	촬상소자	1/2 ″ IT CCD 41만화소(COLOR)
	유효화소	수평 768×수직 494
	동기방식	내부동기
	S/N 비	48dB 이상(AGCOFF)
	해상도	수평 460TV본, 수직 350TV본
	최저조도	3Lux
	사용전원	DC12V
	영상출력	VBS 1.0Vp-p(NTSC방식) BNC

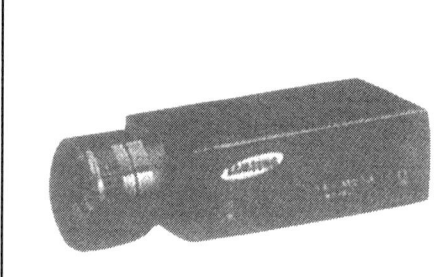

SF A-410ED FA CAMERA B/W	촬상소자	1/2 ″ CCD 41만화소 B/W
	유효화소	768×494(EIA)
	동기방식	외/내부 동기 자동전환
	S/N 비	56dB
	해상도	570TV LINES
	최저조도	2Lux×F.14
	사용전원	DC 12V
	크 기	85(L)×44(W)×29(H)^{m}/m

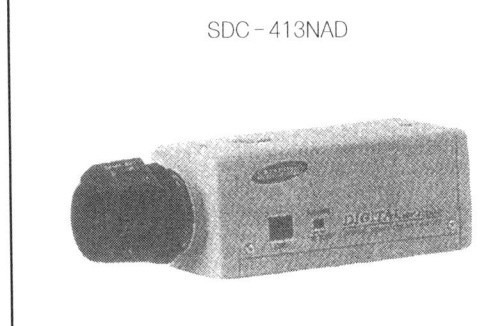

PIH‑761 1/3″ B/W	촬상소자	1/3″ CCD 고체촬상소자. SENSOR 내장
	유효화소	510(H)×492(V)
	동기방식	내부동기 방식
	해상도	400TV
	최저조도	0.2Lux, F/1.4
	사용전원	DC 12V
	Ceiling Malnt	수직 68°, 수평 360°

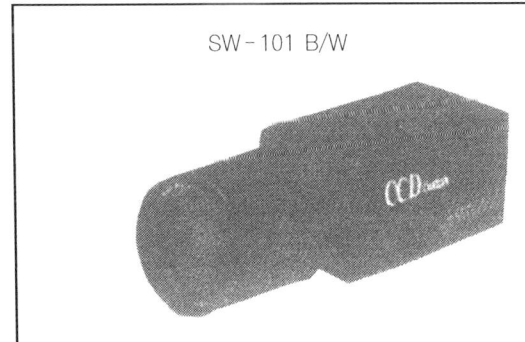

SDC‑413NAD	촬상소자	1/3″ 41만 CCD COLOR
	유효화소	768(H)×494(V)
	동기방식	내부·절환(0~270° 조정)
	해상도	470TV LINE
	최저조도	1.5Lux
	사용전원	DC 11V~5V
	SIZE	56(H)×60(W)×146(D)
	소비전력	2W

㉤ B/W CC‑TV 카메라

SW‑101 B/W	촬상소자	1/3″ CCD B/W CAMERA
	해상도	420LINE 이상
	S/N 비	46dB 이상
	최저피사체조도	0.2Lux(MAX)
	자동광량범위	1/600r 1/10,000SEC
	영상출력	1.0Vp‑p/75Ω BNC
	사용전원	DC 12V/24VAC

BW-360ED B/W	촬상소자	1/2″ 36만화소의 CCD 채용 B/W
	해상도	500LINE 이상의 고화질 실현
	S/N 비	46dB 이상
	최저피사체조도	0.2Lux
	자동광량범위	100,000: 1(AUTO IRIS 사용)
	영상출력	1.0Vp-p/무극성 STNC
	사용전원	AC 110V/220V 아답터/12V

VDC SANYO 2624 B/W	촬상소자	1/2″ CCD 고체촬상소자 B/W
	유효화소수	537(H)×505(V)
	동기방식	내부, 외부동기
	해상도	수평 450LINE, 수직 400LINE 이상
	영상출력	1.0Vp-p, 75Ω
	S/N 비	50dB 이상
	최저조도	0.1Lux F1.4, 0.05Lux (적외선 FILTER 제거 시)
	전원전압	24±4V AC60㎐ 3.5W

SANYO VDC2982(41만화소)	촬상소자	1/2″ CCD 고체촬상소자
	유효화소수	811(H)×508(V)
	동기방식	내부동기
	해상도	수평 470LINE 이상
	영상출력	1.0Vp-p, 75Ω
	S/N 비	46dB 이상
	최저조도	2.7Lux
	전원전압	12V DC 270mA

VCC 510	촬상소자	CCD 고체촬상소자 B/W
	유효화소수	510(H)×492(V)
	동기방식	수정발진자제어 내부동기
	해상도	수평 350LINE 이상
	S/N 비	46dB 이상
	최저피사체조도	5Lux F1.6
	영상출력	1.0Vp-p, 75Ω
	전원전압	12V DC(10.5~15V) 170mA

	COLOR CCD CAMERA(NTSC)
TOSHIBA 칼라 카메라 1K - 642 	 WAT - 202
최저조도(0LUX) 조명이 불필요한 지역 VDC - 9212 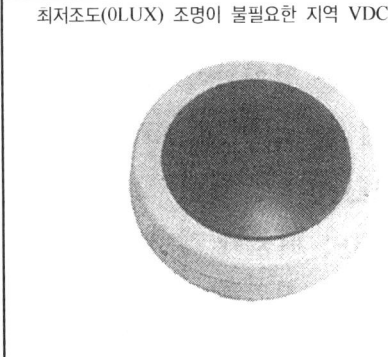 SANYO	COLOR CCD CAMERA(NTSC) 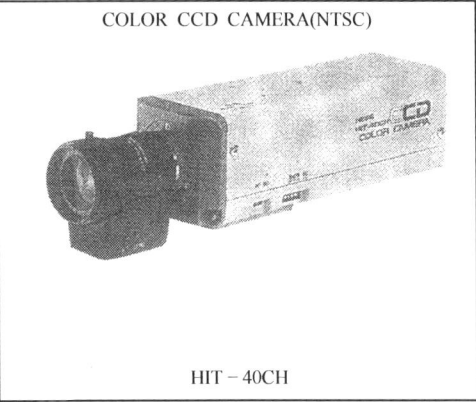 HIT - 40CH
최소형 경량 흑백 CCD 카메라 WAT - 902A 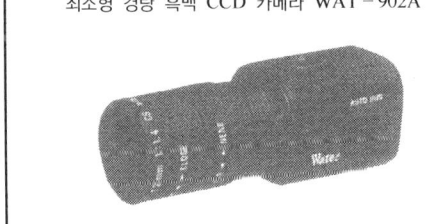	CCD B/W CAMERA  HIT - 30PH
디지털 신호체계방식(DSP) KCC - 300N(칼라) 	IK - 536 B/W CCD CAMERA IK - 537 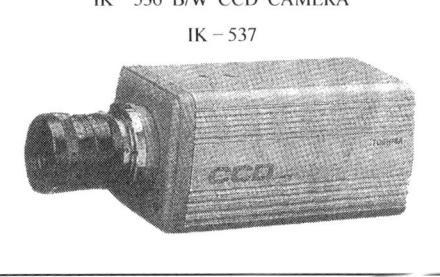

VDC - 9524(NTSC) SANYO DOME형	COLOR - CCS - 324A
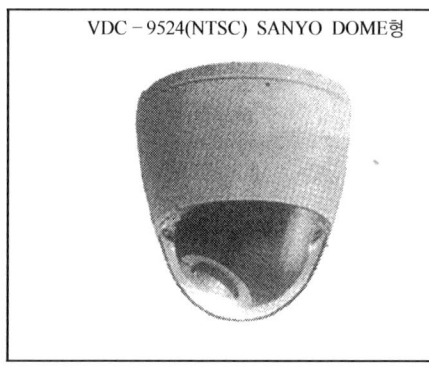	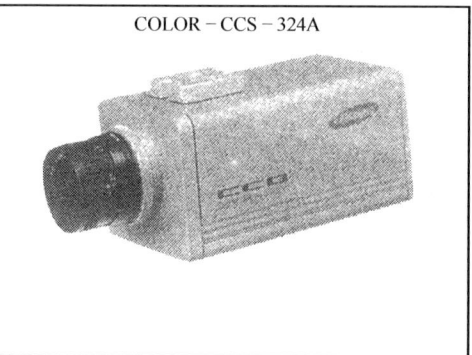

(3) 감지장비(경보장치)

① **전기회로 파괴:** 침입이 예상되는 지역에 전기회로를 설치하여 둠으로써 침입으로 회로 구성이 파괴되면 경보기가 작동하게 된다. 이 경보기의 장점은 고성능이기 때문에 침입 시 거의 100% 감지할 수가 있다. 또한 고장이 거의 없다. 단점은 침입 예상통로가 많으면 설치비용이 많아 비용이 많이 든다는 것이다.

② **광선 장애:** 침입 예상지역의 양측에 광선 반사경 수신기를 배열 설치함으로써 광선에서 나오는 빛의 반사경에 반사되어 수신기에 도착하는 과정이 하나의 망을 이루도록 하고 광선이 침입자의 방해를 차단하여 수신기에 광선의 공급이 중단되면 수신기에 있는 고감도의 광감세포에 의하여 경보기가 작동된다.

이러한 장비를 이용할 때에는 침입자가 장치의 존재를 모르도록 은폐를 잘해야 한다. 주의할 점은 안개, 습기, 먼지 등이 광선을 방해하여 오보가 생길 수 있기 때문에 이를 참작하여 설치에 주의를 기하여야 한다.

③ **음향 및 진동의 탐지:** 침입 기도 시, 강제 침입 시 생기는 음향과 진동에 의해 작동되도록 되어 있다. 이 장비는 설치가 용이하고 가격 및 운용비가 적다. 그러나 밀폐된 장소에만 설치할 수 있다는 단점이 있다.

④ **운동의 탐지:** 수신기에서 매초 19,200사이클로 1,130피트를 이동하는 초음파를 발사하여 실내를 포화시키고 수신기에 전달하는 방향이 침입자에 의하여 그 균형을 잃게 하여 경보기가 작동되도록 고안되었다. 아주 쉽게 장치할 수 있다. 단, 자주 점검해야 하는 단점이 있다.

⑤ **전자장의 침투:** 전자기 또는 콘센트 같은 것을 부착 설치하여 우선 전파 발사함으로

그 주위에 일정한 전자장을 형성하여 균형을 유지하고 침입자가 균형을 파괴하면 경보기가 작동하도록 되어 있다. 설치가 편한 반면 유효구간이 제한되며 일기에 민감해 오보 발생이 많다는 단점이 있다.

☞ 가정감지장비운영(예)

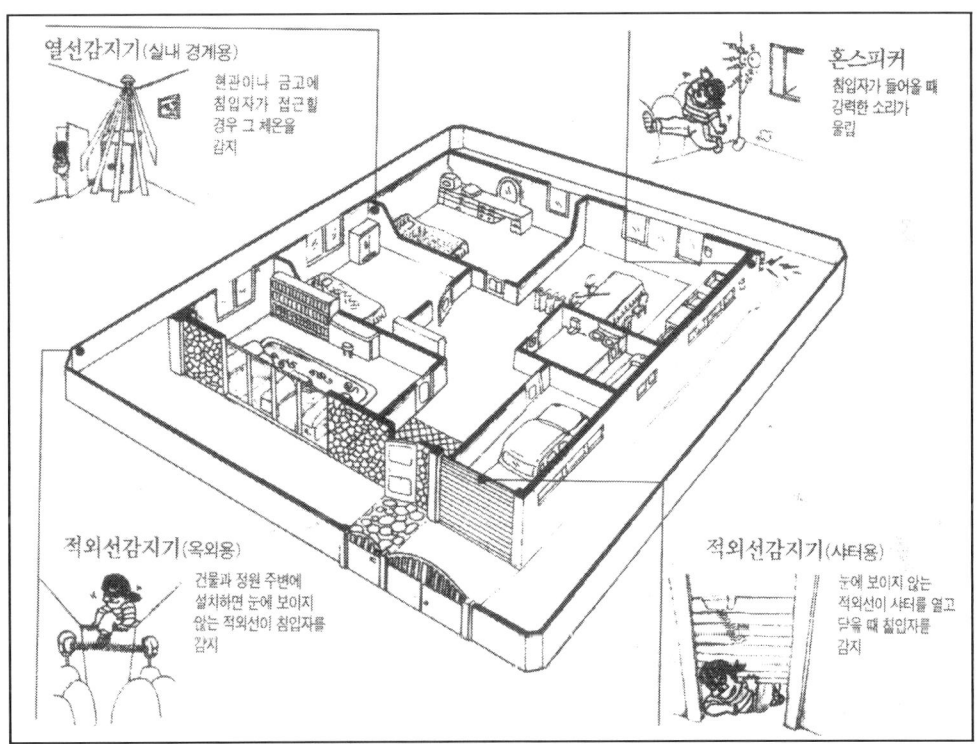

열선감지기(실내 경계용)
현관이나 금고에 침입자가 접근할 경우 그 체온을 감지

혼스피커
침입자가 들어올 때 강력한 소리가 울림

적외선감지기(옥외용)
건물과 정원 주변에 설치하면 눈에 보이지 않는 적외선이 침입자를 감지

적외선감지기(샤터용)
눈에 보이지 않는 적외선이 샤터를 열고 닫을 때 침입자를 감지

⑥ 적외선(감지장비)

㉠ OPTEX Passive 센서

FX – 360 360°Pattern: ø40ft.(ø12m)	검출방식	360° 방식(FX360은 COUNTER 기능내장)
	경보신호	무전압 RELAY 접점 1b N.C 동작(약 2초) 28V(AC, DC) 0.2A 이하
	사용전원	DC 9.5~18V(무극성)
	소비전류	17mA(DC 12V 시)
	사용가능온도	−20~+50℃
	설치장소	천장, 벽(실내)
	외형치수	ø120×37$^{m}/_{m}$

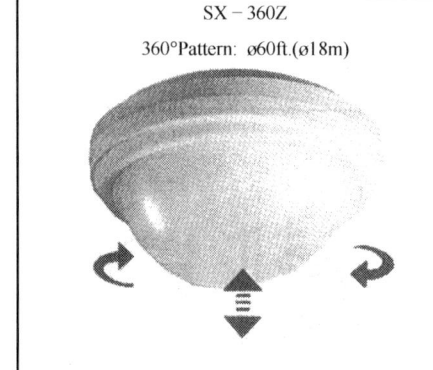SX‒360Z 360°Pattern: ø60ft.(ø18m)	검출방식	ZOOM TWIN 방식
	경보신호	무전압 RELAY 접점 1b N.C 동작(약 1.8초) 28V(AC, DC) 0.2A 이하
	사용전원	DC 6~18V(무극성)
	소비전류	13mA MAX(DC 12V 시)
	사용가능온도	‒20~+50℃
	설치장소	천장, 벽(실내)
	외형치수	ø128×67ᵐ/ₘ

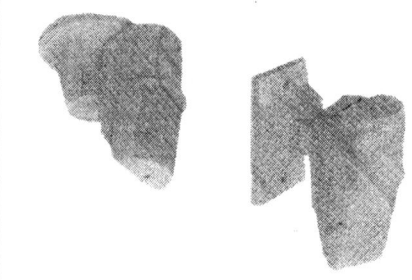LX‒2AU SERIES	검출방식	DUAL TWIN방식(옥외용열선 OUTDOOR)
	경보신호	무전압 RELAY 접점 1b N.C 동작(약 1.8초) 28V(AC, DC) 0.2A 이하
	사용전원	DC 9~18V(무극성)
	소비전류	25mA(DC 12V 시)
	사용가능온도	‒20~+50℃
	설치장소	천장, 벽(실내)
	외형치수	ø72×135ᵐ/ₘ

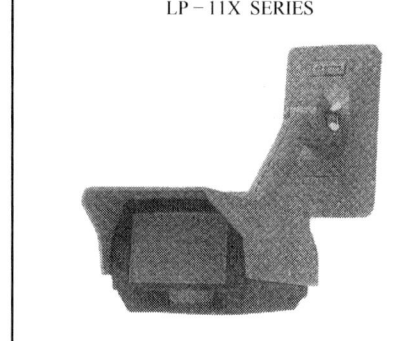LP‒11X SERIES	검출방식	SINGLE방식(옥외용열선 감지기)
	경보신호	무전압 RELAY 접점 1b N.C 동작(약 2~5초) 28V(AC, DC) 0.5A 이하
	사용전원	DC 12~18V(무극성)
	소비전류	30mA MAX(DC 12V 시)
	사용가능온도	‒20~+50℃
	설치장소	천장(실내)
	감지거리	(폭)9×(길이)12ᵐ/ₘ

ⓛ OPTEX BEAM 센서

INTELLIGENT SENSOR AX-250T. -500T 75m(150m)	검출방식	적외선 PU/SE 변조방식(8,800Å 1Khz)
	경보신호	무전압 RELAY 접점 1b(경보 시 열림) AND 출력 또는 OR 출력, 28V(AC, DC) 0.2A 이하
	차광시간	35~500m/초(가변)
	사용전원	DC 10.5~30V(무극성) 또는 AC 8~12
	소비전류	40~50mA 이하(DC 12V 시)
	사용가능온도	-20~+55℃
	설치장소	옥외 OUT DOOR
	ACCESSORY	POLE, 한냉지용 히터, HOUSING CASE
	외형치수	(W)100×(H)292×(D) 93$^m/_m$

INTELLIGENT SENSOR AX-250/500MK11, 75m/150m	검출방식	근적외선식(이중변조+PLL 검파회로)
	경보신호	무전압 RELAY 접점 1b(경보 시 열림) 차광 TIME+광축조정, 28V(AC, DC) 0.2A 이하
	환경신호	무전압 RELAY 접점 1b 연속동작
	사용전원	DC 10~30V(무극성)
	소비전류	85mA 이하(DC 12V 시)
	사용가능온도	-25~+55℃
	설치장소	옥외 OUT DOOR
	ACCESSORY	POLE, 한냉지용 히터, HOUSING CASE
	외형치수	(W)100×(H)400×(D)102$^m/_m$

AX-200SOL(60m) SOLAR WIRELESS	검출방식	태양전지 WIRELESS 2단 방식
	경보신호	무전압 RELAY 접점 1b, 차광 TIME+OFF DELAY TIME(약 1초), 28V(AC, DC) 0.2A 이하
	사용전원	DC 9.5~28V(무극성)
	소비전류	120mA 이하(DC 12V 시)
	사용가능온도	-25~+50℃
	설치거리	옥외 OUTDOOR 60m 거리
	외형치수	(W)100×(H)400×(D)102$^m/_m$

AX－30S(실내 30m)	검출방식	근적외선식(이중변조＋PLL 검파회로 광축조정)
	경보신호	무전압 RELAY 접점 1c, 차광 TIME＋OFF DELAY TIME(약 1초), 30V(AC, DC) 0.5A 이하
	사용전원	DC10~30V(무극성)
	소비전류	45~75mA(DC 12V 시)
	사용가능온도	－25~＋60℃
	설치장소	옥외
	외형치수	(W)89×(H)175×(D)77.5$^m/_m$

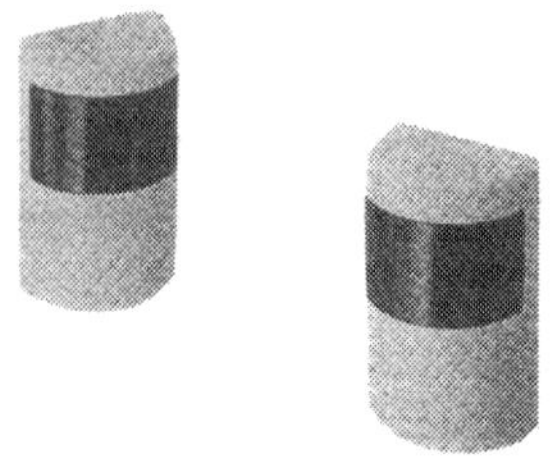

ⓒ Beam 센서

AX－130T(옥외 40m) AX－70T(옥외 21m)	검출방식	근적외성 투윈싱크로니스빔 방식
	경보신호	무전압 RELAY 접점 1b, 차광 TIME＋OFF DELAY TIME(약 1초), 28V(AC, DC) 0.2A 이하
	사용전원	DC 10~30V(무극성)
	소비전류	35mA(DC 12V 시)
	사용가능온도	－25~＋55℃
	설치장소	옥외
	외형치수	(W)67×(H)167×(D)65.5$^m/_m$

XT－20M(OUTDOOR 20m) XT－40M(OUTDOOR 40m)	검출방식	근적외선식(이중변조 513Hz＋20496Hz)
	경보신호	무전압 RELAY 접점 1b, 차광 TIME＋OFF DELAY TIME(약 1초), 30V(AC, DC) 0.2A 이하
	사용전원	DC10~30V(무극성)
	소비전류	35~50mA
	사용가능온도	－25~＋55℃
	설치장소	옥외, 옥내
	외형치수	(W)66×(H)172×(D)66$^m/_m$

KN－30D(실내용 30m)	검출방식	적외선 동시 차단
	경보신호	무전압 RELAY 무접점(경보시 단선), 차광 TIME ＋OFF DELAY TIME(약 1초), 28V(AC, DC) 0.2A 이하
	사용전원	DC 10~18V(무극성)
	소비전류	27mA(DC 12V 시)
	사용가능온도	－25~＋55℃
	설치장소	옥내
	외형치수	(W)56×(H)143×(D)50$^m/_m$

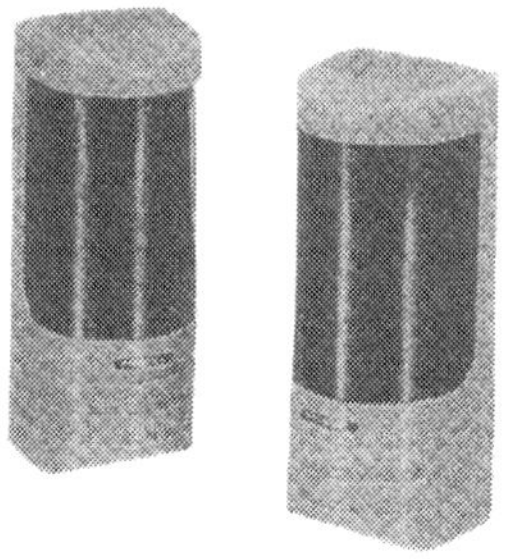

경
호
실
무
Ⅰ

4단빔 SBQ - 옥외(150m) SBQ - 옥외(100m) SBQ - 옥외(50m) 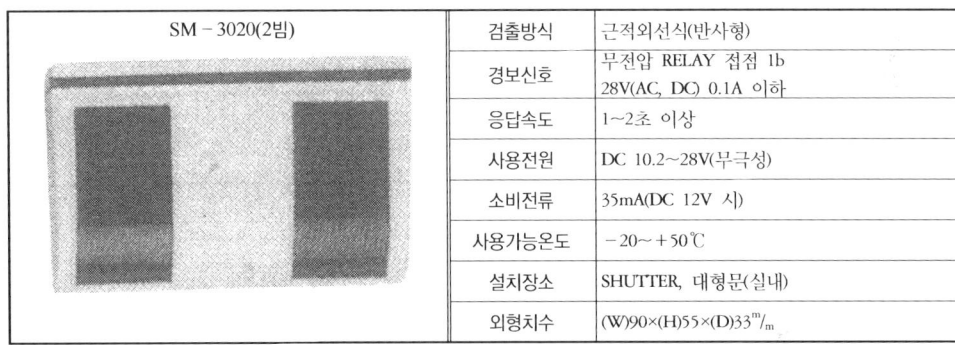 SELCO	검출방식	적외선 동시 차단
	경보신호	무전압 RELAY 접점 1c, 차량 TIME＋OFF DELAY TIME(약 1초), 30V(AC, DC) 0.5A MAX
	사용전원	DC10.5~28V(무극성)
	소비전류	70~95mA(DC 12V 시)
	사용가능온도	−25~＋60℃
	설치장소	옥외
	외형치수	2단 (W)82×(H)171×(D)77$^m/_m$ 4단 (W)90×(H)352×(D)104$^m/_m$

㉰ SHUTTER 센서

SM - 3020(2빔) 	검출방식	근적외선식(반사형)
	경보신호	무전압 RELAY 접점 1b 28V(AC, DC) 0.1A 이하
	응답속도	1~2초 이상
	사용전원	DC 10.2~28V(무극성)
	소비전류	35mA(DC 12V 시)
	사용가능온도	−20~＋50℃
	설치장소	SHUTTER, 대형문(실내)
	외형치수	(W)90×(H)55×(D)33$^m/_m$

셔터 SW 바닥용 천장용	검출방식	자기 저항식
	경보신호	무전압 RELAY 접점 1c 30V(AC, DC) 0.5A 이하
	응답속도	1~2초 이상
	사용전원	DC 10.5~20V(무극성)
	소비전류	38mA(DC 12V 시)
	사용가능온도	−20~＋50℃
	설치장소	SHUTTER(실내)
	외형치수	(W)92×(H)43×(D)36$^m/_m$

ⓜ GLASS 센서

GLASS SENSOR	검출방식	압전식 유리충격 깨진 소리 감지
	경보신호	무전압 무접점, ONE SHORT 동작(약 2초) 30V(AC, DC) 0.5A 이하
	사용전원	DC 10.5~15V(무극성)
	소비전류	5μA
	사용가능온도	−30~+55℃
	설치거리	유리면(실내) 1.9m/8ᵐ/ₘ 넓이
GSO − 10L GH − 10	외형치수	⌀39×17ᵐ/ₘ

Ceiling Mount Wall Mount	품 명	GX − 25/25T
	검출방식	집음식(MICROPHONE)
	검출거리	7.6m 약 9m
	경보출력	무전압 접점 1b, 130V, DC 50mA 이하
	사용전원	DC 7~18V
	소비전류	25mA
	설치장소	천장, 벽면(실내)
	외형치수	(W)48×(H)73×(D)18ᵐ/ₘ

☞ 통합 안전관리시스템 구성(예)

　기본적인 시스템 구성요소로 중앙제어용 소프트웨어인 서버와 서버로부터 전송되는 모든 신호를 표시하는 터미널이 구축되고, 그 외 대상건물이 요구하는 다양한 서브시스템들이 접속되어 활용성 높은, 종합관리기능이다.

8) 통신장비

(1) 통신장비

경호임무를 수행하는 데 있어서 필요한 보고 또는 연락은 통상 유선이나 무선통신을 사용한다. 경호 환경이 실내일 때 주로 유선을 사용하며 실외 그리고 실내일 경우라도 이동 시에는 통상 무선통신을 이용한 경호가 이루어진다.

※ 통신원칙은 유선이 원칙이며 무선은 유선통신이 불가능한 환경 또는 상황에 사용한다(무선통신은 100% 도청 가능).

(2) 목적 및 중요성

통신은 경호업무에 필요한 명령의 수행 및 지시본부에 대한 보고, 경호조에 의한 통보 및 작전전달의 역할을 효과적으로 전파하는 중요한 요소이며 경호 지휘의 필요 불가결한 요소로서 이를 위하여 사용되는 유무선 통신기기의 역할이 중요하다.

① **통신보안:** 통신보안이란 통신장비를 통하여 소통되는 제반 정보가 직접 또는 간접적으로 테러 목적을 가진 자에게 누설되는 것을 미연에 방지하거나 지연시키기 위한 제반 수단과 보호방책을 말한다. 경호 통신보안 방법은 아래와 같이 할 수 있다.

　ㄱ 암호 사용

　ㄴ 음어 사용

　ㄷ 약호 사용

　ㄹ 약어 사용

　ㅁ 첨단장비를 동원하여 적의 통신장애를 강구하는 방법 등이 있다.

(3) 무선 통신의 운용

① **목적:** 유선, 무선의 모든 통신기기를 이용하여 신속하고 정확하게 효과적으로 경호 업무를 수행토록 그 운용상 기본 사항을 숙지함에 있다.

② **주요 통신 용어**

　ㄱ 채널(channel): 지정된 주파수는 음성이나 다른 정보들을 보내는 데 사용한다.

　ㄴ 주파수(frequency): 통신 파장에서 초당 반복되는 cycle의 수로서 측정의 기본 단위는 Hertz(Hz)인데 초당 1cycle을 나타낸다. 다음으로 중요한 단위는 MHz인데 이것은 초당 1,000,000cycle을 나타낸다.

　ㄷ 극초단파(UHF: ultra high frequency): 300에서 3,000MHz 사이의 무선통신 파장으로 초단파 스펙트럼은 고주파수대와 저주파수대로 나누어진다.

　ㄹ 이동통신 중계소(mobile relay station): 이동 통신기나 휴대용 통신기의 자동적인 재송신을 위해 설립된 고정된 통신장치이다.

　ㅁ 음질(tone): 청신호나 진폭 또는 주파수를 조절하는 반송파는 수신기의 기호를 선택적으로 조절, 통제하거나 무선 호출기를 활성화시키는 것과 같은 목적으로 장치를 통제, 조절하는 데 있다.

ⓗ 유효도달범위(coverage): 신뢰할 수 있는 무선통신이 가능한 지리적 범위를 말한다. 보통 90/90 표준에 기초하는데 90% 횟수에, 90% 정도의 신뢰도를 나타낸다. 유효 도달범위는 보통 통신장치로부터 몇 마일 안의 반경으로 표시된다.

(4) 통신망 운용

① 교신원칙
ⓐ 비밀이나 대외비 이외의 긴급업무
ⓑ 통신보안 사항
ⓒ 환자이송 및 진료 등 의료에 관한 사항

② 무전기 점검
ⓐ 기기를 처음 켠 후에 어떤 경보음이 들리는가?
ⓑ 전면 표시기 중 켜 있는 것이 있는가?
ⓒ 전면 표시기는 정상으로 작동하는가?
ⓓ 모든 채널의 감도 및 송신 전력이 정상인가?
ⓔ 송신 주파수 편차가 2ppm 이내인가?
ⓕ 스케치 시스템은 정상인가?

③ 통신보안 위규사항
ⓐ 불온 통신
ⓑ 군사, 경찰비밀의 누설
ⓒ 국가 외교비밀의 누설
ⓓ 정보·첩보의 누설
ⓔ 보완 자재 및 비밀 통신 재원의 누설
ⓕ 비인가 시설의 운용
ⓖ 비인가 통신제원의 사용
ⓗ 무선 침묵시간 위반
ⓘ 시설 목적 외 사용
ⓙ 회로 규율 위반 비밀의 누설
ⓚ 통신 특성 호출
ⓛ 비인가 약부호 사용
ⓜ 교신 절차의 위반
ⓝ 국가 행정비밀의 누설

(5) 무선 통신

① 무선 교신 시 주의 사항
ⓐ 혼선을 피할 수 있도록 송신 전 회선에 항상 귀를 기울인다.

ⓛ 송신기 스위치를 누르기 전에 무슨 말을 할 것인가를 생각하고 송신을 짧고 정확하게 한다.

ⓒ 또박또박 말하고 마이크에 대고 고함치지 않아야 하며 마이크와 입은 5mm 정도 간격을 둔다.

ⓡ 무선 교신용어 및 호출 부호를 암기하거나 놓고 사용한다.

ⓜ 표준어를 사용하고 간결하게 말한다.

ⓗ 알아들을 수 있도록 적당한 속도로 말한다.

ⓢ 송신할 때 화를 내거나 짜증스러운 감정들을 피하고 예의 바른 말투를 쓰되 '제발', '고맙습니다' 등의 불필요한 말은 금지한다.

(6) 통신장비(무전기 차량장착용 무전기)

① 무전기

PSP - X10 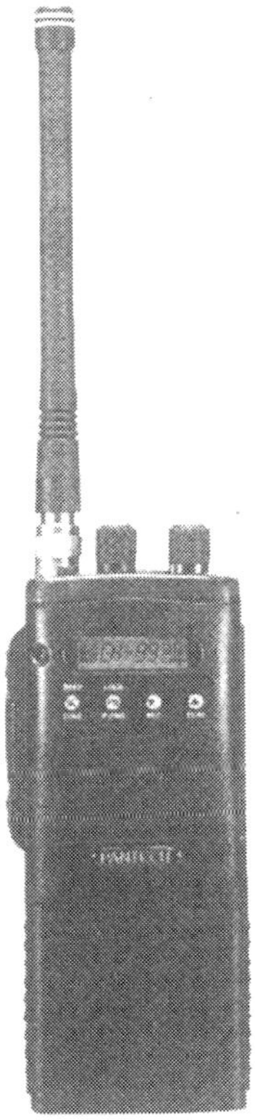	PH - 400/PSP - X20 	▷ PSP - X10(PSP - 110/210/410) • 편리한 액정화면(LCD) 및 4KEY • 99채널 사용기능 • 전 채널 검색기능(ALL SCANNING) • 우선채널 검색기능(PRIORITY SCANNING) • 경보음 ON/OFF 기능 • 사용자 잠금기능(비밀번호) • 최종정보 저장기능 • 2PIN 외부 스피커/마이크 • 수신내용 녹음 및 반복재생기능 • CTCSS 및 DCS 톤 기능 • DTMF 기능 ▷ PSP - X20(PSP - 120/220/420) • 편리한 액정화면(LCD) 및 12KEY • 99채널 사용기능 • 전 채널 검색기능(ALL SCANNING) • 우선채널 검색기능(PRIORITY SCANNING) • 경보음 ON/OFF 기능 • 최종경보 저장기능 • 2PIN 외부스피커/마이크 잭 • KEY 잠금기능 • 사용자 잠금기능(비밀번호) • 전체 호출기능(ALL CALL) • 정보 송수신기능(MESSAGE DETECT) • 개별호출 통화기능(SELECTIVE CALL) • 그룹초출 통화기능(GROUP CALL) • 수신내용 녹음 및 반복재생기능 ▷ PH - 400(주파수 공용방식 간이무전기) • 편리한 액정화면(LCD) 및 12KEY • 160채널 사용기능 　(80채널: 우선사용채널, 80채널: 예비채널) • 경보음 ON/OFF 기능 • 최종정보 저장기능 • KEY 잠금기능 • 사용자 잠금기능(비밀번호) • 전체 호출기능(ALL CALL) • 개별호출 통화기능(SELECTIVE CALL) • 그룹호출 통화기능(GROUP CALL) • 긴급호출 통화기능 • 교통정보 통화기능 • 통화할 수 없음을 알려 주는 부재중기능 • 2PIN 외부스피커/마이크

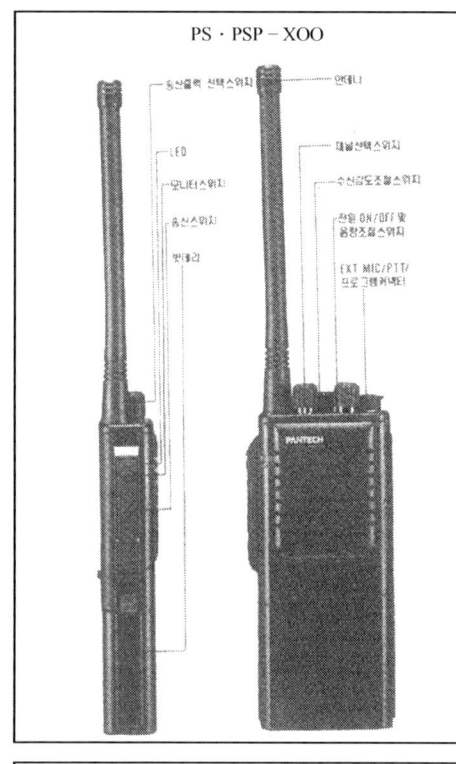

PS · PSP – XOO

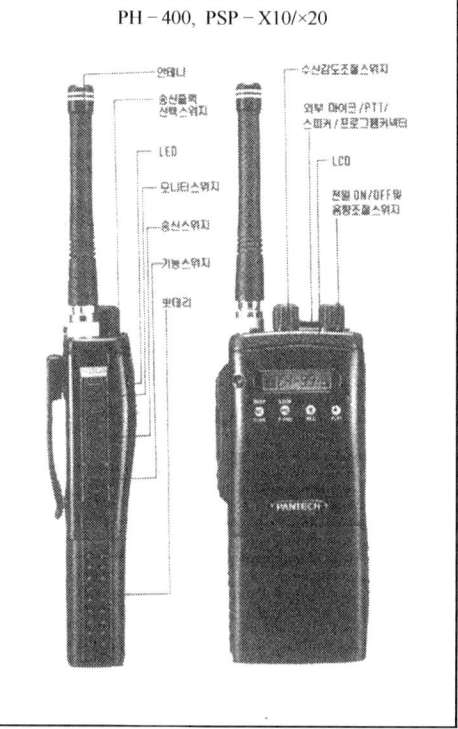

PH – 400, PSP – X10/×20

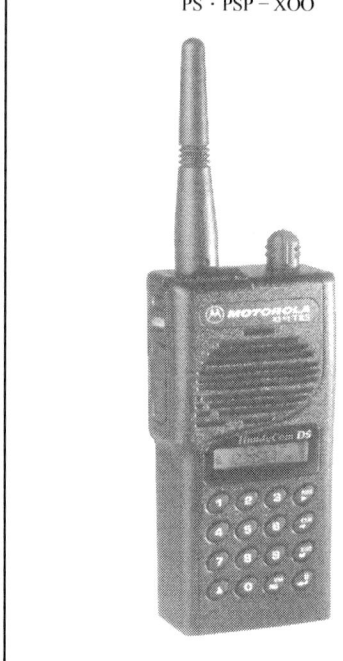

PS · PSP – XOO

- 160채널
  - 2제어채널
  - 158 음성통화채널
- 부재중 모드
  - 호출된 ID 10개 지역
  - 호출 ID 잠금기능
  - 확인하지 않은 호출 ID 표시
- 선택통화 및 그룹통화
  - 10개의 그룹 ID 저장
  - 30개의 개인 혹은 그룹호출 ID 저장
  - 재다이얼기능
  - 기본호출 ID 선택기능
- 출력선택
- 전원 Off 시 메모리 기억
- 비상 전용 버튼 및 표시기
- MIL – STD 810E 만족
- 스캔기능
- 수신신호 세기 표시
- 타이머 표시기
- 저전압 표시기
- ON/OFF 경보음
- 디스플레이 배면 조정

☞ 기타 부속물

이어버드	마이크장착 이어버드	리모트 스피커 마이크	복스 어댑터
1시간 급속충전기	1시간 차량 장착충전기	배터리	마이크 장착 헤드셋

② 차량 장착용 무전기

▷ ED - 27

• 작은 Size에 큰 LCD 채용
• 20단계의 신호레벨 표시기능
• 사용하기 편리한 자동잡음 억제기능
• 5개의 채널 메모리 기능
• 다기능 마이크 기능
－1CH up, down(채널 상하 변화기능)
－Monitor(잡음 억제 off 기능)
－Emergency(비상 Channal 선택기능)
－Lock(Key 입력 잠금장치)
－SCAN(채널 검색기능)
• 실용적인 기능: SCAN, D.W, MIC Gain, R.F Gain, Emergency 9/19
• LCD 밝기 조정기능(어둠/밝음)
• 고정이 편리한 가이드 레일식 고정장치 채용
• 외부 스피커, S.RF/MOD, PA출력 단자 채용
• 사용 채널에 대한 주파수 표시

경
호
실
무

I

☞ RPM - 150/450의 비교

구 분	모델명	RPM - 150	RPM - 450
일반적 특징	주파수 범위	139~174㎒	400~512㎒
	모듈레이션	F3E(FM)	
	최대 채널수	16채널	
	최소 주파수 간격	5㎑, 12.5㎑	
	주파수 안정도	±5PPM(-30°C~ +60°C)	
	사용 전원	DC 13.5V	
	안테나 임피던스	50Ω	
	마이크 커넥터	모듈라 잭(6PIN)	
	외부 스피커 커넥터	3.5ø 잭	
	크 기	53(H)×147(D)×188(W)m/m	
	무 게	1.134g	
송신부	고주파 출력	4.8W/10W/20W	
	주파수 편이	±2.5㎑, ±5㎑	
	마이크 감도	10~12mV	
수신부	수신감도(12dB SINAD)	-120dBm 이상	
	선택도((@ 25㎑)	-70dB 이상	
	불요파, 영상억압	-70dB 이상	
	음성출력	4W 이상	
	1차 국부발진 주파수	10.7㎒	21.4㎒
	2차 국부발진 주파수	455㎑	

9) 방호장비

방호장비에는 물리적 장애물로 철봉바리케이드, 철빔, 철조망, 담벽, 동물, 전기, 조명 등이 있다. 이런 방호 장애물은 적의 침입예상로에 설치함으로써 테러범의 침입예방 방호 장비라 할 수 있다. 따라서 침입 의도를 갖고 침입하려는 적의 심리상태를 불안하게 만들 거나 좌절시키는 효과를 얻을 수 있다.

물리적 방호 장애물은 먼저 자연적 방호 장애물 기능을 살려 물리적 방호 장애물을 설치히는 것이 원칙이다.

(1) 울타리의 정상 방호

울타리 정상 방호란 울타리의 상단을 따라 45도 경사지에 가설한 것을 말한다. 6인치 간격으로 3~4가닥의 철조망을 가설하는 것이 보통이며 필요에 따라 받침대의 길이와 가닥 수를 늘릴 수 있다. 받침대는 울타리의 지주 꼭대기에 고정한다.

(2) 울타리의 설치

시설의 위치 및 인접한 건조물의 간격과 피보호물과 떨어진 안전한 거리에 방벽을 설치한다. 주위 시설물과 그 밖에 건조물, 기타 보호지역에 대한 비인가자의 출입을 용이하게 숨길 수 있는 자연적·인위적인 사물과 충분한 거리를 유지한다.

(3) 울타리의 장단점

① **장점:** 외부의 침입에 장애를 준다. 철조망은 설치 및 제거에 용이하다. 비용 차원에서도 경비절감이 있을 수 있다.
② **단점:** 외부에서 관측이 쉽고 장비를 이용한 공격에 방탄 능력이 없다.

(4) 담벼락

경
호
실
무
Ⅰ

담벼락을 설치할 때는 외부를 관측하기 쉽도록 철창을 이용한 담벼락 설계를 하여 보다 효율적인 방호계획을 세운다. 담벼락은 철조망과 달리 매우 견고하게 설치하는 것으로 외부에서의 장비를 이용한 공격을 대비하여 견고하고 튼튼하게 설치하도록 해야 한다.
① **장점:** 철조망에 비하여 영구적이며 방탄능력이 있다. 엄폐기능을 할 수 있으며, 외부 노출을 가려 내부보안이 용이하다.
② **단점:** 설치에 장비와 인력이 많이 소용된다. 외부관측에 철조망 설치보다 가시거리가 짧다.

(5) 동물 방호

동물 방호는 경호에 있어서 경호원의 오감을 도와 경호업무를 하는 것으로, 즉 훈련견을 이용한 방호를 말한다. 훈련견은 타고난 청각·후각을 가지고 있기 때문에 시계에 제한을 받는 어둠에도 경호인에게 경고하여 주거나 필요하면 추적하여 침입을 막아 준다. 이런 훈련견의 능력은 훈련 정도에 따라 다르지만 일반적인 훈련견의 청각은 사람의 4~5배 정도의 사정거리를 갖고 있어 아주 멀리에서 들리거나 작게 들리는 소리를 경호원보다 먼저 들을 수 있다.

(6) 전기 방호

전기 방호에는 조명을 이용한 방호와 전류를 이용한 방호 방법이 있다. 조명을 이용한 방호는 주변 밝기를 대낮같이 밝게 하여 침입자의 몸체를 노출시켜 방호하는 것이며, 전류를 이용한 방호는 전류를 일정한 장소에 흘려 침입자의 접근에 장애가 되도록 설치하는 것을 말한다.

(7) 조 명

조명은 침입자에게 심리적 부담을 주고 경호원의 수를 절약하며 경호원을 지원하게 된다. 따라서 경호원을 노출시키지 않고 시설 내부와 부근 활동상황을 관찰할 수 있도록 하는 동시에 침입자에게 강한 조명이 될 수 있도록 해야 한다.

(8) 방탄망

① 수류탄 투척이 용이한 창문과 도로 외부 부분에 방어할 수 있는 높이로 방탄망 설치
② 적절한 지형 및 환경에 맞도록 위장
③ 핵심 시설 및 위험 시설은 지하화

(9) 연기 방호

연기를 분사하여 시계를 차단하는 효과가 있다. 초당 17m의 강력한 연기를 분사하여

분사 0.5초 후

순식간에 침입자를 제압할 수 있다.

10) 검색장비

　검색이란 신변보호 및 중요행사 경호를 수행함에 있어 위해요소에 대한 분석과 판단으로 적절한 조치를 강구하여 위해요소를 사전에 제거하는 활동을 말한다. 검색은 경호대상 중요인사가 참석하는 행사장이나 숙소 등에 대한 시설물의 안전점검을 실시하거나 피보호자의 신분보호와 행사장의 안전을 확보하는 데 그 목적이 있다.

　이와 같이 경호업무에 쓰이는 주요장비는 다음과 같다. 금속탐지기에는 문형 금속탐지기, 휴대용 금속탐지기(봉형, 막대형, 포켓용)가 있으며, 기타 장비로 X‒RAY 수화물 검색기, 차량 검색거울, 가스 탐지기, 폭발물 탐지기가 있다.

(1) 탐지 및 검색기

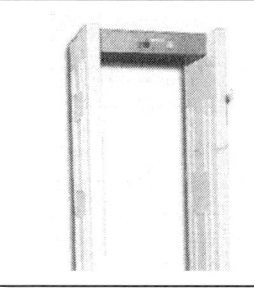

▷ 문형 금속탐지기
철금속 또는 비철금속으로 된 무기류를 비롯한 흉기 및 물체를 탐지하기 위하여 제작되었다. 본 장비는 보안경호경비 업무 시 유용한 탐지장비로 널리 이용되고 있다.
특별한 조작 없이 85~264VAC 범위 내의 전원은 사용이 가능하다. 전자펄스 신호를 이용한 마이크로프로세서가 탑재되어 성능이 매우 우수하다.

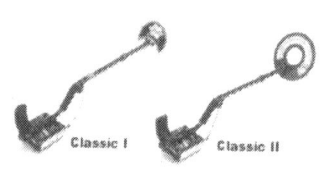

▷ 봉형 금속탐지기
땅속, 벽 속, 상자 속의 폭발물 또는 비철금속으로 된 크고 작은 모든 금속물체를 탐지하도록 설계된 제품이다.
봉형 금속탐지기는 휴대가 간편하며, 휴대가 가능한 금속탐지기 중 가장 탐색능력이 뛰어난 제품이다. 또한 조작이 매우 간편하며, 무게가 가벼워 사용하기에 매우 편리하다.

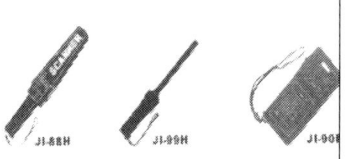

▷ 휴대형 금속탐지기
철금속 또는 비철금속으로 이루어진 물체의 탐지가 가능하다. 휴대가 용이하고 견고하게 제작되었다. 주로 소형 권총이나 칼 등의 흉기 등을 검색하는 데 적합하다.

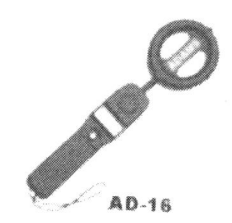

▷ 휴대형 금속탐지기
아주 미세한 금속 물체를 검색하는 데 적합하다. 낚싯바늘이나 심지어 스테이플러심 정도 크기의 금속도 탐지가 가능하다.

AD-16

(2) 금속탐지기

① 문형 금속탐지기

ㄱ 종류와 특성

ⓐ 소형 권총 크기 이상의 금속 색출

ⓑ 이동 설치 용이, 외부방해 극소

ⓒ 금속에 가까이하면 경보음 발생

ㄴ 가레트 11652

ⓐ 비철금속 등 모든 금속 탐지 가능

ⓑ 열악한 환경에서도 작동

ㄷ 프리스캠

ⓐ 1인 검색 소요시간 3초

ⓑ 해체·이동·조립 간편함

ㄹ 설치상 유의점

ⓐ 사용 전 반드시 전원 확인

ⓑ 조립식 제품으로 무리한 힘을 가하거나 충격을 주지 말 것

ⓒ 정밀 전자 과학 장비이므로 취급 운반 시 주의할 것

ⓓ 에어컨 등 전압 변동이 심한 곳을 피하여 설치

ⓔ 고압 전류가 흐르는 곳을 가급적 피할 것

ⓕ 금속탐지기를 2대 이상 운용 시 최소 3m 유지할 것

ㅁ 검색 요령

ⓐ 통과 입장객이 최소 1.5m 거리로 개인 간격을 유지하도록 하여 보통 걸음으로 보행하게 한 다음 순서대로 검색 후 통과 여부를 결정한다.

ⓑ 대상자가 소지한 휴대품을 별도로 검색한다.

ⓒ 무전기와 같은 통신장비 등을 탐지기로부터 3m 유지한다.

ⓓ 대상자가 움직이거나 탐지기를 건드렸을 때에는 다시 검색한다.

ⓔ 탐지기를 부딪치며 통과하는 자는 재검색한다.

② **봉형 금속탐지기**

㉠ 종류와 특성(ADS7)

ⓐ 대상에 따라 탐지 능력 조절

ⓑ 물에서도 탐지

ⓒ 잡금속류도 탐지

ⓓ 조립 해체가 용이

㉡ 사용 요령

ⓐ 탐색 코일을 지상 5mm 정도로 유지하고 초당 30~60mm 속도로 탐지관의 높이를 유지하며 탐지

ⓑ 탐지 구역을 분할하여 단계적으로 빠짐없이 탐지

ⓒ 한 라인의 탐지가 끝나면 탐지관 지름이 2/3 정도 중복되게 역으로 탐지한다. 이때 은박지, 못, 캔, 깡통 등이 탐지가 배제되도록 자동지면 폐물제거 스위치를 제거 상태에 놓고 실시한다.

ⓓ 목표물의 바로 위에서 감지되었을 때 경보음과 계기 바늘이 급격히 상승하므로 이를 포착한다.

㉢ 유의사항

ⓐ 탐지 대상지역을 충분히 고려하여 안전 준비를 철저히 한다.

ⓑ 시설물 내에서 탐지한 때에는 매전, 매수 등 관련 시설물의 상태를 확인한 후 실시한다.

③ **막대형 금속탐지기**

㉠ 종류와 특성

가레트 포켓 스캐너: TYPEM‒11127

‒ 취급과 휴대가 용이

‒ 금속, 합금속, 비철금속 모두 탐지 가능

‒ 자동 및 반자동이며 대인 대물 탐지 용이

ⓛ 사용 요령: 파워 스위치를 켠 후 피검자나 탐지할 물체의 5cm 이내에 갖다 대면
서 상하좌우로 초당 15~30mm 움직이면 회로에 음성 경보가 약하게 들리다가
금속 물체가 탐지될 때 경보음이 커지면서 경광이 발한다.

④ **포켓용 금속탐지기**

㉠ 종류와 특성

가레트 포켓 스캐너: TYPEIM－11127

  － 취급과 휴대가 간편함

  － 금속, 합금속, 비철금속 모두 탐지 가능

  － 자동 및 반자동이며 대인 대물 탐지 용이

ⓛ 사용 요령

ⓐ 탐지 대상자나 물체 주위의 약 5㎝ 떨어진 데서 좌우상하로 움직이며 초당
6~12인치의 속도로 탐지한다.

ⓑ 탐지 경보음이 울리면 다시 검색한다.

ⓒ 파워 스위치를 위로 올리면 다시 검색한다.

ⓓ 파워 스위치를 아래로 내리면 기계가 작동하나 손을 떼면 자동으로 작동이
멈춘다.

ⓔ 인체 탐지 요령－손을 90°로 올리게 하고 양다리를 어깨넓이로 벌리게 한 다
음 실시한다.

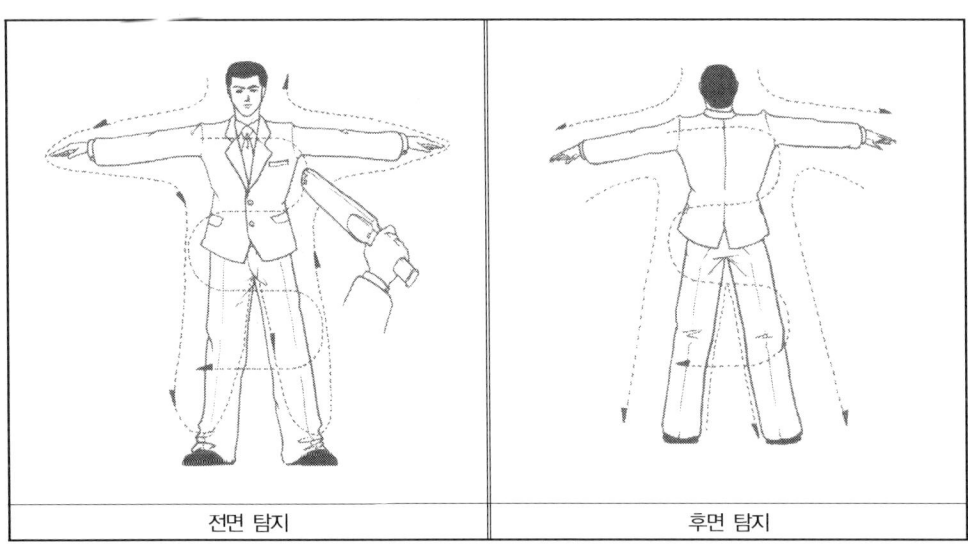

| 전면 탐지 | 후면 탐지 |

(3) 기타 장비

① X-RAY 수화물 검색기

㉠ 종류와 특성

NEW SYSTEM FIVE/V

- 수직과 수평 2개의 X-RAY 소스와 2개의 모니터를 사용하여 신속 정확하게 검색한다.
- 화면을 통하여 검색하므로 내용물의 판독이 용이하다.
- 확대 장치가 있어 내용물의 판독이 용이하다.
- 장소에 따라 설치가 용이하게 설계되었다.
- 3등분 분해가 가능해 운반이 용이하다.
- 혹독한 기후에서도 작동이 가능하다(-50°, C-70°C).

㉡ 사용요령

ⓐ TV 모니터의 스위치를 넣고 전원 스위치 잭에 열쇠를 꽂고 ON 쪽으로 돌린다.

ⓑ TV 모니터 화면에 명암이 여러 단계로 나뉘어 나타나면 검색할 수화물을 컨베이어 벨트 위에 놓는다.

ⓒ 4번 컨베이어의 전진 버튼을 누르면 컨베이어가 작동하여 수화물이 터널을 통과한다.

ⓓ 투시된 수화물 영상화면이 TV 모니터에 나타난다. 의심스러운 물체가 나타나면 4번 컨베이어 정지버튼을 누르고 2번 확대버튼을 눌러 화면을 확대하여 정밀히 판독한다.

ⓔ 다시 4번 컨베이어의 전진버튼을 눌러 계속 작동시킨다.

② 차량 검색거울

㉠ 종류와 특성

원형 검색거울, 회전식 거울 부착-하단 및 중간 레버를 고정시키고 고무바퀴를 이용하여 차량 하부에 밀어 넣고 검색등을 켠 다음 검색한다. 좌측 손잡이를 거울의 좌우를, 우측 손잡이로 거울의 상하를 조정하여 거울을 회전시켜 가면서 검색한다.

㉡ 사각형 검색 거울

ⓐ 연결 라이트를 연결한다.

ⓑ 라이트 아래위의 석면 배선을 연결시킨다.

ⓒ 거울, 박스, 형광등 등의 스위치를 ON 위치에 놓는다.

ⓓ 전원 스위치를 넣어 불을 켜고 거울 조정핸들로 거울을 좌우로 작동시켜 검색한다.

③ **가스 탐지기**

㉠ 종류와 특성

YOOLIMAX 701S, 703D

- 각종 가연성 가스를 탐지

- 2~3초에 감지 경보음이 울리고 등이 켜진다.

㉡ 사용 요령

ⓐ 평상시에는 L레인지에 놓고 측정하되 저농도의 가스를 감지할 때에는 H레인지에 놓고 측정한다.

ⓑ 오래도록 이용하거나 농도 짙은 가스를 흡입시키거나 스위치를 H에 놓고 고농도 가스를 감지하는 것을 피해야 한다.

④ **폭발물 탐지기**

㉠ 종류와 특성

DIXID나 T-54

- 니트로글리세린이나 TNT 또는 DNT를 기초로 하는 폭발물을 탐지한다.

- 15~20초 작동하면 0.00199B(1PPB: 1/10억)함유량까지 감지한다.

- 감지하면 경보가 울리고 등이 켜진다.

㉡ 사용요령

ⓐ 고정 상태에서의 사용법

- 헬륨 가스를 충전시킨 다음 전원 스위치를 넣고 TEMP(온도) 불이 켜질 때까지 예열(가열)시킨다.

- 샘플 스위치를 5초간 몇 번 누른 다음 탐지에 들어간다.

- 탐지 후 경보음이 없어질 때까지 샘플 스위치 누르기를 (5초간) 몇 번 반복한다.

ⓑ 들고 다니면서의 사용법

- 헬륨 가스를 충전한 다음 전원 스위치를 켠다.

－ 고정 상태에서 사용 요령에 준하여 작동시킨다.

※ 주의 사항

위 기계는 반드시 사용법을 완전 숙달시켜 사용하도록 해야 한다.

☞ 검측장비

검측장비는 행사의 규모, 성격 및 주위환경에 따라 선택하여 사용하여야 한다. 일반적으로 행사에 적용되는 장비는 위해물탐지장비, 처리장비, 일반점검장비로 구분한다. 그러나 경호검측작용에 있어서는 인간의 오감, 즉 시각, 청각, 후각, 미각, 촉각을 최대한 활용하여 검측활동을 수행하는 사람의 능력을 극대화시켜야 하고 부득이한 경우에 한해서 장비를 이용해야 한다. 왜냐하면 모든 기계 또는 장비는 장비의 특성상 5% 정도의 오차율은 항상 있기 때문이다.

☞ 열상 감시장비

만지며 검색하게 된다. 필요할 경우 승객 동의를 얻어 옷을 벗겨 검색할 수도 있다.

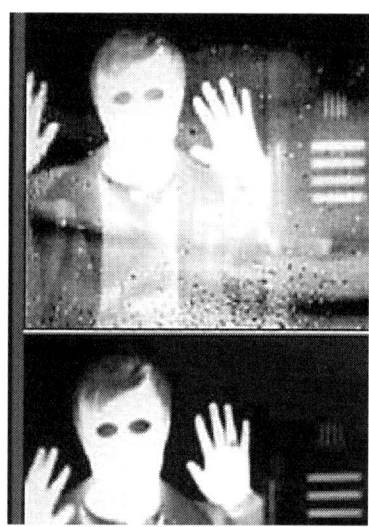

전신검색기 절차

❶ 대상: ① 미국 교통보안청(TSA) 혹은
　　국내정보기관에서 지명한 승객.
　　② 1차 보안검색대에서 의심
　　　승객으로 분류된 사람.

❷ 대상자는 '전신검색기' 와
　'촉수(觸手)전신검사' 중
　선택.

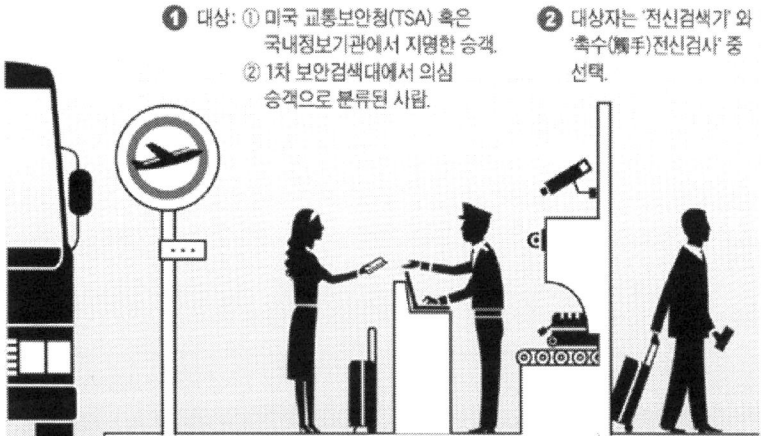

❸ 전신검색기 선택
　승객은 전신검색기로
　이동.

❹ 안내요원이
　검색기 작동.

❺ 6초 후 별도 분석실에 이미지 전송.
　안내요원과 분석실 요원은
　헤드셋으로 의사 소통.

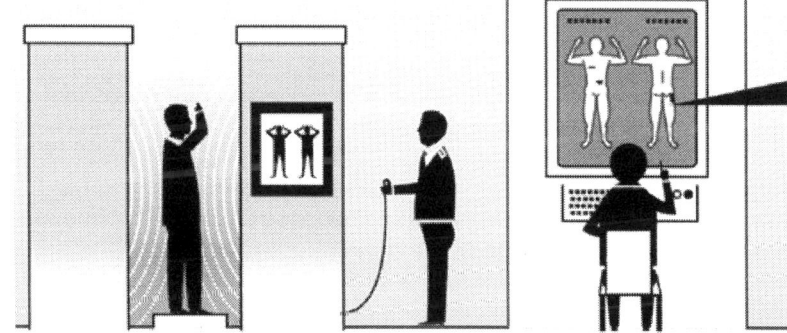

323

❻ 의심물질 소지 승객은
　별도 수색실에서 정밀 수색.

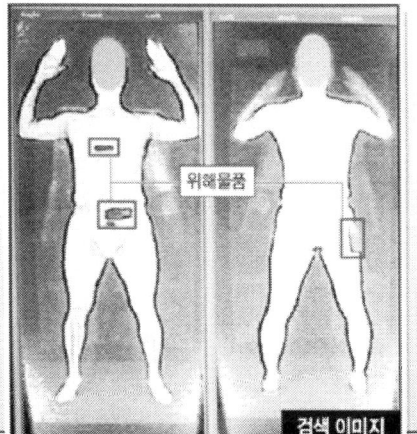

위해물품

검색 이미지

인천공항 출입관리 전신검색 절차

◎ 출입통제 전자키

HMD-1000 (Controller)
- 다양한 입력장비
  (근접식,마그네틱,바코드,IC,READER)기타등
- 다양한 인터페이스
  (RS-232,422,485,Wingand,TTL,)Type
- 완벽한 원격자동제어
- 완벽한 통신 기능
  (1Line에 32대 제어,Multi-Drop)

HMD-900
- On-Line 및 Off-Line으로 작동
- 확인이 용이한 Display
- 뛰어난 출입통제 기능
- 마그네틱,바코드,근접식,(READER)접속가능
- 다양한 입출력 접점
- 전원 220V내장
- 32Kbyte 메모리, 2,500건 저장

PW-2750, PP-3750
- On-Line,Batch 처리가능
- 마그네틱 및 근접식 카드 사용
- Data Base Program 에 의해 독립적으로 운영
- 시계와 열력내장
- 사용자 5,000명에서 9,000명 까지 사용
- 20-150대의 카드리더 연결가능
- Real Time Monitoring 가능

MS-800,MS-700
- 카드와 비밀번호 병행사용가능
- 독립적으로 마스타프로그램 작동
- 최대 3000에서 9,000명 사용가능
- 최대 5개의 비밀번호 사용자코드
- 동작모드 :(Card),(Card and Keypad),
  (Card or Keypad),(Keypad only)
- RS-232,422 통신(MS-700)
- Multy-Controller 사용시 20-150대 연결가능
- 전원 12V DC 300mA

MS-1001
- READER :근접식 15cm
- 독립적으로 우영
- 최대 4,000명 사용가능
- 간편한 사용
- 2개의 출입문 연결가능
- 편리한 등록,삭제
- 전원 9-12V 800mA

MDL-9100
- 레버 공회전 기능
- 비상키 열림기능
- 파괴,고온,충격,방한,정전기,내구성,수명등
  20가지의 신뢰성 테스트를 거친 제품
- 점전 사용 전원 1.5V 건전지 4개
- 크기 235 × 72 × 60(H × W × D)
- 재질 알루미늄 골드 실버
- 2중 잠금장치
- 원터치 열림가능

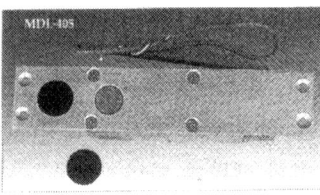

MDL-405
- 국내기술로 제작
- 약300mA의 구동전류
- 잠금시간조절 가능
- DC/AC 24V(198 × 42 × 45)
- 저렴한 가격

PGS-703
- STRIKE
- 12V/120mA
- 정전시 잠김
- 150 × 25 × 32
- 저렴한 가격

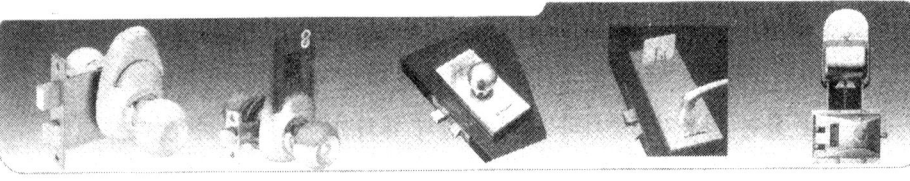

제2절 폭발물

인원을 살상하거나 차량, 선박, 항공기 주요시설·건물 등을 파괴 또는 손상시킬 목적으로 가설 또는 매설하도록 제작된 폭발물을 말한다.

테러목적을 가진 자가 목적을 달성하기 위하여 어떠한 폭발물을 사용할지에 대하여 예측할 수가 없다. 그건 전쟁 상황을 고려하여 전술에 필요한 폭발물들이 세계 각지에서 만들어지고 있으며 화력 또는 기술이 첨단화·고도화되었기 때문이다. 폭약 제조기술이 테러집단이나 범죄를 일으키려는 일반인에게 많이 유출되어 있기 때문에 경호원은 폭발물 제거기술을 익혀 인명 및 재산손실을 최대한 억제하도록 노력해야 한다.

☞ 폭발물 위협

폭발물을 전제로 한 위협은 다양한 방법으로 전달될 수 있다. 대부분의 위협은 전화로 행해진다. 때로는 제3자를 통하기도 하고, 문서의 형태나 육성녹음으로도 전달될 수 있다.

☞ 폭발물 위협 전화의 일반적인 사항

1. 전화를 한 사람은 폭발물이나 폭탄에 대한 정확한 정보를 갖고 있다.
2. 전화를 한 사람은 폭발물이 설치된 곳에서 긴장감과 공포를 조성해 일상 업무를 방해하려는 목적을 갖고 있다.
3. 경우에 따라서는 요구조건을 제시할 수도 있으며 필요한 경우, 경고 즉시 폭발시킬 수 있다.
4. 폭발물 설치가 허위일 수도 있으며 설치된 폭발물이 모의폭발물일 수도 있다.

☞ 폭발물 위협 전화 접수 시 대응

1. 침착성을 유지한다.

2. 지정된 폭발물 위협 전화 접수양식을 이용한다.

3. 통화시간과 걸려 온 전화신호 등 모든 통화기록을 메모한다.

4. 가능한 한 통화시간을 길게 유지하고, 폭발물의 위치와 시간을 제시하지 않을 때는
   물어서라도 정보를 얻는다.

   - 폭발물은 어떻게 생겼는가?

   - 폭발물을 어디에 설치했는가?

   - 폭발시간은 얼마나 남았는가?

   - 어떤 종류의 폭발물인가?

   - 요구조건이 무엇인가?

5. 가능한 한 통화자와의 내용을 녹취하며 녹취된 내용을 통해 신원을 알 수 있는 특징
   들을 분석하도록 한다.

6. 통화자의 성별, 나이, 출신지역, 학력수준 등을 분석하고 통화 지역의 주변소리(도심
   지, 숲, 지역, 건물, 공장, 정류장, 철도, 항공 등 단서가 될 만한 모든 소리) 등을 분석
   해 위치를 유추하고, 추적 가능한 위치를 확보하도록 한다.

7. 상급자 및 관계기관 또는 전문가에게 보고 및 전달하도록 한다.

1) 폭발물 테러

1995년도 미국 오클라호마시티 연방청사 폭탄테러사건과 1996년 영국 런던 카나리워
프에 있는 브리태니아 호텔 폭탄테러사건은 세계를 경악케 하였으며 과거 국내에서도
1970년 6월 22일 원격조종장치에 의한 동작동 국립묘지 현충문 폭파사건, 미 문화원 방화
사건, 1983년 9월 22일 대구 미 문화원 폭발사건과 동년 10월(버마-미얀마) 아웅산 원격
조정장치에 의한 폭파사건, 김현희 KAL기 폭파사건 등 일련의 폭발물 사건이 발생하였으
며, 1986년, 87년 북한의 사주하에 제3국의 폭발물 테러사건이 예상된 적이 있으며, 실제
김포공항 쓰레기통 폭발사고가 있었으며, 최근 2001년 4월에는 태국의 기차역에서 사망
12명과 30여 명의 사상자를 낸 폭발사고가 있었다.

경
호
실
무

I

2) 보호 대상

다음과 같은 곳은 보호 대책을 수립한다. 국가 주요 기간산업시설, 방송시설, 교도소, 수원지, 발전시설, 주한 외국공관 및 관련 건물, 외국인 투자 및 합작회사, 항공기 및 선박, 기타 외국 주재원 및 경호대상 인물을 포함한 중요 VIP 요인이 주 보호 대상이다.

3) 폭발물의 종류

(1) 인마 살상용

많은 인원을 살상하는 효과를 거두도록 제조된 폭탄

(2) 주요시설 폭파용

통신시설, 주요 군사조직, 주요 항만 또는 비행장을 폭파할 목적으로 제조된 폭탄

(3) 모형 폭탄

교육용 연습탄으로 유해하지 않은 폭탄 또는 적을 기만할 목적으로 제조된 모형 폭단

4) 지뢰 및 부비트랩

지뢰 및 부비트랩은 군사용으로 만들어진 폭발물이 많지만 여기에서는 급조제조식 폭발물과 폭발물의 원리, 폭발물의 제거 방법, 폭발물 설치가능한 장소 등에 대하여 간단히 설명하기로 한다.

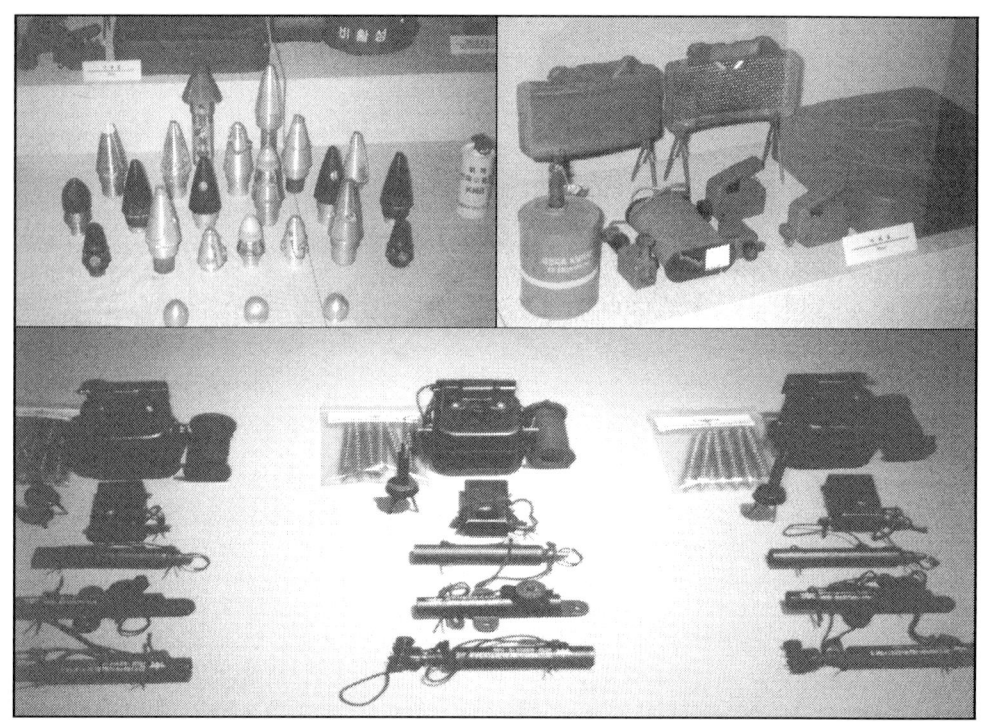

(1) 부비트랩

부비트랩은 사람이 외관상 해롭지 않다고 인정되어 무심코 만지거나 또는 옮겼을 때 폭발하도록 고안된 폭발물을 말한다.

① **제거 방법:** 제거 방법은 크게 두 가지로 구분한다.

　㉠ 폭발물을 직접 폭파하여 제거하는 방법: 폭발물 설치장소 및 폭파되는 경우 시설물의 운용 가치가 없다고 판단될 때 현장파괴를 실시한다.

　　ⓐ 파괴 폭약을 사용

　　ⓑ 수목 연소 방법

　　ⓒ 화기 사용(직사, 곡사)

　　ⓓ 밧줄 또는 철선 기타 폭발 가능한 줄에 의한 방법

　㉡ 폭발물을 확인하고 설치방법의 역순으로 손으로 분리·제거하는 방법으로 폭발물로 인한 유용한 시설물의 시설파괴를 억제하기 위한 제거 방법이다.

　　ⓐ 시설물이 보호해야 할 가치가 있다고 판단될 때

ⓑ 시민의 안전이 요구될 때 또는 경호대상의 신변위협이 예상될 때

ⓒ 테러집단이나 개인의 범죄행위를 판단하여 범인 체포의 단서를 위한 회수가 요구될 때

ⓓ 화학물질 등의 폭파제거가 불가능할 때

② 폭발물 제거 시 주의사항

㉠ 폭발물의 위치 판단

㉡ 폭발물의 형태 및 퓨즈의 종류

㉢ 폭발물의 또 다른 장치 연결 판단

㉣ 제거반의 인원은 안전거리 유지

㉤ 뛰거나 잡담 금지

③ 폭발물 제거 후 폭발물 안전관리

㉠ 폭발물을 제거할 때에는 반드시 군경에 알려야 하며 폭발물 발견 시에는 가능한 한 군경 전문 제거반이 올 때까지 기다려야 한다. 그러나 시설물과 시민의 안전이 위급할 때에는 직접 제거하여 시민의 안전을 도모하는 경호원 정신을 가져야 한다.

㉡ 인식 사항

329

- 모든 기계장치를 알고 숙달해야 한다.

- 인내력을 길러 부주의하여 자신과 타인을 파멸하게 하는 일이 없도록 해야 한다.

- 완벽한 제거기술 능력이 사신력을 갖게 한다.

- 가능한 한 한 사람이 제거하고 다른 사람은 안전한 곳으로 피신한다.

- 제거 시 의심나거나 폭발물 종류가 잘 식별되지 않을 때에는 전문가에게 협조를 구한다.

- 모든 이상 물건에 대해 의심을 갖는다.

- 테러리스트들은 잔인하고 교활한 살인자임을 명심한다.

㉢ 요약

- 지뢰는 퓨즈, 뇌관, 기폭약 또는 추진 장약, 주장약, 몸통으로 구성되어 있다.

- 지뢰는 촉발작용을 받으면 퓨즈를 작동시키지민 짐화 성로 중 한 과정이 파괴되면 지뢰는 작용하지 않는다.

- 지뢰는 실물지뢰, 기만지뢰, 훈련지뢰, 급조지뢰 네 가지 기본 형태가 있다.

- 지뢰는 일종의 폭약이며 폭약과 같이 취급해야 한다.
- 지뢰는 대인양 장치, 촉발 장치, 대퓨즈제거 장치, 대장전해체 장치 등 부비트 랩으로 개조할 수 있다.
- 지뢰는 공명 폭발을 방지하기 위하여 안전거리를 유지한다.

☞ 압력작동 시(가장 일반적인 밟으면 터지는 것들)

위폭운
두꺼운 종이

PMK40(소)
① 0.07

MN(소)
① 0.6

PMN-6(소)

P-PMA-1(유)

M1948(프)
① 0.59

M14(미)
40
56

M25(미)
29
92
① 0.125
① 0.09

M3(미)
(목)
①4.4
②9이하
140

모델 U/1
(벨기에)
① 0.13

VS.T(이)
① 0.75

타임R(이)
(복)목제
② 0.45

M47-1
① 1.4
(덴마크)

M1951(프)
62
① 0.085
70

M59「잉크병」(프)

M1956(프)
① 0.16

타입424(프)
① 1.7

LI-11(스)
① 0.2

M15
① 0.6
(네덜란드)

M22(네델란드)
① 0.085

FAMA(스페인)
① 0.09
두꺼운 종이

M49(스)
① 0.2

M43T(스)
두꺼운 종이
① 0.2

M41(S)
① 0.35

M3(스위스)
① 0.09

P59(스위스)

「도리스」(영)
① 0.22

「윈트먼트 박스」
① 0.23

6Mk1(영)
203   44

DM11(독)
① 0.2
35
80

No.10(이스라엘)
① 0.12

① 0.14

①지뢰의 무게(㎏), ②파괴반경, 칫수는 ㎜.

■ 장력작동식
(신관에 연결된 인계철선을 당기면 터지는 방식)

POMZ-2(소)　① 1.99
PMD-6(소)　① 0.4

MUV　UPM
200㎜
공산권의 대표적인 대인지뢰로 두종류의 신관이 사용된다.

나무상자에 담긴 다목적 지뢰로 금속탐지기에 반응하지 않는다.

테니스볼형(베)
베트남의 신형으로 M48(스) 복합신관을 사용.

M62(험가라)　① 2.9
M49(스위스)　① 8.6
① 0.05
① 0.33
벽에 부착시켜 사용할수 있다.
나무 막대나 말뚝 위에 얹어놓는다.

■ 지향성 지뢰
땅 위에 설치되며 적이 접근할때 스위치를 누르면 폭발한다. 경우에 따라서는 장력 이용식으로 사용하기도 한다

M18 클레이모어(미)
① 1.6　② 50
90
215
DH-10(베)　① 9.5

MON50(소)
클레이모어형(베)

FFV013(스)
일본 자위대도 사용중.

■ 공중작열식
대부분 복합신관을 이용하며 지면에서 1m정도 떨어서 폭발한다.

Prom-1(유)　① 2.67
PP-Mi-Sr(체)　① 3.2
① 4.5
DZM-3(소)

(북)

M16A1(미)　① 4.5
M2A4(미)
M26(미)　① 1.4　② 4

M1951/55(프)
Mk2(영)　① 4.5
63식(일본)

① 4　② 60
160
102
DM31(독일)
NO12(이스라엘)　① 3.5　② 40
파노라마69(이)　① 3.2

■ 원격설치 시스템형
(화포나 항공기등으로 투하한다)
◆ 전기접촉식
① 0.45　② 7
M74(미)　① 1.7　② 12
PMF-1(소)

◆ 압력작동식
레인저(영)
34　62
① 0.12
마우스(이)
45　90
① 0.27
SB33(이)
32　88
① 0.14

(2) 폭발물 설치 순서

① 가장 효과적인 위치 장소 선정
② 장약 설치 후 이의 보호 및 은폐
③ 안전장치를 이용하여 폭발물을 고정 및 조정
④ 부비트랩 장전
⑤ 위장(기만)
⑥ 안전핀 제거(장치 완료)

(3) 폭발물 설치가능한 곳(대인살상 목적 시)

습관적 또는 필요에 의한 출입통로 등에 설치할 수 있다.
① 초인종: 전기식
② 대문: 인력식, 장력 해제식
③ 현관: 압력식
④ 보도블록: 압력식
⑤ 화분: 압력 해제식, 인력식
⑥ 탁자: 압력식
⑦ 창문: 인력식, 인력 해제식
⑧ 실내 가구(침대판 등): 압력식, 인력식
⑨ 전화기: 전기식, 인력식, 압력 해제식
⑩ TV 및 가전제품: 전기식
⑪ 담배: 지연식
⑫ 주전자: 전기식
⑬ 책: 압력 해제식, 인력식, 충격식
⑭ 소품: 인력식, 압력식, 압력 해제식

5) 점화 장치

점화장치는 폭탄을 점화시키는 각종 물리적·화학적 원리를 이용하여 군용으로 생산하여 부비트랩 및 경보용으로 사용되어 왔다. 현재 테러분자들은 이와 같은 점화장치에 생활필수품에서의 각종 전기식 장치 감응기 등을 응용하여 소기의 목적을 달성키 위해 다양한 방법으로 사용하고 있다. 폭발물 처리를 위한 가장 핵심적 요소는 바로 이 점화장치에 대한 완전한 숙지라 할 수 있다.

점화장치에 대한 완전한 숙지만이 폭발물을 제거하고 무력화시킬 수 있다는 것이다. 특히 전기회로에 대한 숙지가 요구되며, 설치된 폭발물의 점화장치를 보고 각종 부품 및 선의 연결, 작동원리를 이해하여야 한다. 또한 이를 실제 무력화시키는 것이다.

(1) 점화장치 기능 구분(초발작용)

기계식, 전기식, 마찰식, 화학식, 혼합식, 진동식, 전자식, 자력식, 시한식, 압력식(압력해제식), 인력식(인력해제식)

(2) 작용시간 구분

순간, 조정, 지연
※ 군용은 색깔이 국방색이며 모든 글씨는 노란색이다.

(3) 급조식 점화장치

테러분자기 급조식 점화장치를 제작 활용키 위해서는 스위치, 전원, 뇌관이 있어야 하며 여기에 폭약이나 소이탄을 연결하면 급조 폭발물이 되는 것이다.

① 압력식(압력해제식): 일정한 중량이 가해지거나 반대로 해지되었을 때 작용되도록 한 장치를 말한다.

② 인력식(인력해제식): 일정한 인력이 가해지거나 반대로 해지되었을 때 작용되도록 한 장치를 말한다.

③ 시계 지연장치: 수은이 스위치 역할을 하며, 테러분자는 설치 시 안전을 위하여 시계 지연장치를 동시 사용한다.

④ 물통(도화선) 지연장치: 물통 인의 물이 일정한 시간을 두고 출몰되도록 하거나 도화선을 일정한 길이로 잘라 불을 붙여 연소되게 하여 폭발하도록 한 장치를 말한다.

⑤ 대경사 장치

⑥ 대알루미늄 코일 장치: 폭발물 외부에 알루미늄 코일로 포장해서 칼로 자르면 작동되는 원거리를 이용한 장치를 말한다.

⑦ 대진동장치: 작은 추를 매달아서 전등에 이어서 추와 금속성 물체와 접촉함으로써 작동시키는 원리를 이용한 장치를 말한다.

⑧ 집게식 또는 쥐덫식: 군용 인력 해제식을 응용한 장치로 일반 집게를 사용하여 제작한다.

⑨ 음성 스위치: 마이크 사용 시 소리의 반응에 의해 전류가 흘러 폭발되도록 제작된 장치이다.

⑩ 온도 스위치: 감응기를 이용하여 일정한 온도에 오르거나 내리면 감응기가 반응하여 전류가 흘러 폭발되도록 제작된 장치이다.

⑪ 접촉식 스위치: 원터치 라이터 또는 호텔 자동문의 감응기 원리를 이용한 장치이다.

⑫ 명암 스위치: 밝고 어두운 데서 감응하는 감응기의 원리를 이용하여 제작되는 장치이다.

⑬ 원격 조종식: 라디오의 송수신 원리를 이용하여 만든 장치로서 현재 시중에서 판매되는 장난감으로도 가능하다. 이미 국내 및 북부아일랜드에서 사용하고 있으며 미국에서는 모형비행기의 원격조종장치로 된 사제폭탄사건이 있었다.

시중에 700~800가지의 감응기가 판매되고 있으며, 고등교육 이수 정도의 수준이면 제작이 가능하다. 또한 처리 과정에서 가장 문제가 되는 것은 이 같은 점화장치가 2~3중으로 설치되어 있다는 것이다.

6) 테러범 사용 급조폭탄

(1) 파이프 폭탄

내부 충전물은 흑색화학, C4, 다이너마이트, 도폭선 등을 사용한다. 특히 점화되지 않은 상태로 발견 시 그대로 열면 위험하다. 왜냐하면 마개 사이에 폭약이 끼어 있어서 개방 시 마찰에 의해 폭발될 수 있다. 길이 30mm 파이프 폭탄에 도폭선을 삽입하여 차량 측면 1m 지점에서 폭파 시 차문과 유리창이 파편으로 완전히 박살이 난다. 폭발 후 파이프 조각이 세분화되어 있을수록 고성능 폭약을 사용한 것이다.

(2) 지남철 폭파

지남철 가운데 홈에 C4를 충전하고 차량에 부착하여 사용.

(3) 포도탄폭파

쿠바 게릴라들이 많이 사용한 것으로 분석
① 급조식 수류탄
② 급조식 크레모아

(4) 편지폭탄

편지폭탄은 우편으로 발송하여 수취인이 뜯어보는 순간이나 이후에 터지도록 장치된 폭탄을 말한다. 지금까지 분석된 전례 결과로 다음과 같은 편지폭탄의 특징을 도출해 낼 수 있다.

① 항공우편, 외국우편 부착 또는 특별 배달 표시 "당신만 뜯어 보세요"라고 표시
② 과도한 우표 부착
③ 서투른 글씨체 또는 오자
④ 부정확한 수취인 직책
⑤ 기름 자국 또는 변색된 부분
⑥ 발송인 주소 무표기
⑦ 과도한 중량
⑧ 불균형한 편지 몸체
⑨ 알루미늄 종이나 빠져나온 선(검은 구월단이 흔히 사용)
⑩ 스페인 바르셀로나에서 폭발되지 않은 책 폭탄
⑪ 위에 언급된 이외에도 가방·시계·장난감

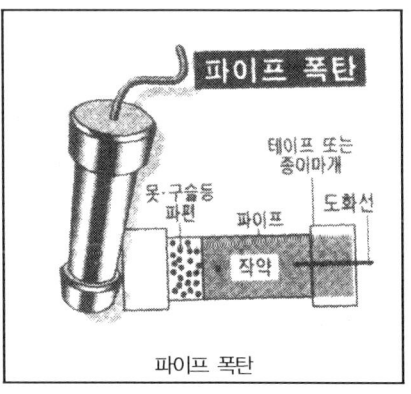

파이프 폭탄

파이프 폭탄
테이프 또는 종이마개
못·구슬등 파편
파이프
도화선
작약

등을 이용한 여러 형태의 사제폭탄이 제작 사용되고 있다.

☞ 설치장소 및 방법

☞ 폭발물 처리 시 소요장비

테러범이 사용하는 각종 사제 폭발물 장치는 실제로 일정한 설치원칙이 없다. 이에 대비하여 원칙 없는 사제 폭발물을 처리하기 위해 각종 상황에 대비한 다양한 도구가 필요하다.

구 분	장 비
방 호	폭탄 방화복, 폭탄 방호, 얼굴 마개, 안전 헬멧
점화 도구	뇌관(전기식, 비전기식, 도화선, 도전선, M60 퓨즈, 라이나, 전선, 감전기)
간접조작도구	·도르래, 씨그랩, 망치 및 해머, 파이프 렌치 ·테이프, 엽총, 탄환 및 엽총, 37 가스총 및 탄환, 칼크드보드 ·낚싯줄 및 고리, 물포 및 탄환 ·각종 끈, 사냥
직접조작도구	·전등, 장갑, 펜치(절단기), 목봉 ·소형 거울(FIBER SCOPE) 및 수색 거울(확대용) ·청진기, 가위, 금속탐지기, 스크루드라이버 ·쇠톱, 자석 X RAY 및 X선 측정기
보조장비	·확성기, 휴대용 발전기 및 유류 ·차량 자체 전등, 드릴 및 드릴 충전기 ·삽, 청소 압축기, 빈 자루, 사다리, 자
통신장비	휴대용 무전기 또는 전화, 인터폰

7) 수류탄

☞ U.S. PRACTICE HAND GRENADES

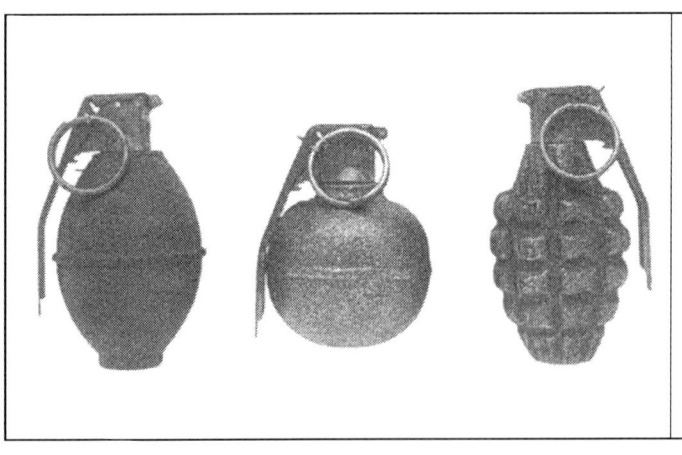

·용도: 인마살상
·재질: 강철
·사용방법: 안전핀 제거 후 투척
·투척거리: 50m
·파편비산각도: 45°
·살상반경: 10~15m
·특징
 −부비트랩 사용 가능
 −폭발물 촉발작용 사용 용이
 −시설물 파괴 용이
 −많은 인원 상대 용이

(1) 자살폭탄 위해기도자

　자살폭탄 테러 및 위해기도 사례가 크게 늘고 있다. 잘 훈련된 전문가에 의해 이루어지던 것과는 달리 2000년대에 와서는 임신부 또는 어린아이들이 보복 순교에 참여하며 큰 피해를 주고 있다. 특히 차량적재폭탄부터 9·11 항공기 동체 충돌과 같은 가미가제 특공대식 자살테러가 지상, 해상, 공중에 이르기까지 발생하고 있다.

　그러나 이 중에 지상 자살폭탄위험에 대해 중점적으로 정리한다. 일반적으로 폭탄은 전자회로를 완성하는 누름단추 또는 토글스위치로 구성되어 작동하는 단순스위치, 발각기회를 감소시키는 비교적 작은 장치와 못, 볼베어링 또는 다른 금속조각과 같은 파편으로 이루어졌으며, 분산 파편은 개별 자살폭탄공격에서 기초적인 살상장치다.

　일반적으로 조끼, 벨트와 같은 복부상의 옷 속에 착용, 은폐하거나 소지한 가방 또는 물품 등에 위장해 소지하는 경우도 있다. 주요 장약으로 자가혼합 플라스틱 폭약이나 군 사용 화약으로 만들어 사용되는 경우도 있다.

　도보자살테러는 인명을 주요위험 목표로 삼는 것이 일반적이며 군중이 밀집한 공공 공간이 주 대상이 된다. 그리고 차량적재자살테러는 주요시설 빌딩 등이 주된 목표가 된다.

　폭탄의 위력이나 살상반경은 폭탄의 소재나 무게에 따라 크게 달라질 수 있다. 신체착용 폭탄은 반경 5~10m에 치명적인 위험을 줄 수 있으며 최대 사상자는 10~50명까지 희생시킬 수 있다.

339

　치량자실테러는 소형차량인 경우 최대 500피운드(22/kg)의 폭발물을 탱크를 이용해 운반 가능하며 약 30m까지 치명적인 폭풍과 380m까지 파편을 발생시킬 수 있다. 트럭인 경우에는 최대 30,000파운드(13,636kg)의 폭발물을 운반할 수 있으며 반경 180m에 치명적인 폭풍과 1,980m까지 파편을 발생시킬 수 있다. 개방된 공간이 아닌 밀폐된 지하공간 등에서 폭발한다면 고층빌딩 등을 한순간에 무너뜨릴 수 있는 충분한 위력이 된다.

(2) 자살폭탄기도자 징후

　① 인적 대상

　　㉠ 체형이나 걷는 자세가 부자연스러운 사람
　　㉡ 검문을 거부하거나 정지명령을 거부하는 사람

ⓒ 신분이나 외모에 잘 어울리지 않는 의복을 입거나 물품 또는 가방을 든 사람

ⓔ 표정이 굳고 말수가 없으며 주변을 주시하는 사람

ⓜ 군중이 밀집된 공간 중앙으로 접근하는 사람

ⓗ 승용차 또는 승합차에서 내려 곧바로 특정목표에 신속히 접근하는 사람

ⓢ 승객이 많이 탄 버스나 열차 등을 골라 올라타려는 사람

ⓞ 옷이나 가방 속에 손을 넣고 있는 사람

② 차량대상

ⓙ 운전자 식별이 어렵도록 검게 선팅된 차량

ⓛ 승차한 사람 무게보다 차체가 내려앉은 차량

ⓒ 목표지점에 돌진하기 좋은 지형이나 도로에 위치한 차량

ⓔ 검문 및 정지명령을 거부하는 차량

ⓜ 곳곳에 수리 또는 용접한 흔적이 있는 차량

ⓗ 화약 또는 폭약 알갱이로 보이는 흔적이 있는 차량

ⓢ 석유, 휘발유, 가스 등을 적재할 수 있는 용기가 있는 차량

ⓞ 각종 전선 격발장치 등으로 사용할 수 있는 물품을 적재한 공사차량 또는 공구차량

ⓩ 무선조정 장치를 위한 부가적인 안테나 차량

ⓒ 운전 또는 승하차 시 지나치게 조심스러운 차량

ⓚ 차량 형태와 운전자의 외모, 복장 등이 부자연스러운 차량

ⓣ 건물 취약위치(변전실, 가스실, 기계실 또는 통로 기둥 등)에 있는 운전자 없는 차량

제3절 총기 및 기타 무기

1) 38구경 권총

(1) 종 류

38구경 리볼버 자동권총은 동일한 구경 0.38인치인데 정확히는 공히 0.357″이나 조준장에 있어서 2″형과 4″형으로 나눈다. 사거리와 정확도에 있어 2″형 리볼버 자동권총은 4″형에 비해 뒤떨어지며 또한 반동도 크고 안전도에 있어서도 뒤떨어진다.

(2) 탄약의 종류

① 보통탄: 인마 살상용
② 공포탄: 모의 사격용
③ 예광탄: 사격 관측용
④ 시험탄: 병기 검사용

이상과 같은 탄약은 장약 입자가 120에서 200까지의 단형과 특별용도에 따라 그 탄피가 구리 또는 니켈로 제조되어 있다. 이 외에도 강판을 관통하는 철갑탄도 있다.

(3) 특 성

① 회선식 탄창 장전식
② 노출 공이 치기식

③ 분리 복합 작용식

④ 파지식

⑤ 공랭식

(4) 제원(4인치용 기준 - Smith & Wessen사)

① 무게: 0.6ha

② 전체길이: 17.145cm

③ 총알길이: 5.08cm

④ 총구 직경: 0.879cm

⑤ 강선 직경: 0.897cm

⑥ 강선: 6조 좌선

⑦ 강선 홈폭: 0.305~0.315cm

⑧ 탄창 길이: 3.98cm

⑨ 탄창 직경: 3.56cm

⑩ 약실 수: 6개

⑪ 가늠쇠 형태: 칼날형 고정

⑫ 가늠자 형태: 형 고정

⑬ 최대 유효 사거리: 50

⑭ 2″형과 4″형의 차이

ㄱ 중량 - 396 : 980(Colt사: 1.16ha)

ㄴ 최대 사거리 - 731(800야드) : 1.463m(1,600야드)

ㄷ 유효 사거리 - 27(30야드) : 50(45.7야드)

ㄹ 최대 발사속도(분당) - 25~39발 : 30~36발

ㅁ 유효 발사속도(분당) - 15~20발 : 18~24발

☞ 리볼버 38구경 구조 및 명칭

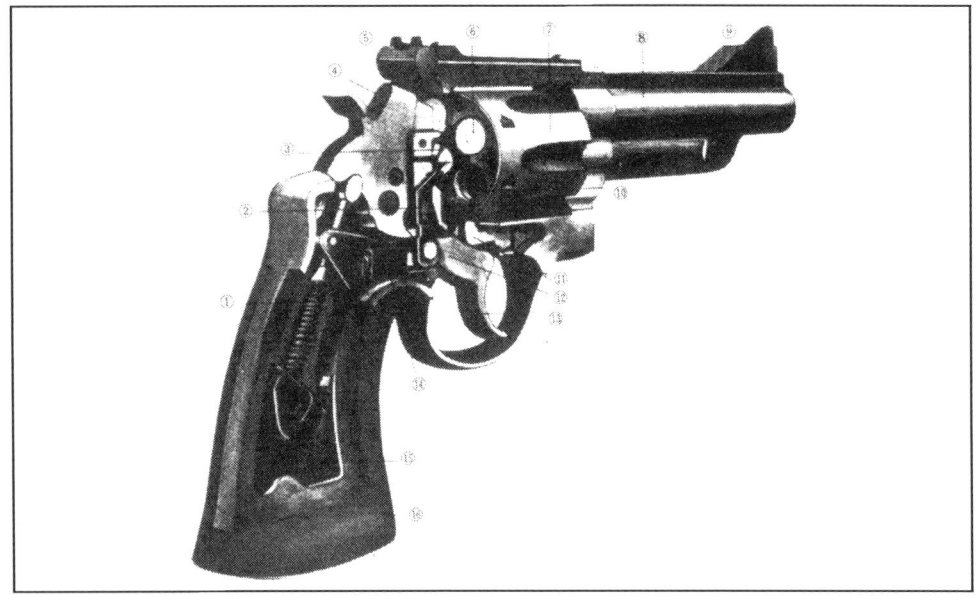

① 메인스프링, ② 트리거 레버 피벗, ③ 래취트, ④ 해머, ⑤ 리어사이트, ⑥ 실탄, ⑦ 실린더, ⑧ 총열,
⑨ 가늠쇠, ⑩ 빈약실, ⑪ 실린더 스톱, ⑫ 트리거레버, ⑬ 트리거, ⑭ 트리거 리턴 스프링, ⑮ 프레임,
⑯ 목제 그립

2) 45구경 권총

(1) 종 류

우리가 일반적으로 보유, 사용하고 있는 것은 Colt사 제품인 M1911, M1911A1인데 원래
는 미군의 기본 휴대권총으로 근래(1995년 초)에 와서 이탈리아제의 베레타 권총으로 74
년 만에 교체 사용하고 있다.

최근에 와서는 소재, 재료 개발의 다양성에 힘입어 플라스틱 합성질인 실탄 출현과 최
신의 전자총 등 순간제압용으로까지 발전하고 있다.

(2) 특 성

　① 반자동식
　② 반동식

③ 파지식

④ 탄창 장전식

⑤ 공랭식

(3) 제 원

① 무 게
  ㉠ 빈탄알집 포함: 1.1kg
  ㉡ 탄알 장전(7발): 1.36kg

② 길 이
  ㉠ 전체 길이: 21.9cm   ㉡ 총열 길이: 12.7cm
  ㉢ 조준장: 16.5cm

③ 사거리
  ㉠ 최대 사거리: 1,500m   ㉡ 최대 유효 사거리: 50m

④ 발사 속도
  ㉠ 최대 발사 속도: 35~42발/분
  ㉡ 유효 발사 속도: 21~28발/분

⑤ 기 타
  ㉠ 구경: 1.143cm(0.45인치)   ㉡ 강선: 6조 좌선
  ㉢ 약실 압력: 17,000P.S.I(pound inch)
  ㉣ 방아쇠 압력: 2.26~2.9kg(5~6파운드)
  ㉤ 탄알 속도: 253m/초
  ㉥ 가늠쇠 높이(총구 축선 기점): 1.422cm

☞ 콜트 45구경 분해 순서 및 방법

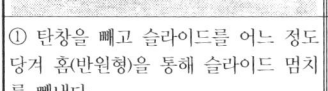	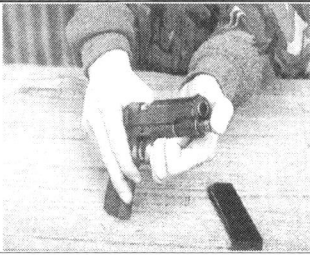	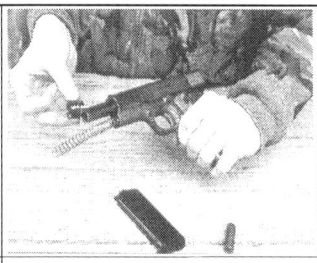
① 탄창을 빼고 슬라이드를 어느 정도 당겨 홈(반원형)을 통해 슬라이드 멈치를 빼낸다.	② 완충 스프링을 플러그 플런저를 눌러 바렐 부싱을 돌려준 뒤 플런저를 빼낸다.	③ 바렐 부싱을 빼면 분해가 제대로 가능하다.
	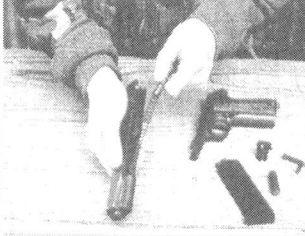	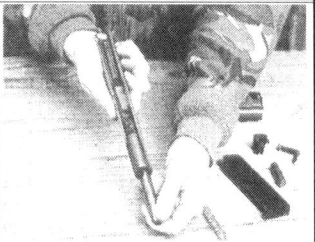
④ 슬라이드를 앞으로 밀면 총신과 슬라이드, 완충 스프링이 전부 빠진다.	⑤ 슬라이드 뭉치에서 스프링과 스프링 가이드를 뺀다.	⑥ 탄피 배출구에서 총신을 눌러 총신과 슬라이드를 분리한 뒤 총구 쪽으로 총신을 당겨 뺀다.

• 기본분해 끝: 기본적인 청소나 손질은 이 정도로 충분하다. 이 이상의 분해는 부서진 부품이 있기 전에는 하지 않는 것이 좋다.

🖝 콜트 45구경 내부구조 및 명칭

콜트 .45의 내부기구

콜트는 기록적인 사용기간을 자랑하는 권총이지만 구시대의 유물은 결코 아니다. 지금도 민간용으로 많은 양이 생산되고 있고 콜트 이외의 회사들이 만드는 것을 합치면 그 종류는 천문학적이다. 최근에는 캐나다의 파라 오드넌스에서 10발이 넘는 장탄수를 지닌 콜트의 변형을 내놓고 있는 등 당분간 인기가 식을 것 같지는 않다.

경 호 실 무 ─ Ⅰ

3) 영국 신개발 권총

　FN. 러스탈 A사가 96년 개발한 이 권총은 구경이 5.7mm로 지금의 구경 9mm 권총과는 비교가 안 될 정도의 성능을 가지고 있으며, 이 권총은 P90 기관단총용으로 개발된 직경 5.7mm, 길이 28mm의 SS 190 총알을 사용하며, 한꺼번에 20발까지 장전할 수 있다.

　이 권총은 구경 9mm 권총이 10m 거리에서 방탄용 케블라 헬멧에 자국만을 남기는 데 비해 200m 거리에서 관통이 가능하다.

　또한 9mm 권총이 표적 거리에서의 직사격으로 방탄용 케블라 섬유 6~7겹을 관통시킬 수 있는 데 비해 이 권총은 200m 거리에서 무려 48겹을 관통시킬 수 있다.

(1) 탄약의 종류

　① 보통탄: 인마 살상용
　② 공포탄: 모의 사격용
　③ 연습탄: 탄알 장전 및 제거 훈련용
　④ 예광탄: 사격관측, 탄도 연구용

4) K2 소총

(1) 제원 및 성능

제원 및 성능	K2 소총	M16 소총
구경(mm)	5.56	5.56
중량(kg)	3.26	3.18
전장(mm)	전개: 980, 접철: 738	990
총열장(mm)	465	528

(2) K2 소총의 특성 및 장점

① 개머리판이 접철식으로 되어 있어 휴대가 편리하다.

② 야간조준 기구의 부착으로 야간사격 시 명중률이 높다.

③ 3발 점사장치가 되어 있어 연발사격 시 실탄 절약이 가능하며, 소염기가 부착되어 명중률이 높다.

※ K2 소총은 국방과학연구소가 M16을 대체하여 '80년대 중반 K1 한국형 소총을 개량해 만든 구경 5.56mm의 순 국산 자동소총으로 현재 국군의 기본 소화기로 보급되고 있으며, 단발자동·삼발점사사격이 가능하다.

필요한 경우에는 개머리판을 접을 수 있어 평상시 98cm인 전장이 개머리판을 접었을 경우에는 73.8cm로 줄어든다. 중량도 3.26kg으로 M16보다 훨씬 가벼워 한국인의 체형에 맞으며 유효 사거리는 460m다. 이외에도 K1·K3이 개발되어 군에 보급되고 있다.

5) 공격용 무기(개인화기 – 소총)

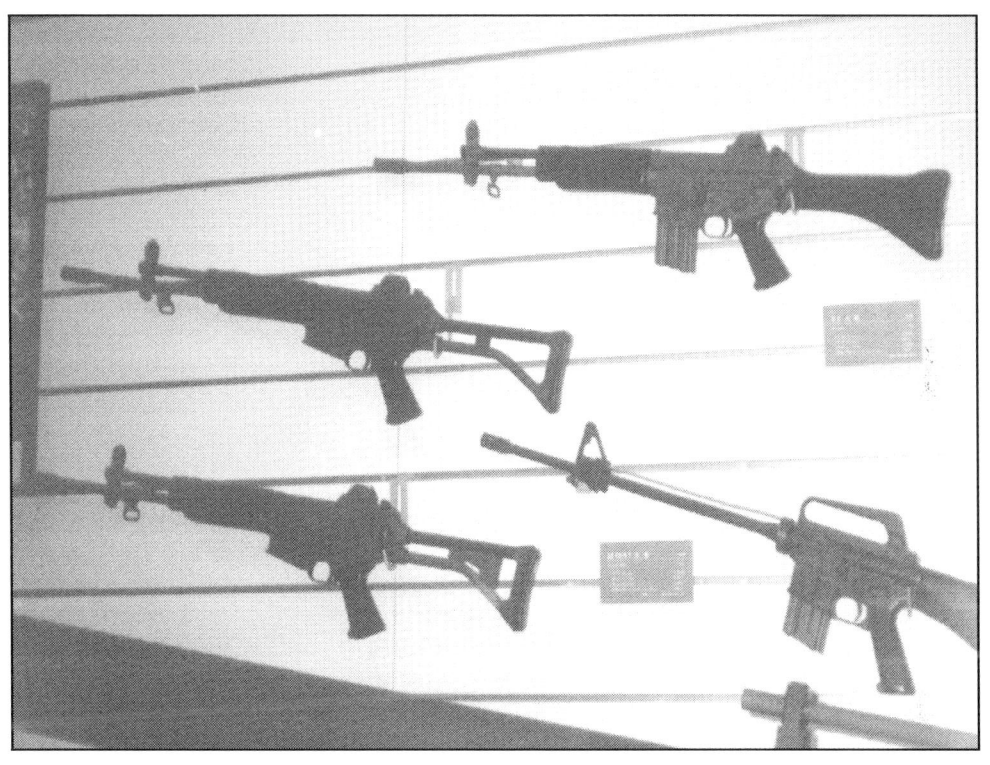

K3 소총

K4 소총

살상용 실탄

6) 공격용 무기(개인화기 – 권총)

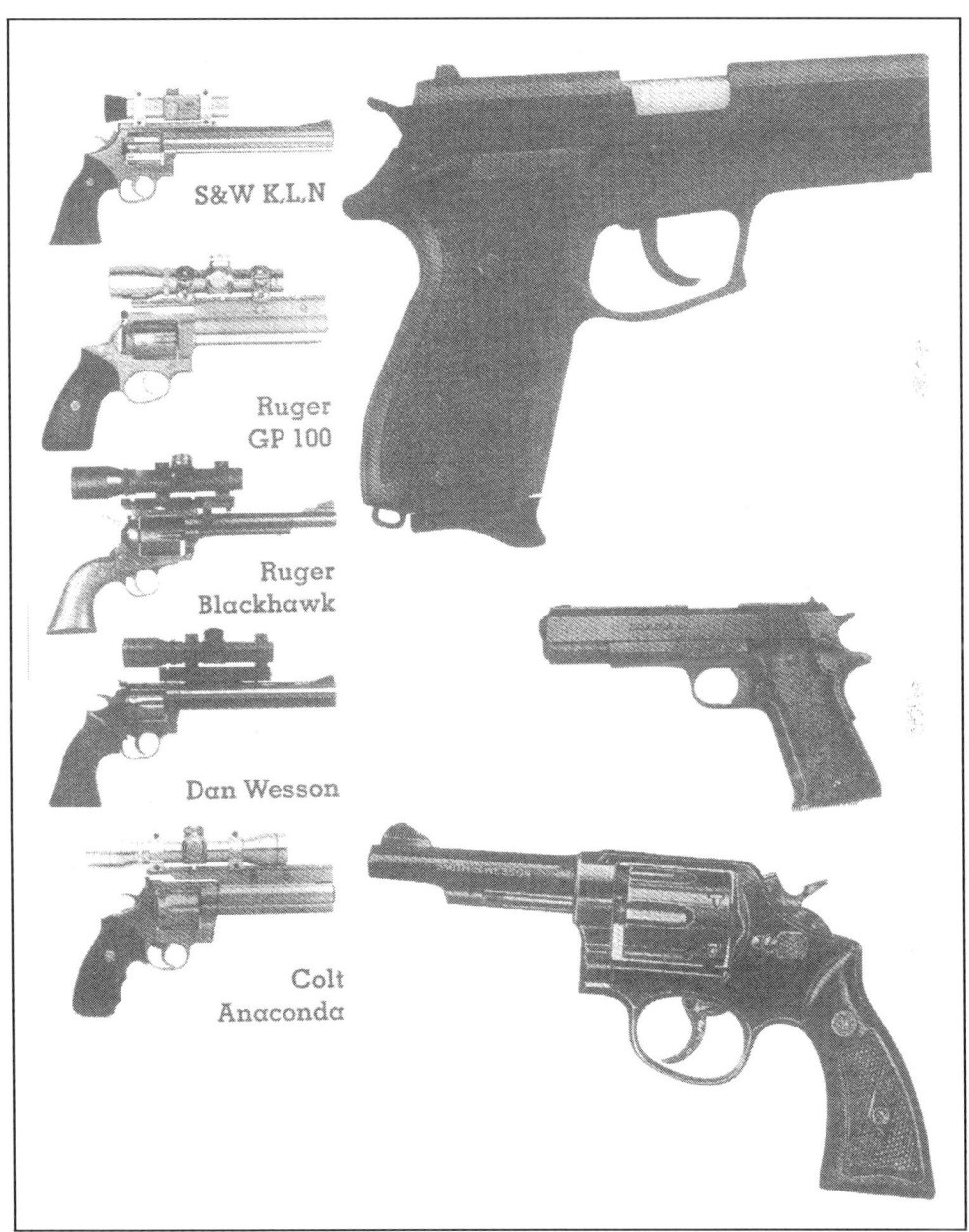

S&W K,L,N

Ruger
GP 100

Ruger
Blackhawk

Dan Wesson

Colt
Anaconda

☞ 무기착용(권총)

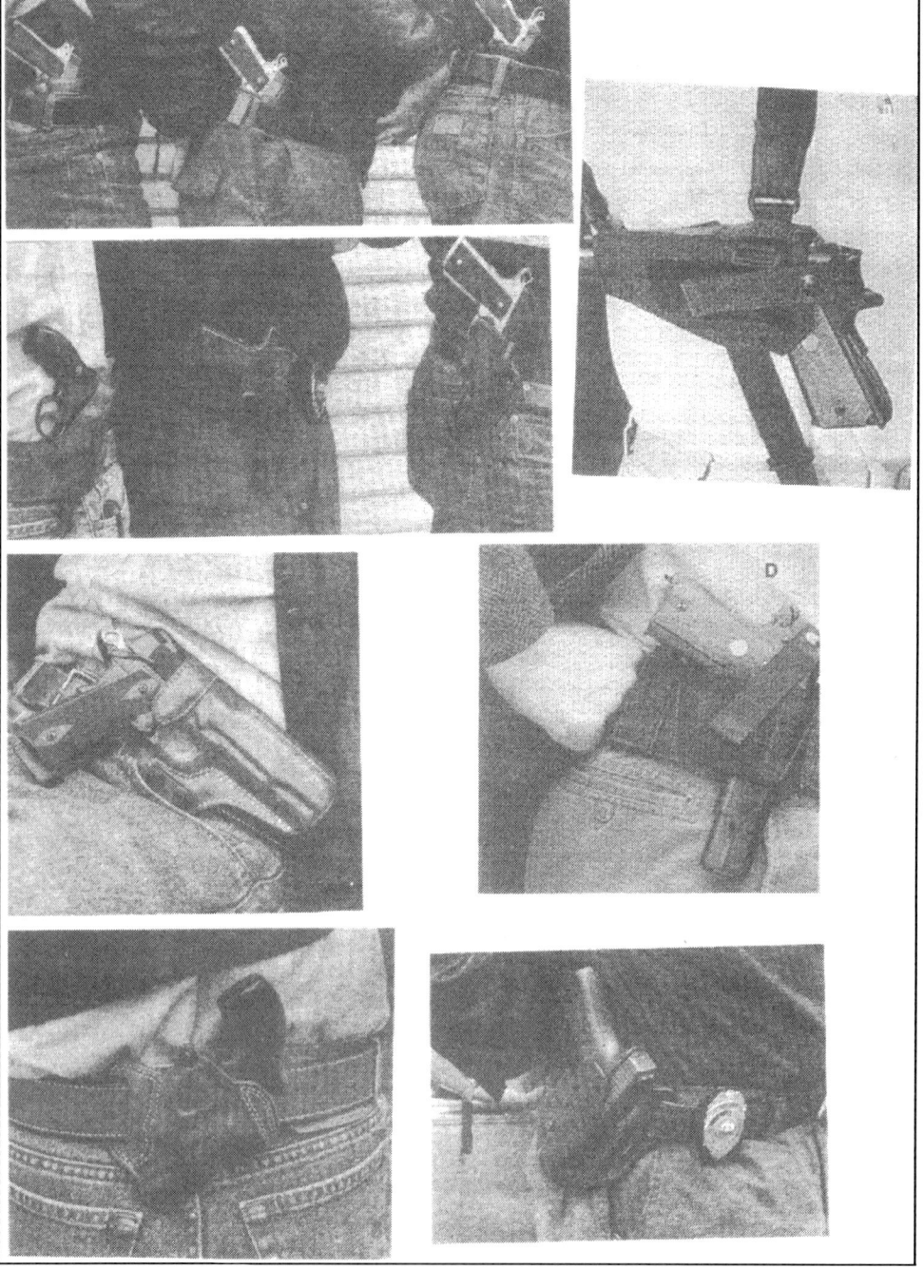

경
호
실
무

Ⅰ

7) 기타장비

(1) 탐색등

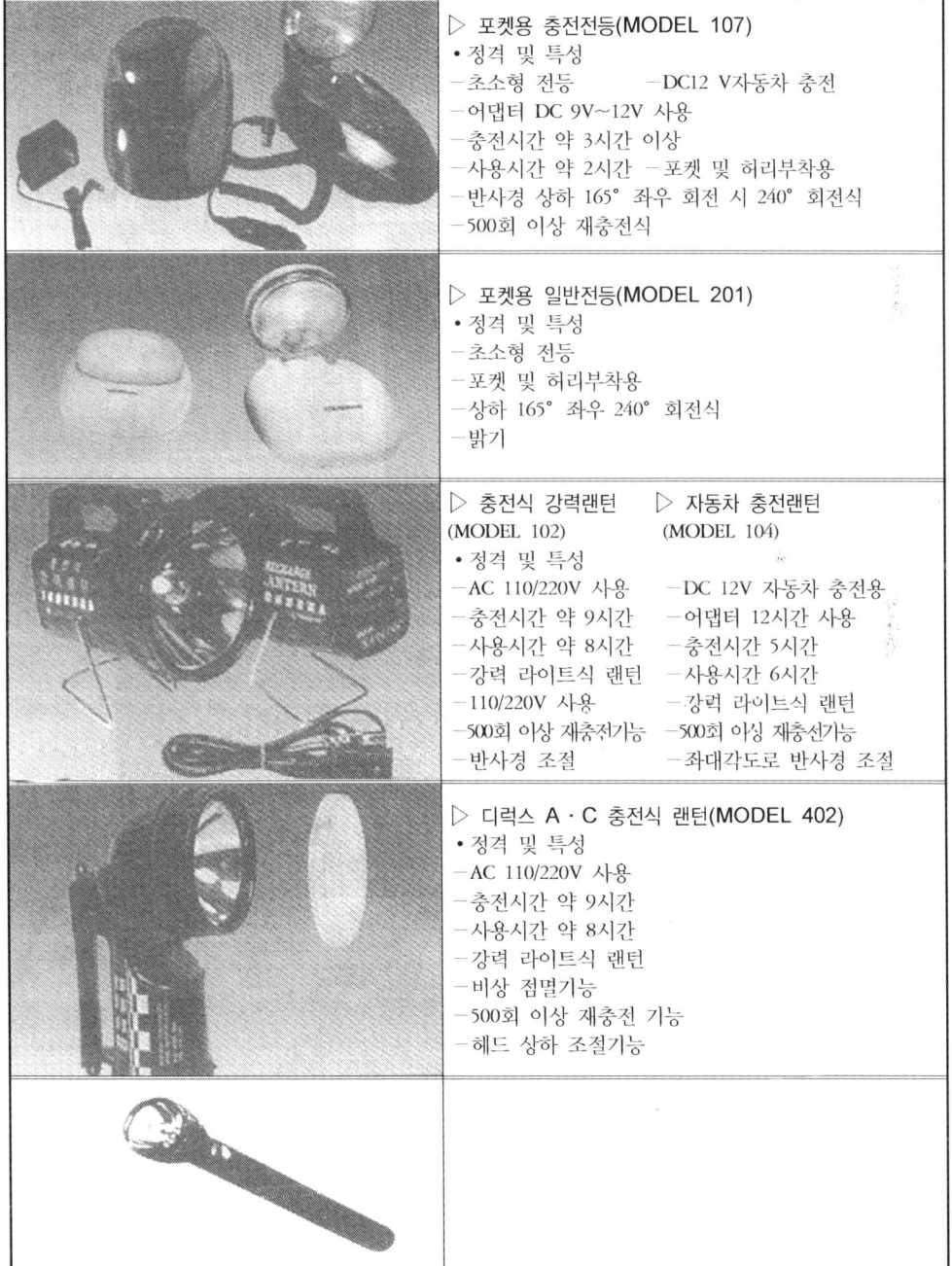

▷ 포켓용 충전전등(MODEL 107)
- 정격 및 특성
- 초소형 전등　　　　—DC12 V자동차 충전
- 어댑터 DC 9V~12V 사용
- 충전시간 약 3시간 이상
- 사용시간 약 2시간 —포켓 및 허리부착용
- 반사경 상하 165° 좌우 회전 시 240° 회전식
- 500회 이상 재충전식

▷ 포켓용 일반전등(MODEL 201)
- 정격 및 특성
- 초소형 전등
- 포켓 및 허리부착용
- 상하 165° 좌우 240° 회전식
- 밝기

▷ 충전식 강력랜턴　　▷ 자동차 충전랜턴
(MODEL 102)　　　　　(MODEL 104)
- 정격 및 특성
- AC 110/220V 사용　　—DC 12V 자동차 충전용
- 충전시간 약 9시간　　—어댑터 12시간 사용
- 사용시간 약 8시간　　—충전시간 5시간
- 강력 라이트식 랜턴　　—사용시간 6시간
- 110/220V 사용　　　　—강력 라이트식 랜턴
- 500회 이상 재충전기능　—500회 이싱 재충선기능
- 반사경 조절　　　　　—좌대각도로 반사경 조절

▷ 디럭스 A · C 충전식 랜턴(MODEL 402)
- 정격 및 특성
- AC 110/220V 사용
- 충전시간 약 9시간
- 사용시간 약 8시간
- 강력 라이트식 랜턴
- 비상 점멸기능
- 500회 이상 재충전 기능
- 헤드 상하 조절기능

353

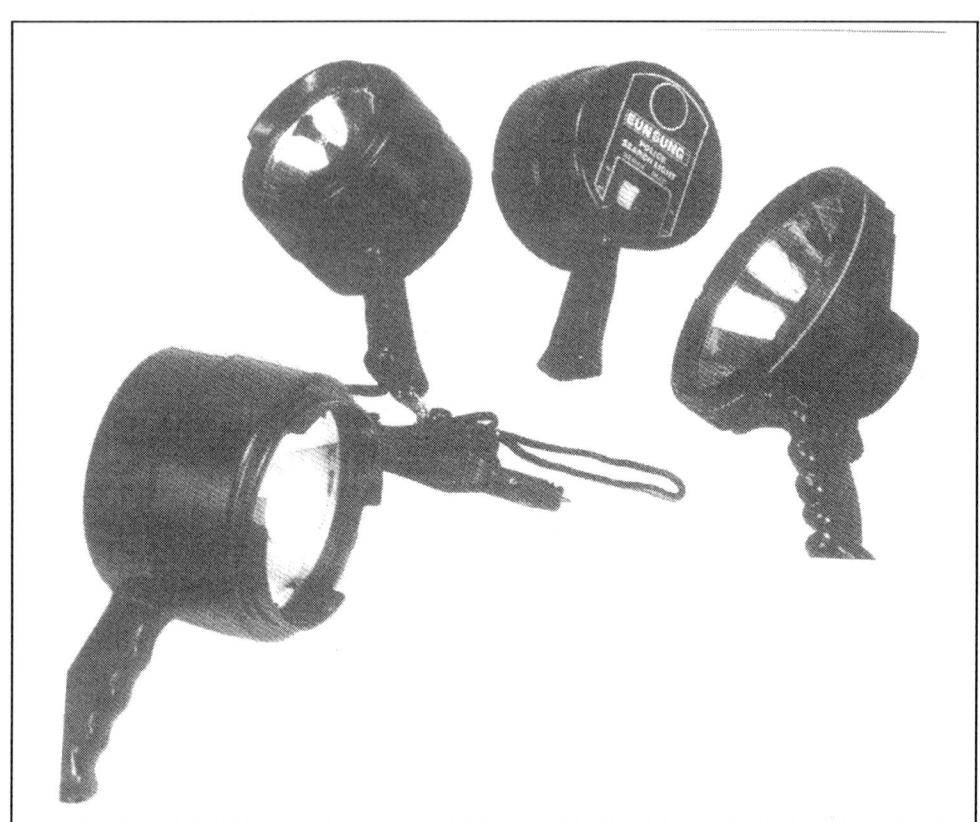

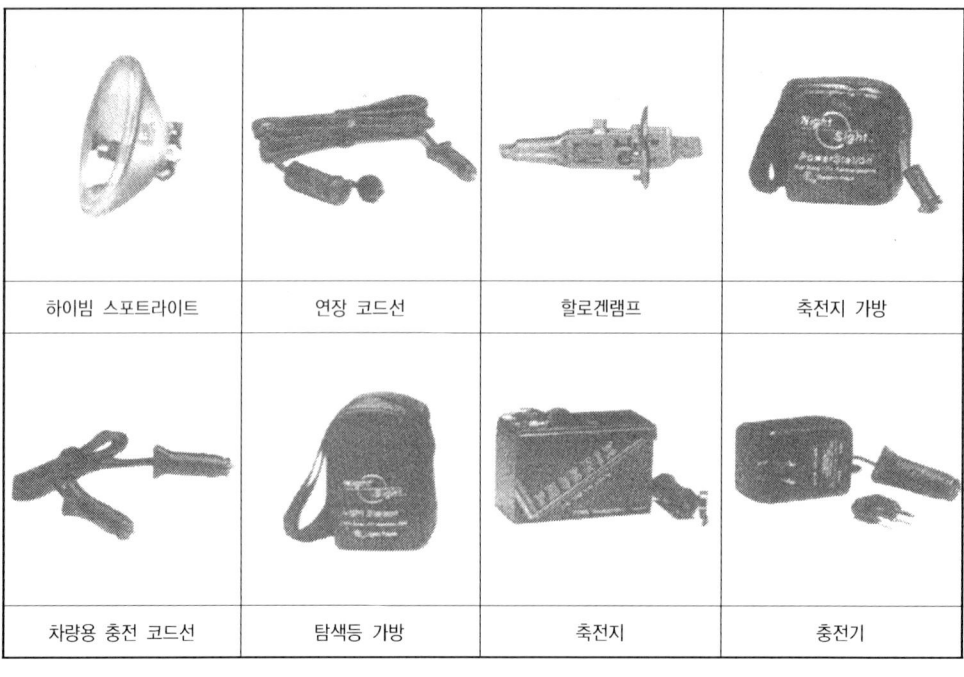

하이빔 스포트라이트	연장 코드선	할로겐램프	축전지 가방
차량용 충전 코드선	탐색등 가방	축전지	충전기

(2) 수 갑

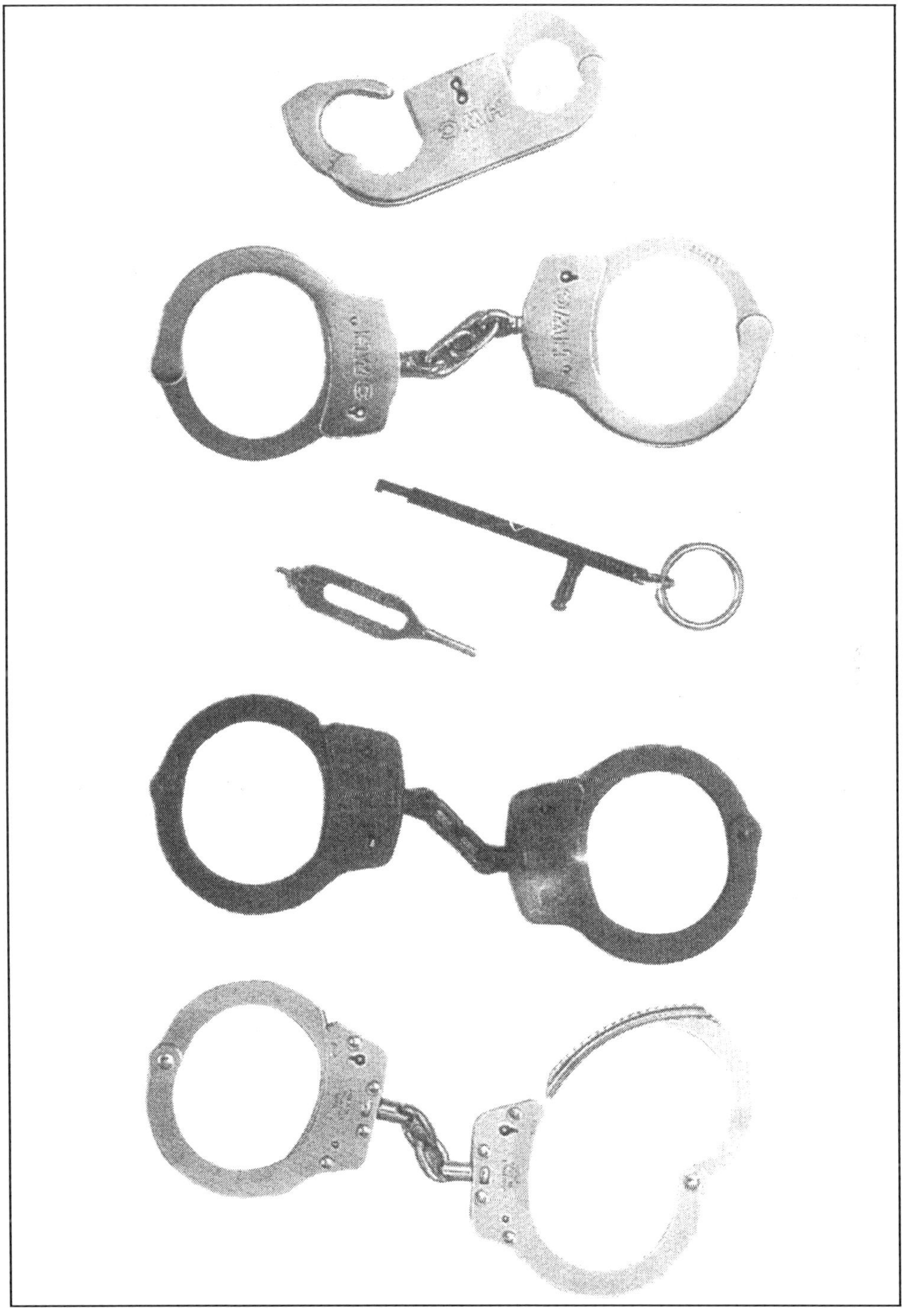

☞ 21세기 특수장비

① 레이저 탄착지정 권총

　목표물을 향해 총구를 겨누면 붉은 광선이 탄착지점을 정확하게 지정해 주는 첨단무기

② 열쇠고리 권총

공항의 X레이 투시기에도 검색되지 않는 열쇠고리 모양의 초소형 권총

보통의 권총과는 다른 열쇠고리 모양의 초소형 권총은 길이 7.6cm, 폭 2.5cm로 32구경 총알 2발을 발사할 수 있다. 고리 모양의 몸체에 두 개의 총열이 있어 각각 버튼으로 발사할 수 있게 설계돼 18m 거리 내에서는 치명상을 입힐 수 있다.

(3) 메탈스톰

　신형 기관총으로 특별히 고안된 탄환을 사용하며 전기식 격발장치를 통해 탄환을 발사하는 것이 특징이며 분당 1백만 발을 발사한다.

(4) 만년필 독총

　북한 대남공작부서인 작전부에서 개발한 최신형 장비로 길이 15cm의 은색 파카 만년필 모양이다. 내부에는 길이 1.8cm의 독이 든 탄환과 뇌관 및 화약이 정교하게 설치, 사용방법은 만년필뚜껑 부분을 오른쪽으로 2회전 시킨 후 손으로 밀면 격발돼 몸통 부분 끝에 있는 총탄이 발사된다. 7~8m 떨어진 거리에서도 즉사시킬 수 있다.

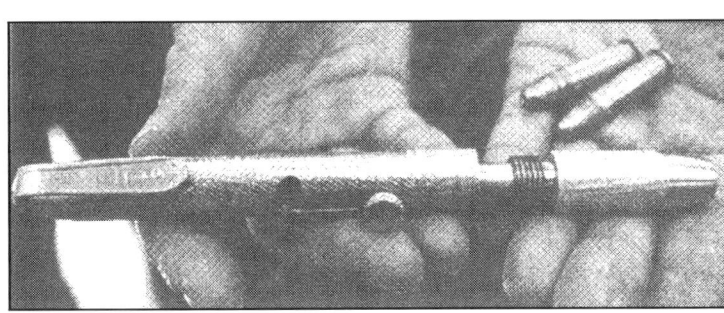

▷ 만년필형 권총
길이 15cm, 무게 150g에
불과하며 동남아에서 '요
인 암살용'으로 사용

8) 로봇장비

다가오는 가까운 미래에는 테러나 전쟁과 같은 위험에 직면할 수 있는 경호원과 병사들의 안전을 위해 인적 대상과 같은 생명을 대신할 수 있는 로봇이 이끄는 사회로 변모할 것이다. 여러 상황에 맞는 다양한 형태의 정보전, 네트워크 중심전, 장거리 정밀전 및 무인화 로봇전과 같은 환경으로 변모될 것으로 보인다.

(1) 로봇의 분류

로봇은 그 활동 영역에 따라 지상용 로봇, 수중용 로봇, 공중용 로봇으로 나눌 수 있다.

① 지상용 로봇

휴대용 정찰 로봇, 무인 정찰 로봇, 무인 전투 로봇, 인간형 경호원과 병사 로봇, 화생방 및 폭발물 탐지–처리 로봇, 초소형 로봇 등

② 수중용 로봇

정찰용 무인 수상함, 정찰용 무인 잠수정, 전투용 무인 수상함, 전투용 무인 잠수정, 특수 목적 로봇(기뢰 설치 또는 제거), 무인 해저 차량 등

③ 공중용 로봇

중고도 정찰 무인기, 무인기, 전투용 무인기, 지상 공격용 무인기, 전자전용 무인기, 통신 중계용 무인기

④ 감시 및 정찰용 소형 비행로봇

소수의 인원으로 운용이 가능하고 저고도 영역을 비행하며 감시·정찰을 수행함으로써 인명의 피해를 최소화하고 효율적인 영상 정보를 획득하여 전달하는 로봇이다.

- ㉠ 운용성: 2인 이하로 운용이 가능하며 목표 위치 좌표입력만으로 자동 이착륙 및 정지 비행 가능
- ㉡ 휴대성: 소형, 경량(10kg 이하)으로 1인 운반 가능
- ㉢ 임무성: 감시, 정찰을 위한 영상 장비와 송신 장비의 탑재
- ㉣ 대응성: 짧은 이륙 준비시간(5분 이내)으로 신속한 임무 투여와 실시간 영상 정보 수집 능력

(2) 생체 모방 로봇의 개발 현황

생체 모방 로봇은 이동 방식에 따라 보행형, 도약형, 뱀형, 물고기형, 곤충형으로 분류된다. 그리고 보행형 로봇은 다시 2족, 4족, 6족, 8족, 다족 보행 등으로 나뉜다.

- ① 보행형 로봇개발 현황
    - ㉠ **보행 로봇 Asimo**
        - ⓐ 1986년부터 혼다에서 개발
        - ⓑ 인간의 보행과 가장 가깝게 걷는 로봇
        - ⓒ 계단 오르기, 뛰기, 곡선 주행 가능
        - ⓓ 평상 걸음 속도 2.7km/h
        - ⓔ 달릴 때 속도 6km/h
        - ⓕ 특정 패턴으로 달릴 때 속도 5km/h
        - ⓖ 물건 운반 시 걸음 속도 1.6km/h

    - ㉡ **4족 보행 로봇 Big Dog**
        - ⓐ Boston Dynamics에서 최종 제품화
        - ⓑ DARPA(미국 국방고등연구기획청)에서 지원
        - ⓒ 험지에서 군수품을 운반하기 위한 로봇
        - ⓓ 길이 1m, 높이 0.7m, 무게 75kg

ⓔ 속도 5.3km/h, 적재중량 65kg, 35도 경사 이동 가능

ⓒ 6족 보행 로봇 Rhex

    ⓐ 바퀴벌레와 비슷한 움직임

    ⓑ 플렉시블 형태의 다리를 바퀴처럼 구동

    ⓒ 여러 형태의 험지에서 적응이 뛰어남

    ⓓ 험지 주행, 계단 오르기, 물속에서의 자유로운 이동

    ⓔ 최고 속도 3m/s

ⓒ 8족 보행 로봇 Scorpion

    ⓐ 화성 탐사용 로봇

    ⓑ 바위, 모래, 풀밭 등에서도 원활하게 이동

    ⓒ 환경 인식에 따라 행동 패턴을 수정

ⓜ 4족 등반 로봇 Stickybot

    ⓐ 도마뱀의 발을 모방한 로봇

    ⓑ 유리 벽면을 오를 수 있음

    ⓒ 면각에 의한 접착력으로 유리 벽면에 발이 붙어 있는 상태가 되고 발을 뗄
       때에는 접착면의 수직 안쪽으로부터 떨어지게 되어 있음

359

ⓗ 6족 등반 로봇 RiSE

    ⓐ 발톱과 점착 패드를 이용하여 벽을 오름

    ⓑ 길이 0.25m, 무게 2kg

    ⓒ 최고 속도 0.3m/s

    ⓓ 벽의 곡률에 따라 자세를 바꾸어 올라갈 수 있으며 로봇의 꼬리가 등반을 도움

② 도약형 로봇 개발 현황

생체를 모방한 도약형 로봇에 대한 연구는 국내외를 막론하고 아직 미미한 실정이다.
지상 운용 소형 로봇에 도약 기능 적합과 단순 도약만을 목표로 하는 연구가 다수이
며 안정된 도약 및 착지에 대한 연구는 아직 미개척 상태다.

③ 뱀형 로봇 개발 현황

뱀형 로봇에 관한 연구는 먼저 일본에서 시작되었다. 일본은 뱀의 모션을 중심으로 연구를 진행하고 있으며 미국이나 유럽 등은 응용 중심으로 연구를 수행하고 있다. 수륙양용 형태, 다리가 있는 형태, 트랙을 사용한 형태, 바퀴가 달린 형태 등 다양한 뱀형 로봇이 개발되고 있다.

ㄱ 뱀형 수중 로봇 ACM – R5

ⓐ 수중에서 자유자재로 움직임

ⓑ 센서에 의해 탐지 및 정찰이 가능함

ㄴ 뱀형 수중 로봇 Salamender

ⓐ 척수 중추가 만드는 움직임을 연구

ⓑ 걷는 동작과 헤엄치는 동작이 가능함

ⓒ 실제 도롱뇽의 움직임과 유사하게 제어

ㄷ 뱀형 지상 로봇 Slim Slime

ⓐ 공압을 이용

ⓑ Multi – DOF를 가짐

ⓒ 몸길이의 변화로 움직임을 생성

④ 물고기형 로봇 개발 현황

미국에서는 1990년대 중반 처음으로 RoboTuna를 개발하기 시작했으며 주로 중·대형 (0.5m 이상) 물고기형 로봇을 개발하여 군사용 목적으로 이용하고 있다. 유럽 및 일본은 주로 소형(0.5m 이하) 로봇을 개발하고 있으며 박물관, 수족관 등 관람용으로 이용하고 있다. 국내에서는 2005년부터 물고기형 로봇에 대한 연구가 시작되었는데 메커니즘 제작 및 기초 해석 수준에 머물고 있는 실정이다.

⑤ 곤충이나 새를 닮은 소형 비행 로봇 개발 현황

－근거리 자율 정찰용 초소형 로봇

근거리 자율 정찰용 초소형 로봇은 다개체 운용 시스템으로 동물 또는 곤충의 기관과 운동 방식을 모사한 것이다. 능동적 집단 운용 체제를 보유해 방사능, 화학, 생물학적 오염을 감시하고 지뢰 및 재난 지역 등 다양한 위험 환경에서도 높은 신뢰도로 탐지 및 탐사 작업을 수행하는 로봇이다.

(3) 초소형 로봇의 개발 현황

① 공중형

ⓐ Seiko Epson사에서 제작한 소형 비행 로봇은 사용 전압 4.2V에 소비전력 3.5W이고, 직경 136mm이고 높이가 85mm이다. 또한 일본 후쿠오카공업대학 가와무라 박사팀이 개발한 비행 로봇은 새의 날갯짓을 모방한 움직임을 보여 준다. 길이는 10cm, 무게는 2.3g이다.

ⓑ Harvard 대학의 Wood 교수가 UC Berkeley 박사과정 중 제작한 곤충형 비행 로봇은 비행 트랙 내에서 수직 이륙만 가능한 시스템이지만 곤충의 날갯짓을 모방하여 이륙에 성공한 최초의 로봇이다.

ⓒ 미국 미시간 대학 연구팀에서 미국 국방부의 지원을 받아 개발 중인 박쥐로봇은 소형 카메라를 탑재하고 청각 및 후각 센서를 이용한 탐색이 가능하다. 길이 15cm, 무게 약 113g으로 무소음 비행을 목표로 하고 있다.

② 지상형

ⓐ 미국 EPFL 지능시스템 연구실에서 개발한 Jumping Robot은 거친 지형에서도 움직일 수 있다. 무게 7g, 높이 5cm에 불과하지만 자기 몸의 27배를 뛰어오를 수 있다.

ⓑ 미국 MAST에 영국 군수업체 BAE가 합류하면서 개발되고 있는 거미로봇은 작전 현장에서 건물 내부에 잠입하여 적의 위치를 파악하는 용도로 쓰일 것이다.

ⓒ 미국 카네기멜론대학(CMU)에서 개발한 수상 보행 로봇은 소금쟁이의 동작에서 모티브를 얻었다. 6개의 다리를 가지고 수상을 걷는 로봇의 크기는 7cm, 무게 0.6g 정도의 소형으로 속도는 5cm/s이다.

③ 미국, 초소형 무인기 개발

미국 DARPA는 초소형 무인 항공기 NAV(Nano Air Vehicle)의 개발 및 성능 시험을 위해 미국 무인 항공기 제작업체인 에어로버론먼트(Aero Vironment)사와 계약을 체결했다. 건물 내부 정찰을 비롯해 시가전에서의 정찰 임무를 효율적으로 수행할 수 있는 근본적으로 새로운 유형의 무인기 시스템을 개발하기 위한 프로젝트다.

나노 기술을 응용하여 개발하게 될 초소형 무인기 NAV는 곤충의 날갯짓과 흡사한 모습으로 비행한다. 총 중량은 10g 이하이고 총 길이는 7.5cm, 유효 적재중량은 약 2g이다. NAV는 초속 5~10m의 속도를 낼 수 있으며 한 장소에서 60초 이상 정지비행을 할 수 있다. 항속 범위는 1km 이상이 될 것이다. 장비로는 유도비행 시스템과 GPS 수신기 및 통신 시스템이 탑재될 예정이다.

(4) 사이보그 개발 현황

앞으로는 실제 살아 있는 생물체의 모습을 보았을 때 그냥 지나쳐서는 안 되겠다. 살아 있는 생물체의 몸속에 신경자극을 주고 무선 신호로 전극에 전압을 걸어 줌으로써 자유자재로 생물체를 제어할 수 있는 사이보그 로봇이 판을 치게 될지도 모르기 때문이다.

① 사이보그 개발 내용

야간에 실내외 전등 불빛에 이끌려 들어온 것처럼 보이는 곤충이 실제로는 동작을 원격조종하기 위해 곤충의 신경에 도청장치를 이식한 차세대 사이보그 곤충 스파이일 수도 있다.

② 사이보그 개발 과정

1950년대 예일 대학교의 Jose Delgade는 최초의 사이보그 동물을 창조했다. Delgade는 동작을 제어하기 위해 황소를 포함한 몇 종류 동물의 뇌에 전자봉을 삽입했다. 1963년 스페인 투우장에서는 돌진해 오는 사이보그 황소가 그를 들이받기 몇 초 전에 스위치를 눌렀고 황소는 미끄러지며 정지했다.

2002년 뉴욕 대학교 건강과학센터 John Chapin 연구팀은 쥐의 왼쪽 또는 오른쪽 수염이 스칠 때의 감각을 모방한 전자봉을 쥐의 뇌에 이식했다. 그런 후 연구팀은 쥐가 전자 자극에 반응하도록 훈련시켰다.

③ 곤충 사이보그 개발

쥐, 비둘기, 상어와 같은 동물로 실험할 경우의 이점은 이 동물들이 크기 때문에 시판 중인 소형 비디오카메라, 컴퓨터, 동력을 전달할 배터리를 장착할 수 있다는 것이다. 그러나 이 동물들은 너무 크기 때문에 들키지 않고 숨어 다닐 수가 없으므로 DARPA의 최근 프로젝트는 곤충에 중점을 두게 되었다.

비행할 때 곤충의 민첩성과 비교할 대상이 없다. 하이브리드 곤충 마이크로 전자기계체계 사업(Hybrid Insect Micro – Electro – Mechanical System, HI – MEMS)의 목적은 모든 기술을 소형화하여 곤충의 몸 내부에 장착하는 것이다.

(5) 로봇장비 종류

화학로봇 원형의 온전한 형태. 현재 이 로봇은 로봇과 이어진 줄에 의해 제어된다. 그러나 결국은 무선로봇 또는 자율로봇 형태가 될 것이다. 좁은 문틈으로 지나가거나 자신의 몸 면적보다도 작은 구멍을 빠져나갈 수 있도록 고안됐다.

이 로봇은 1996년 이래의 원형인 에이리얼이다. 미끄러운 지형을 기어 올라갈 수 있도록 게에서 디자인을 빌려 왔다. 작동자가 멀리 떨어져서 바다의 기뢰를 제거한다.

흥분한 강아지처럼 보이는 작은 무인지상차량(SUVG)은 커다란 나무 플랫폼을 오르는 시연을 한다. 이 기기는 물갈퀴와 아주 정교한 팔, 무거운 바퀴 궤도를 가지고 있다.

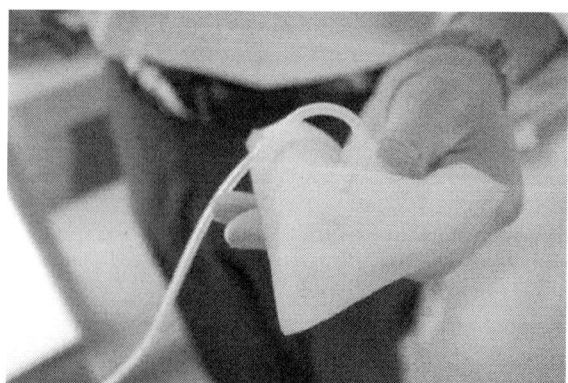

아직 매우 초창기이긴 하지만 화학로봇으로 알려진 이 로봇이 로봇의 미래가 될지도 모른다. 필요에 따라 늘어나거나 줄어들 수 있어 문틈 같은 매우 작은 공간을 지나갈 수도 있다.

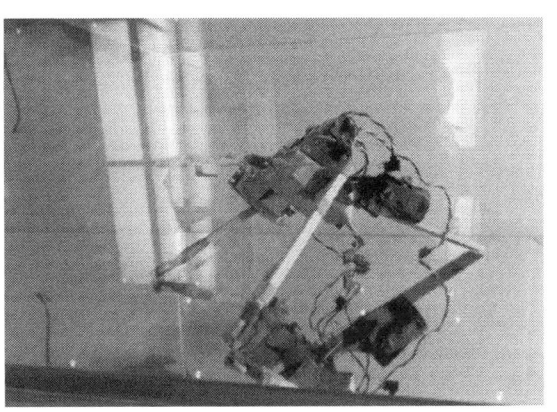

이 회사는 MIT 출신인 콜린 앵글에 의해 설립됐다. 앵글은 복잡한 로봇을 만들려고 하는가 하면 이처럼 작은 로봇을 만들기도 한다.

이것은 룸바의 초기에 나온 원형인 데이지다.

잠자리 모형을 본떠 만든 영상전송 첩보기다.

2000년에 처음 만들어진 아이로봇의 상징 같은 군사용 로봇으로서 전 세계에서 탐색이나 구조 또는 폭발물의 위치를 확인해 제거한다. 작동자로부터 800m 내에서 임무를 수행한다.

스쿠비는 팩봇으로서 피해를 입지 않고는 수행할 수 없는 임무, 즉 17개의 향상된 폭발물을 성공적으로 제거했다. 하지만 자동차폭탄에 결국 부서진 잔해를 수습해 전시하고 있다.

랜드로이드로 불리는 이 차세대 군사용 로봇의 원형은 아주 작은 물갈퀴, 카메라, 아래로 향한 센서, 가속미터, 무선통신, 기울기센서 등을 장착하고 있다.

G 게이터는 지난 2004년 아이로봇과 존 디어가 함께 설계한 로봇으로서 제어, 방해물감지 및 항법장치를 가지고 있다. 사람에 의해 원격 조종이 가능하다.

이 페치(Fetch)라는 이름의 로봇은 1997년 이래 있어 온 것으로 지뢰제거용이며 원래 미 해군의 지원을 받아 만들어졌다

1999년 개발된 스웜(Swarm)로봇시스템으로 벌레 떼의 비중 앙집중식 동작을 본떠 만든 로봇이다. 벌 떼(스웜) 안의 로 봇을 개별적으로 조종하는 대신, 한 로봇에게만 명령하면 이 명령을 공유해 작동한다.

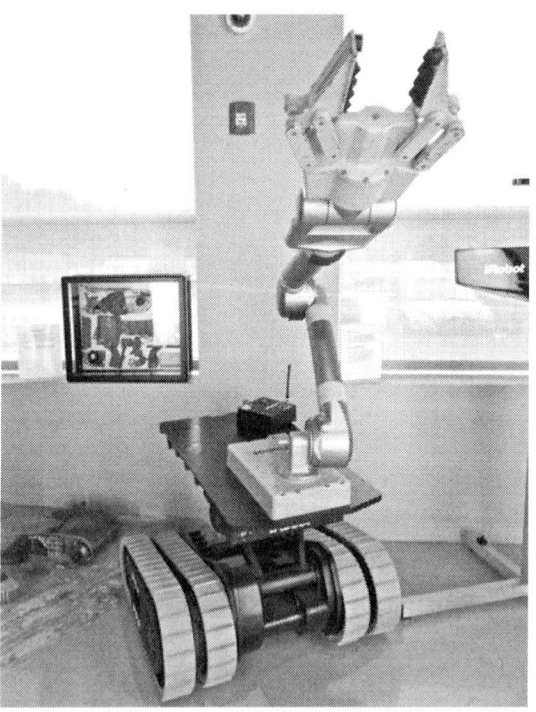

136kg의 이 로봇은 전사로서 거의 어디로든 갈 수 있고 거의 모 든 것을 행할 수 있다. 어떤 지형도 건널 수 있고 계단을 오르며 엄청난 무게의 짐을 옮기는데다 폭탄이 있는 곳, 화학약품이 발 견된 곳 등으로 달려간다.

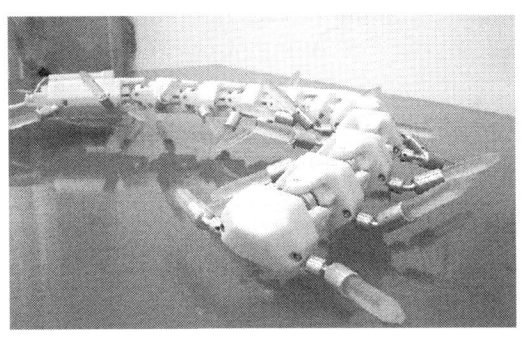

KAIST 국방무인화특화연구센터에서 지난 2008년 1차 개발을
완료한 지네형 로봇. 지네의 이동 특성을 모방, 험지 주행을
목적으로 개발해 정찰 등의 목적으로 이용

폭발물 제거 로봇

국내 삼성테크윈에서 개발한 군 경비로봇 주야
감시 자동목표조준 및 사격

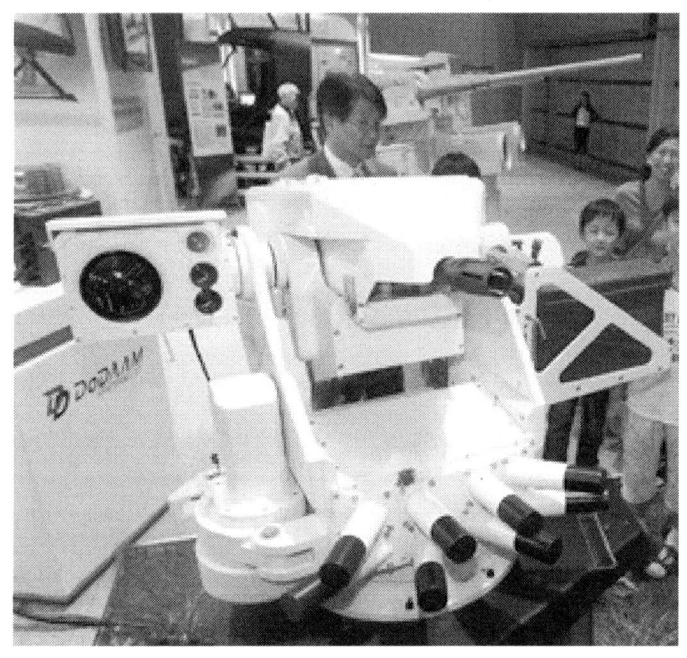

국내보안기업 도담시스템에서 개발한 지능형로봇 일명 전투로봇

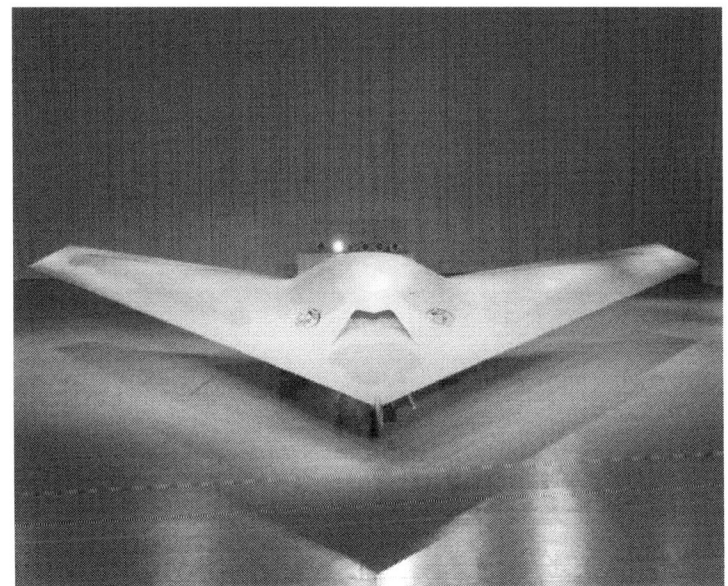

미국이 운영하고 있는 무인정찰기 주야 운영가능 목표물 자동추적 녹화 전송 기능

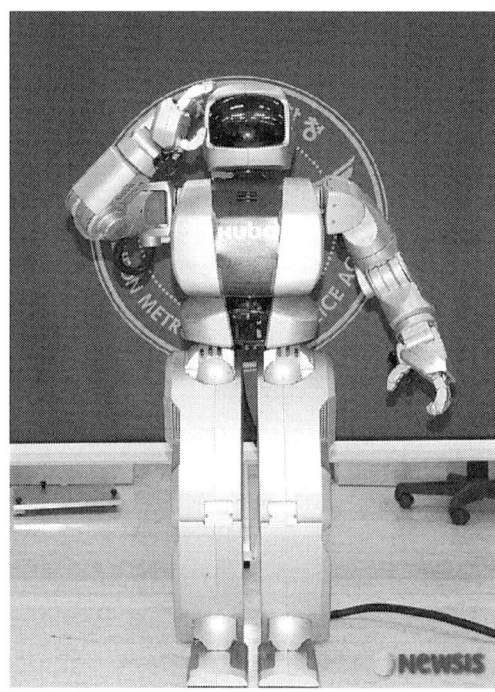

KAIST와 KIST에 따르면 시속 3.6㎞의 속도로 실감나게 달리는 인간형 로봇이 최근 선보인 데 이어, 진짜 사람처럼 한층 더 생동감을 주며 로봇의 감정을 표현하는 '얼굴로봇(Face robot)'

비정지궤도위성. 지구와 정지궤도위성 사이에 위치해 GPS, 군사, 과학기술, 기상·환경관측 등에 활용되는 것으로 정지궤도 위성과 달리 모든 비정지궤도위성은 한반도 상공을 지나며 영향을 줄 수 있다. 현재 약 600여 기의 비정지궤도위성이 등록·활동 중이며, 미등록(첩보용) 비정지궤도위성도 존재하고 있다. 우리나라 전파 혼신 사고 중 확인 불명 혼신은 약 33%로, 전문가들은 비정지위성의 영향을 의심하고 있으나 감시 시스템 부재로 원인 규명조차 못 하고 있는 실정이다.

장명진

동국대학교 행정대학원 수료 공안행정 제59기
국민대학교 정치대학원 졸업(정치학석사) 제11기
고려대학교 경영대학원 수료 최고경영자과정 제54기
중국연길시공안국 보안전문대학교 명예교수
선문대학교, 충청대학 강사
국립경찰대학교 수사보안연수소(인질협상/경호전략) 강사
경찰청 수사연수원(경호무술) 강사
초당대학교 경호학과 겸임 교수
고려대학교 사범대학원 석사과정(경호무술) 강사
국무총리실 국가재난관리본부 자문위원
한국안전교육학회, 한국경호경비학회 운영위원
사단법인 한국경비협회 신변보호분과 운영위원
주식회사 탐경(경호전문회사) 대표이사
국제경호협회 회장
국제경호아카데미 원장
사단법인 한국경호무술진흥회 회장
사단법인 한국직능단체총연합회 상임부회장
제10기 민주평화통일 자문위원(대통령)
전통무예원류적통자모임 간사
한국을 움직이는 인물선정(1998년 중앙일보)
경호산업문제분석과 발전방안에 관한 연구논문 외 다수
『경호무술』, 『경호실무』 저술(1994~2011년 개정 8권)
『경호직무능력표준』, 『경호자격규정집』 저술(2004~2005년)
윗몸일으키기(14,824회) 기네스기록보유
대통령표창(2002년), 국무총리표창(2007년)
경호무술 창시자

경호실무Ⅱ

초 판 인 쇄 | 2011년 1월 15일
초 판 발 행 | 2011년 1월 15일

지 은 이 | 장명진
펴 낸 이 | 채종준
펴 낸 곳 | 한국학술정보㈜
주　　　소 | 경기도 파주시 교하읍 문발리 파주출판문화정보산업단지 513-5
전　　　화 | 031) 908-3181(대표)
팩　　　스 | 031) 908-3189
홈 페 이 지 | http://ebook.kstudy.com
E - m a i l | 출판사업부　publish@kstudy.com
등　　　록 | 제일산-115호(2000. 6. 19)

ISBN　　978-89-268-1803-9 14690 (Paper Book)
　　　　978-89-268-1804-6 18690 (e-Book)
　　　　978-89-268-1799-5 14690 (Paper Book Set)
　　　　978-89-268-1800-8 18690 (e-Book Set)